山东省技能型特色名校建设工程成果系列教材

桥梁工程施工

主　编　尹锡军　韩冰玉
副主编　魏道凯　邓小军　张振平　王晓平
编　委　韩冰玉　王晓平　尹锡军　张振平
　　　　邓小军　高建军　魏道凯
主　审　王永礼

山东大学出版社

图书在版编目(CIP)数据

桥梁工程施工/尹锡军,韩冰玉主编.—济南:山东大学出版社,2015.8(2016.8重印)

山东省技能型特色名校建设工程成果系列教材

ISBN 978-7-5607-5343-0

Ⅰ.①桥… Ⅱ.①尹… ②韩… Ⅲ.①桥梁工程—工程施工—教材 Ⅳ.①U445

中国版本图书馆CIP数据核字(2015)第197792号

责任策划:刘 彤
责任编辑:李云霄
封面设计:牛 钧

出版发行:山东大学出版社
社　址　山东省济南市山大南路20号
邮　编　250100
电　话　市场部(0531)88364466
经　　销:山东省新华书店经销
印　　刷:泰安金彩印务有限公司
规　　格:787毫米×1092毫米　1/16
17.5印张　404千字
版　　次:2015年8月第1版
印　　次:2016年8月第2次印刷
定　　价:37.00元

总 序

为加强对山东省内高等学校的分类指导，强化内涵和特色发展，提高人才培养质量，发挥名校带动作用，增强高等教育服务我省经济社会发展的能力，2011年，山东省教育厅、财政厅联合组织实施了“山东省高等教育名校建设工程”。山东交通职业学院是山东省技能型特色名校首批立项建设单位之一，共有汽车运用技术、道路桥梁工程技术、物流管理、机械设计与制造、工程机械运用与维护、轮机工程技术6个专业成为省财政重点支持建设专业和工程造价、公路运输与管理、机电一体化、航海技术4个专业列入非省财政重点支持建设专业。

项目建设初期，学院牵头成立了山东省交通运输职业教育专业建设指导委员会，邀请省内外教育专家和行业企业的技术骨干，对名校工程10个专业的建设方案及任务书进行了充分论证。我院项目建设期间，各专业主动适应行业企业加快经济发展方式转变、产业结构调整和优化升级的需要，主动服务山东半岛蓝色经济区和黄河三角洲高效生态经济区两个国家战略的实施，以提高质量为核心，不断创新校企合作体制机制，大力推进人才培养模式转型，优化课程体系构建，全面提升了学校的专业建设水平和人才培养质量。

经过三年建设，10个专业积累形成了一批紧密结合生产实际、独具行业企业特色的专业教材，成为“山东省高等教育名校建设工程”建设项目的重要成果之一，也是“课程体系构建与核心课程建设”内容的重要载体。为了该系列教材的出版，各专业多次召开教材编写会议，组织各课程负责人及参编人员认真学习领会“山东省高等教育名校建设工程”建设精神，深入行业企业进行专业调研和分析，以培养适应区域经济社会发展的高素质技能型人才和我省行业企业急需的高级技能型人才。根据各专业实际需求，重新架构、设计教材体系，以力求做到理论知识学习和职业技能训练的合二为一。

衷心希望名校工程的建设成果，能为我省交通运输主干专业建设和人才培养起到积极的推动和引导作用。

陈绍彬

2015年7月

前　言

本书着眼于桥梁工程建设及项目管理岗位所需的专业能力和职业素养要求，以行业施工规范及工程质量检验评定标准为引领，以桥梁施工准备、桥梁施工方法、桥梁质控要点为主要内容。既可作为高职院校道路桥梁工程技术及相关专业授课教材，也可作为公路建设管理部门、建设单位、施工单位专业人员的学习辅导资料或职工培训教材。

本书共分为桥梁施工基础知识、桥梁基础施工、桥梁墩台施工、预制梁施工、现浇梁施工、其他体系桥梁施工及涵洞施工等七个项目。项目一的主要任务是讲述桥梁的发展历史和前景、桥梁的组成和分类、施工的准备及基本工序，使学生对桥梁施工有一个概要的了解；项目二的主要任务是讲述桥梁基础类型及各类基础的施工；项目三的主要任务是讲述桥梁墩台的构造、桥梁墩台的施工；项目四的主要任务是讲述梁板的预制及安装、预应力施工、悬臂拼装法施工；项目五的主要任务是讲述支架现浇施工及悬臂浇筑施工；项目六的主要任务是讲述拱桥、斜拉桥及悬索桥施工；项目七的主要任务是讲述涵洞的构造及施工。

本教材有以下特点：

1. 紧紧围绕高等职业教育的人才培养目标，依据岗位能力要求，完善项目驱动式内容体系。正确处理知识、能力、素质的辩证统一的关系，理论学习深入浅出，突出实践应用，强调素质养成。

2. 根据职业能力要求及本课程教学目标，做到理论和实践紧密结合，通过紧跟行业施工规范及工程质量检验评定标准，切实增强学生的职场岗位的适应能力。

3. 教材内容突出实用性。教材所设计的具体项目都是桥梁工程建设及项目管理领域最典型的知识，应用性极强。为了进一步巩固学习成果，并拓宽学生的知识面，在每个项目结束，皆安排有同步训练或典型案例，供学有余力的学生继续学习。

本书项目一由山东交通职业学院韩冰玉、王晓平共同编写，项目二由山东交通职业学院尹锡军编写，项目三由山东交通职业学院张振平编写，项目四由山东交通职业学院邓小军及山东华鉴路桥有限公司高建军共同编写，项目五由山东交通职业学院魏道凯编写，项目六由山东交通职业学院王晓平编写，项目七由山东华鉴路桥有限公司高建军编写。全书由尹锡军、韩冰玉主编，魏道凯、邓小军、张振平、王晓平为副主编，由韩冰玉统稿。本书由中国建筑第六工程局王永礼担任主审，王永礼在繁忙的工作之余对本书进行了认真审核，提出了很好的意见和建议，在此表示感谢。

在编写过程中，编者参阅了国内外一些专家和学者的研究成果及相关文献，在此一并表示感谢！本书出版得到各兄弟院校同行、行业企业专家的大力支持，特致谢意。

由于编者水平有限，书中如有不足之处敬请批评指正。

编　者

2015 年 7 月

目　录

项目一　桥梁施工基础知识

项目概述

本项目主要讲述桥梁的发展历史和前景、桥梁的组成和分类、桥梁施工的准备及基本工序，使学生对桥梁施工有一个大概的了解。

学习目标

通过本项目的学习，了解国内外桥梁的发展历史及前景，掌握桥梁的组成、构造及分类，掌握桥梁施工准备具体内容及桥梁施工基本工序。

引导案例

说出图 1-1 所示各桥的结构形式。

图 1-1　桥梁结构形式

任务一　桥梁认知

任务描述

桥梁建筑历史悠久，种类繁多。本任务旨在介绍桥梁的发展情况、桥梁的分类及构造，使学生对桥梁有一个的总体的认识。

一、桥梁发展简介

（一）桥梁的作用与地位

桥梁不仅是一个国家文化的象征，更是生产发展和科学进步的写照。改革开放以来，我国公路建设进入了以高速公路为标志的快速发展阶段。随着国家实施积极的财政政策，公路投资力度不断加大，公路建设更是以前所未有的速度向前发展，这对改善人民的生活环境、改善投资环境、促进经济发展起到了关键性的作用。

在公路、铁路、城市和农村道路以及水利建设中，为了跨越各种障碍（如河流、沟谷或其他道路等），必须修建各种类型的桥梁与涵洞，因此桥涵是交通线中的主要组成部分。随着科技的进步、工业水平的提高、社会生产力的高速发展，人们对桥梁建筑提出了更高的要求。就其数量来说，即使地形不复杂的地段，每千米路线上一般也有 2～3 座桥涵。就其造价来说，桥梁一般要占公路全部造价的 10％～20％，是保证全线通车的咽喉。同时，桥涵施工也比较复杂。因此，正确、合理地进行桥涵设计和施工，对于节约材料、加快施工进度、降低工程费用、保证工程质量和公路的正常运营，都有着极其重要的意义。

（二）我国桥梁建设的成就

我国的桥梁建筑在历史上是辉煌的，古代的桥梁不但数量惊人，类型也丰富多彩，几乎包括了所有近代桥梁中的最主要形式。其所用的材料多是一些天然材料，例如土、石、木、砖等。

根据史料记载，在三千年前的周文王时期，我国就在渭河上架设过浮桥。隋唐时期，是我国古代桥梁的兴盛年代，其间在桥梁形式、结构构造方面都有很多创新。宋代之后，建桥数量大增，桥梁的跨越能力、造型和功能也有所提高，充分表现了我国古代工匠的智慧和艺术水平。

举世闻名的河北省赵县的赵州桥（又称“安济桥”），就是我国古代石拱桥的杰出代表。该桥在隋大业初年（公元 605 年左右）为李春所创建，是一座空腹式的圆弧形石拱桥，净跨 37.02 m，宽9 m，拱矢高度7.23 m。在拱圈两肩各设有两个跨度不等的腹拱，这样既能减轻桥身自重、节省材料，又便于排洪、增加美观。赵州桥采用纵向并列砌筑，将主拱圈分为 28 圈，每圈由 43 块拱石组成，每块拱石重 1 吨左右，用石灰浆砌筑。赵州桥至今仍保存完好。

在秦汉时期，我国已广泛修建石梁桥。世界上现在尚存最长、工程最艰巨的石梁桥，就是我国于 1053～1059 年在福建泉州建造的万安桥，也称“洛阳桥”。此桥长达 800 多米，共 47 孔，位于“波涛汹涌，水深不可址”的海口江面上。此桥以磐石遍铺桥位江底，是近代筏形基础的开端，并且独具匠心地用养殖海生牡蛎的方法胶固桥基使成整体。万安桥的石梁共300余根，每根重20～30吨，这样重的梁在当时采用"激浪以涨舟，悬机以弦牵"的方法架设，也就是利用潮汐的涨落控制船只的高低位置，这是现代浮运架桥的雏形。

我国是最早有吊桥的国家，迄今有三千年左右的历史。据记载，到唐朝中期，我国就从藤索、竹索发展到用铁链建造吊桥。至今尚保留下来的古代吊桥有四川泸定县的大渡河铁索桥(1706年)以及灌县的安澜竹索桥(1803年)等。泸定铁索桥跨长约100 m，宽约2.8 m，由13条锚固于两岸的铁链组成，1935年中国工农红军长征途中曾强渡此桥，因此使之更加闻名。

我国古代桥梁建筑的历史是辉煌的，可是自1840年鸦片战争以后，我国逐步沦为半殖民地半封建社会，由于腐朽的社会制度，桥梁的发展也停滞不前。新中国成立前，我国的交通落后，可供通车的公路里程很少，质量低劣，公路桥梁绝大多数为木桥，年久失修，到解放时已经破烂不堪。

新中国成立后，我国的公路建设事业突飞猛进，特别是改革开放以来随着我国国力迅速增强、交通事业的快速发展，桥梁建设也取得了很大的成就。

1957年，第一座长江大桥——武汉长江大桥的胜利建成，结束了我国万里长江无桥的状况，从此"一桥飞架南北，天堑变通途"，又标志着我国建造大跨度钢桥的现代化桥梁技术水平提高到新的起点。大桥的正桥为三联3×128 m的连续钢桁梁，下层双线铁路，上层公路桥面宽18 m，两侧各设2.25 m人行道，包括引桥在内全桥总长1670.4 m。1969年，我国又胜利建成了举世瞩目的南京长江大桥，这是我国自行设计、制造、施工，并使用国产高强钢材建造的现代化大型桥梁。该桥上层为公路桥，下层为双线铁路，包括引桥在内，铁路桥梁全长6772 m，公路桥梁全长为4589 m。桥址处水深流急，河床地质极为复杂，大桥桥墩基础的施工非常困难。南京长江大桥的建成，显示出我国的钢桥建设已接近了世界先进水平，也是我国桥梁史上又一个重要标志。

从拱桥的发展进程来看，20世纪50年代左右是我国拱桥发展的全盛时期。1958～1960年期间，我国因地制宜，就地取材，修建了大量经济美观的石拱桥。目前已建成的世界跨度最大的石拱桥是于2000年建成的跨度为146 m的山西晋城丹河新桥。目前世界最大跨度的混凝土拱桥当属1997年建成的重庆万县长江大桥，其桥拱净跨径420 m，其主拱圈是采用劲性骨架法进行施工的。此外，我国2003年建成通车的上海卢浦大桥(主跨550 m)及2009年建成通车的重庆朝天门大桥(主跨552 m)，两座钢拱桥的跨度皆超过了号称"世界第一钢拱桥"的美国西弗吉尼亚新河峡大桥(主跨518 m)。

钢管混凝土拱桥是一种钢一混凝土复合材料的拱桥，该桥型在我国近年来发展很快。自20世纪90年代以来，我国建成跨径大于120 m的钢管混凝土拱桥40多座。2000年建成的广州丫髻沙珠江大桥，为主跨360 m的中承式钢管混凝土拱桥，是当时世界第一钢管混凝土拱桥。2005年1月8日竣工通车的巫山长江大桥，主跨跨径492 m，在建设中创造了当时桥梁建设的5项世界第一，即组合跨径、每节段绳索吊装重量、吊塔距离、拱圈管道直径和吊装高度等世界第一。巫山长江大桥属中承式钢管混凝土拱桥。

钢筋混凝土与预应力混凝土的梁式桥在我国也获得了很大的发展。对于中小跨径的梁桥，已广泛采用配置低合金钢筋的装配式钢筋混凝土板式或T形梁式的定型设计，它不但经济适用，并且施工方便，能加快建桥速度。对于高等级公路桥上的多跨简支梁，随着车速和行车舒适性要求的提高，简支梁多采用桥面或结构连续，以减少伸缩缝的数量。我国跨径最大的简支梁桥是 1997 年建成的昆明南过境高架桥，跨径63 m。1997 年建成的主跨为270 m的虎门大桥辅航道桥是当时中国跨度最大的预应力混凝土梁桥，跨度排名世界第三位。

预应力混凝土斜拉桥，由于结构合理，跨度能力大，用材指标低和外形美观而迅速发展。我国斜拉桥起步比较晚，1975 年建成的跨径76 m的四川云阳桥是国内第一座斜拉桥。20 世纪 90 年代以后，因跨越大江大河的需要，斜拉桥得到了快速的发展，陆续修建了一系列特大跨度的斜拉桥。据不完全统计，我国建成的斜拉桥已超过 100 座，其中跨度超过400 m的斜拉桥已达 20 座，居世界首位。目前我国主跨超过600 m的钢梁斜拉桥有 5 座。

悬索桥的跨越能力在各类桥型中是最大的。我国于 1999 年 9 月建成通车的江阴长江大桥，主跨1385 m，是中国第一座跨度超过千米的钢箱梁悬索桥，当时世界排名第四。该桥在沉井、地下连续墙、锚锭、挂索等工程施工中创造的经验，将会推动我国悬索桥施工技术的进一步发展。我国香港的青马大桥，全长2160 m，主跨1377 m，为公铁两用双层悬索桥，是香港 21 世纪标志性建筑。它把传统的造桥技术升华至极高的水平，宏伟的结构令世人赞叹，在世界 171 项工程大赛中荣获“建筑业奥斯卡奖”。2005 建成通车的江苏润扬长江大桥南汊桥采用跨径为1490 m的单孔双铰钢箱梁悬索桥，为目前中国第一大跨径桥梁。

跨海大桥方面，我国公路 2020 年远景规划中，跨越渤海湾、杭州湾、琼州海峡及舟山群岛工程等大型工程已列入规划建设阶段。2003 年 6 月开工建设的浙江杭州湾跨海大桥是国道主干线——同三线跨越杭州湾的便捷通道。大桥北起嘉兴市海盐郑家埭，跨越宽阔的杭州湾海域后止于宁波市慈溪水路湾，全长360 km，大桥建成后缩短宁波至上海间的陆路距离 120 余千米。又如青岛海湾大桥（又称“胶州湾跨海大桥”），是我国自行设计、施工、建造的特大跨海大桥。它是国家高速公路网 G22 青兰高速公路的起点段，是山东省“五纵四横一环”公路网上框架的组成部分，是青岛市规划的胶州湾东西两岸跨海通道“一路一桥一隧”中的“一桥”。大桥起自青岛主城区海尔路，经红岛到黄岛，大桥全长 36.48 km，投资额近 100 亿，历时 4 年完工。全长超过我国杭州湾跨海大桥和美国切萨皮克跨海大桥，是当今世界上最长的跨海大桥，也是世界第二长桥。大桥于 2011 年 6 月 30 日全线通车。2011 年上榜吉尼斯世界纪录和美国《福布斯》杂志，荣膺“全球最棒桥梁”荣誉称号。

我国的交通事业和桥梁建设出现了一个全新的时期，一个干支衔接、布局合理、四通八达的公路网已经形成，公路交通对国民经济发展的“瓶颈”制约状况得到有效缓解。所以，我们应不断努力，不断吸取国内外桥梁建筑的先进技术和有益经验，为我国的桥梁建设作出更大的贡献。

（三）国外桥梁建筑概况

纵观世界桥梁建筑发展的历史，与社会生产力的发展，工业水平的提高，施工技术的进步、数学、力学理论的进展、计算技术的改革等方面都有关系。其中与建筑材料的改革最为密切。

17 世纪中期以前，建筑材料基本上只限于土、石、砖、木等材料，采用的结构也较简单。

17 世纪 70 年代开始使用生铁，19 世纪初开始使用熟铁建造桥梁与房屋，由于这些材料的本身缺陷，使土木工程的发展仍然受到限制。

19 世纪中期，钢材的出现使得钢结构得到了蓬勃发展，开始了土木工程的第一次飞跃。

20 世纪初，钢筋混凝土的广泛应用以及随后预应力混凝土的诞生，实现了土木工程的第二次飞跃。

从以上可看出，在资本主义时代，工业革命促使生产力大幅度增长，从而促进了桥梁建筑技术方面空前的发展。

下面是世界各国的典型桥例，从中可看出其现状和发展概况。

悬索桥方面，1883 年建成纽约布鲁克林悬索桥，跨径达483 m，开创了现代悬索桥的先河。1937 年建成的旧金山金门大桥，主跨达1280 m，保持了 27 年的世界纪录，至今金门大桥仍是举世闻名的桥梁经典之作。1998 年 4 月建成通车的日本明石海峡大桥是日本神户和濑户内海中大岛淡路岛之间的明石海峡上的一座大跨径悬索桥，主跨径为1991 m，居当前世界同类桥梁之首，其桥塔高度也为世界之冠。两桥塔矗立于海面以上约300 m。桥塔下基岩为花岗岩，但埋置很深，均在海平面150 m以下。

世界上第一座现代化斜拉桥是 1955 年瑞典建成的斯特多姆海峡桥，其主跨达128.6 m。加拿大的安纳西斯桥，是世界上较大的斜拉桥，于 1986 年建成，主跨465 m，桥宽32 m。桥塔采用钢筋混凝土结构，塔高154.3 m，主梁采用混凝土桥面板与钢梁组合结构。日本多多罗大桥于 1999 年竣工，是当时跨径最大的斜拉桥，其主跨为890 m。

世界上最长的拱、梁组合钢桥首推美国的弗莱蒙特桥。这是三跨连续加劲拱桥，主跨382.6 m，双层桥面。该桥主跨中央275.2 m的结构部分重约6000 吨，采用一次提升架设。南斯拉夫克罗地区的克拉克大桥，桥跨390 m，是世界上跨度第二大的钢筋混凝土拱桥，拱肋为单箱三室断面，采用悬臂拼装法施工，中室先行拼装合龙，再拼装两侧边室，于1980 年建成。

1977 年建成的奥地利的阿尔姆桥，主跨为76 m，是世界上最大的预应力混凝土简支梁桥。加拿大的魁北克桥属于世界著名的跨度最长的悬臂桁架梁桥，桥的主跨为548.6 m，桥全长为853.6 m。

目前已建或在建大跨度桥梁统计情况如表 1-1 至表 1-3 所示。

表 1-1　跨海大桥

序号	桥　名	总长(km)	桥　址	建成时间
1	青岛胶州湾大桥	36.48	中国	2011
2	杭州湾大桥	36	中国	2008
3	港珠澳大桥	49.968	中国	在建

续表

序号	桥　名	总长(km)	桥　址	建成时间
4	东海大桥	32.5	中国	2005
5	法赫德国王大桥	25	巴林	1986

表 1-2　　**悬索桥**

序号	桥　名	跨径(m)	桥　址	建成时间
1	明石海峡大桥	1991	日本	1998
2	西堠门大桥	1650	中国	2009
3	大贝尔特桥	1624	丹麦	1998
4	李舜臣大桥	1545	韩国	2012
5	润扬长江大桥	1490	中国	2005

表 1-3　　**斜拉桥**

序号	桥　名	跨径(m)	桥　址	建成时间
1	俄罗斯岛大桥	1104	俄罗斯	2012
2	苏通大桥	1088	中国	2008
3	昂船洲大桥	1018	中国	2009
4	鄂东长江大桥	926	中国	2010
5	多多罗大桥	890	日本	1999

(四)桥梁发展动态

1.三次飞跃

桥梁发展大致经历了以下三次飞跃：

(1)19 世纪中叶钢材出现，随后又出现了高强度钢材，使桥梁工程的发展获得了第一次飞跃，跨度不断加大。

(2)20 世纪初，钢筋混凝土的应用，以及 30 年代兴起的预应力混凝土技术，使桥梁建设获得了廉价、耐久且刚度和承载力均很大的建筑材料，从而推动桥梁的发展产生第二次飞跃。

(3)20 世纪 50 年代以后，随着计算机技术和有限元技术的发展，使人们能够方便地完成过去不可能完成的大规模结构计算，这使桥梁工程的发展获得了第三次飞跃。

2.发展方向

纵观大跨度桥梁的发展趋势，可以预见世界桥梁建设必将迎来更大规模的建设高潮，同时对桥梁技术的发展方向提出了新的要求：

(1)大跨度桥梁向更长、更大、更柔的方向发展

研究大跨度桥梁在气动、地震和行车动力作用下结构的安全性和稳定性，将截面做成

适应气动要求的各种流线型加劲梁，增大特大跨度桥梁的刚度；采用以斜缆为主的空间网状承重体系；采用悬索加斜拉的混合体系；采用轻型而刚度大的复合材料做加劲梁，采用自重轻、强度高的碳纤维做主缆。

(2)新材料的开发和应用

新材料应具有高强、高弹模、轻质的特点，用以取代目前桥梁用的钢材和混凝土。

(3)计算机的应用

在设计阶段采用高度发展的计算机辅助手段，进行有效的快速优化和仿真分析，运用智能化制造系统在工厂生产部件，利用 GPS 和遥控技术控制桥梁施工。

(4)大型深水基础工程

目前世界桥梁基础尚无超过100 m深海基础工程，下一步需进行 100～300 m深海基础的实践。

(5)桥梁建成交付使用后，将通过自动监测和管理系统保证桥梁的安全和正常运行，一旦发生故障或损伤，将自动报告损伤部位和养护对策。

(6)对桥梁造型的艺术要求越来越高，重视桥梁美学和环境保护，达到人文景观同环境景观的完美结合。

在 20 世纪桥梁工程大发展的基础上，描绘 21 世纪的宏伟蓝图，桥梁建设技术将有更大、更新的发展。

二、桥梁基本构造

(一)桥梁的组成

桥梁由上部结构、下部结构、支座和附属设施四个基本部分组成。图 1-2 和图 1-3 分别表示公路上所用的梁式桥及拱式桥的结构图式。

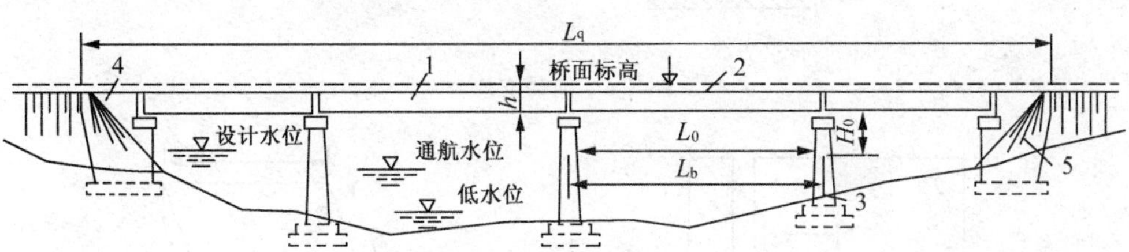

图 1-2　梁式桥的结构图式

1—主梁；2—桥面；3—桥墩；4—桥台；5—锥形护坡

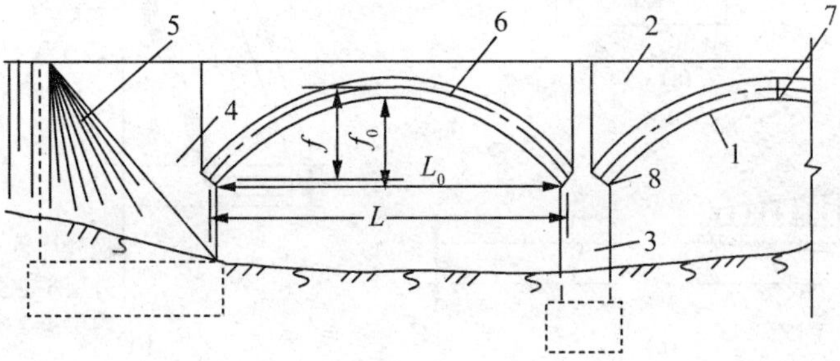

图 1-3　拱式桥的结构图式

1—拱圈；2—拱上建筑；3—桥墩；4—桥台；5—锥形护坡；6—拱轴线；7—拱顶；8—拱脚

一般桥梁工程的主要名词解释如下：

1. 上部结构

上部结构，又称“桥跨结构”，是路线遇到障碍（如河流、山谷等）而中断时跨越障碍的主要承重结构。它的作用是承受车辆荷载，并通过支座传给墩台。

2. 下部结构

下部结构包括桥墩、桥台和基础，是支承桥跨结构并将恒载和车辆等活载传至地基的建筑物。通常设置在桥梁两端的称为“桥台”，它除了上述作用外，还与路堤相衔接，以抵御路堤土压力，防止路堤填土的滑坡和坍落。桥墩则在两桥台之间，其作用是支承桥跨结构。桥墩和桥台中使全部荷载传至地基的底部奠基部分，通常称为“基础”，它是确保桥梁能安全使用的关键。由于基础往往深埋于土层之中，并且需在水下施工，故也是桥梁建筑中施工比较困难的一部分。

3. 支座

支座是一座桥梁在桥跨结构与桥墩或桥台的支承处所设置的传力装置，其作用是传递上部结构的支承反力，包括恒载和活载引起的竖向力和水平力；保证结构在活载、温度变化、混凝土收缩徐变等因素作用下的自由变形。支座按约束方向可以分为固定支座和活动支座；按材料分为简易支座、板式橡胶支座和盆式橡胶支座，如图 1-4 至图 1-6 所示。

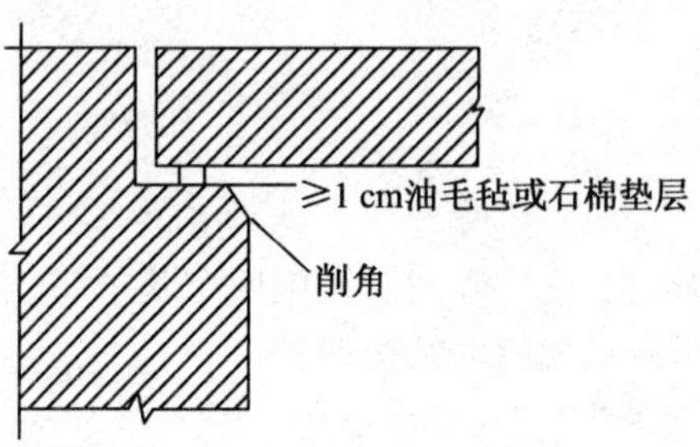

图 1-4　简易支座

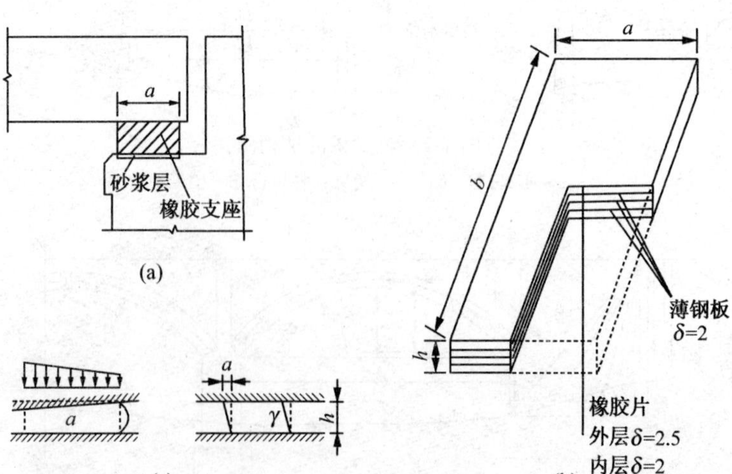

图 1-5　板式橡胶支座

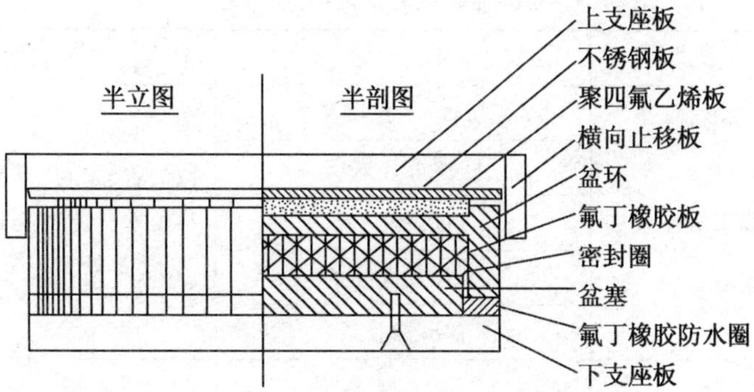

图 1-6 盆式橡胶支座

4. 桥梁的基本附属设施

桥梁的基本附属设施包括桥面系、伸缩缝、桥台与路堤衔接处的桥头搭板和在桥台两侧设置石砌的锥形护坡。其中桥面系主要包括桥面铺装和防排水设施，如图 1-7 所示。

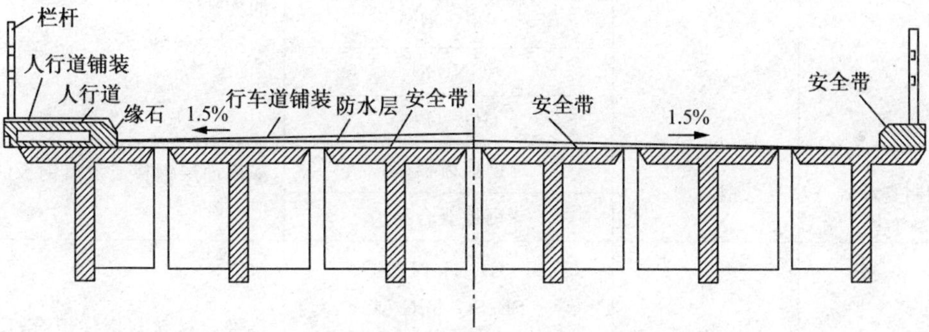

图 1-7 桥面部分一般构造

桥面铺装可分为沥青混凝土桥面铺装和水泥混凝土桥面铺装。混凝土桥面铺装层直接承受车辆轮压的的作用，既是保护层，又是受力层，因此必须有足够的强度和良好的整体性以及抗冲击与耐疲劳的特性，同时还应具有防水性及其对温度的适应性。

伸缩缝是桥梁结构的重要组成部分。为适应材料胀缩变形对结构的影响，而在桥梁结构的两端设置的间隙称为“伸缩缝”。为了使车辆平稳通过桥面并满足桥面变形的需要，在桥面伸缩接缝处设置的各种装置统称为“伸缩装置”。伸缩装置能满足梁体的自由伸缩，并要求具有较好的耐久性、行驶的舒适性、良好的防水性及施工的方便性，且维修简便、价格合理。在桥梁结构中，伸缩装置要适应温度的变化、混凝土的徐变及收缩、梁端的旋转、梁的挠度等因素引起的伸缩变化等。我国桥梁工程上使用的伸缩缝种类繁多，按其受力方式及构造特点可以分为对接式、钢制支承式、橡胶组合剪切式、模数支承式、无缝式五大类，其形式、型号、结构如表 1-4 所示。

在桥梁建筑工程中，除了上述基本结构外，根据需要还常常修筑护岸、导流结构物等附属工程。

表 1-4　　桥梁伸缩缝装置分类

类别	形式	种类举例	说明
对接式	填塞对接型	沥青、木板填塞	以沥青、木板、麻絮、橡胶等材料填塞缝隙的构造(在任何状态下,都处于压缩状态)
		U形镀锌铁皮	
		矩形橡胶条	
		组合式橡胶条	
		管形橡胶条	
	嵌固对接型	W型	采用不同形式的钢构件将不同形状橡胶条(带)嵌固,以橡胶条(带)的拉压变形吸收梁变位的构造
		SW型	
		M型	
		SDII型	
		PG型	
		FV型	
		GNB型	
		GQF-C型	
钢制支承式	钢制型	钢梳齿板型	采用面层钢板或梳齿钢板的构造
		钢板叠合型	
橡胶组合剪切式	板式橡胶型	BF、JB、JH、SD、SC、SB、SG、SEG型	将橡胶材料与钢件组合,以橡胶的剪切变形吸收梁的伸缩变位,面板缝隙支承车轮荷载的构造
		SEJ型	
		UG型	
		BSL型	
		CD型	
模数支承式	模数型	TS型	采用异型钢材或钢组焊件与橡胶密封组合的支承式构造
		J-75型	
		SSF型	
		SG型	
		XF斜向型	
		GQF-MZL型	
无缝式	暗缝式	GP型(桥面联系)	路面施工前安装的伸缩变位构造,以路面等变形吸收梁变位的构造
		TST弹性体	
		EPBC弹性体	

(二)桥梁的主要尺寸和术语名称

1.水位

河流中的水位是变动的,在枯水季节的最低水位称为“低水位”;洪峰季节河流中的最高水位称为“高水位”。桥梁设计中按规定的设计洪水频率计算所得的高水位(很多情况下是推算水位),称为“设计洪水位”。

2.净跨径

对于梁式桥,是指设计洪水位上相邻两个桥墩(或桥台)之间的净距,用 L_0 表示(见图1-2);对于拱式桥,是指每孔拱跨两个拱脚截面最低点之间的水平距离(见图1-3)。

3.计算跨径

对于具有支座的桥梁,是指桥跨结构相邻两个支座中心之间的距离,用 L 表示。对于图1-3所示的拱式桥,是两相邻拱脚截面形心点之间的水平距离。因为拱圈(或拱肋)各截面形心点的连线称为“拱轴线”,故也就是拱轴线两端点之间的水平距离。桥跨结构的力学计算是以计算跨径为基准的。

4.标准跨径

对于梁式桥和板式桥,是指两相邻桥墩中心线间或桥墩中心线与台背前缘间的距离;对于拱式桥和涵洞,则指净跨径,用 L_b 表示(见图1-2)。根据《公路桥涵设计通用规范》(JTG D60—2004)规定,当标准设计或新桥涵跨径在50 m以下时,宜采用我国公路桥涵标准化跨径,规定为0.75 m、1.0 m、1.25 m、1.5 m、2.0 m、2.5 m、3.0 m、4.0 m、5.0 m、6.0 m、8.0 m、10 m、13 m、16 m、20 m、25 m、30 m、35 m、40 m、45 m、50 m。

5.总跨径

是多孔桥梁中各孔净跨径的总和,也称“桥梁孔径”($\sum L_0$),它反映了桥下宣泄洪水的能力。

6.桥梁全长

简称“桥长”,是桥梁两端两个桥台的侧墙或耳墙后端点之间的距离,以 L_q 表示。对于无桥台的桥梁为桥面系行车道的全长(见图1-2)。在一条线路中,桥梁和涵洞总长的比重反映它们在整段线路建设中的重要程度。

7.桥梁高度

简称“桥高”,是指桥面与低水位之间的高差,或为桥面与桥下线路路面之间的距离。桥高在某种程度上反映了桥梁施工的难易性。

8.桥下净空

是为满足通航(或被跨道路路面和铁轨轨面)的需要和保证桥梁安全而对通航水位至桥跨结构最下缘之间的距离,以 H_0 表示(见图1-2),它应保证能安全通航和泄洪,并按《公路桥涵设计通用规范》(JTG D60—2004)的规定,高速公路和一级、二级公路上的桥梁应为5.0 m,三、四级公路上的桥梁应为4.5 m。

9.桥梁建筑高度

是上部结构底缘至桥面顶面的垂直距离。铁路跨线桥一般需9.5 m,对通航河流还必须同时满足泄洪要求。

10. 净矢高、计算矢高

拱桥从拱顶截面下缘至起拱线的水平线间的垂直距离，称为“净矢高”(f_0)；从拱顶截面重心至拱脚截面重心的水平线间的垂直距离，称为“计算矢高”(f)，如图 1-3 所示。

11. 矢跨比

拱桥搭轴线(或拱肋)的矢高与计算跨径之比(f/L)，称为拱圈的“矢跨比”(或称“拱矢度”)。

(三)桥梁的分类

1. 桥梁按受力体系分类

按照桥梁受力体系分类，桥梁有梁式桥、拱式桥、刚架桥、斜拉桥和悬索桥五种基本体系，其中梁式桥以受弯为主，拱式桥以受压为主，斜拉桥和悬索桥以受拉为主。下面分别阐述各种桥梁体系的主要特点。

(1)梁式桥

梁式桥是一种在竖向荷载作用下无水平反力的结构，如图 1-8(a)(b)所示，梁作为承重结构是以它的抗弯能力来承受荷载的。梁分简支梁、悬臂梁、固端梁和连续梁等，如图 1-8(a)(c)所示。对于大跨径的特大桥可采用预应力混凝土变截面梁桥钢桥和钢筋混凝土叠合梁桥，如图 1-8(d)(e)所示。由于外力(永久作用和可变作用)的作用方向与承重结构的轴线接近垂直，因而与同样跨径的其他结构体系相比，桥梁内产生的弯矩最大，通常需用抗弯、抗拉能力强的材料来建造。

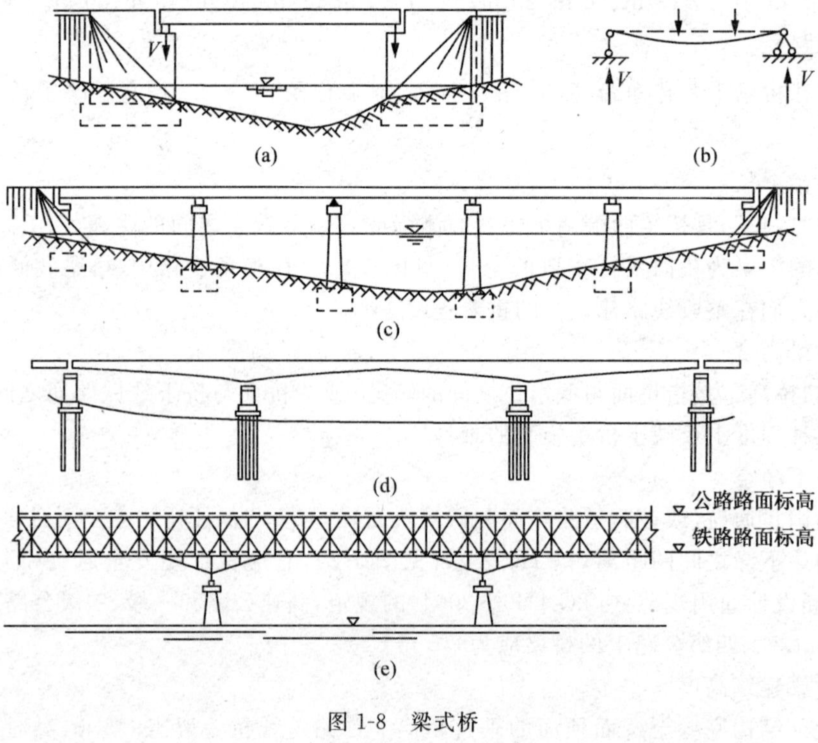

图 1-8　梁式桥

(2)拱式桥

拱式桥[见图 1-9(a)]的主要承重结构是拱圈(或拱肋),在竖向荷载作用下,拱圈既要承受压力,但也承受弯矩,桥墩和桥台将承受水平推力。同时,根据作用力和反作用力的原理,墩台向拱圈(或拱肋)提供一对水平反力 H,这种水平反力将大大抵消在拱圈(或拱肋)内由荷载所引起的弯矩[见图 1-9(b)]。

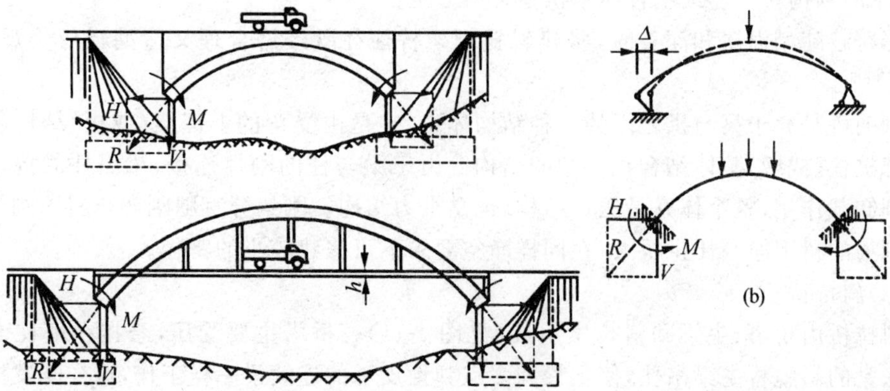

(a)

图 1-9 拱式桥

(3)刚架桥

刚架桥的主要承重结构是梁(或板)与立柱(或竖墙)整体结合在一起的刚架结构,梁和柱的连接处具有很大的刚性,以承担负弯矩的作用。图 1-10(a)所示的门式刚架桥,在竖向荷载作用下,受力状态介于桥梁与拱桥之间,如图 1-10(b)所示。

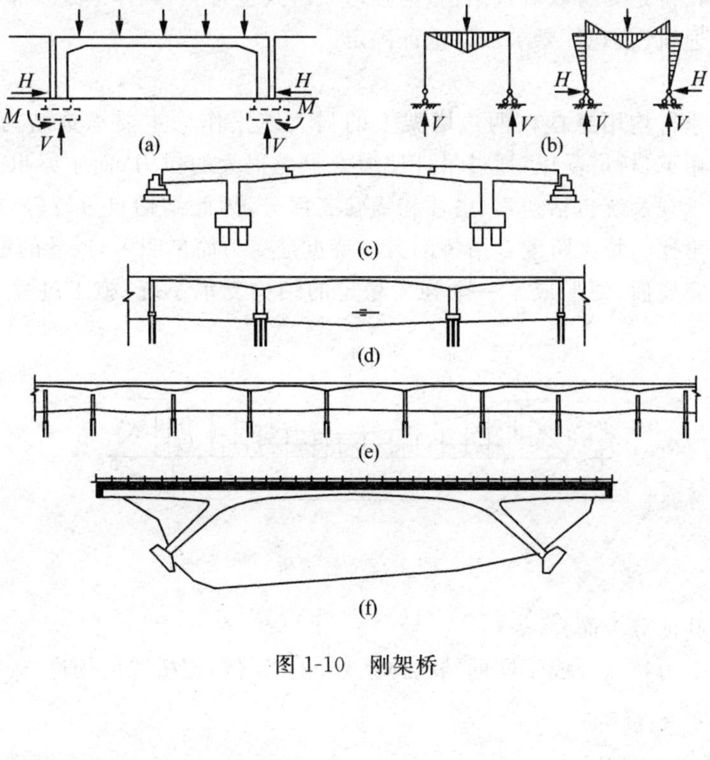

图 1-10 刚架桥

图 1-10(c)所示的 T 形刚构桥(带挂孔的或不带挂孔的)是修建较大跨径混凝土桥梁曾采用的桥型,属静定或低次超静定结构。

图 1-10(d)所示的连续刚构桥,属于多次超静定结构,在设计中一般应减小墩柱顶端的水平抗推刚度,使得温度变化在结构内不致产生较大的附加内力。对于很长的桥,为了降低这种附加内力,往往在两侧的一个或数个边跨上设置滑动支座,从而形成如图 1-10(e)所示的刚构——连续组合体系桥型。

当跨越陡峭河岸和深谷时,修建斜腿刚架桥往往既经济合理又造型轻巧美观,如图 1-10(f)所示。

刚架桥是介于梁与拱之间的一种结构体系,它是由受弯的上部梁(或板)结构与承压的下部桩柱(或墩)整体结合在一起的结构。由于梁与柱的刚性连接,梁因柱的抗弯刚度而得到卸载作用,整个体系是压弯结构,也是推力结构。刚架分直腿刚架与斜腿刚架。

刚架的桥下净空比拱桥大,在同样净空要求下可修建较小的跨径。

(4)斜拉桥

斜拉桥由桥塔、主梁和斜拉索组成(见图 1-11)。桥塔主要受压,悬挂在塔柱上的被受拉张紧的斜缆将主梁吊住,使主梁像多点弹性支承的连续梁一样工作,这样既发挥了高强材料的作用,又显著减小了主梁截面,使结构减轻而增大跨径。

图 1-11　斜拉桥

常用的斜拉桥是三跨双塔式结构,但独塔双跨式也常见,具体形式及布置的选择应根据河流、地形、通航、美观等要求加以论证确定。

(5)悬索桥

传统的悬索桥均用悬挂在两边塔架上的强大缆索作为主要承重结构(见图 1-12)。在竖向荷载作用下,桥塔受压,通过吊杆使缆索承受很大的拉力,而主梁也是弹性支承连续梁。吊桥的承载系统包括缆索、塔柱和锚碇三部分,因此结构自重较轻,能够跨越任何其他桥型无与伦比的特大跨度。吊桥的另一特点是受力简单明了,成卷的钢缆易于运输,在将钢缆架设完成后,便形成了一个强大稳定的结构支承系统,施工过程中的风险相对较小。

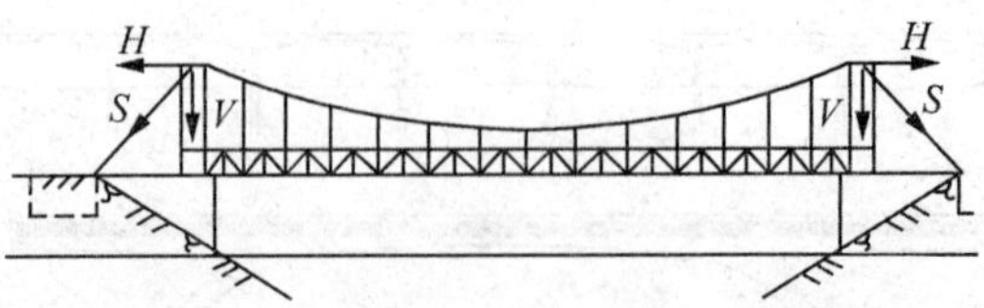

图 1-12　悬索桥

2. 桥梁的其他分类简介

除上述按受力特点分成不同的结构体系外,人们习惯按桥梁的用途、规模大小和建桥材料等其他方面将桥梁分类。

(1)桥梁按用途分类

桥梁按照用途分为公路桥、铁路桥、公路铁路两用桥、农桥、人行桥、运水桥(渡槽),及其他专用桥梁(如通过管路、电缆等)。

(2)按桥梁多孔跨径总长和单孔跨径不同分类

桥梁按桥梁多孔跨径总长和单孔跨径不同分为特大桥、大桥、中桥、小桥和涵洞。我国《公路桥涵设计通用规范》(JTG D60—2004)规定的特大桥、大桥、中桥、小桥划分如表1-5所示。

表 1-5　桥梁按多孔跨径总长和单孔跨径不同分类

桥梁分类	多孔跨径总长 L(m)	单孔跨径 L_K(m)
特大桥	$L>1000$	$L_K>150$
大桥	$100\leqslant L\leqslant 1000$	$40\leqslant L_K\leqslant 150$
中桥	$30<L<100$	$20\leqslant L_K<40$
小桥	$8\leqslant L\leqslant 30$	$5\leqslant L_K<20$
涵洞	—	$L_K<5$

注:表中的 L,L_K 为《标准》中的写法。

(3)桥梁按照上部结构建筑材料分类

桥梁按上部结构所用的材料划分为钢筋混凝土桥、预应力混凝土桥、圬工桥(包括砖、石、混凝土桥)、钢桥和木桥等。

(4)桥梁按跨越障碍的性质分类

桥梁按跨越障碍的性质划分为跨河桥、跨线桥(立交桥)、高架桥和栈桥。

(5)桥梁按上部结构的行车道位置分类

桥梁按上部结构的行车道位置划分为上承式桥、下承式桥和中承式桥。桥面布置在主要承重结构之上者称为“上承式桥”(见图1-13);桥面布置在主要承重结构之下为“下承式桥”(见图1-14);桥面布置在主要承重结构中间的为“中承式桥”(见图1-15)。

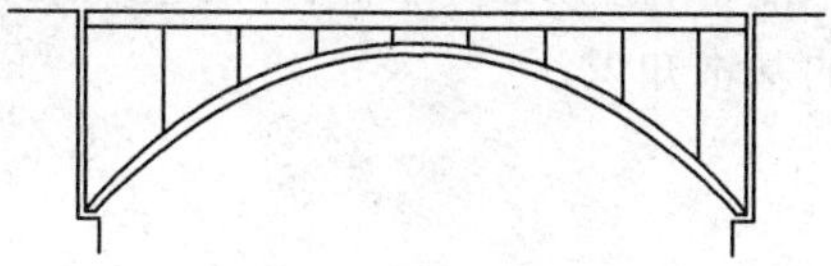

图 1-13　上承式桥

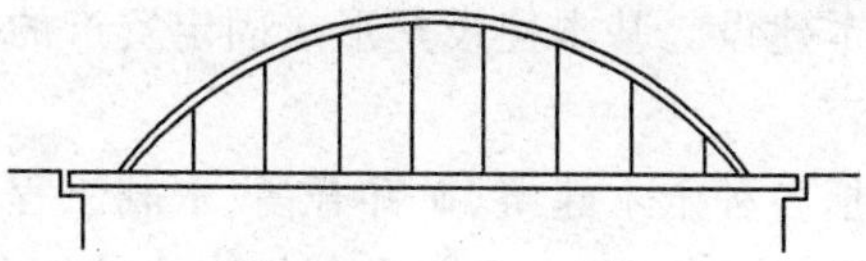

图 1-14　下承式桥

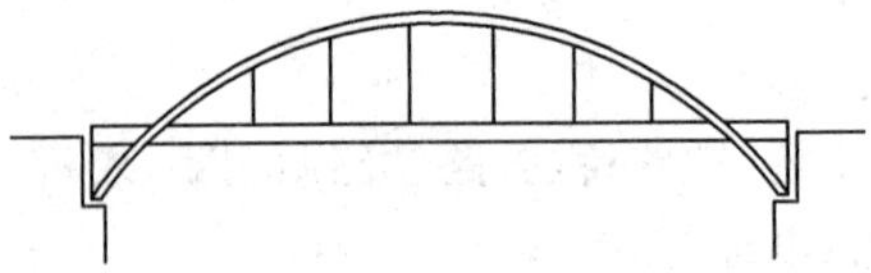

图 1-15　中承式桥

(6)桥梁按特殊使用条件分类

桥梁按特殊使用条件分为开启桥、浮桥、漫水桥等。

任务二　桥梁施工准备

引导案例

某施工单位中标了一个桥梁工程项目,该公司马上组建项目部,负责该项目的具体实施。为了避免在施工过程中出现“窝工”“停工待料”等现象,确保各施工环节的有序进行,在项目开工之前,该项目部要完成一系列的施工准备工作。

针对以上背景,请思考下面问题:

1.桥梁基本建设程序是什么?

2.施工准备的具体内容有哪些?

3.施工单位开工必须具备哪些条件?

任务描述

施工准备工作的目的是为施工创造必要的技术和物质条件,统筹安排施工力量和施工现场,是施工企业搞好目标管理,推行技术经济承包的重要依据,也是施工得以顺利进行的基本保证。施工单位在承接了施工任务后,要尽快做好各项准备工作,创造有利的施工条件,使施工工作能够有计划地、连续地、均衡地进行,在确保质量和安全的前提下,降低施工成本,按期交工,尽早使工程投入使用,发挥效益。

施工准备通常包括技术准备、施工现场准备、劳动组织准备、物资准备等工作。本任务主要学习桥梁施工准备的基本知识。

一、桥梁建设程序

在学习桥梁施工准备前,我们有必要先了解一下桥梁建设程序。桥梁建设属于基本建设项目。1952 年我国国务院规定:凡固定资产扩大再生产的新建、改建、扩建、恢复工程及与之连带的工作为基本建设。基本建设是形成固定资产的生产活动。

(一)基本建设主要内容

1.建筑安装工程。包括各种土木建筑、矿井开凿、水利工程建筑、生产、动力、运输、实验等各种需要安装的机械设备的装配,以及与设备相连的工作台等装设工程。

2.设备购置。即购置设备、工具和器具等。

3.勘察、设计、科学研究实验、征地、拆迁、试运转、生产职工培训和建设单位管理工作等。

(二)基本建设分类

1.按建设的性质分类

按建设的性质分为新建项目、扩建项目、改建项目、迁建项目和恢复项目。

(1)新建项目:是从无到有、平地起家的建设项目。

(2)扩建和改建项目:是在原有企业、事业、行政单位的基础上,扩大产品的生产能力或增加新的产品生产能力,以及对原有设备和工程进行全面技术改造的项目。

(3)迁建项目:是原有企业、事业单位,由于各种原因,经有关部门批准搬迁到另地建设的项目。

(4)恢复项目:是指对由于自然、战争或其他人为灾害等原因而遭到毁坏的固定资产进行重建的项目。

2.按建设的经济用途分类

按建设的经济用途分为生产性基本建设和非生产性基本建设。

(1)生产性基本建设是用于物质生产和直接为物质生产服务的项目的建设,包括工业建设、建筑业和地质资源勘探事业建设和农林水利建设等。

(2)非生产性基本建设是用于人民物质和文化生活项目的建设,包括住宅、学校、医院、托儿所、影剧院以及国家行政机关和金融保险业的建设等。

3.其他分类方法

按投资额构成分为建筑安装工程投资、设备工具投资和其他基本建设投资。

按建设用途分为生产性建设项目,如工业建设、水利建设、运输建设等;及非生产性建设项目,如住宅建设、卫生建设、公用事业建设等。

按建设规模及总投资的大小可分为大型、中型、小型建设项目。

按建设阶段分为预备项目、筹建项目、施工项目、建成投资项目、收尾项目。

(三)基本建设程序

基本建设程序,是指基本建设全过程中各项工作必须遵循的先后顺序,它是指基本建设全过程中各环节、各步骤之间客观存在的不可破坏的先后顺序,是由基本建设项目本身的特点和客观规律决定的。进行基本建设,坚持按科学的基本建设程序办事,就是要求基本建设工作必须按照符合客观规律要求的一定顺序进行,正确处理基本建设工作中从制定建设规划、确定建设项目、勘察、定点、设计、建筑、安装、试车,直到竣工验收交付使用等各个阶段、各个环节之间的关系,达到提高投资效益的目的,这是关系基本建设工作全局的一个重要问题,也是按照自然规律和经济规律管理基本建设的一个根本原则。

基本建设程序主要包括以下步骤:

1.编报项目建议书

项目法人按国民经济和社会发展长远规划、行业规划和建设单位所在的城镇规划的要求,根据本单位的发展需要,经过调查、预测、分析,编报项目建议书。

2.可行性研究报告

项目建议书批准后,项目法人委托有相应资质的设计、咨询单位,对拟建项目在技术、工程、经济和外部协作条件等方面的可行性进行全面分析、论证，推荐最佳方案。可行性研究报告是项目决策的依据，应按国家规定达到一定的深度和准确性，其投资估算和初步设计概算的出入不得大于10%，否则将对项目进行重新决策。

3.初步设计

可行性研究报告批准后，项目法人委托有相应资质的设计单位，按照批准的可行性研究报告的要求，编制初步设计。初步设计批准后，设计概算即为工程投资的最高限额，未经批准，不得随意突破。确因不可抗拒因素造成投资突破设计概算时，经上报原批准部门审批。

4.施工图设计

初步设计批准后，项目法人委托有相应资质的设计单位，按照批准的初步设计，组织施工图设计。

5.年度投资计划

项目建议书、可行性研究报告、初步设计批准后向主管部门申请列入投资计划。

6.进行建设准备

包括征地拆迁，搞好"四通一平"，落实施工力量，组织物资订货和供应，以及其他各项准备工作。

7.组织施工

准备工作就绪后，向主管部门和有关单位提出开工报告，经过批准，即开工兴建。遵循施工程序，按照设计要求和施工技术验收规范，进行施工。

8.竣工验收

根据国家有关规定，建设项目按批准的内容完成后，应按照规定的标准和程序，对工程进行验收(竣工验收)，编制竣工验收报告和竣工决算，并办理固定资产交付生产使用的手续。对于小型建设项目，建设程序可以简化。

9.项目后评价

项目完工后对整个项目的造价、工期、质量、安全等指标进行分析评价或与类似项目进行对比。

二、桥梁施工准备

(一)桥梁施工技术准备

任何工程的技术准备都是施工准备的核心。由于任何技术上的差错及其造成的隐患，都可能造成质量与安全事故，带来生命、财产和经济的巨大损失，因此必须认真做好技术准备工作。

1.熟悉设计文件、研究和审查设计图纸

为了让从事桥梁施工的工程技术人员及现场管理人员，在拟建工程开工之前充分地了解和熟悉设计意图，能够按照设计要求顺利地进行施工，建设出符合设计要求的桥梁工程，施工单位在收到拟建工程的设计图纸和有关技术文件后，应尽快组织工程技术人员熟悉、研究所有技术文件和图纸及其相关资料。通过了解、熟悉、研究设计文件，全面透彻地领会设计意图。明确工程建设期限以及整个工程所用的主要材料与设备的数量、规格及来源。检查各种图纸与设计文件是否齐全、清晰、准确，各组成部分之间有无矛盾和错误，以及在几何尺寸、坐标、标高、说明等方面是否一致，技术要求是否准确。

2.原始资料的进一步调查分析

对拟建工程进行实地勘察，进一步获得有关原始数据的第一手资料，这对于正确选择施工方案、制定技术措施、合理安排施工顺序和施工进度计划是非常必要的。

(1)自然条件的调查

①地质方面

在地质方面，应了解的主要内容有地质构造、墩台位处的基岩埋深、岩层状态、岩石性质、覆盖层土质、土的性质和类别、地基土的承载力、土的冻结深度、妨碍基础施工的障碍物、地震级别和烈度等等。

②水文方面

在水文方面，应了解的主要内容有：河流流量和水质、年水位变化情况、最高洪水位和最低枯水位的时期及持续时间、流速和漂浮物、地下水位的高低变化、含水层的厚度和流向；冰冻地区的河流封冻时间、融冰时间、流冰水位、冰块大小；受潮汐影响河流或水域中潮水的涨落时间、潮水位的变化规律和潮流等情况。

③气象方面

在气象方面，进一步调查的内容一般包括：气温、气候、降雨、降雪、冰冻、台风(含龙卷风、雷雨大风等突发性灾害)、风向、风速等变化规律及历年记录；冬、雨季的期限及冬季地层冻结厚度等情况。

④施工现场的地形地物

施工现场的地形地物主要包括建设场地的地形地貌，邻近的房屋、桥梁、道路、输变电线路、通信线路，施工现场的地上与地下障碍物状况等，为编制“四通一平”计划及进行施工现场平面布置提供依据。

(2)技术经济条件的调查

技术经济条件主要内容包括地方建筑施工企业的状况、施工现场的征地拆迁状况、当地可利用的地方材料状况、地方能源和交通运输状况、地方劳动力和技术水平状况、当地生活供应和医疗卫生状况、当地消防与治安状况和参加施工单位的技术力量状况等等。

3.制订施工方案、进行施工设计

在全面熟悉设计文件和设计图纸后，正确理解设计意图和技术要求，以及进行以施工为目的的各项调查之后，应根据进一步掌握的各种情况和资料，对投标时初步拟订的施工方法和技术措施等进行重新评价和深入研究，以制订出详尽的更符合现场实际情况的施工方案。

施工方案一经确定，即可进行各项临时性结构的施工设计，诸如基坑围堰，浮运沉井和钢围堰的制造场地及下水、浮运、就位、下沉等设施，钻孔桩水上工作平台，连续梁桥顶推施工的台座和预制场地，悬浇桥梁的挂篮，导梁或架桥机，模板支架及脚手架，自制起重吊装设备，施工便桥、便道及装卸码头的设计。施工设计应在保证安全的前提下，尽量考虑使用现有材料和设备，因地制宜，使设计出的临时结构经济适用、装拆简便、功能性强。

4. 编制施工组织设计

中标后的施工组织设计是施工准备工作的重要组成部分，也是指导工程施工全部生产活动的技术经济文件。编制施工组织设计的目的在于全面、合理、有计划地组织施工，从而具体实现设计意图，优质、高效地完成施工任务。

5. 编制施工预算

施工预算是根据施工图纸、施工组织设计或施工方案、施工定额等文件进行编制的。施工预算是施工企业内部控制各项成本支出、考核用工、签发施工任务单、限额领料以及基层进行经济核算的依据，也是制订分包合同时确定分包价格的依据。

（二）桥梁施工现场准备

施工现场的准备工作，主要是为工程的施工创造有利的施工条件，提供必备的物资保证，其具体内容如下：

1. 施工控制网测量

按照勘测设计单位提供的桥位总平面图和测图控制网中所设置的基线桩、水准标高以及重要桩志和保护桩等资料，进行三角控制网的复测，并根据桥梁结构的精度要求和施工方案补充加密施工所需要的各种标桩，建立满足施工要求的平面和立面施工测量控制网（见图 1-16）。

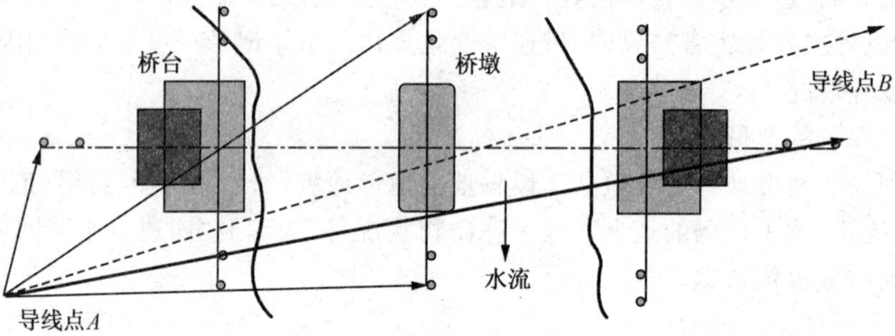

图 1-16　测量控制网

2. 补充钻探

桥梁工程在初步设计时所依据的地质钻探资料往往因钻孔较少、孔距过大而不能满足施工的要求，因此必须对有些地质情况不明了的墩位进行补充钻探，以查明墩位处的地质情况和可能的隐蔽物，为基础工程的施工创造有利条件。

3. 搞好“四通一平”

“四通一平”是指水通、电通、路通、通信通和场地平整。为了蒸汽养生的需要以及在寒冷冰冻地区特殊性，还要考虑暖气供热的要求。

4. 建造临时设施

按照施工总平面图的布置，建造所有生产、办公、生活、居住和贮存等临时用房，以及临时便道、码头、混凝土拌和站、构件预制场地等等。

5. 安装调试施工机具

对所有施工机具都必须在开工之前进行检查和试运转。

6.材料的试验和贮存堆放

按照材料的需要量计划，应及时提供材料的试验申请计划，包括混凝土和砂浆的配合比和强度、钢材的机械性能等试验，并组织材料进场，按规定的地点和指定的方式进行贮存堆放。

7.新技术项目的试制和试验

按照设计文件和施工组织设计的要求，认真组织新技术项目的试验研究。

8.冬、雨季施工安排

按照施工组织设计要求，落实冬、雨季施工的临时设施和技术措施，做好施工安排。

9.消防、保安措施

建立消防、保安等组织机构和有关的规章制度，布置安排好消防、保安等措施。

10.建立健全施工现场各项管理制度

根据工程特点，制定施工现场必要的各项规章制度。

(三)桥梁施工劳动组织准备

1.建立组织机构

建立组织机构应遵循的原则是：根据工程项目的规模、结构特点和复杂程度，系统进行各职能部门的设置，坚持合理分工与密切协作相结合，使之便于指挥和管理，分工明确，责权具体，权责一致。人员的配备应力求精干，以适应任务的需要。

2.合理设置施工班组

施工班组的设置应认真考虑专业和工种之间的合理配置，技工和普工的比例要满足合理的劳动组织，并符合流水作业方式的要求，同时制订出该工程的劳动力需要量计划。

3.组织劳动力进场

集结施工力量，组织劳动力进场。进场后应对工人进行技术、安全操作规程以及消防、文明施工等方面的培训教育，并安排好职工的生活。

4.施工组织设计、施工计划和施工技术交底

施工技术交底应在单位工程或分部分项工程开工之前，按照管理系统逐级进行，由上而下直到工人班组，其方式有书面形式、口头形式和现场示范形式等。施工组织设计、施工计划和施工技术交底的目的是把拟建工程的设计内容、施工计划和施工技术等要求，详尽地向施工班组和工人讲解，交代清楚。以保证工程能严格按照设计图纸、施工工艺、安全技术措施、降低成本措施和施工验收规范的要求进行施工；新技术、新材料、新结构和新工艺的实施方案和保证措施得以落实；有关部位的设计变更和技术措施等事项得以贯彻执行。

5.建立健全各项管理制度

为了各项施工活动的顺利进行，必须建立健全工地的各项管理制度。这些制度通常包括以下内容：技术质量责任制度、工程技术档案管理制度、施工图纸学习与会审制度、技术交底制度、技术部门及各级人员的岗位责任制度、工程材料和构件的检查验收制度、工程质量检查与验收制度、材料出入库制度、安全操作制度、机具使用保养制度等等。

(四)桥梁施工物资准备

材料、机具和设备是保证施工顺利进行的物质基础，这些物资的准备工作必须在工程

开工之前完成。根据各种物资的需要量计划，分别落实货源、安排运输和储备，使其满足连续施工的要求。物资准备工作主要包括工程材料（钢材、木材、水泥、砂石等等）的准备、工程施工设备的准备、构件的加工准备，以及其他各种小型生产工具、小型配件等的准备，其详细流程如下：

1. 根据施工预算、分部（项）工程施工方法和施工进度的安排，拟订材料、施工机具等物资的需要量计划。

2. 根据各种物资需要量计划，组织货源，确定加工、供应地点和供应方式，签订物资供应合同。

3. 根据各种物资的需要量计划和合同，拟订运输计划和运输方案。

4. 拟订的运输计划和运输方案及施工总平面图的要求，组织物资按计划时间进场，并在指定地点、按规定方式进行贮存或堆放。

（五）桥梁施工其他准备

1. 做好分包工作和签订分包合同

由于施工单位本身的力量有限，有些专业工程的施工、安装和运输等均需要委托外单位完成，因此应依据招标文件、投标文件，根据工程量、完成日期、工程质量和工程造价等内容，选择合适的分包单位，并与其签订分包合同，保证分项工程的按时实施。

2. 向监理单位提交开工申请报告

施工单位在做好上述准备工作后，应该及时地填写开工申请报告，并上报业主单位或监理单位批准。

施工单位开工必须具备下列条件：

(1)施工图经过会审，图中存在的问题和错误已得到纠正。

(2)施工组织设计或施工方案已经得到监理工程师的批准并进行技术交底。

(3)已办理好施工许可证。

(4)施工力量已经调集，并已经过必要的技术安全和防火教育，安全消防设备已经具备。

(5)施工机械和设备已进场，并经过检验能保证正常运转。

(6)材料、成品、半成品等物资能满足连续施工的要求。

(7)场内外施工便道已经修通，施工用水、用电、排水和通信能满足施工的需要。

(8)附属加工厂和职工生活福利设施的建设能满足施工和生活的需要。

任务三　支架与模板施工

引导案例

2010 年 1 月 3 日，由云南建工市政公司承建的昆明新机场配套引桥工程，在箱梁混凝土浇筑过程中，突然发生了支架垮塌事故，如图 1-17 所示。垮塌长度约为 38.5 米，宽为 13.2 米，支撑高度约为 8 米。事故发生后，经核查伤亡情况如下：轻伤 26 人，重伤 8 人，死亡 7 人。

图 1-17 昆明新机场事故现场

近年来，在建筑工程中，支架垮塌事故频发，给人民的生命和财产安全带来了巨大的损失，那么作为施工技术人员在支架及模板施工过程中，应该如何避免类似事故的发生呢？

任务描述

桥梁支架是指在桥梁施工过程中，为了满足施工高度要求，以及方便施工人员作业，而搭设的与模板一起承受施工荷载的支撑架，也称“脚手架”。桥梁施工常用支架类型主要有：万能杆件、贝雷梁、钢管支架。目前，钢管支架应用最为广泛。

所谓“模板”是一种模型结构，它能够保证新浇筑混凝土按设计要求成型，它要承受混凝土结构整个施工过程中出现的各种荷载，避免结构或构件在具有足够强度前产生较大的内力或变形，同时还具有保护混凝土能够正常硬化和改善混凝土表面质量的作用。模板工程一般包括模板和支撑两大部分，其施工工艺一般包括模板的选材、选型、设计、制作、安装、拆除和修整。虽然模板是整个施工过程中的临时结构，但它不仅能够控制结构尺寸的精度，而且对工程质量、施工进度、工程造价和施工安全等都有直接的影响。常用的模板包括木模板、钢模板、竹胶板、木胶板、定型钢模板、组合钢模板、爬模、滑模、翻模等等。

模板和支架均应进行施工图设计，经监理批准后方可用于施工。钢模板和钢支架的设计应符合现行国家标准《钢结构设计规范》(GB 50017—2003)的规定，采用定型钢管脚手架作为支架材料时，支架的设计应分别符合现行行业标准《建筑施工碗扣式钢管脚手架安全技术规范》(JGJ 166—2008)、《建筑施工门式钢管脚手架安全技术规范》(JGJ 128—2000)或《建筑施工扣件式钢管脚手架安全技术规范》(JGJ 130—2011)的规定。采用其他材料的模板和支架的设计应符合其相应的专门技术规定。支架的地基与基础设计应符合现行行业标准《公路桥涵地基与基础设计规范》(JTG D63—2007)的规定，并应对地基承载力进行计算。

一、支架

在就地浇筑的混凝土结构中，一般要利用支架来保证施工高度，支撑和稳固模板，并承受模板、钢筋、混凝土、施工人员与机具等各种施工荷载。

(一)万能杆件

万能杆件是组成钢支架的最基本的构件之一。万能杆件是由角钢和连接板组成,用螺栓连接的桁架杆件。万能杆件的构件一般分为三大类:第一类为杆件,杆件在拼装时组成支架的弦杆、腹杆、斜撑;第二类为连接板,各种规格的连接板可将弦杆、腹杆、斜撑等连接成需要的各种形状;第三类为缀板,缀板可将断面由四肢或两肢角钢组成的各种弦杆、腹杆等在其节间中点做一个加强连接点,使组合断面的整体性更好。用万能杆件组拼桁架时,其高度可为2 m、4 m、6 m及以上。当高度为2 m时,腹杆为三角形;当高度为4 m时,腹杆为菱形;当高度超过 6m 时,腹杆可做成多斜杆形。

万能杆件的优点有:通用性强,弦杆、腹杆及连接板等均为标准件,运输方便,装拆方便,利用率高,等等。它还可以拼装成桁架、墩架、塔架、龙门架等形式。还可以作为墩台、索塔施工脚手架等。图 1-18 所示为万能杆件结构。

图 1-18　万能杆件

(二)贝雷梁

除了型钢、万能杆件外,贝雷梁也是组建钢支架的重要组成部分。贝雷(贝雷梁)是一种由桁架拼装而成的钢桁架结构。贝雷常拼成架桥机导梁、临时便桥、施工支架、龙门吊机等等。图 1-19 所示为贝雷梁组拼的施工支架。

图 1-19　贝雷梁

（三）钢管支架

钢管支架常称“满堂支架”（见图 1-20），是目前桥梁施工最常用的一种支架的形式。主要有扣件式脚手架、碗扣式脚手架、轮扣式脚手架、门式脚手架等样式。钢管支架在桥梁施工中应用非常广泛，其不仅可用作外脚手架，还可用作里脚手架、施工主要承重架及支模架等。钢管支架主要由钢管、扣件（碗扣）、底座和顶托等组成。

(a)满堂式钢管支架　　(b)螺旋丝杠顶托

图 1-20　钢管支架

1. 钢管支架的配件要求

（1）钢管

组成脚手架的钢管，应有产品质量合格证及质量检验报告，且符合《建筑施工扣件式钢管脚手架安全技术规范》（JG J130—2011）的要求，否则不得用于工程当中。脚手架钢管的尺寸应按表 1-6 采用。

表 1-6　　**脚手架钢管尺寸**　　单位：mm

截面尺寸		壁厚下差限值
外径	壁厚	0.36
48.3	3.6	

注：当所用钢管的壁厚不符合规范规定时，可按钢管实际尺寸进行设计计算。

（2）扣件

常用扣件的形式有三种（见图 1-21）：用于两根任意角度相交钢管连接的旋转扣件；供两根垂直相交钢管连接的直角扣件；供两根对接钢管连接的对接扣件。此外，钢管支架还配有顶托与底座。

①扣件式钢管脚手架应采用可锻铸铁或铸钢制作的扣件，其材质应符合现行国家标准《钢管脚手架扣件》（GB 15831—2006）的规定；采用其他材料制作的扣件，应经试验证明其质量符合该标准的规定后方可使用。

②脚手架采用的扣件，在螺栓拧紧扭力矩达 65 N·m 时，不得发生破坏。

③扣件规格必须与钢管外径相同。

④新扣件应有生产许可证、法定检测单位的测试报告和产品质量合格证；旧扣件使用前应进行质量检查，有裂缝、变形的严禁使用，出现滑丝的螺栓必须更换，新、旧扣件均应进行防锈处理。

(a)旋转扣件

(b)直角扣件

(c)对接扣件

(d)顶托

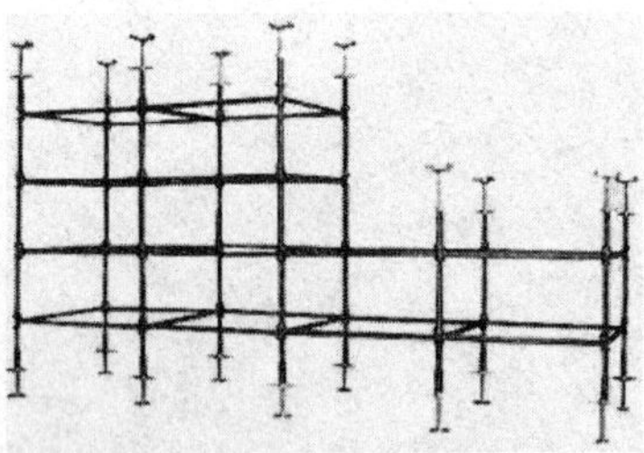
(e)顶托与底座

图 1-21　扣件

2.钢管支架的构造要求

采用定型碗扣式钢管脚手架材料作支架时，其构造应符合下列要求：

(1)应根据支架所承受的实际荷载选择立杆的间距和步距。立杆底部应设置可调底座或固定底座，底层纵、横向水平杆作为扫地杆时，距地面的高度应小于或等于350 mm；立杆上端包括可调螺杆伸出顶层水平杆的长度应不大于0.7 m，立杆上端应采用U形顶托，且该顶托应支撑在模板主肋的底部。

(2)支架高度大于4.8 m时，其顶部和底部均应设置水平剪刀撑，中间水平剪刀撑的设置间距应不大于4.8 m。

(3)立杆间距小于或等于1.5 m时，应在支架的四周及中间的纵、横向，由底至顶连续设置竖向剪刀撑，其间距应不大于4.5 m；立杆间距大于1.5 m时，应在拐角处设置通高的专用斜杆，中间每排每列均应设置通高的“八”字形斜杆或剪刀撑。剪刀撑的斜杆与地面的夹角应为45°～60°，斜杆应每步与立杆扣接。

(4)支架的高宽比宜小于或等于2，当高宽比大于2时，宜扩大下部架体尺寸或采取其他构造措施。

(5)支架周围有主体结构时，应设置连墙体。

(6)在支架中设置通道时，其宽度应小于或等于4.8 m。应在通道的上部架设专用横梁，通道两侧的立杆应加密并应加设斜杆，与架体的连接应牢固。通行机动车的通道，应设置防撞击的设施。

(7)支架的总体构造和细部构造均应设置成几何不变体系。支架的立杆之间应根据其受力要求和结构特点设置水平和斜向等支撑连接杆件，增强支架的整体刚度和稳定性。

采用定型门式或扣件式钢管脚手架材料作支架时，其构造要求应分别符合现行行业标准《建筑施工门式钢管脚手架安全技术规范》(JGJ 128—2000)和《建筑施工扣件式钢管脚手架安全技术规范》(JGJ 130—2011)的规定。

3.支架的安装

(1)支架应按施工图设计的要求进行安装。立柱应垂直,节点连接应可靠。

(2)支架在纵桥向和横桥向均应加强水平、斜向连接,增强整体稳定。高支架应设置足够的斜向连接、扣件或缆风绳,横向稳定应有保证措施。

(3)应通过预压的方式,消除支架地基的不均匀沉降和支架的非弹性变形并获取弹性变形参数,或检验支架的安全性。预压荷载宜为支架需承受全部荷载的1.05～1.10倍,预压荷载的分布应模拟需承受的结构荷载及施工荷载。

(4)支架在安装完成后,应对其平面位置、顶部高程、节点连接及纵、横向稳定性进行全面检查,符合要求后,方可进行下一工序。

二、模板

(一)基本要求

1.宜优先使用竹(木)胶板和钢模板。若采用木模,则木模与混凝土接触的表面应平整、光滑,多次重复使用的木模应在内侧加钉薄铁皮。

2.在计算荷载作用下,模板必须具有足够的承载能力、刚度和稳定性,能够可靠地承受混凝土、钢筋的重量和新拌混凝土的侧压力以及施工荷载。

3.模板表面应该光滑平整,板与板之间接缝严密,保证结构物外露面美观,线条流畅,可设倒角。

4.结构力求简单,制作、装拆方便,能多次周转使用。

5.选材要经济适用,尽可能降低模板的施工费用。

6.重复使用的模板应经常检查、维修。

(二)模板的分类

模板种类很多,构造也各不相同,根据不同的方法可分为多种类别。按照模板是否能重复利用,可以分为一次性模板和周转性模板;按照施工方法的不同,可以分为整体式模板和拼装式模板;按照所支立的部位不同,可分为内模、外模、侧模、端模、底模等;按制作模板所用的材料不同,可分为木模板、钢模板、钢木组合模板、胶合模板、气囊等;此外还有高墩施工常用的爬升模板、滑升模板、翻升模板等。

在当前的桥梁施工中,常用的模板主要有钢模、竹胶模、木胶模及木模板。木模板的特点是制作简单、加工简便,可做成任意可能的形状,对结构的尺寸和形状的适应性很强,但成本高、施工效率低。竹(木)胶合模板是按相邻层纹理方向相互垂直,用酚醛树脂胶粘剂或改性酚醛树脂胶粘剂胶合,并经热压固化而成型。一般情况下,外层表板的纹理方向与板的长向平行,因而长向为胶合板的强方向,短向为弱方向。为使胶合板面提高周转使用次数,使其具有良好的耐热性、耐水性、耐碱性、耐磨性和易脱模性,必须对胶合板做覆面处理。覆面胶合板表面平整光滑、锯截方便、加工灵活,每次使用前不必刷脱膜剂,用加设密封条和覆贴胶带纸等方法都可以封堵拼缝,并且其承载力大、材质轻、透气性好、保温性能好,比前述的木模板高效省力,周转次数多,施工费用低,比后述的拼装钢模板拼缝少,拼装和拆除效率高,浇筑的混凝土表面平整光滑,可以减少其表面气泡,有效提高了表面的质量。竹(木)胶合模板的构造详见图 1-22(a)。钢模板又分为整体钢模板、拼装钢模板、组合钢模等，钢模板构造详见图 1-22(b)。其中组合钢模是由专业厂家生产的有统一尺寸的标准件。

(a)竹胶合模板　　(b)钢模板

图 1-22　模板

（三）模板的设计

1. 模板的构造要求

(1)模板背面应设置主肋和次肋作为其支承系统，主肋和次肋的布置应根据模板的荷载和刚度要求进行。次肋的配置方向应与模板的长度方向相垂直，应能直接承受模板传递的荷载，其间距应按荷载数值和模板的力学性能计算确定；主肋应承受次肋传递的荷载，且应能起到加强模板结构的整体刚度和调整平直度的作用，支架或支撑的着力点应设置在主肋上。

(2)模板的配板应根据配模面的形状、几何尺寸及支撑形式决定。配板时宜选用大规格的模板为主板，其他规格的模板作为补充；配板后的板缝应规则，不得杂乱无章。

(3)对在墩柱、梁、板的转角处使用的模板及各种模板面的交接部分，应采用连接简便、结构牢固、易于拆除的专用模板。

(4)当设置对拉螺杆或其他拉筋，需要在模板上钻孔时，应使钻孔的模板能多次周转使用，并应采取措施减少或避免在模板上钻孔。

2. 模板及支架的设计计算荷载

模板及支架的设计计算的荷载组合如表 1-7 所示，其中：

(1)模板、支架自重。

(2)新浇筑混凝土、钢筋、预应力筋或其他圬工结构物的重力。

(3)施工人员及施工设备、施工材料等荷载。

(4)振捣混凝土时产生的振动荷载。

(5)新浇筑混凝土对模板侧面的压力。

(6)混凝土入模时产生的水平方向的冲击荷载。

(7)设于水中的支架所承受的水流压力、波浪力、流冰压力、船只及其他漂浮物的撞击力。

(8)其他可能产生的荷载,如风荷载、雪荷载、冬季保温设施荷载等。

表 1-7　　模板及支架的设计计算的荷载组合

模板、支架结构类别	荷载组合	
	强度计算	刚度验算
梁、板的底模板以及支撑板、支架等	(1)+(2)+(3)+(4)+(7)+(8)	(1)+(2)+(7)+(8)
缘石、人行道、栏杆、柱、梁、板等的侧模板	(4)+(5)	(5)
基础、墩台等厚大结构物的侧模板	(5)+(6)	(5)

3. 模板及支架刚度的验算

验算模板、支架的刚度时,其最大变形值不得超过下列允许值:

(1)结构表面外露的模板,挠度为模板构件跨度的 1/400。

(2)结构表面隐蔽的模板,挠度为模板构件跨度的 1/250。

(3)支架受载后挠曲的杆件(横梁、纵梁),其弹性挠度为相应结构计算跨度的 1/400。

(4)钢模板的面板变形为1.5 mm,钢棱和柱箍变形为 $L/500$ 和 $B/500$(其中 L 为计算跨径,B 为柱宽)。

(四)模板的制作与安装

1. 模板的制作

模板的制作应符合下列要求:

(1)钢模板应按批准的加工图进行制作,成品经检验合格后方可使用。组装前应对零部件几何尺寸和焊缝进行全面检查,合格后方可进行组装。面板变形及整体刚度应符合前面规定。

(2)制作钢木组合模板时,钢与木之间的接触面应紧密。面板采用防水胶合板的模板,除应使胶合板与背楞之间密贴外,对在制作过程中裁切过的防水胶合板茬口,应按产品的要求及时涂刷防水涂料。

(3)木模板与混凝土接触的表面应刨光且应保持平整。木模板的接缝可制作成平缝、搭接缝或企口缝,当采用平缝时,应有防止漏浆的措施;转角处应加嵌条或做成斜角。

2. 模板的安装

模板的安装应符合下列规定:

(1)模板应按设计要求准确就位,且不宜与脚手架连接。

(2)安装侧模板时,支撑应牢固,应防止模板在浇筑混凝土时产生移位。

(3)模板在安装过程中,必须设置防倾覆的临时固定设施。

(4)模板安装完成后,其尺寸、平面位置和顶部高程等应符合设计要求,节点连接应牢固。

(5)梁、板等结构的底模应设置预拱度。

(6)固定在模板上的预埋件和预留孔洞均不得遗漏,安装应牢固,位置应准确。

3. 质量标准

模板的制作、安装精度应分别符合表 1-8 及表 1-9 的规定。

表 1-8　　模板、支架制作质量标准

项目			允许偏差值(mm)
木模板制作	模板的长度和宽度		±5
	不刨光模板相邻两板表面高低差		3
	刨光模板相邻两板表面高低差		1
	平板模板表面最大的局部不平	刨光模板	3
		不刨光模板	5
	拼合板中木板间的缝隙宽度		2
	支架尺寸		±5
	榫槽嵌接紧密度		2
钢模板制作	外形尺寸	长和宽	+0,−1
		肋高	±5
	面板端偏斜		0.5
	连接配件(螺栓、卡子等)的孔眼位置	孔中心与面板的间距	±0.3
		板端中心与板端的间距	+0,−0.5
		沿板长、宽方向的孔	±0.6
	板面局部不平		1
	板面和板侧挠度		±1

注:板面局部不平用 2 m 靠尺、塞尺检测。

表 1-9　　模板、支架安装质量标准

项目		允许偏差(mm)
模板高程	基础	±15
	柱、梁	±10
	墩台	±10
模板尺寸	上部构造的所有构件	+5,−0
	基础	±30
	墩台	±20
轴线偏位	基础	15
	柱	8
	梁	10
	墩台	10
装配式构件支承面的高程		+2,−5

续表

项　　目		允许偏差(mm)
模板相邻两板表面高低差		2
模板表面平整		5
预埋件中心线位置		3
预留孔洞中心线位置		10
预留孔洞截面内部尺寸		+10,-0
支架	纵轴的平面位置	跨度的1/1000或30

(五)模板、支架的拆除

1.模板、支架的拆除期限和拆除程序应严格按施工图设计的要求进行,设计未要求时,应根据结构物特点、模板部位和混凝土所应达到的强度要求决定。

2.非承重侧模板应在混凝土抗压强度达到2.5 MPa,且能保证其表面及棱角不致因拆模而受损坏时方可拆除。

3.钢筋混凝土结构的承重模板、支架,应在混凝土强度能承受其自重荷载及其他可能的叠加荷载时,方可拆除。

4.模板、支架的拆除应遵循后支先拆、先支后拆的原则顺序进行。墩、台的模板宜在其上部结构施工前拆除。

5.拆除梁、板等结构的承重模板时,在横向应同时、在纵向应对称均衡卸落。简支梁、连续梁结构的模板宜从跨中向支座方向依次循环卸落;悬臂梁结构的模板宜从悬臂端开始顺序卸落。

6.在低温、干燥或大风环境下拆除模板时,应采取必要的措施,防止混凝凝土表面产生裂缝。

7.拆除模板、支架时,不得损伤混凝土结构。

8.芯模和预留孔道的内模,应在混凝土强度能保证其表面不发生塌陷或裂缝现象时,方可拆除。

9.对预应力混凝土结构,在符合第2条规定的条件下,其侧模应在预应力钢束张拉前拆除;底模及支架应在结构建立预应力后方可拆除。

任务四　钢筋与混凝土施工

引导案例

2004年7月安徽蚌埠某在建桥梁,在质量抽检过程中,被发现有多片预制梁的混凝土强度低于设计要求,个别梁体钢筋保护层过薄,有露筋迹象。鉴于此,该项目被勒令停工整改,问题梁报废重建,相关责任人全部清退出场。

针对以上背景,请思考下面问题:

1. 试分析在施工中，可能影响混凝土强度的因素有哪些？

2. 试分析混凝土及钢筋工程的质控要点可能有哪些？

任务描述

从 19 世纪后半叶开始，钢筋及混凝土逐渐成为建造桥梁的主要材料。钢筋在桥梁结构中主要承受拉力，而混凝土在桥梁结构中主要承受压力，两者完美结合，不可或缺。也正因如此，无论是钢筋施工还是混凝土施工都是桥梁施工的重点工序，一旦这两道工序出现漏洞，必将引发严重的质量事故。本任务将分别介绍钢筋施工与混凝土施工。

一、钢筋施工

钢筋工程属于隐蔽工程，钢筋的施工质量直接影响工程质量。钢筋从进场到施工完成主要包括以下环节：钢筋的进场检验及存储堆放、钢筋的加工、钢筋的连接、钢筋的绑扎和安装、钢筋的质量检验。

(一)钢筋的进场检验及存储堆放

1. 钢筋的进场检验(见图 1-23)，首先应具有出厂质量证明书和试验报告单，进场时除应检查其外观和标识外，尚应按不同的钢种、等级、牌号、规格及生产厂家分批抽取试样进行力学性能检验，检验试验方法应符合现行国家标准的规定。钢筋经进场检验合格后方可使用。

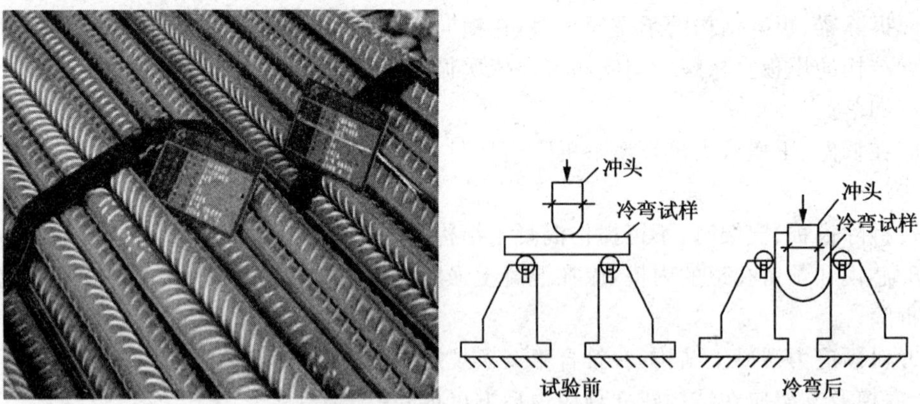

图 1-23　钢筋的进场检验

2. 桥涵工程中采用的普通钢筋应符合现行国家标准《钢筋混凝土用钢　第 1 部分：热轧光圆钢筋》(GB 1499.1—2008)、《钢筋混凝土用钢　第 2 部分：热轧带肋钢筋》(GB 1499.2—2007)、《钢筋混凝土用余热处理钢筋》(GB 13014—2013)、《冷轧带肋钢筋》(GB 13788—2008)的规定；环氧树脂涂层钢筋应符合现行行业标准《环氧树脂涂层钢筋》(JG 3042—1997)的规定；其他特殊钢筋应符合其相应产品标准的规定。

3. 钢筋进行分批检验时，可由同一牌号、同一炉罐号、同一尺寸的钢筋进行组批，每批的质量不宜大于60 t，超过60 t的部分，每增加40 t(或不足40 t的余数)应增加一个拉伸和一个弯曲试验试样；钢筋的进场检验亦可由同一牌号、同一冶炼方法、同一浇筑方法的不同炉罐号组成混合批进行，但各炉罐号的含碳量之差应不大于 0.02%，含锰量之差应不大于 0.15%。

4. 钢筋在运输过程中应避免锈蚀、污染或被压弯；在工地存放时，应按不同品种、规格，分批分别堆置整齐，不得混杂，并应设立识别标志，存放的时间不宜超过 6 个月。存放场地应有防、排水设施，且钢筋不得直接置于地面，应垫高或堆置在台座上，顶部应采用合适的材料予以覆盖，防止水浸和雨淋(见图 1-24)。

图 1-24　钢筋的存储堆放

5. 在工程施工过程中，应采取适当的措施，防止钢筋产生锈蚀。对设置在结构或构件中的预留钢筋的外露部分，当外露时间较长且环境湿度较大时，宜采取包裹、涂刷防锈材料或其他有效方式，进行临时性防护。

6. 钢筋的级别、种类和直径应按设计规定采用，当需要代换时，应得到设计人员的书面认可。

7. 预制构件的吊环，必须采用未经冷拉的热轧光圆钢筋制作，且其使用时的计算拉应力应不大于 50 MPa。

(二)钢筋的加工

1. 钢筋加工设备

钢筋加工一般集中在钢筋加工场地，采用流水作业法进行，然后运至工地现场进行安装和绑扎。钢筋加工过程包括：钢筋调直、钢筋下料剪切、钢筋弯曲。

(1)钢筋调直机

盘圆钢筋在使用前，需要调直。目前常用的调直方法有两种，一种是用卷扬机配合人工调直，另一种是采用调直切断机进行调直(见图 1-25)。

(2)钢筋切断机

钢筋下料时，需按计算好的下料长度切断。钢筋切断可采用钢筋切断机，也可采用砂轮锯等手动切断(见图 1-26)。

(3)钢筋弯曲机

钢筋的弯制可采用人工手动弯制或弯曲机弯制。钢筋弯曲机，是利用一个在垂直轴上旋转的水平工作圆盘，把钢筋置于指定位置，支承销轴固定在机床上，中心销轴和压弯销轴装在工作圆盘上，圆盘回转时便将钢筋弯曲。为了弯曲各种直径的钢筋，在工作盘上有几个孔，用以插压弯销轴，也可相应地更换不同直径的中心销轴（见图 1-27）。

图 1-25　调直切断机

(a)钢筋切断机

(b)砂轮锯

图 1-26　钢筋切断设备

图 1-27　钢筋弯曲机

2. 钢筋加工要求

(1)钢筋的表面应洁净、无损伤，使用前应将表面的油渍、漆皮、鳞锈等清除干净，带有颗粒状或片状老锈的钢筋不得使用；当除锈后钢筋表面有严重的麻坑、斑点，已伤蚀截面时，应降级使用或剔除不用。

(2)钢筋应平直、无局部弯折，成盘的钢筋和弯曲的钢筋均应调直。采用冷拉方法调直钢筋时，HPB235 级钢筋的冷拉率不宜大于 2%；HRB335 级、HRB400 级钢筋的冷拉率不宜大于 1%。

(3)钢筋的形状、尺寸应按照设计的规定进行加工。加工后的钢筋，其表面不应有削弱钢筋截面的伤痕。

(4)钢筋的弯制和端部的弯钩应符合设计要求，当设计未要求时，应符合表 1-10 的规定。

表 1-10　受力主钢筋制作和末端弯钩形状

弯曲部位	弯曲角度	形状图	钢筋种类	公称直径 d (mm)	弯曲直径 D	平直段长度
末端弯钩	180°	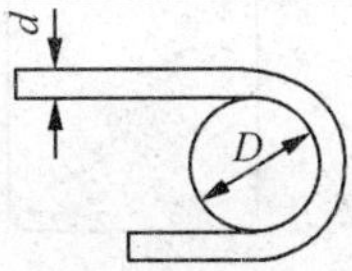	HPB235 HPB300	6～22	≥2.5d	≥3d
	135°	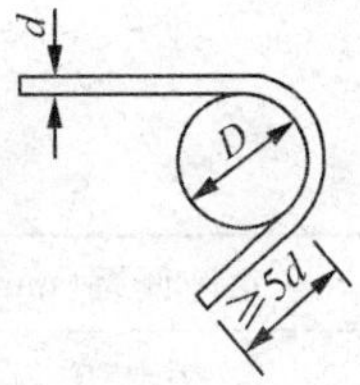	HRB335	6～25	≥3d	≥5d
				28～40	≥4d	
				50	≥5d	
			HRB400	6～25	≥4d	
				28～40	≥5d	
				50	≥6d	
			RRB400	8～25	≥3d	
				28～40	≥4d	
	90°	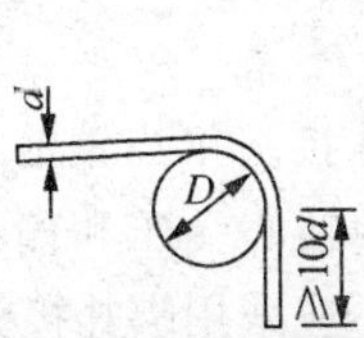	HRB335	6～25	≥3d	≥10d
				28～40	≥4d	
				50	≥5d	
			HRB400	6～25	≥4d	
				28～40	≥5d	
				50	≥6d	
			RRB400	8～25	≥3d	
				28～40	≥4d	

续表

弯曲部位	弯曲角度	形状图	钢筋种类	公称直径 d (mm)	弯曲直径 D	平直段长度
中间弯折	≤90°	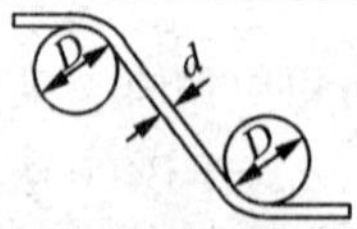	各种钢筋	—	≥20d	—

注：采用环氧树脂涂层钢筋时，除应满足表内规定外，当钢筋直径 d≤20 mm 时，弯钩内直径 D 不应小于 4d；当 d>20 mm 时，弯钩内直径 D 不应小于 6d；直线段长度不应小于 5d。

(5)箍筋的末端应做弯钩，弯钩的形状应符合设计规定。弯钩的弯曲直径应大于被箍受力主钢筋的直径，且 HPB235 级钢筋应不小于箍筋直径的 2.5 倍，HRB335 级钢筋应不小于箍筋直径的 4 倍。弯钩平直部分的长度，一般结构应不小于箍筋直径的 5 倍；有抗震要求的结构，应不小于箍筋直径的 10 倍。弯钩的形式，如设计无要求时，可按图 1-28(a)(b)加工；有抗震要求的结构，应按图 1-28(c)加工。

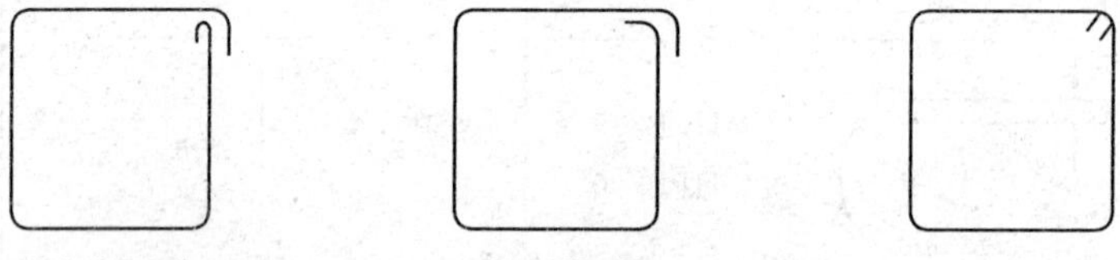
(a)90°/180°　　(b)90°/90°　　(c)135°/135°

图 1-28　箍筋弯钩形式图

(6)钢筋加工的质量应符合表 1-11 的规定。

表 1-11　钢筋加工的质量标准

项　　目	允许偏差(mm)
受力钢筋顺长度方向加工后的全长	±10
弯起钢筋各部分尺寸	±20
箍筋、螺旋筋各部分尺寸	±5

(三)钢筋的连接

1. 钢筋接头的基本要求

(1)钢筋的连接宜采用焊接接头或机械连接接头。绑扎接头仅当钢筋构造复杂施工困难时方可采用，绑扎接头的钢筋直径不宜大于 28 mm，对轴心受压和偏心受压构件中的受压钢筋可不大于 32 mm；轴心受拉和小偏心受拉构件不应采用绑扎接头。

(2)受力钢筋的连接接头应设置在内力较小处，并应错开布置。对焊接接头和机械连接接头，在接头长度区段内，同一根钢筋不得有两个接头；对绑扎接头，两接头间的距离应不小于 1.3 倍搭接长度。配置在接头长度区段内的受力钢筋，其接头的截面面积占总截面面积的百分率，应符合表 1-12 规定。

表 1-12　　接头长度区段内受力钢筋接头面积的最大百分率

接头形式	接头面积最大百分率(%)	
	受拉区	受压区
主钢筋绑扎接头	25	50
主钢筋焊接接头	50	不限制

注:①焊接接头长度区段内是指 35d(d 为钢筋直径)长度范围内,但不得小于 500 mm,绑扎接头长度区段是指 1.3 倍搭接长度。

②在同一根钢筋上宜少设接头。

③装配式构件连接处的受力钢筋焊接接头可不受此限制。

④绑扎接头中钢筋的横向净距不应小于钢筋直径且不应小于 25 mm。

2. 钢筋的焊接接头

(1)钢筋的焊接接头宜采用闪光对焊,或采用电弧焊、电渣压力焊或气压焊,但电渣压力焊仅可用于竖向钢筋的连接,不得用作水平钢筋和斜筋的连接(见图 1-29)。

(a)闪光对焊　　(b)电弧焊

图 1-29　钢筋焊接

(2)每批钢筋焊接前,应先选定焊接工艺和焊接参数,按实际条件进行试焊,并检验接头外观质量及规定的力学性能,试焊质量经检验合格后方可正式施焊。焊接时,对施焊场地应有适当的防风、雨、雪、严寒的设施。

(3)电弧焊宜采用双面焊缝,仅在双面焊无法施焊时,方可采用单面焊缝。采用搭接电弧焊时[见图 1-30(a)],两钢筋搭接端部应预先折向一侧,两接合钢筋的轴线应保持一致;采用帮条电弧焊时[见图 1-30(b)],帮条应采用与主筋相同的钢筋,其总截面面积不应小于被焊接钢筋的截面面积。电弧焊接头的焊缝长度,对双面焊缝不应小于 5d,单面焊缝不应小于 10d(d 为钢筋直径)。电弧焊接与钢筋弯曲处的距离不应小于 10d,且不宜位于构件的最大弯矩处。

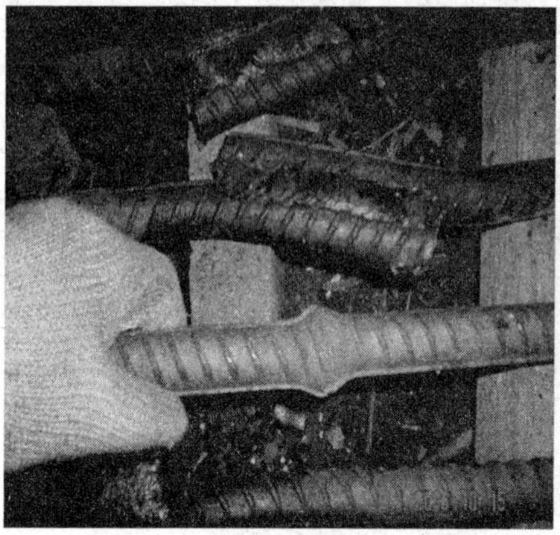

(a)搭接焊

(b)帮条焊

图 1-30　钢筋焊件

3.钢筋的机械连接接头

钢筋的机械连接宜采用镦粗直螺纹(见图 1-31)、滚轧直螺纹或套筒挤压连接接头。镦粗直螺纹和滚轧直螺纹连接接头适用于直径大于或等于25 mm的 HRB335、HRB400 热轧带肋钢筋;套筒挤压连接接头适用于直径16～40 mm的 HRB335、HRB400 级热轧带肋钢筋。各类接头的性能均应符合现行行业标准《钢筋机械连接技术规程》(JGJ 107—2010)的规定,并应符合下列规定:

图 1-31　镦粗直螺纹套筒连接

(1)钢筋机械连接接头的等级应选用Ⅰ级或Ⅱ级,接头的性能指标应符合《公路桥涵施工技术规范》的规定。

(2)钢筋机械连接接头的材料、制作、安装施工及质量检验和验收,应符合现行行业标准《镦粗直螺纹钢筋接头》(JG 171—2005)、《滚轧直螺纹钢筋连接接头》(JG 163—2004)

或《钢筋机械连接技术规程》(JGJ 107—2010)的规定。

(3)钢筋机械连接件的最小混凝土保护层厚度，应符合设计受力主筋混凝土保护层厚度的规定，且不得小于 20 mm；连接件之间或连接件与钢筋之间的横向净距不宜小于25 mm。

(4)对受力钢筋机械连接接头的位置要求，应符合前文焊接接头的规定。

(5)连接套筒、锁母、丝头在运输和储存过程中应采取防护措施，防止雨淋、沾污和损伤。

(6)钢筋机械接头在施工现场的检验与验收应符合下列规定：

技术提供单位应向使用单位提交有效的型式检验报告。钢筋连接工程开始前及施工过程中，应对第一批进场钢筋进行接头工艺试验。进行工艺试验时，每种规格钢筋的接头试件不应少于 3 个，3 个接头试件的抗拉强度和残余变形均应满足《公路桥涵施工技术规范》附录 A2 的要求。现场检验应进行外观质量检查和单向拉伸强度试验。接头的现场试验应按验收批进行。同一施工条件下采用同一批材料的同等级、同形式、同规格接头，以 500 个为一个验收批进行检验与验收，不足 500 个时亦作为一个验收批。对接头的每一个验收批，应在工程结构中随机截取 3 个试件做抗拉强度的试验，当 3 个接头试件的抗拉强度符合相应等级要求时，该验收批评为合格。如有 1 个试件的抗拉强度不合格，应再取 6 个试件进行复检，复检中如仍有 1 个试件试验结果不合格，则该验收批评为不合格。在现场连续检验 10 个验收批，其全部试件抗拉强度试验一次抽样均合格时，验收批接头数量可扩大 1 倍。

(7)钢筋机械接头连接组装完成后，应符合下列规定：

对镦粗直螺纹连接接头，套筒每端不宜有一扣以上的完整螺纹外露，加长丝头型、扩口型及加锁母型接头的外露螺纹不受此限制，但应有明显标记。对滚轧直螺纹连接接头，标准型接头连接套筒外应有有效螺纹外露，正反丝扣型接头套筒单边外露有效螺纹不得超过 2 倍螺距，其他连接形式应符合产品设计要求。对套筒挤压接头，挤压后套筒长度应为原套筒长度的 1.10～1.15 倍，压痕道数应符合型式检验确定的道数。

4.钢筋的绑扎接头

(1)绑扎接头的末端距钢筋弯折处的距离，不应小于钢筋直径的 10 倍，接头不宜位于构件的最大弯矩处。

(2)受拉钢筋绑扎接头的搭接长度，应符合表 1-13 的规定；受压钢筋绑扎接头的搭接长度，应取受拉钢筋绑扎接头搭接长度的 0.7 倍。

(3)受拉区内 HPB235 钢筋绑扎接头的末端应做弯钩；HRB335、HRB400、RRB400 钢筋的绑扎接头末端可不做弯钩；直径不大于12 mm的受压 HPB235 钢筋的末端可不做弯钩，但搭接长度应不小于钢筋直径的 30 倍。钢筋搭接处，应在其中心和两端用铁丝扎牢。

表 1-13　　　　受拉钢筋绑扎接头的搭接长度

钢筋类型	混凝土强度等级		
	C20	C25	>C25
HPB235	35d	30d	25d
HRB335	45d	40d	35d
HRB400、RRB400	—	50d	45d

注：①当带肋钢筋直径 d 大于25 mm时，其受拉钢筋的搭接长度应按表中值增加 5d 采用；当带肋钢筋直径 d 小于或等于25 mm时，其受拉钢筋的搭接长度按表中值减少 5d 采用。

②当混凝土在凝固过程中受力钢筋易受扰动时，其搭接长度应增加 5d。

③在任何情况下，纵向受拉钢筋的搭接长度均不应小于300 mm，受压钢筋的搭接长度均不应小于200 mm。

④环氧树脂涂层钢筋的绑扎接头搭接长度，受拉钢筋按表值的 1.5 倍采用。

⑤两根不同直径的钢筋的搭接长度，以较细的钢筋直径计算。

（四）钢筋的绑扎和安装

1. 钢筋的绑扎

（1）钢筋的交叉点宜采用直径 0.7～2.0 mm的铁丝扎牢，必要时可采用点焊焊牢。绑扎宜采取逐点改变绕丝方向的“八”字形方式交错扎结，对直径 25 mm 及以上的钢筋，宜采取双对角线的“十”字形方式扎结。

（2）结构或构件拐角处的钢筋交叉点应全部绑扎；中间平直部分的交叉点可交错绑扎，但绑扎的交叉点宜占全部交叉点的 40％以上。

（3）钢筋绑扎时，除设计有特殊规定者外，箍筋应与主筋垂直。

（4）绑扎钢筋的铁丝丝头不应进入混凝土保护层内。

2. 钢筋的安装

（1）钢筋的级别、直径、根数、间距等应符合设计的规定。

（2）对多层多排钢筋，宜根据安装需要在其间隔处设立一定数量的架立钢筋或短钢筋，但架立钢筋或短钢筋的端头不得伸入混凝土保护层内。

（3）当钢筋过密影响到混凝土浇筑质量时，应及时与设计人员协调解决。

3. 垫块

钢筋与模板之间应设置垫块，垫块应符合下列规定：

（1）混凝土垫块应具有足够的强度和密实性；采用其他材料制作垫块时，除应满足使用强度的要求外，其材料中不应含有对混凝土产生不利影响的成分。垫块的制作厚度不应出现负误差，正误差应不大于 1 mm。

（2）用于重要工程或有防腐蚀要求的混凝土结构或构件中的垫块，宜采用专门制作的定型产品，且该类产品的质量同样应符合上一条的规定。

（3）垫块应相互错开、分散设置在钢筋与模板之间，但不应横贯混凝土保护层的全部截面进行设置。垫块在结构或构件侧面或底面所布设的数量应不少于 3 个/m^2，重要部位宜适当加密。

（4）垫块应与钢筋绑扎牢固，且其绑丝的丝头不应进入混凝土保护层内。

(5)混凝土浇筑前,应对垫块的位置、数量和紧固程度进行检查,不符合要求时应及时处理,应保证钢筋的混凝土保护层厚度满足设计要求和《公路桥涵施工技术规范》的规定。

4.钢筋骨架的焊接,应在坚固的工作台上完成。

(五)钢筋的质量检验

钢筋施工完成后,应由质检人员配合监理进行质量检查。主要检查内容有:钢筋的级别、直径、根数、间距、各部尺寸、保护层厚度、预埋件位置等应符合设计要求;钢筋下料、弯曲、连接等施工环节应满足施工规范要求;施工误差应满足质量标准要求。钢筋施工质量要求如下:

1.灌注桩钢筋骨架的制作、运输与安装

(1)制作时应采取必要措施,保证骨架的刚度,主筋的接头应错开布置。大直径长桩的钢筋骨架宜在胎架上分段制作,且宜编号,安装时应按编号顺序连接。

(2)应在骨架外侧设置控制混凝土保护层厚度的垫块,垫块的间距在竖向不应大于2 m,在横向圆周不应少于4处。

(3)钢筋骨架在运输过程中,应采取适当的措施防止其变形。骨架的顶端应设置吊环。

(4)灌注桩钢筋骨架的制作和安装质量应符合表1-14的规定。

表1-14　灌注桩钢筋骨架的制作和安装质量标准

项　目	允许偏差	项　目	允许偏差
主筋间距(mm)	±10	保护层厚度(mm)	±20
箍筋间距(mm)	±20	中心平面位置(mm)	±20
外径(mm)	±10	顶端高程(mm)	±20
倾斜度(%)	0.5	底面高程(mm)	±50

2.绑扎或焊接的钢筋网和钢筋骨架不得有变形、松脱和开焊,钢筋安装质量应符合表1-15的规定。

表1-15　钢筋安装质量标准

<table>
<tr><th colspan="3">项　目</th><th>允许偏差(mm)</th></tr>
<tr><td rowspan="3">受力钢筋间距</td><td colspan="2">两排以上排距</td><td>±5</td></tr>
<tr><td rowspan="2">同排</td><td>梁、板、拱肋</td><td>±10</td></tr>
<tr><td>基础、锚碇、墩台、柱</td><td>±20</td></tr>
<tr><td colspan="3">箍筋、横向水平钢筋、螺旋筋间距</td><td>±10</td></tr>
<tr><td rowspan="2">钢筋骨架尺寸</td><td colspan="2">长</td><td>±10</td></tr>
<tr><td colspan="2">宽、高或直径</td><td>±5</td></tr>
<tr><td rowspan="2">绑扎钢筋网尺寸</td><td colspan="2">长、宽</td><td>±10</td></tr>
<tr><td colspan="2">网眼尺寸</td><td>±20</td></tr>
</table>

续表

项　　目		允许偏差(mm)
弯起钢筋位置		±20
保护层厚度	柱、梁、拱肋	±5
	基础、锚碇、墩台	±10
	板	±3

二、混凝土施工

(一)原材料

1.水泥

(1)公路桥涵工程采用的水泥应符合现行国家标准《通用硅酸盐水泥》(GB 175—2007)的规定，水泥的品种和强度等级应通过混凝土配合比试验选定，且其特性应不会对混凝土的强度、耐久性和工作性能产生不利影响。当混凝土中采用碱活性集料时，宜选用含碱量不大于0.6%的低碱水泥。

(2)水泥进场时，应附有生产厂的品质试验检验报告等合格证明文件，并应按批次对同一生产厂、同一品种、同一强度等级及同一出厂日期的水泥进行强度、细度、安定性和凝结时间等性能的检验，散装水泥应以每500 t为一批，袋装水泥应以每200 t为一批，不足500 t或200 t时，亦按一批计。当对水泥质量有怀疑或受潮或存放时间超过3个月时，应重新取样复验，并应按其复验结果使用。水泥的检验试验方法应符合现行行业标准《公路工程水泥及水泥混凝土试验规程》(JTG E30—2005)的规定。

(3)公路桥涵混凝土工程宜采用散装水泥，散装水泥在工地应采用专用水泥罐储存；采用袋装水泥时，在运输和储存过程中应防止受潮，且不得长时间露天堆放，临时露天堆放应设支垫并覆盖。不同强度等级、品种和出厂日期的水泥应分别按批存放。

2.细集料

(1)细集料宜采用级配良好、质地坚硬、颗粒洁净且粒径小于5 mm的河砂；当河砂不易得到时，可采用符合规定的其他天然砂或人工砂；细集料不宜采用海砂，不得不采用时，应经冲洗处理。细集料的技术指标应符合《公路桥涵施工技术规范》规定。

(2)细集料宜按同产地、同规格、连续进场数量不超过400 m^3 或600 t为一验收批，小批量进场的宜以不超过200 m^3 或300 t为一验收批进行检验；当质量稳定且进料量较大时，可以1000 t为一验收批。检验内容应包括外观、筛分、细度模数、有机物含量、含泥量、泥块含量及人工砂的石粉含量等；必要时尚应对坚固性、有害物质含量、氯离子含量及碱活性等指标进行检验。检验试验方法应符合现行行业标准《公路工程集料试验规程》(JTG E42—2005)的规定。

3.粗集料

(1)粗集料宜采用质地坚硬、洁净、级配合理、粒形良好、吸水率小的卵石或碎石，其技术指标应符合《公路桥涵施工技术规范》要求。

(2)粗集料宜根据混凝土最大粒径采用连续两级配和连续多级配，不宜采用单粒级配或间断级配配制，必须使用时，应通过试验验证。

(3)粗骨料最大粒径应按混凝土结构情况及施工方法选取，但最大粒径不得超过结构最小边尺寸的1/4和钢筋最小净距的3/4；在两层或多层密布钢筋结构中，最大粒径不得超过钢筋最小净距的1/2，同时不得超过75 mm。泵送混凝土时的粗集料最大粒径，除应符合上述规定外，对碎石不宜超过输送管径的1/3；对于卵石不宜超过输送管径的1/2.5，同时应符合混凝土泵制造厂的规定。

(4)施工前应对所用的粗集料进行碱活性检验，在条件许可时宜避免采用有碱活性反应的粗集料，必须采用时应采取必要的抑制措施。

(5)粗集料的进场检验组批与细集料的规定相同，检验内容应包括外观、颗粒级配、针片状颗粒含量、含泥量、泥块含量、压碎值指标等，检验试验方法应符合现行行业标准《公路工程集料试验规程》(JTG E42—2005)的规定。

4.拌和用水

拌制混凝土用的水，应符合下列要求：

(1)符合国家标准的饮用水可直接作为混凝土的拌制及养护用水；当采用其他水源或对水质有疑问时，应对水质进行检验。水的品质应符合《公路桥涵施工技术规范》规定。

(2)水中不应有漂浮明显的油脂和泡沫，及有明显的颜色和异味。

(3)严禁将未经处理的海水用于结构混凝土的拌制。

5.外加剂和掺和料

(1)外加剂和掺和料均应由具备相关资质的检测机构检验并附有检验合格证明，且其质量符合现行《公路桥涵施工技术规范》的具体要求，方能投入使用。

(2)外加剂和掺和料使用前应进行复验，复验结果满足要求后方可用于工程中。

(3)外加剂和掺和料的品种及掺量应根据使用要求、施工条件、混凝土原材料的变化等通过试验确定。

(4)外加剂和掺和料在运输与存储过程中，应有明显标识，严禁与水泥等其他粉状材料混淆。

(二)混凝土的配合比

1.通过计算和试配确定试验室配合比

混凝土的配合比通常以质量比表示，普通混凝土的配合比，可按照现行行业标准《普通混凝土配合比设计规程》(JGJ 55—2011)的规定进行计算，并应通过试配确定。混凝土的试配强度，应根据设计强度等级，并考虑施工条件的差异和变化以及原材料质量可能的波动，按照《公路桥涵施工技术规范》进行计算确定；混凝土的坍落度和工作性能宜根据结构物情况和施工工艺要求确定，在满足工艺要求的前提下，宜采用低坍落度的混凝土施工。通过设计和试配确定的配合比，应经监理工程师批准后方可使用。试配时应使用施工实际采用的材料，配制的混凝土拌和物应满足和易性、凝结速度等施工要求，制成的混凝土应符合强度、耐久性(抗冻、抗渗、抗侵蚀)等质量要求。

2.换算施工配合比

应在混凝土拌制前进行集料含水量检测，将试验室配合比换算为施工配合比才能投入使用(见图 1-32)。

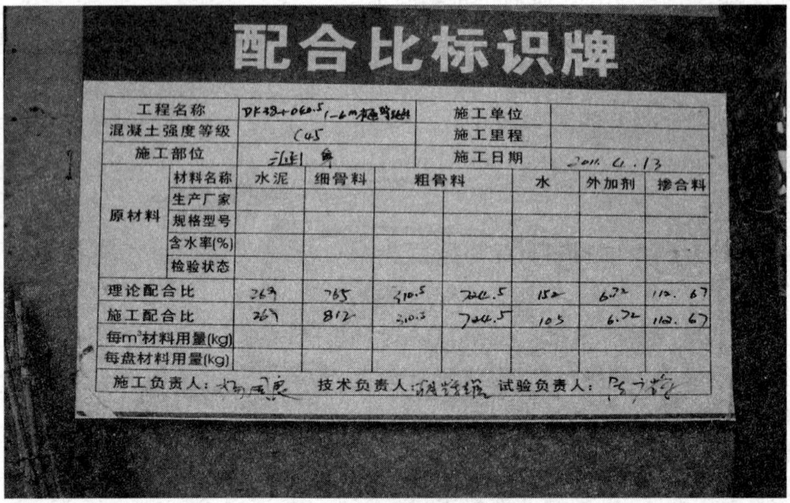

图 1-32　混凝土配合比标识牌

(三)混凝土施工

1. 混凝土的拌制

(1)混凝土的配料宜采用自动计量装置,各种衡器的精度应符合要求,计量应准确。计量器具应定期标定,迁移后应重新进行标定。拌制混凝土所用的各项材料应按质量投料,配料数量的允许质量偏差应符合表 1-16 的规定。

表 1-16　　配料数量允许质量偏差

材料类别	允许偏差(%)	
	现场拌制	预制场或集中搅拌站拌制
水泥、干燥状态的掺和料	±2	±1
粗、细集料	±3	±2
水、外加剂	±2	±1

(2)混凝土拌和物应拌和均匀,颜色一致,不得有离析和泌水现象。对于在施工现场集中搅拌的混凝土,应检测混凝土拌和物的均匀性。检测时,应在搅拌机的卸料过程中,从卸料流的 1/4～3/4 部位取试样进行试验,检测结果应符合下列规定:

①混凝土中砂浆密度两次测值的相对误差不应大于 0.8%。

②单位体积混凝土中粗集料含量两次测值的相对误差不应大于 5%。

(3)混凝土搅拌完毕后,应按下列要求检测混凝土拌和物的各项性能:

①混凝土拌和物的坍落度,应在搅拌地点和浇筑地点分别取样检测,每一工作班或每一单元结构物不应少于两次。评定时应以浇筑地点的测值为准。当混凝土拌和物从搅拌机出料起至浇筑入模的时间不超过 15 min 时,其坍落度可仅在搅拌地点取样检测。

②在必要时,尚宜对工作性能、泌水率及含气量等混凝土拌和物的其他指标进行检测。

2.混凝土的运输

(1)运输能力应与混凝土的凝结速度和浇筑速度相适应,应使浇筑工作不间断且混凝土运到浇筑地点时仍能保持其均匀性和规定的坍落度。混凝土的运输应采用搅拌运输车,或在条件允许时采用泵送方式输送;采用吊斗或其他方式运输时,运距不宜超过100 m,且不得使混凝土产生离析。

(2)采用搅拌运输车运输混凝土时,途中应以2～4 r/min的慢速进行搅动,卸料前应以常速再次搅拌。混凝土运至浇筑地点后发生离析、泌水或坍落度不符合要求时,应进行第二次搅拌,二次搅拌时不宜任意加水,确有必要时,可同时加水、相应的胶凝材料和外加剂并保持其原水胶比不变;二次搅拌仍不符合要求时,则不得使用。

(3)混凝土采用泵送方式时应符合下列规定:

①混凝土的供应宜使输送混凝土的泵能连续工作,泵送的间歇时间不宜超过15 min。在泵送过程中,受料斗内应具有足够的混凝土,应防止吸入空气产生阻塞。

②输送管应顺直,转弯处应圆缓,接头应严密不漏气。

③向低处泵送混凝土时,应采取必要措施,防止混凝土离析或堵塞输送管。

3.混凝土的浇筑

(1)浇筑混凝土前应进行以下准备工作:

①应根据待浇筑结构物的情况、环境条件及浇筑量等制订合理的浇筑工艺方案,工艺方案应对施工缝设置、浇筑顺序、浇筑工具、防裂措施、保护层、沉降缝的控制等作出明确规定。

②应对支架、模板、钢筋和预埋件等进行检查,模板内的杂物、积水及钢筋上的污物应清理干净。模板如有缝隙或孔洞,应堵塞严密且不漏浆。

③应对混凝土的均匀性和坍落度等性能进行检测。

(2)自高处向模板内倾卸混凝土时,应防止混凝土离析。直接倾卸时,其自由倾落高度不宜超过2 m;超过2 m时,应通过串筒、溜管(槽)或振动溜管(槽)等设施下落;倾落高度超过10 m时,应设置减速装置。

(3)混凝土应按一定的厚度、顺序和方向分层浇筑,且应在下层混凝土初凝或能重塑前浇筑完成上层混凝土;上下层同时浇筑时,上层与下层的前后浇筑距离应保持1.5 m以上;在倾卸面上浇筑混凝土时,应从低处开始逐层扩展升高,应保持水平分层。混凝土分层浇筑的厚度不宜超过表1-17的要求。

表1-17　混凝土分层浇筑厚度

振捣方式		浇筑层厚度(mm)
采用插入式振动器		300
采用附着式振动器		300
采用表面振动器	无筋或配筋稀疏时	250
	配筋较密时	150

(4)采用振动器振捣混凝土时,应符合下列规定:

①插入式振动器的移位间距应不超过振动器作用半径的 1.5 倍,与侧模应保持 50～100 mm的距离,且插入下层混凝土中的深度宜为 50～100 mm。

②表面振动器的移位间距应使振动器平板能覆盖已振实部分不少于 100 mm。

③附着式振动器布置距离,应根据结构物形状和振动器性能通过试验确定。

④每一振点的振捣延续时间为 20～30 s,以混凝土停止下沉、不出现气泡、表面呈现浮浆为度。

(5)混凝土的浇筑宜连续进行,因故中断间歇时,其间歇时间应不小于前层混凝土的初凝时间或能重塑时间。混凝土的运输、浇筑及间歇全部时间不宜超出表 1-18 的规定;当超出时应按浇筑中断处理,并应留置施工缝,同时应记录。

表 1-18　　混凝土的运输、浇筑时间及间歇的全部允许时间

混凝土强度等级	气温不高于 25 ℃(min)	气温高于 25 ℃(min)
≤C30	210	180
>C30	180	150

注:当混凝土中掺有促凝或缓凝剂时,其允许时间应通过试验确定。

(6)施工缝的位置应在混凝土浇筑之前确定,且宜留置在结构受剪力和弯矩较小并便于施工的部位,施工缝宜设置水平面或垂直面。对施工缝的处理应符合下列规定:

①处理层混凝土表面的松弱层应予以凿除。对处理层混凝土的强度,当采用水冲洗凿毛时,应达到0.5 MPa;人工凿毛时,应达到 2.5 MPa;采用风动机凿毛时,应达到10 MPa。

②经凿毛处理后的混凝土面,应采用洁净水冲洗干净。

③重要部位及有抗震要求的混凝土结构物或钢筋稀疏的钢筋混凝土结构,宜在施工缝处补插锚固钢筋;有抗渗要求的混凝土,其施工缝宜做成凹形、凸形或设置止水带;施工缝为斜面时宜浇筑或凿成台阶状。

4.混凝土的养护

(1)一般混凝土浇筑完成后,应在收浆后尽快予以覆盖和洒水养护。对干硬性混凝土、高强度和高性能混凝土、炎热天气浇筑的混凝土以及桥面等大面积裸露的混凝土,应加强初始保湿养护,有条件的可在浇筑完成后立即加设棚罩,待收浆后再予以覆盖和洒水养生。覆盖时不得损伤或污染混凝土的表面。混凝土面有模板覆盖时,应在养护期间始终使模板保持湿润。

(2)混凝土的养护用水必须使用经过检验合格的,不得随意取水养护。混凝土的洒水保湿养护时间应不少于 7 天。当温度低于 5 ℃时,应采取保温养护的措施,不得向混凝土表面洒水。

(四)混凝土质量控制和检验

混凝土的质量宜分为施工前、施工过程和施工后三个阶段进行检验。施工前检验的项目应全部合格方可进行施工;施工过程中的检验项目不合格时,应分析原因,采取措施调整，待合格后方可继续施工；施工后的检验应与施工前、施工过程的检验共同作为混凝土质量评定和验收的依据。

1.混凝土施工前的检验项目

(1)施工设备和场地。

(2)混凝土的原材料和各种组成材料的质量。

(3)混凝土配合比及其拌和物的工作性能、力学性能及抗裂性能等，对耐久性混凝土，尚应包括耐久性的性能。

(4)基础、钢筋、预埋件等隐蔽工程及支架、模板。

(5)混凝土的运输、浇筑和养护方法及设施，安全设施。

2.混凝土施工过程的检验项目

(1)混凝土组成材料的外观及配料、拌制，每一工作班至少2次，必要时随时抽样试验。

(2)混凝土的和易性、坍落度及扩展度等工作性能，每工作班至少2次(见图1-33)。

(3)砂石材料的含水率，每日开工前1次，天气有较大变化时随时检测；当含水率变化较大、将使配料偏差超过规定时，应及时调整。

(4)钢筋、模板、支架、预应力管道等的稳固性和安装位置。

(5)混凝土的浇筑质量。

(6)外加剂使用效果。

(a)坍落度检测　　(b)混凝土试块制作

图1-33　坍落度检测及试块制作

3.混凝土拆模及养护结束后的检验项目

(1)混凝土养护情况。

(2)混凝土强度和拆模时间(见图1-34)。

(3)混凝土外露面质量。

(4)结构的外形尺寸、位置、裂缝、变形和沉降等。

(a)混凝土试块拆模　　(b)混凝土立方体抗压强度检测

图 1-34　混凝土强度

同步训练

一、填空题

1. 按承重结构的静力体系，梁桥分为________、________、________。

2. 拱桥按照行车道板所在位置分为________、________、________。

3. 在对钢筋采用搭接焊连接时，单面焊长度不小于________倍钢筋直径，双面焊长度不小于________倍钢筋直径。

4. 钢筋接长方法有________、________、________等三种。

5. 分层振捣混凝土时，在振捣上一层时，应插入下一层尚未初凝层中________，以促使上下层相互结合。

6. 钢筋接头采用对焊时，受拉钢筋接头截面积在同一截面内不得超过钢筋总截面积的________。

7. 桥梁施工中钢筋的焊接方法有很多，规范规定应尽量采用________。

二、单项选择

1. 桥梁工程由上部构造、下部构造、(　　)和附属设施等四大部分组成。

A. 支座　　B. 基础　　C. 承重结构　　D. 伸缩缝

2. 桥梁结构体系可归纳为梁式、拱式、悬索桥、(　　)四种。

A. 系杆　　B. 斜拉　　C. 斜拉组合体系　　D. 悬吊体系

3. 有桥台桥梁的总长为(　　)。

A. 各孔桥跨标准跨径之和　　B. 两岸桥台前墙之间的距离

C. 两岸桥台侧墙或耳墙后端点之间的距离　　D. 桥面系列车道的长度

4. 钢筋混凝土或预应力混凝土简支梁桥属于(　　)。

A. 静定结构　　B. 超静定结构

C. 系杆结构　　D. 排架结构

5. 梁式桥的标准跨径是指(　　)。

A. 相邻两支座中心线之距　　B. 相邻两桥墩中心线之距
C. 预制梁段的长度　　D. 以上都不对

6. 梁式桥的支座一般分为(　　)和固定式两种。

A. 移动　　B. 活动　　C. 切线式　　D. 板式

7. 在分层浇筑砼时，为了防止对下层砼造成破坏，上层砼应在下层砼(　　)以前浇筑完成。

A. 初凝　　B. 终凝　　C. 随便什么时候　　D. 以上都错

8. 盘圆钢筋可用人工绞磨拉直，但应对拉力进行控制，任何一段的伸长率不要超过(　　)。

A. 1%　　B. 2%　　C. 3%　　D. 6%

9. 当室外气温连续 5 天的平均温度在(　　)℃以下，应采用冬季施工法施工。

A. 5　　B. －5　　C. 3　　D. －3

10. 在选用模板时，宜优先选用(　　)。

A. 组合模板　　B. 木模板　　C. 钢模板　　D. 塑料模板

三、多项选择

1. 支座的作用是(　　)。

A. 传递桥跨结构的支承反力
B. 确保结构在荷载作用下能自由变形
C. 保证上下部结构受力符合静力图式
D. 便于以后更换支座

2. 桥台具有(　　)作用；还能承受台背填土的土侧压力。

A. 衔接两岸接线路堤　　B. 挡土护岸
C. 抵抗洪水　　D. 支承桥跨结构

3. 桥梁伸缩缝的伸缩量主要是由(　　)造成的。

A. 汽车的冲击　　B. 温度的变化
C. 砼的收缩与徐变　　D. 墩台的位移

4. 支座的产品类型主要有(　　)。

A. 板式橡胶支座　　B. 盆式橡胶支座
C. 球形支座　　D. 刚板支座

5. 桥梁按体系分为(　　)、吊桥、组合体系桥。

A. 梁式桥　　B. 拱式桥　　C. 刚架桥　　D. 刚桥

6. 在水泥混凝土中加入减水剂，可以(　　)。

A. 提高混凝土的强度
B. 改善混凝土的和易性
C. 在强度维持不变的情况下，可节约水泥
D. 缩短混凝土凝结时间

四、判断题

1. 桥是一种在竖向荷载作用下无水平反力的结构。（　　）

2. 桥梁全长是指桥台尾端之间的距离。（　　）

3. 桥梁高度是指桥面标高与设计洪水位之差。（　　）

4. 基础是使桥涵上部荷载传至地基，保证桥涵安全的重要部分。（　　）

5. 梁式桥标准跨径是指桥跨结构两端支座中心之间的距离。（　　）

6. 我国公路特大桥、大桥、中桥和小桥的划分依据是桥长及桥下净空。（　　）

7. 在桥梁结构形式中，跨径最大的是悬索桥。（　　）

8. 钢筋连接点不应设于最大应力处，接头应交错排列。（　　）

项目二　桥梁基础施工

项目概述

本项目主要讲述常用桥梁基础的基本类型、扩大基础施工的施工工艺与质量控制要点、桩基础的施工工艺流程与质量控制要点、沉井基础的施工工艺流程与质量控制要点等内容。

学习目标

通过本项目的学习，了解桥梁基础常用的型式与结构特点；了解沉井基础的施工工艺；掌握扩大基础的施工工艺；掌握桩基础的施工工艺；把握扩大基础与桩基础的施工质量控制要点。

引导案例

某桥梁重力式桥台，基础尺寸为10 m×8 m×1 m，地质条件为覆盖层厚3.5 m的含水量较大的黏性土和1.5 m厚的强风化泥岩，下为中风化泥岩，基础嵌入中风化泥岩1 m。地下水位处于原地面以下100 cm。根据该桥台的水文地质，施工单位在基坑开挖过程中采取了挡板支撑的加固措施，防止边坡不稳造成塌方。

问：施工单位在基坑开挖过程中采取的挡板支撑的加固措施是否合理？为什么？

任务一　桥梁基础认知

任务描述

基础是桥梁结构很重要的一个组成部分，基础设计的好坏直接影响到建筑物的安全和正常使用。在设计过程中不仅需要考虑上部结构条件，如上部结构的形式、规模、用途，荷载大小和性质，结构的整体刚度等，还需要考虑下部场地条件，如场地的工程地质及水文地质条件等，再同时考虑施工方法及工期、造价等因素，确定一个合理的地基基础方案，使基础工程安全可靠、经济合理、技术先进和便于施工。

公路桥梁由于其结构形式多种多样，所处位置的地形、地质、水文情况千差万别，因此其基础的形式也种类繁多。桥梁的常用基础形式有明挖重力式扩大基础、桩基础、沉井基础等，其中以扩大基础、桩基础应用最为广泛(见图 2-1)。本任务主要学习常用桥梁基础的基本知识。

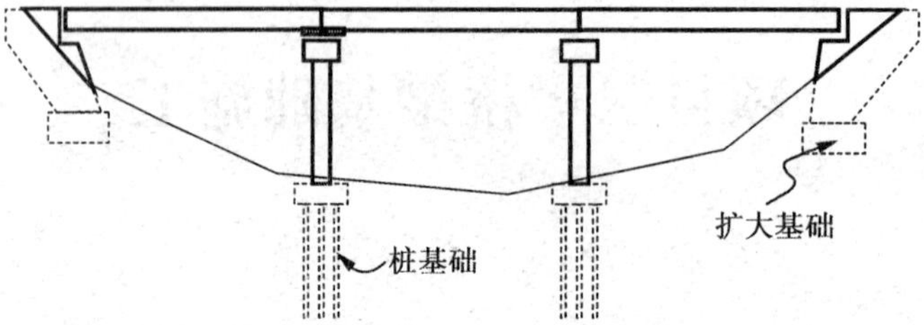

图 2-1　桥梁常用基础形式

一、扩大基础

(一)扩大基础的基本概念

扩大基础也称“明挖基础”，系由块石或混凝土砌筑而成的大块实体基础，其埋置深度可较其他类型基础浅，故为浅基础。它的构造简单，由于所用材料不能承受较大的拉应力，故将基础平面尺寸扩大以满足地基强度要求，这种刚性基础又称“刚性扩大基础”，其平面形状常为矩形，其每边扩大的尺寸最小为 0.20～0.50 m，作为刚性基础，每边扩大的最大尺寸应受到材料刚性角的限制。当基础较厚时，可在纵、横两个剖面上都做成台阶形，以减少基础自重，节省材料。它是桥梁及其他建筑物常用的基础形式。

(二)扩大基础尺寸拟定

主要根据基础埋置深度确定基础平面尺寸和基础分层厚度。所拟定的基础尺寸，应是在可能的最不利荷载组合的条件下，能保证基础本身有足够的结构强度，并能使地基与基础的承载力和稳定性均能满足规定要求，并且是经济合理的。

1. 基础厚度

应根据墩、台身结构形式，荷载大小，选用的基础材料等因素来确定。基底标高应按基础埋深的要求确定。水中基础顶面一般不高于最低水位，在季节性流水的河流或旱地上的桥梁墩、台基础，则不宜高出地面，以防碰损。这样，基础厚度可按上述要求所确定的基础底面和顶面标高求得。在一般情况下，大、中桥墩、台混凝土基础厚度为 1.0～2.0 m。

2. 基础平面尺寸

基础平面形式一般应考虑墩、台身底面的形状而确定，基础平面形状常用矩形。基础底面长宽尺寸与高度有如下的关系式：

$$\left.\begin{aligned}&\text{长度(横桥向)}\quad a=l+2H\tan\alpha\\&\text{宽度(顺桥向)}\quad b=d+2H\tan\alpha\end{aligned}\right\}\tag{2-1}$$

式中：l——墩、台身底截面长度(m)；

d——墩、台身底截面宽度(m)；

H——基础高度(m)；

α——墩、台身底截面边缘至基础边缘线与垂线间的夹角(°)。

3. 基础剖面尺寸

刚性扩大基础的剖面形式一般做成矩形，如图 2-2 所示。自墩、台身底边缘至基顶边缘距离 c_1 称“襟边”，其作用一方面是扩大基底面积增加基础承载力，另一方面也便于调整基础施工时在平面尺寸上可能发生的误差，同时也是支立墩、台身模板的需要。其值应视基底面积的要求、基础厚度及施工方法而定。桥梁墩台基础襟边最小值为 20～30 cm。基础较厚(超过1 m)时，可将基础的剖面浇砌成台阶形，如图 2-2 所示。

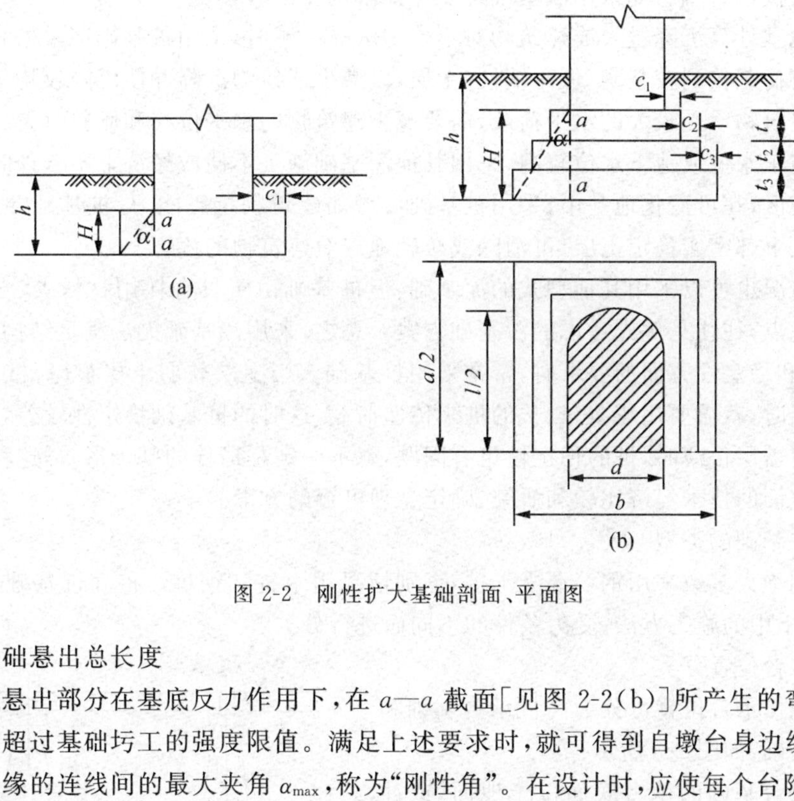

图 2-2　刚性扩大基础剖面、平面图

4. 基础悬出总长度

应使悬出部分在基底反力作用下，在 a—a 截面[见图 2-2(b)]所产生的弯曲拉力和剪应力不超过基础圬工的强度限值。满足上述要求时，就可得到自墩台身边缘处的垂线与基底边缘的连线间的最大夹角 α_{max}，称为“刚性角”。在设计时，应使每个台阶宽度 c_i 与厚度 t_i 保持在一定比例内，使其夹角 $\alpha_i \leqslant \alpha_{max}$，这时可认为属刚性基础，不必对基础进行弯曲拉应力和剪应力的强度验算，在基础中也可不设置受力钢筋。刚性角 α_{max} 的数值是与基础所用圬工材料的强度有关。基础每层台阶高度 t_i，通常为 0.50～1.00 m，在一般情况下各层台阶宜采用相同厚度。

二、桩基础

(一)桩基础的基本概念

桩基础是常用的桥梁基础类型，是埋于地基土中的若干根桩及将所有桩连成一个整体的承台(或盖梁)两部分所组成的一种基础型式。桩身可以全部或部分埋入地基土中，当桩身外露在地面上较高时，在桩之间还应加横系梁，以加强各桩之间的横向联系。若干根桩在平面排列上可成为一排或几排，所有桩的顶部由承台连成一个整体。桩基础的作用是将承台以上结构物传来的外力通过承台，由桩传递到较深的地基持力层中去。承台将外力传递给各桩并箍住桩顶使各桩共同承受外力。各桩所承受的荷载由桩通过桩侧土的摩阻力及桩端土的抵抗力将荷载传递到地基土中。因此桩基础如设计正确、施工得当，它具有承载力高、稳定性好、沉降量小而均匀等特点，其主要适用于下列条件：

1. 荷载较大，地基上部土层软弱，适宜的地基持力层位置较深，采用浅基础或人工地基在技术上、经济上不合理时。

2. 河床冲刷较大，河道不稳定或冲刷深度不易计算正确，位于基础或结构物下面的土层有可能被侵蚀、冲刷，如采用浅基础不能保证基础安全时。

3. 当地基计算沉降过大或建筑物对不均匀沉降敏感时，采用桩基础穿过松软(高压缩性)土层，将荷载传到较坚实(低压缩性)土层，以减少建筑物沉降并使沉降较均匀。

4. 当建筑物承受较大的水平荷载，需要减少建筑物的水平位移和倾斜时。

5. 当施工水位或地下水位较高，采用其他深基础施工不便或经济上不合理时。

6. 地震区，在可液化地基中，采用桩基础可增加建筑物抗震能力，桩基础穿越可液化土层并伸入下部密实稳定土层，可消除或减轻地震对建筑物的危害。

以上情况也可以采用其他型式的深基础，但桩基础由于具有耗用材料少、自重轻、施工简便等优点，往往是优先考虑的深基础方案。总之，采用浅基础无法满足结构物对地基强度、变形和稳定性方面的要求时，常常采用桩基础。当上层软弱土层很厚，桩底不能达到坚实土层时，就需要用较多、较长的桩来传递荷载，这时的桩基础稳定性较差，沉降量也较大。当覆盖层很薄时，桩的稳定性也有问题，就不一定是最佳的基础形式，这种情况下，应经过多方面的技术经济比较和研究，确定合理可行的方案。

(二)桩基础的类型

桩基础绝大多数采用钢筋混凝土桩，个别情况用木桩和钢桩。桩和桩基础可按承台位置、沉入土中的施工方法、受力条件的不同而进行分类。

1. 按承台位置分类

桩基础按承台位置可分为高桩承台基础和低桩承台基础，如图 2-3 所示。

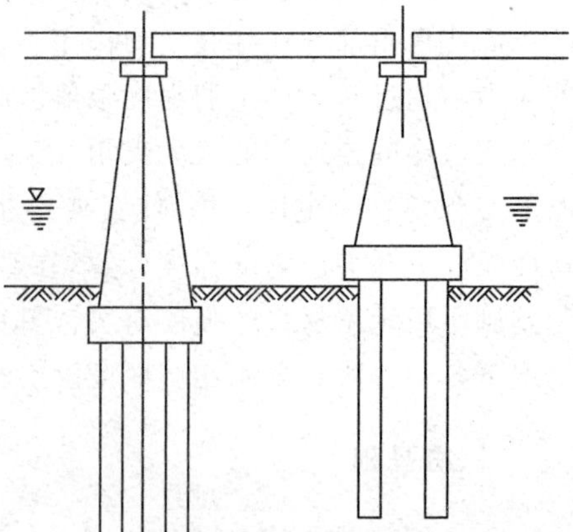

图 2-3　高桩承台和低桩承台

高桩承台基础的承台底面位于地面(或冲刷线)以上，低桩承台基础的承台底面位于地面(或冲刷线)以下。高桩承台基础的结构特点是基础部分桩身埋入土中，部分桩身外露在地面以上(称为“桩的自由长度”)；而低承台基础的基桩全部埋入土中(桩的自由长度为零)。

高桩承台基础由于承台位置较高或设在施工水位以上，可减少墩台圬工数量，可避免或减少水下作业，施工较为方便。但高桩承台在水平力作用下，由于承台及基桩露出地面的一段自由长度周围无土体来共同承受水平外力，基桩的受力情况较为不利，桩身内力和位移都将大于在同样水平外力作用下的低桩承台，在稳定性方面低桩承台也较高桩承台要好。

2.按施工方法分类

由于施工时采用的机具设备和工艺过程不同，桩的施工方法种类有很多，常用的是钻(挖)孔法和打入法。

(1)钻(挖)孔灌注桩基础

用钻(冲)孔机械在土体中先钻成桩孔，然后在孔内放入钢筋骨架，灌注桩身混凝土而成钻孔灌注桩，最后在桩顶浇筑承台(或盖梁)，称为“钻孔灌注桩基础”。它的特点是施工设备简单操作方便，适用于各种砂性土、黏性土，也适用于碎、卵石类土层和岩层。但对于淤泥及可能发生流沙或有承压水的地基，施工较为困难，常常易发生塌孔或埋钻等情况。一般钻孔灌注桩入土深度由几米至几百米。

依靠人工(用部分机械配合)在地基中挖出桩孔，然后与钻孔桩一样灌注混凝土成桩称为“挖孔灌注桩”基础。它的特点是不受设备和地形限制，施工简单。但只适用于无水或渗水量小的地层，对可能发生流砂或含厚的软黏土层地基施工较困难，需要加强孔壁支撑确保安全。它的特点是靠人工挖土，桩径较大，一般大于 1.4 m。

(2)沉桩基础

《公路桥涵地基与基础设计规范》(JTG D63—2007)将打入桩及振动下沉桩均称为“沉桩基础”。打入桩是通过锤击(或以高压射水辅助)将各种预先制好的桩(主要是钢筋混凝土实心桩或灌注桩，也有木桩或钢桩)打入地基内达到所需要的深度而成为桩基础。一般适用于桩径较小(直径在 0.6 m 以下)，地基土质为砂性土、塑性土、粉土、细砂以及松散的不含大卵石或漂石的碎卵石类土质。

在软塑性土质中也可以用重力将桩压入土中，称为“静力压桩”。这种压桩施工方法免除了锤击打入的振动影响，是在软土地区，特别是在不允许有强烈振动的条件下建造桩基的一种适用的施工方法。

振动下沉桩是将大功率的振动打桩机安装在桩顶(预制的钢筋混凝土桩或钢管桩)，利用振动力以减少土对桩的阻力，使桩沉入土体中。通常适用于桩径较大、土的抗剪强度在振动时有较大降低的砂土等地基。

3.按基础的受力条件分类

结构物荷载通过桩基础传递给地基。垂直荷载一般由桩底土层抵抗力和桩侧与土产生的摩阻力来支承；由于地基土的分层和其物理力学性质不同，桩的尺寸和设置在土中方法不同，都会影响桩的受力状态。水平荷载一般由桩和桩侧土水平抗力来支承，而桩承受水平荷载能力是与桩轴线方向及斜度有关。因此，根据桩的受力条件基桩可分为：

(1)摩擦桩

一根埋在土中的桩，在承受轴向荷载后，桩四周的土与桩侧间产生摩擦力，同时桩尖处的土对桩还存在桩尖反力。因此，作用在桩上的轴向荷载应与桩侧摩阻力与桩尖反力之和相平衡，如图 2-4 所示。当桩完全埋于较软弱的分散土中时，荷载主要是通过桩侧与土之间的摩擦作用传到桩尖处面积较大的土层中去，这时桩侧摩阻力和桩尖反力均需考虑，这种桩称为“摩擦桩”。

(2)柱桩

柱桩承载力较大,较安全可靠,基础沉降也小,但如岩层埋置很深,就需要采用摩擦桩。柱桩和摩擦桩由于它们在土中的工作条件不同,它们与土共同作用的特点也就不一样,因此在设计计算时所采用的方法和有关参数也不一样。

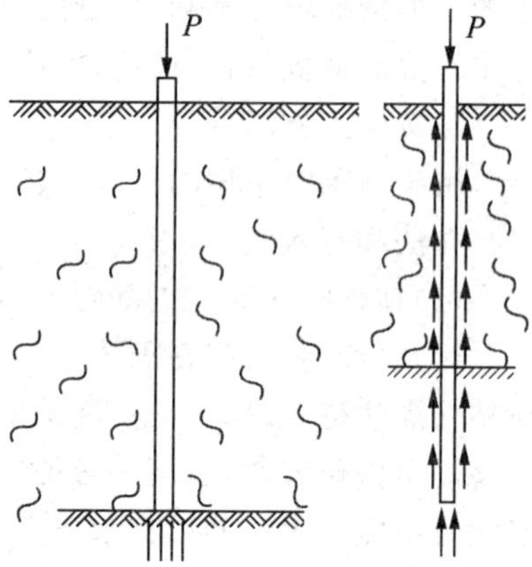

图 2-4　柱桩与摩擦桩

(三)桩基础的构造

1.就地灌注钢筋混凝土桩的构造

钻(挖)孔桩是采用就地灌注的钢筋混凝土桩,桩身常为实心断面,混凝土标号不低于 C20,对仅承受竖直力的桩基础可用 C15(但水下混凝土仍不应低于 C20)。钻孔桩设计直径一般为 0.80～1.50 m,挖孔桩的直径或最小边宽度不宜小于 1.20 m。桩内钢筋应按照内力和抗裂性的要求布设,长摩擦桩应该根据桩身弯矩分布情况分段配筋,短摩擦桩和柱桩也可按桩身最大弯矩通长均匀配筋,当按内力计算桩身不需要配筋时,应在桩顶 3～5 m内设置构造钢筋。为了保证钢筋骨架有一定的刚性,便于吊装及保证主筋受力后的纵向稳定,主筋不宜过细过少(直径不宜小于 14 mm),每根桩不宜少于 8 根,主筋净距不宜小于8 cm,保护层厚度不宜小于5 cm。主筋若需焊接,焊接长度应符合规定:双面缝大于5d(d 为钢筋直径),单面缝大于 10d。箍筋应适当加强,箍筋直径一般不小于 8 mm,中距为 20～40 cm。对于直径较大的桩或较长的钢筋骨架,可在钢筋骨架上每隔 2.0～2.5 m设置一道加劲箍筋(直径为 14～18 mm)。钻(挖)孔桩的柱桩根据桩底受力情况如需要嵌入岩层时,嵌入深度应计算确定,并不得小于 0.5 m。为了进一步发挥材料的潜力,节约水泥用量,大直径的空心钢筋混凝土就地灌注桩是今后发展的方向,目前有一些工程中已经采用。

2.钢筋混凝土预制桩(见图 2-5)

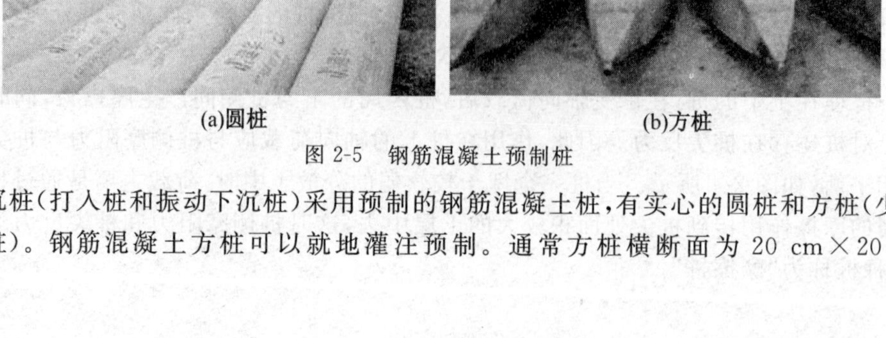

(a)圆桩　　(b)方桩

图 2-5　钢筋混凝土预制桩

沉桩(打入桩和振动下沉桩)采用预制的钢筋混凝土桩,有实心的圆桩和方桩(少数为矩形桩)。钢筋混凝土方桩可以就地灌注预制。通常方桩横断面为 20 cm×20 cm～

50 cm×50 cm，桩身混凝土标号不低C25，桩身配筋应考虑制造、运输、施工和使用各阶段的受力要求配筋。主筋直径为6～8 mm，其间距一般不大于40 cm（在两端处间距宜减小，一般为5 cm）。桩顶处，为了承受直接的锤击应设钢筋网加固，为了便于吊运，应在桩顶预设吊耳，一般由直径为20～25 mm的圆钢制成，混凝土标号不低于C25。

预制钢筋混凝土桩柱的分节长度，应根据施工条件决定，并应尽量减少接头数量。接头强度不应低于桩身强度，并有一定的刚度以减少锤振能量的损失。接头法兰盘的平面尺寸不得突出管壁之外。

3. 桩的布置和间距

桩基础内基桩的布置应根据荷载、地基土质、基桩承载力等决定。采用大直径钻孔灌注桩的中小桥梁常用单排式；在大型桥梁或水平推力较大时，则采用多排式（行列式或梅花式）。考虑桩与桩侧土的共同作用条件和施工的需要，钻（挖）孔桩的摩擦桩中心距不得小于2.5倍成孔直径，支撑或嵌固在岩层上的柱桩不得小于2.0倍的成孔直径（矩形桩为边长，下同），桩的最大中心距一般也不超过5～6倍桩径。打入桩的中心距不应小于桩径（或边长）的3倍，在软土地区还需适当增加。管柱的中心距一般为管柱外径的2.5～3.0倍（摩擦桩）或2.0倍（柱桩）。

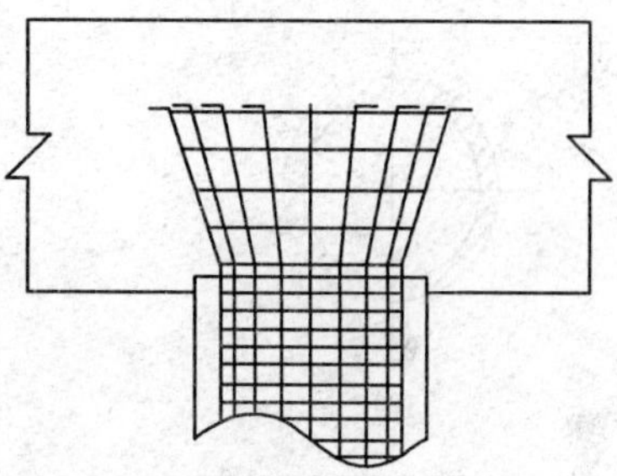

图2-6 桩与承台的连接示意图

4. 桩与承台的连接

对于桩和承台的连接，钻（挖）孔灌注桩现都采取将桩顶主筋深入承台，桩身伸入承台长度一般为150～200 mm，如图2-6所示。伸入承台的桩顶主筋可做成喇叭形，约与竖直线倾斜15°；若受构造限制，主筋也可不做成喇叭形。伸入承台的钢筋应符合结构规范的锚固长度，一般应不小于600 mm，并设箍筋。

三、沉井

（一）沉井的基本概念

沉井是井筒状的结构物（见图2-7），它是以井内挖土，依靠自身重力克服井壁摩阻力后下沉到设计标高，然后经过混凝土封底并填塞井孔，使其成为桥梁墩台或其他结构物的基础。

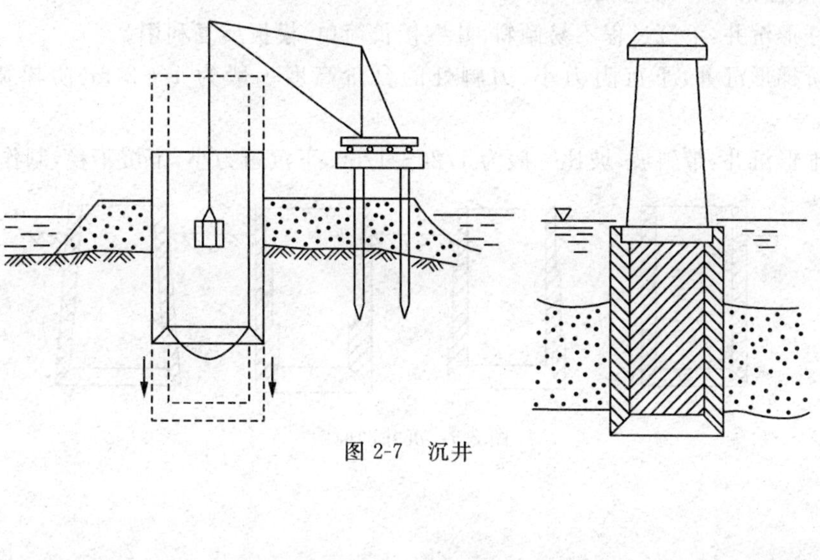

图2-7 沉井

1. 沉井的优点

沉井占地面积小，不需要板桩围护，与大开挖相比较，挖土量少，对邻近建筑物的影响比较小，操作简便，不需特殊的专业设备。近年来，沉井的施工技术和施工机械都有很大改进。

2. 适用条件

(1)上部荷载较大，而表层地基土的容许承载力不足，扩大基础开挖工作量大，以及支撑困难，但在一定深度下有好的持力层，采用沉井基础与其他深基础相比较，经济上较为合理时；

(2)在山区河流中，虽然土质较好，但冲刷大或河中有较大卵石不便桩基础施工时；

(3)岩层表面较平坦且覆盖层薄，但河水较深；采用扩大基础施工围堰有困难时。

(二)沉井的类型

1. 按平面形状分

圆形、方形、矩形、椭圆形、圆端形、多边形及多孔井字形等(见图 2-8)。

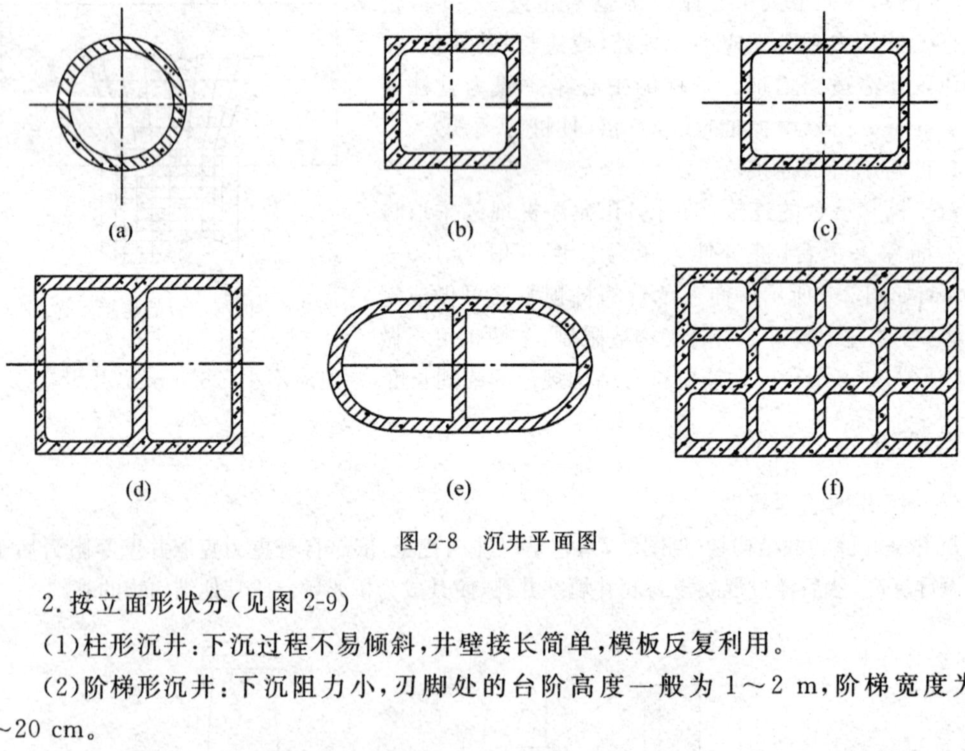

图 2-8　沉井平面图

2. 按立面形状分(见图 2-9)

(1)柱形沉井：下沉过程不易倾斜，井壁接长简单，模板反复利用。

(2)阶梯形沉井：下沉阻力小，刃脚处的台阶高度一般为 1～2 m，阶梯宽度为 10～20 cm。

(3)锥形沉井：带斜坡，坡比一般为 1/20～1/50，下沉阻力小，下沉不稳，制作较困难。

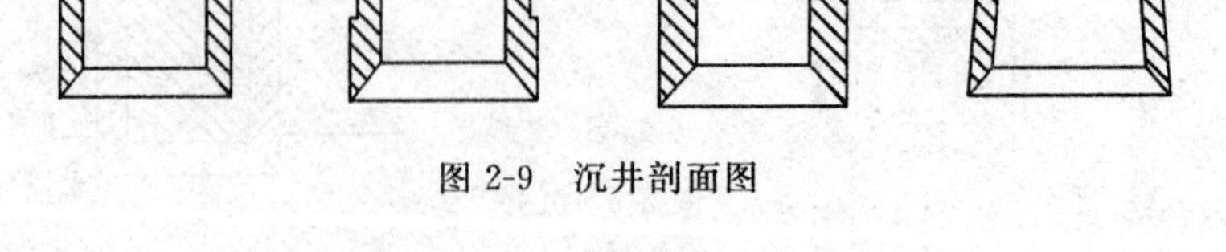

图 2-9　沉井剖面图

3.按建筑材料分

混凝土、钢筋混凝土、钢、砖、石、木等。

（三）沉井的构造

沉井由井壁（侧壁）、刃脚、内隔墙、井孔、封底和顶盖板等组成（见图 2-10）。

1.井壁

井壁是沉井的主要部分，应有足够的厚度与强度，以承受在下沉过程中各种最不利荷载组合（水土压力）所产生的内力，同时要有足够的重量，使沉井能在自重作用下顺利下沉到设计标高。设计时通常先假定井壁厚度，再进行强度验算。井壁厚度一般为 0.4～1.2 m左右。对于薄壁沉井，应采用触变泥浆润滑套、壁外喷射高压空气等措施，以降低沉井下沉时的摩阻力，达到减薄井壁厚度的目的。但对于这种薄壁沉井的抗浮问题，应谨慎核算，并采取适当、有效的措施。

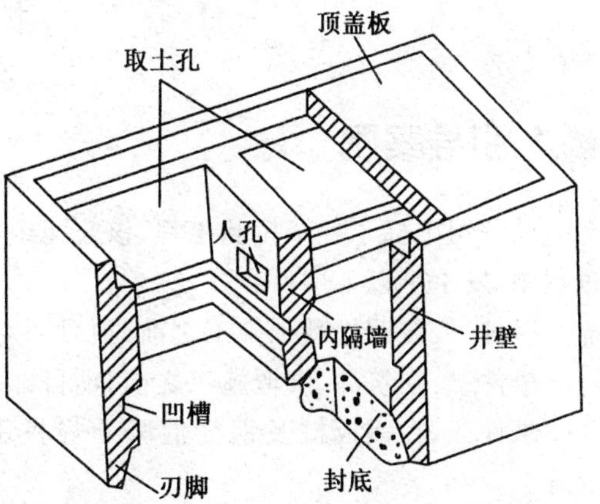

图 2-10　沉井构造图

2.刃脚

井壁最下端一般都做成刀刃状的“刃脚”。其主要功用是减少下沉阻力。刃脚还应具有一定的强度，以免在下沉过程中损坏。刃脚底的水平面称为“踏面”。刃脚的式样应根据沉井下沉时所穿越土层的软硬程度和刃脚单位长度上的反力大小决定。沉井重、土质软时，踏面要宽些；相反，沉井轻，又要穿过硬土层时，踏面要窄些，有时甚至要用角钢加固的钢刃脚。

3.内隔墙

根据使用和结构上的需要，在沉井井筒内设置内隔墙。内隔墙的主要作用是增加沉井在下沉过程中的刚度，减小井壁受力计算跨度。同时，又把整个沉井分隔成多个施工井孔（取土井），使挖土和下沉可以较均衡地进行，也便于沉井偏斜时的纠偏。内隔墙因不承受水土压力，所以，其厚度较沉井外壁要薄一些。

4.井孔

沉井内设置的内隔墙或纵横隔墙或纵横框架形成的格子称作“井孔”，井孔尺寸应满足工艺要求。

5.射水管

当沉井下沉深度大，穿过的土质又较好，估计下沉会产生困难时，可在井壁中预埋射水管组。射水管应均匀布置，以利于控制水压和水量来调整下沉方向。一般不小于600 kPa。如使用触变泥浆润滑套施工方法时，应有预埋的压射泥浆管路。

6.封底及顶盖

当沉井下沉到设计标高，经过技术检验并对井底清理整平后，即可封底，以防止地下水渗入井内。为了使封底混凝土和底板与井壁间有更好的联结，以传递基底反力，使沉井成为空间结构受力体系，常于刃脚上方井壁内侧预留凹槽，以便在该处浇筑钢筋混凝土底板和楼板及井内结构。凹槽的高度应根据底板厚度决定，主要为传递底板反力而采取的构造措施。凹槽底面一般距刃脚踏面2.5 m左右。槽高约1.0 m，接近于封底混凝土的厚度，以保证封底工作顺利进行。凹入深度为 150～250 mm。

任务二　扩大基础施工

引导案例

某公司中标了一个桥涵工程，该公司组建项目部负责该项目的具体实施，在项目进行过程中，发生了以下事件：

事件一：在明挖基础施工之前，项目部对作业人员进行安全教育。

事件二：在筑岛、围堰施工之前，项目部对作业人员进行安全教育。

事件三：在钢板桩及钢筋混凝土板桩围堰施工之前，项目部对作业人员进行安全教育。

针对以上背景，请思考下面问题：

1. 明挖基础施工安全控制要点有哪些？
2. 筑岛、围堰施工安全控制要点有哪些？
3. 钢板桩及钢筋混凝土板桩围堰施工安全控制要点有哪些？

任务描述

刚性扩大基础是目前桥梁工程浅基础所采用的主要基础形式，一般采用明挖法施工，其施工主要工序如图 2-11 所示。

本任务分别按照旱地上浅基础和水中浅基础施工两方面来学习扩大基础施工方法。

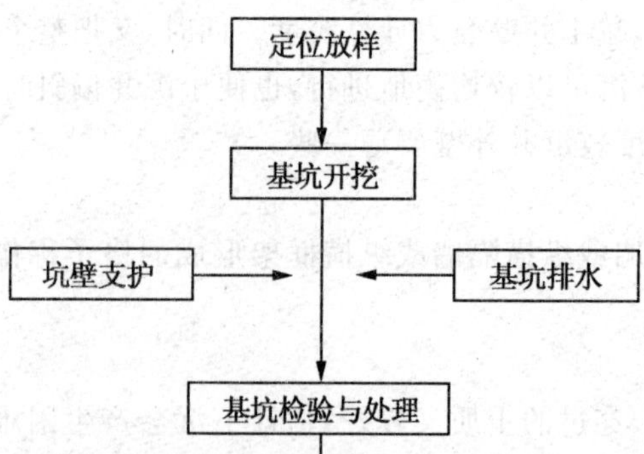

图 2-11　扩大基础施工工艺流程图

一、旱地上浅基础施工

(一)基础定位放样

基础定位放样,就是将设计图纸上的墩、台位置和尺寸标定到实际工地上去。

定位放样可分为垂直定位和水平定位两个方面。垂直定位是定出墩台基础各部分的标高,可借助于施工现场的水准基点进行;水平定位是定出基础在平面上的位置(见图2-12)。一般可首先定出桥梁的主轴线I—I,然后定出墩台轴线1—1、2—2、3—3、4—4,最后详细定位,确定基础各部分尺寸。由于定位桩随着基坑的开挖,必将被挖去,所以还必须在基坑位置以外不受施工影响的地方,钉立定位桩的护桩,以备在施工中能随时检查基坑和基础位置是否正确。而基坑外围通常可用龙门板固定,或在地面上以石灰线标出。

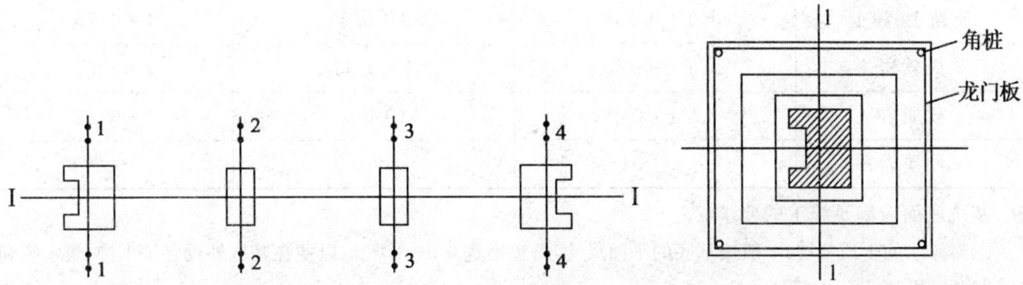

图 2-12 扩大基础定位放样图

(二)基坑开挖

为建造基础而开挖的基坑,其形状和开挖面的大小可视墩台基础及下部结构的型式,按照施工条件的要求,挖成方形、矩形或长条形的坑槽。基坑的深度视基础埋置深度而定。基坑开挖的断面可根据土的类别性质、基坑暴露时间长短、地下水位的高低及施工场地大小等因素决定。基坑开挖时常采用机械与人工相结合的施工方法,它不需要复杂的机具,技术条件较简单易操作,常用的机具多为位于坑顶由起吊机操纵的挖土斗和抓土斗,大方量的特大基坑,也可用铲式挖土机、铲运机和自卸车等。基坑采用机械挖土时,当挖至距基底计标高约 0.3 m 时,采用人工补控修整,以保证地基土结构不被扰动破坏。

1. 不设围护的基坑开挖

(1)对于在干涸无水河滩、河沟中,或有水但经改河或筑堤能排除地表水的河沟中,在地下水位低于基底,或渗透量少,不影响坑壁稳定,或基础埋置不深,施工期较短,挖基坑时,不影响邻近建筑物安全的施工场所,可考虑选用坑壁不加支撑的基坑。

(2)黏土在半干硬或硬塑状态,基坑顶缘无活荷载,稍松土质基坑深度不超过0.5 m,中等密实(锹挖)土质基坑深度不超过1.25 m,密实(镐挖)土质基坑深度不超过2.0 m时,均可采用垂直坑壁基坑。基坑深度在5 m以内且土的湿度正常时,采用斜坡坑壁开挖或按坡度比值挖成阶梯形坑壁,每梯高度以 0.5～1.0 m为宜,可作为人工运土出坑的台阶。基坑深度大于5 m时,坑壁坡度适当放缓,或加做平台。土的湿度影响坑壁的稳定性时,应采用该湿度下土的天然坡度或采取加固坑壁的措施。当基坑的上层土质适合敞口斜坡坑壁条件,下层土质为密实黏土或岩石时,可用垂直坑壁开挖,在坑壁坡度变换处,应保留有至少 0.5 m 的平台。

当采用放坡开挖(见图 2-13)时且基坑开挖暴露时间不超过 15 天的情况下,可参照表 2-1选定基坑坡度。

表 2-1　　基坑坡度参考表

坑壁土类	坑壁坡度		
	基坑顶缘无荷载	基坑顶缘有静载	基坑顶缘有动载
砂类土	1∶1	1∶1.25	1∶1.5
碎卵石类土	1∶0.75	1∶1	1∶1.25
亚砂土	1∶0.67	1∶0.75	1∶1
亚黏土、黏土	1∶0.33	1∶0.5	1∶0.75
极软岩	1∶0.25	1∶0.33	1∶0.67
软质岩	1∶0	1∶0.1	1∶0.25
硬质岩	1∶0	1∶0	1∶0

注:基坑底面应满足施工的要求:

①对渗水的土质基坑,一般按基底的平面尺寸,每边增宽 0.5～1.0 m,以便在基坑外设置排水沟、集水坑和基础模板。

②当基坑深度较大时,应在边坡中段加设宽为 0.5～1.0 m 的平台,坑顶周围必要时应挖排水沟,以免地面水流入坑内。

③当基坑顶缘有动载时,顶缘与动载之间至少应留 1 m 宽的护道。

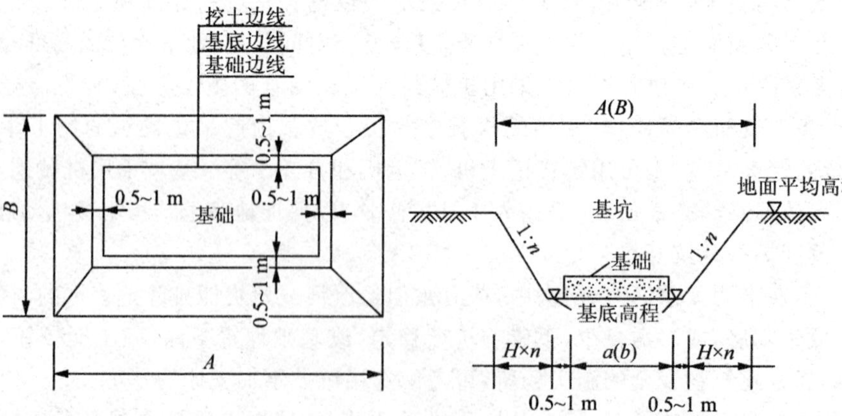

图 2-13　基坑放坡开挖示意图

2. 坑壁有围护的基坑开挖

当坑壁土质松软,边坡不易稳定,或放坡开挖受到现场的限制,或放坡开挖造成土方量过大时,易采用加设围护结构的竖直坑壁基坑,这样既保证了施工的安全,同时又可大量减少土方量。

(1)挡板支撑

适用于开挖面积不大、地下水位较低、挖基深度较浅的基坑。根据具体情况,挡板可垂直设置[见图 2-14(a)]或水平横放[见图 2-14(b)]。挡板支撑由立木、横枋、顶撑及衬板组成。衬板厚度为 4～6 cm,为便于挖基运土,顶撑应设在同一垂直面内。基坑开挖时,若坑壁土质密实,不会随挖随坍,可将基坑一次挖到设计标高,然后沿着坑壁竖向撑以衬板(密排或间隔排),再在衬板上压以横木,中间用顶撑撑住。若坑壁土质较差,或所挖基坑较深,坑壁土有随挖随坍可能时,则可用水平衬板支撑,分层开挖,随挖随撑。

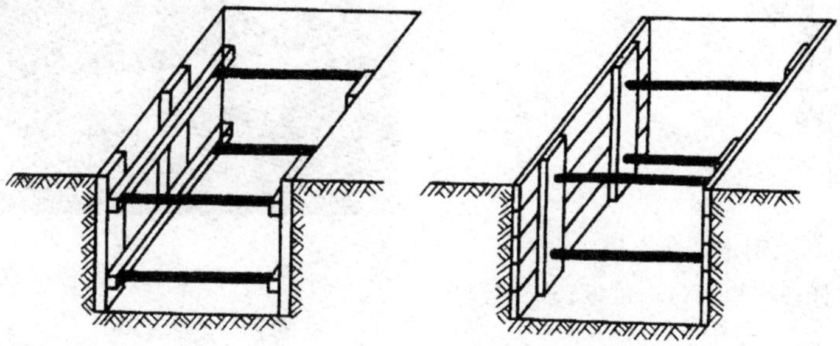

(a)　　(b)

图 2-14　挡板支撑

(2)钢木结合支撑

适用于当基坑深度在 3 m 以上,或基坑过宽由于支撑过多而影响基坑出土时,可沿基坑周围每隔 1.5 m 左右打入一根“工”字钢或钢轨至坑底面以下 1 m 左右,并以钢钎杆把型钢上端锚固于锚桩上,随着基坑下挖设置水平衬板,并在型钢与衬板之间用木楔塞紧,如图 2-15 所示。

(3)板桩支撑

适用于基坑的平面尺寸较大、基坑又较深,或因土质、水文资料,场地的限制,及开挖对邻近建筑物有影响时,可采用板桩支撑。板桩设置方法与挡板支撑不同,其特点是先将板桩打入土中,桩尖深入到基坑底以下一定深度,然后才开挖基坑。当基坑较深时,可待基坑挖至一定深度后,再在板桩上部加设横向支撑或设置锚桩,以增强板桩的稳定性。板桩常用的材料有木、钢、钢筋混凝土三种。木板桩成本较低,容易加工制作,但强度较低,不适用于含卵石和坚硬的土层。同时受木材长度的限制,基坑深度为 3～5 m 时才采用。钢板桩的优点在于强度大,能穿过坚硬的松土层、碎卵石类土和风化岩层。具有锁口连接紧密不易漏水,且能承受锁口拉力,并可焊接接长,能重复使用,其断面型式较多(见图 2-16),可适应不同的基坑形状要求。钢筋混凝土板桩优点是耐久性好,缺点是制作复杂,重量大,运输和施工不便,所以除大桥的深基础外,一般中小桥梁工程不采用。

(4)采用混凝土护壁

适用于深度较大各种土质的基坑。在基坑开挖前,应先界定基坑开挖面,除较浅的基坑外,考虑到受力条件,应尽量采用圆形基坑。在基坑口先设置预制或就地浇制的混凝土护筒,护筒长 1～2 m,护筒厚度视基坑直径大小和土质情况而定,一般为 10～40 mm。护筒以下的坑壁,采用喷射混凝土或现浇混凝土,一般是随挖随喷(浇),直至坑底。

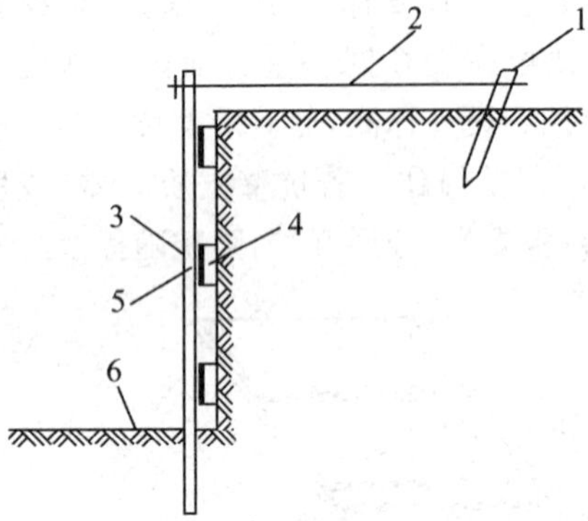

图 2-15　钢木结合支撑

1—锚栓；2—拉杆；3—型钢；4—衬板；5—木楔

图 2-16　钢板桩支撑

①喷射混凝土护壁

采用掺有速凝剂的混凝土浆，用喷射器向坑壁喷射，使喷射的混凝土能早期与坑壁形成具有一定强度的支护层[见图 2-17(a)]。喷射混凝土的厚度，主要取决于地质条件、渗水量、基坑面大小及开挖深度等因素。开挖基坑与喷射混凝土均分层进行，每层高 0.5～1.5 m。喷射混凝土所需的机具设备主要有：空压机、高压水泵、拌和机、喷射机、混凝土输送管道。混凝土拌和料的级配根据喷射机输料管直径而不同，集料最大粒径为16 mm及25 mm，配合比为水泥：砂石：水＝1：4：(0.4～0.5)。速凝剂的掺加量为水泥用量的 3%～4%，掺入后停放时间不应超过 20 min。对极易坍塌的流砂、淤泥层，仅用喷护混凝土往往不足以稳定坑壁，遇此情况，可先在坑壁上打入小木桩或在打好成排的木桩上编制竹篱，在有大量流砂之处塞以草袋，然后喷射 15～20 cm 的混凝土，即可防坍塌。对于无水或少水的坑壁，每层高度范围内，喷射混凝土应由下部向上部循环进行，这样对少量渗水的土层，一经喷护即能完全止水；对涌水的坑壁，喷射混凝土则应由上而下循环进行，以保证新喷的混凝土不致被水冲坏。

(a)喷射混凝土护壁　　(b)现浇混凝土护壁

图 2-17　混凝土护壁

②现浇混凝土护壁[见图 2-17(b)]

逐层开挖的深度，视坑壁土质稳定情况而定，一般不超过 2 m。施工程序是逐层下挖、立模、浇筑混凝土。混凝土中应掺入早强剂，浇筑厚度为 10 cm 左右。实践证明，采用喷射或浇筑混凝土这一护壁方法与明挖放坡法，无论在技术上和经济上均有一定的优点。在某一座桥基础的施工中，它比明挖放坡法可减少土方量 2/3。目前已广泛用于松软地基的明挖基坑，并作为基坑坑壁围护方法之一。

③土钉墙支护(见图 2-18)

由天然土体就地加固并与喷射混凝土面板相结合，形成一个类似重力挡墙以此来抵抗墙后的土压力，从而保持开挖面的稳定，这个土挡墙称为“土钉墙”。土钉墙是通过钻孔、插筋、注浆来设置的，一般称“砂浆锚杆”，也可以直接打入角钢、粗钢筋形成土钉。土钉墙不仅应用于临时支护结构，而且也应用于永久性构筑物，当应用于永久性构筑物时，宜增加喷射混凝土面层的厚度并适当考虑其美观。

(a) 钻孔　(b) 插筋、注浆

(c) 挂网　(d) 喷混凝土护面

图 2-18　土钉墙支护示意图

3. 基坑排水

当基坑坑底位于地下水位以下时，基坑开挖时坑内便有积水，为了便于基础施工，并保证施工质量，必须在基坑内进行排水。排水的方法有表面排水法及轻型井点排水法两种。

(1)表面排水法(见图 2-19)

它是施工中应用最普遍的排水方法。在基坑开挖时,坑底四周挖好边沟,并挖 1～2 个集水井,使坑内积水由边沟流至集水井,然后由集水井抽水机向外排水。要求排水能力要大于基坑的渗水量,因此,施工前必须对基坑的渗水量进行估量,以便正确拟定排水措施,配足排水设备。设备的排水能力应大于基坑的渗水量。

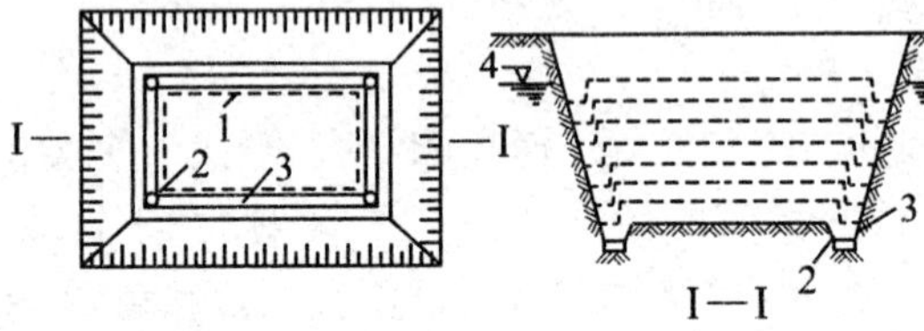

图 2-19　表面排水法

1—基础边线;2—集水井;3—排水沟;4—地下水位线

选用什么排水机具,应视基坑内渗水量的大小和当地具体情况而定。当渗水量很小时,可用人工排水或小型水泵抽水;当渗水量较大时,一般用电动或内燃发动机的离心式抽水机。考虑到排水过程中,机械可能发生故障,应有备用的水泵。抽水机安装应根据基坑深度、水深及吸程大小,分别安装在坑顶、坑中护坡道或活动脚手架上。坑深大于吸程加扬程时,可用多台水泵串联或采用高压水泵。

表面排水法除有严重流砂的基坑中不宜采用外,一般情况下均可采用。如果估计到用表面排水法有可能发生严重流砂现象,除可以选用机械水中挖土方法外,也可考虑采用轻型井点法排水。

(2)轻型井点排水法

此法主要是利用"下降漏斗"降低地下水位,基坑开挖前在基坑四周打入若干根井管,井管下端1.5 m左右为滤管,上面钻有若干直径约2 mm的滤水孔,各个井管用集水管连接,并不断抽水。由于抽水使井管两侧一定范围内的水位逐渐降低到坑底设计标高以下,使施工能在干燥无水的情况下进行(见图 2-20)。井点排水法适用于渗透性较大的砂性土(渗水系数 K=0.1～80 m/d),对于淤泥或软黏土地基其效果较差。用这种方法降低地下水位,使井管范围内的地下水不从基坑的四侧边坡和底面流出,而是以相反的方向流向井管,因此可避免发生流砂和边坡坍塌现象。

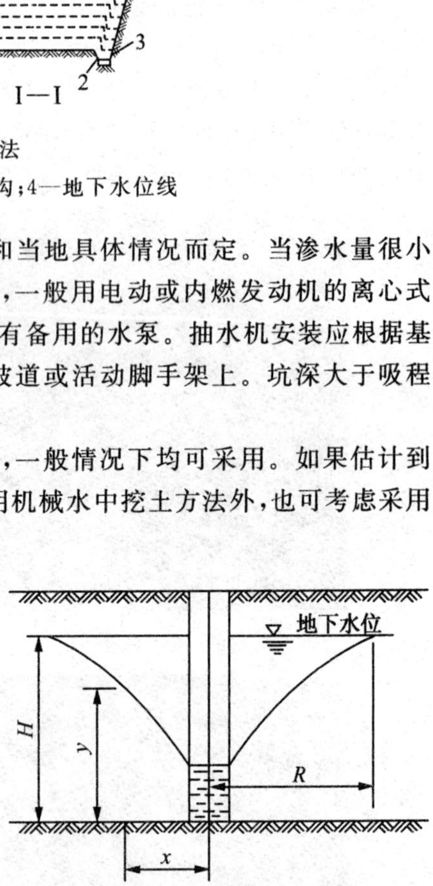

图 2-20　下降漏斗

轻型井点系统的主要设备有:

①井点管

用直径为 50 mm 的钢管,其下端头为长 1～2 m 的滤管,滤管是在直径 50 mm 的钢管上打直径 10～15 mm 呈梅花形布置的孔,孔间距 30～40 mm。在管外用铅丝螺丝形缠绕起来。先包一层 40 目的细滤网,再包一层 18 目的粗滤网,滤网用铜网或尼龙网均可,滤网外再缠绕一层粗铁丝保护滤网，滤管下端装铸铁管靴。

②集水管

用内径为 102～127 mm 的钢管分段连接，间隔 1～2 m 设一个与井点管连接的短接头。

③连接管

用直径为 40～50 mm 的胶皮管或塑料管。连接管上宜装阀门，便于检查。

④抽水装备

主要由真空泵、离心水泵和集水箱组成，离心水泵与真空泵分开，用两个电动机带动。

井点的布置(见图 2-21)，应根据基坑的大小、平面尺寸和降水深度的要求，以及土层的渗透性和地下水流向等因素确定。若要求降水深度在 4～5 m，可用单排井点，若降水深度要求大于 6 m，则可采用两级或多级井点。如基坑宽度小于 5 m，则可在地下水流的上游设置单排井点。若基坑面积较大可设置不封闭井点或封闭井点(如环形、U 形)，井点管距基坑壁不大于 1～2 m，井点管的间距为 1.0～1.8 m，不超过 3 m。

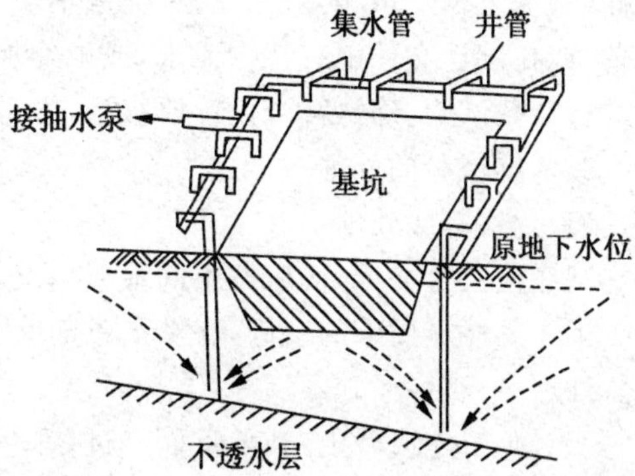

图 2-21 井点的布置

使用注意事项：

降水系统接通后，试抽水，若无漏水、漏气和淤塞等现象，即可使用。应控制真空度，在系统中装真空表，一般真空度不低于 55.3～66.7 kPa，管路井点有漏气时，会造成真空度达不到要求。为保证连续抽水，应配置双套电源。待基坑浇筑回填后，才能拆除井点。冬季施工时，应对集水管作保暖处理。

(三)基坑检验与处理

1. 基坑检验的内容与方法

基坑检验主要内容应包括：基底平面位置、尺寸大小，基底标高、基底土质均匀性、地基稳定性及承载力、基底处理和排水情况、检查施工日志及有关试验资料等。《桥涵施工技术规范》对扩大基础的施工质量要求见表 2-2。

表 2-2　扩大基础施工质量标准

检查项目		规定值或允许偏差
混凝土强度(MPa)		在合格标准内
平面尺寸(mm)		±50
基础底面高程(mm)	土质	±50
	石质	+50，−200
基础顶面高程(mm)		±30
轴线偏位(mm)		25

基底检验根据桥涵大小、地基土质复杂情况(如溶洞、断层、软弱夹层、易熔岩等)及结构对地基有无特殊要求等,按以下方法进行:

(1)小桥涵的地基,一般采用直观或触探方法,必要时进行土质试验。特殊设计的小桥涵对地基沉陷有严格要求,且土质不良时,宜进行荷载试验。对经加固处理后的特殊地基,一般采用触探或做密实度检验等。

(2)大、中桥和填土 12 m 以上涵洞的地基,一般由检验人员用直观、触探、挖试坑或钻探(钻深至少 4 m)试验等方法,确定土质容许承载力是否符合设计要求。对地质特别复杂,或在设计文件中有特殊要求,或虽经加固处理又经触探、密实度检验后尚有疑问时,需进行荷载试验,确认符合设计要求后,方可进行基础结构物施工。

2. 基坑检验的处理

(1)合格基底处理

基底检验合格后,还应按不同地质情况,作如下处理:

①在黏性土层上的基础,修整承重面时,应按其天然状态铲平,不得用回填土夯实的办法处理。

②对碎石土或砂土,其承重面经过修理平整后,在基础施工前,应先铺一层 2 cm 厚的水泥砂浆。

③对未风化的岩层,应先将岩层面上的松散石块、淤泥、苔藓等清除干净,若岩层倾斜,应将岩层凿平。

④对软硬不均匀的地层,应将软质土层挖除,使基础全面支撑在硬土上,以避免基础发生不均匀下沉或倾斜。

⑤坑底如发现有泉眼涌水,应立即堵塞或排水加以处理,不得任其浸泡基坑。

(2)不合格基底处理

当基底土层不符合要求时应进行处理,基底处理的主要方法有:换填土法、桩体挤密法、砂井法、袋装砂井法、预压法加固地基、强夯法、电渗法、振动水冲法、深层搅拌桩法、高压喷射注浆法、化学固化剂法等。对于一般软弱地基土层加固处理方法可归纳为四种类型,即:

①换填土法:将基础下软弱土层全部或部分挖除,换填力学物理性质较好的土。

②挤密土法:用重锤夯实或砂桩、石灰桩、砂井、塑料排水板等方法,使软弱土层挤压密实或排水固结。

③胶结土法:用化学浆液灌入或粉体喷射搅拌等方法,使土壤颗粒胶结硬化,改善土的性质。

④土工聚合物法:用土工膜、土工织物、土工格栅与土工合成物等加筋土体,以限制土体的侧向变形,增加土的周压力,有效提高地基承载力。

(四)基础施工与基坑回填

基础的浇筑,一般都处于干燥无水的情况下进行,只有当渗水量很大、排水很困难时,才采用水下灌注混凝土的办法。排水浇筑时,应防止渗水浸泡圬工,以免降低混凝土强度。此外,还应注意,石砌基础在砌筑中应使石块大面朝下,外圈块石必须坐浆,要求丁顺相间,以加强石块之间的连接;混凝土基础的浇筑,应在终凝后才允许浸水,不浸水部分仍需养生。

基础浇筑完成后，应检验质量和各部分尺寸是否符合设计要求，如无问题，即可选用好土回填基坑，并应分层夯实，回填层厚度不大于 30 cm。

二、水中浅基础施工

桥梁墩台基础往往位于地表水位以下，有的河流水的流速还较大，而施工时常常希望在无水或静水条件下进行。为了解决这一矛盾，可变水中施工为旱地施工。其办法是，首先在基坑外围设置一道封闭的临时性挡水结构物即围堰。围堰修好后，排水开挖基坑，或在静水条件下进行水下开挖基坑，并继续下步工序，这些施工内容与旱地上的浅基础施工基本相同。但不论哪种材料和形式的围堰，均需注意下列要求：

1. 堰顶标高至少应高出施工期间可能出现的最高水位 0.5 m 以上。

2. 围堰平面形状应与基础平面形状相符，围堰的迎水面应做成流线型，以利于减小水流阻力。

3. 由于围堰的修筑，使河流过水断面缩小，流速增大，将引起较大集中冲刷，可能使围堰坍塌或者严重漏水，并可能由于部分河面被阻塞影响通航，因此，围堰的断面不应超过流水断面的 30%。

4. 围堰内面积应考虑坑壁放坡和浇筑基础时的要求。

下面介绍几种常用的围堰构造、适用条件和施工要求：

(一)土围堰(见图 2-22)

土围堰适用于水深不超过 2 m，流速小于 0.5 m/s，河床土质为不透水或透水甚微的河道中，在修筑前应将河底杂物清理干净以防漏水。修筑时应从上游开始，至下游合拢。堰顶宽一般为 1～2 m，视施工场面需要而定。堰外边坡视填土在水中的自然坡度，一般为 1∶2～1∶3；堰内边坡一般为 1∶1.5～1∶1，坡脚距基坑边缘根据河床土质及基坑深度而定，但不得小于 1 m。如果用砂土修筑围堰，为了减少渗水需在外坡侧面用黏土覆盖或设置黏土心墙，当水的流速较大时，可在外坡面用草皮、柴排、草袋加以防护。

(二)草(麻)袋围堰(见图 2-23)

水深不超过 3.5 m，流速小于 2.0 m/s 时，可采用草(麻)袋围堰。堰顶宽一般为 1～2 m，有黏土心墙时为 2～2.5 m；堰外坡视水深及流速而定，一般为 1∶1～1∶0.5，堰内坡一般为 1∶0.5～1∶0.2，内坡脚距基坑边缘不小于 1 m。袋装松散黏土，装土量为袋容量的1/2～2/3，袋口缝合。如用砂土装袋，堰身中间必须夯填黏土心墙，以防围堰渗漏。

以上两种围堰均利用自重维持其稳定，故又称"重力式围堰"，它主要是挡地面水。如河床土质为粉砂或细砂，则在排水开挖基坑时，可能会引起流砂现象，所以就不宜用这类围堰，而应考虑选用板桩围堰。

(三)钢板桩围堰(见图 2-24)

钢板桩围堰适用于砂类土、碎卵石类土、硬黏性土和风化岩等地层，它具有材料强度高，防水性能好，穿透土层能力强，堵水面积最小，并可重复使用的优点。因此，当水深超过 5 m 或土质较硬时，可选用这种围堰。当钢板桩围堰较高且水深较大时，常用围图(即以钢或钢木构成的框架)作为板桩定位和支撑。先在岸上或驳船上拼装好围图，拖运至基础位置定位后，在围囹中插打定位桩，使围囹挂在定位桩上，即可在围囹四周的导桩间插打钢板桩。在插打时应先从上游打起，以策安全。根据起吊能力，尽可能将两三块钢板桩预先拼焊在一起，逐组或逐块插打到稳定的深度(2～3 m)，待全部板桩插打完毕后再依次打到设计标高。在深水处修筑围堰，为确保围堰不渗水，或基坑范围大，不便设置支撑，可采用双层钢板桩围堰。

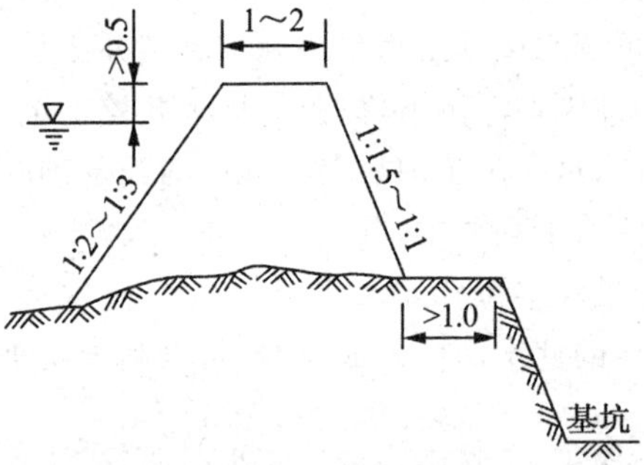

图 2-22　土围堰

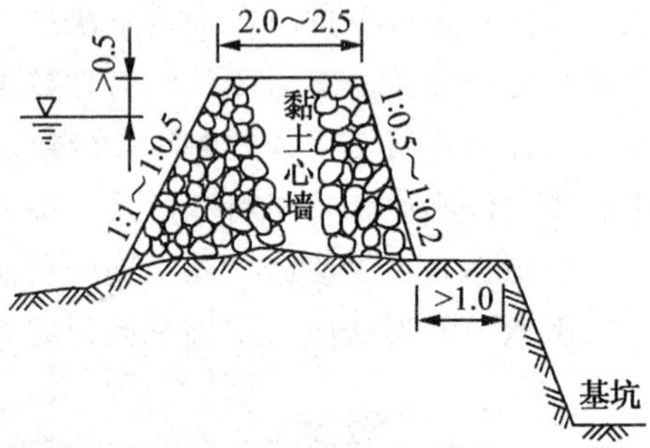

图 2-23　草(麻)袋围堰

图 2-24　钢板桩围堰

(四)套箱围堰(见图 2-25)

套箱是为水中承台施工而设计的临时阻水结构，其作用是通过四周套箱模板以及底部混凝土封底为水中承台施工提供无水的施工环境，同时兼作承台施工的外模。

钢套箱围堰按形状可分为矩形(圆端形)和圆形，其中每种围堰又有单壁、双壁以及单双壁组合式钢围堰。圆形围堰，由于在水压力作用下，只产生环向轴力，可不设内支撑，因此能够提供足够的施工空间；另外，由于其截面可以导流，因此抗水流能力强，它适用于流速较大的深水河流的低桩承台的施工中。但是，由于承台尺寸一般为矩形。因此，其封底的截面积较大，封底混凝土的量较大。矩形或圆端形围堰，可按承台的尺寸形状设计，减少了围堰钢壁的用钢量以及封底混凝土的用量。但是由于该围堰需加设内支撑，给后续工程的施工带来诸多不便。另外，其抗水流冲击能力和整体性较差，不宜在流速较大的河流中使用。单、双壁的构造主要是考虑钢围堰下沉的需要而设计，由于钢围堰重量轻，在需要入土较深的情况下仅靠自重难以下沉，需灌注配重混凝土，因此必须设置双壁结构；如果下沉较浅，借自重可以下沉，可设计为单壁结构；如在满足下沉需要的前提下，又要节省材料，可设计成单、双壁组合式结构。钢围堰结构形式的确定受多种因素的制约，如水文、地质、起重设备等。平面形状的确定主要受承台平面尺寸的影响以及水深的影响。当承台的平面尺寸长宽比小于1.5时，采用圆形围堰更为合理，但水深大于15 m的情况下，若采用矩形围堰，需加设多层内支撑，施工空间难以保证，同时也大大增加了钢材的用量，此时采用圆形围堰更为合理。

(a)钢套箱

(b)双钢壁围堰

图 2-25　套箱围堰

三、基坑开挖安全要点

(一)基坑施工过程中注意要点

1.在基坑顶缘四周适当距离处设置截水沟，并防止水沟渗水，以避免地表水冲刷坑壁，影响坑壁稳定性。

2.坑壁边缘应留有护道，静荷载距坑边缘不小于0.5 m，动荷载距坑边缘不小于1.0 m；垂直坑壁边缘的护道还应适当增宽；水文地质条件欠佳时应有加固措施。

3.应经常注意观察坑边缘顶面土有无裂缝，坑壁有无松散塌落现象发生。

4.基坑施工不可延续时间过长，自开挖至基础完成，应抓紧时间连续施工。

5.如用机械开挖基坑，挖至坑底时，应保留不小于30 cm厚度的底层，在基础浇筑圬工前用人工挖至基底标高。

6.基坑应尽量在少雨季节施工。

7.基坑宜用原土及时回填，对桥台及有河床铺砌的桥墩基坑，则应分层夯实。

(二)基坑开挖边坡失稳的主要原因

1.基坑深度过大，而坑壁坡度较陡。

2.对于湿土而言，坑壁坡度陡于该湿度下的天然坡度。

3.地下水以下部分开挖，土质易坍塌却没有增设加固措施。

4. 基坑四周没有设置截水沟、排水沟以拦截地表径流。

5. 弃土位置距基坑太近甚至放在基坑四周。

6. 在粗、细砂质土层中，水的渗流会挟带细砂颗粒流动，破坏土体结构，引起基坑壁坍塌。

7. 施工延续时间过长。

8. 施工所用大型设备在坑周边重复作业或振动较大等。

(三)边坡失稳的预防及处理措施

1. 基坑开挖之前，应先做好地面排水系统，在基坑顶外缘四周应向外设置排水坡或设置防水梁，并在适当距离设截水沟，且应防止水沟渗水，避免影响坑壁稳定。

2. 坑顶边缘应有一定的距离作护道，堆载距坑缘不小于 0.5 m，动载(包括机械及机械通道)距坑缘不小于 1.0 m，垂直坑壁坑缘边的护道还应适当增宽，堆置弃土的高度不得超过 1.5 m。

3. 挖基经过不同土层时，边坡可分层而异，视情况留平台。

4. 在施工过程中注意观察坑缘顶面有无裂缝，坑壁有无松散塌落现象。

5. 对地质情况发生变化的地层应及时增设支护；水文地质条件欠佳时应提前采取加固措施。

6. 基坑自开挖起，应抓紧连续不断施工直至基础完成，施工时间绝不可延续太长。

7. 严格按规范、图纸施工。

8. 基坑应尽量安排在少雨季节施工。

若基坑开挖边坡不稳出现坍塌时，要认真分析其原因，及时处理。其处理方法主要是增设抗滑桩或木板支护、钢板桩支护、锚桩式支护、锚锭板支护、喷锚支护等；待边坡稳定后，进行清理或继续施工，并尽快完成基础施工。

任务三　桩基础施工

引导案例

某桥主墩基础为钻孔灌注桩，地质依次为表层 5 m 的砾石、37 m 的漂石和软岩。主要施工过程如下：

平整场地、桩位放样、埋设护筒，采用冲击钻成孔。下放钢筋笼后，发现孔底沉淀量超标，但超标量较小，施工人员采用空压机风管进行扰动，使孔底残留沉渣处于悬浮状态。之后，安装导管，导管底口距孔底的距离为 35 cm，且导管口处于沉淀的淤泥渣之上，对导管进行接头抗拉试验，并用 1.5 倍的孔内水深压力的水压进行水密承压试验，试验合格后，灌注混凝土，混凝土坍落度 18 cm，在整个过程中连续均匀进行。

施工单位考虑到灌注时间较长，在混凝土中加入缓凝剂。首批混凝土灌注后埋置导管的深度为 1.2 m，在随后的灌注过程中，导管的埋置深度为 3 m。当灌注混凝土进行到 10 m时，出现塌孔，施工人员用吸泥机进行清理；当灌注混凝土进行到23 m时，发现导管埋管，但堵塞长度较短，施工人员采取用型钢插入导管的方法疏通导管；当灌注到27 m时，导管挂在钢筋骨架上，施工人员采取了强制提升的方法；进行到32 m时，又一次堵塞导管,施工人员在导管始终处于混凝土中的状态下,拔抽抖动导管,之后继续灌注混凝土直到完成。养护后经检测发现断桩。

针对以上背景,请思考下面问题:

1.断桩可能发生在何处?原因是什么?

2.在灌注水下混凝土时,导管可能会出现哪些问题?

3.塞管处理的方法有哪些?

任务描述

桩基础施工前应根据已定出的墩台纵横中心轴线直接定出桩基础轴线和各基桩桩位(目前已普遍应用全站仪直接定位),并设置好固定桩标志或控制桩,以便施工时随时校核。目前桩基础施工常用的施工方法有钻孔灌注桩、挖孔灌注桩和预制沉桩等。本任务主要介绍桩基础的相关施工工艺及施工质量控制。

一、钻孔灌注桩施工

钻孔灌注桩施工应根据土质、桩径大小、入土深度和机具设备等条件选用适当的钻具和钻孔方法,以保证能顺利达到预计孔深;然后清孔,吊放钢筋笼架,灌注水下混凝土。

目前我国常使用的钻具有:旋(回)转钻、冲击钻和冲抓钻三种类型。为稳固孔壁采用孔口埋设护筒和在孔内灌入黏土泥浆,并使孔内液面高出孔外水位,以在孔内形成向外的静压力而起到护壁、固壁作用。现按施工顺序介绍其主要工序如下:

(一)准备工作

1.准备场地

施工前应将场地平整好,以便安装钻架进行钻孔。当墩台位于无水岸滩时钻架位置处应整平夯实,清除杂物,挖换软土;场地有浅水时,宜采用土或草袋围堰筑岛。当场地为深水或陡坡时,可用木桩或钢筋混凝土桩搭设支架,安装施工平台支承钻机(架)。深水中在水流较平稳时,也可将施工平台架设在浮船上,就位锚固稳定后在水上钻孔。水中支架的结构强度、刚度和船只的浮力、稳定都应事前进行验算。

2.桩位放样

根据设计图纸(桩位平面布置图)定出施工桩位基准轴线,会同总包监理组织验收,并做好基准点的保护措施,直至竣工验收。做好高程水准点、坐标基准点的引测和复核,并做好固定记号。根据桩位控制轴线,做好桩位的放样和复核工作。测量所用仪器设备必须定期检测。

3.埋置护筒

护筒的作用是:固定钻孔位置;开始钻孔时对钻头起导向作用;保护孔口,防止孔口土层坍塌;隔离孔内孔外表层水,并保持钻孔内水位高出施工水位以产生足够的静水压力稳固孔壁。因此埋置护筒要求稳固、准确。

护筒制作要求坚固、耐用、不易变形、不漏水、装卸方便和能重复使用。一般用薄钢板或钢筋混凝土制成,护筒内径一般比钻头直径大 0.2~0.4 m。

护筒埋设可采用下埋式[适于旱地埋置,见图 2-26(a)]、上埋式[适于旱地或浅水筑岛

埋置,见图 2-26(b)(c)]和下沉埋设[适于深水/埋置,见图 2-26(d)]。埋置护筒时特别应注意下列几点:

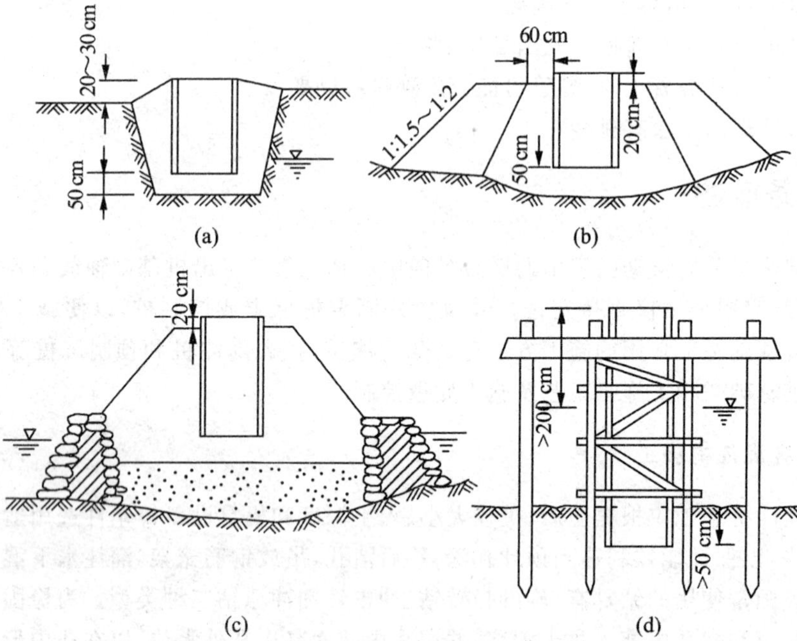

图 2-26 护筒埋设

(1)护筒平面位置应埋设正确,偏差不宜大于 50 mm。

(2)护筒顶标高应高出地下水位和施工最高水位 1.5～2.0 m。无水地层钻孔因护壁顶部设有溢浆口,筒顶也应高出地面不少于 0.3 m。

(3)护筒底应低于施工最低水位(一般低 0.1～0.3 m 即可)。深水下沉埋设的护筒应沿导向架借自重、射水、振动或锤击等方法将护筒下沉至稳定深度,入土深度黏性土应达到 0.5～1 m,砂性土则为 3～4 m。下埋式及上埋式护筒挖坑不宜太大(一般比护筒直径大 0.1～0.6 m),护筒四周夯填密实的黏土,护筒应埋设在稳固的黏土层中,否则应换填黏土并密实,其厚度一般为 0.5 m。

4.制备泥浆

泥浆在钻孔中的作用是:在孔内产生较大的静水压力,可防止坍孔;泥浆向孔外土层渗漏,在钻进过程中,由于钻头的活动,孔壁表面形成一层泥胶,具有护壁作用;同时将孔内外水流切断,能稳定孔内水位;泥浆比重大,具有挟带钻渣作用,利于钻渣的排出。因此在钻孔过程中,孔内应保持一定稠度的泥浆,比重一般以 1.1～1.3 为宜,在冲击钻进大卵石层时可用 1.4 以上,黏度为20 s,含砂率小于 3%。在较好的黏性土层中钻孔,也可灌入清水,使钻孔时孔内自造泥浆,达到固壁效果。调制泥浆的黏土塑性指数不宜小于 15,粒径大于 0.1 mm 的砂粒不宜超过 6%。

5.安装钻机或钻架

钻架是钻孔、吊放钢筋笼、灌注混凝土的支架。我国生产的定型旋转钻机和冲击钻机都附有定型钻架，其他还有木制的和钢制的四脚架、三脚架或人字扒杆。

在钻孔过程中，成孔中心必须对准桩位中心（见图 2-27），钻机（架）必须保持平稳（见图 2-28），不发生位移、倾斜和沉陷。钻机（架）安装就位时，应详细测量，底座应用枕木垫实塞紧，顶端应用缆风绳固定平稳，并在钻进过程中经常检查。

图 2-27　钻机中心位置检查

图 2-28　钻机水平检查

（二）钻孔

1. 钻孔方法

（1）回旋钻进成孔

利用钻具的旋转切削体钻进，并在钻进的同时采用循环泥浆的方法护壁排渣、继续钻进成孔。我国现用旋转钻机按泥浆循环的程序不同分为正循环与反循环两种。所谓正循环，是在钻进的同时，泥浆泵将泥浆压进泥浆笼头，通过钻杆中心从钻头喷入钻孔内，泥浆挟带钻渣沿钻孔上升，从护筒顶部排浆孔排出于沉淀地，钻渣在此沉淀而泥浆仍进入泥浆池循环使用，如图 2-29(a)所示。

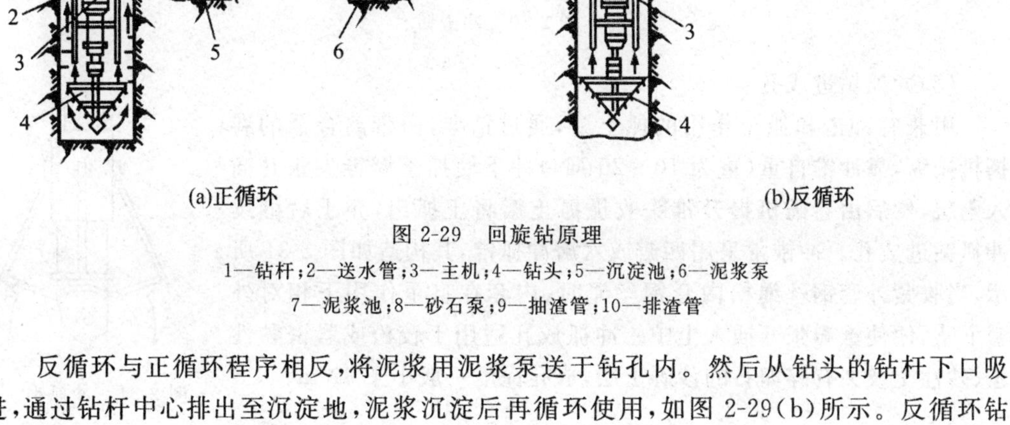

图 2-29　回旋钻原理

1—钻杆；2—送水管；3—主机；4—钻头；5—沉淀池；6—泥浆泵
7—泥浆池；8—砂石泵；9—抽渣管；10—排渣管

反循环与正循环程序相反，将泥浆用泥浆泵送于钻孔内。然后从钻头的钻杆下口吸进，通过钻杆中心排出至沉淀地，泥浆沉淀后再循环使用，如图 2-29(b)所示。反循环钻机的钻进及排渣效率较高，但在接长钻杆时装卸较麻烦，如钻渣粒径超过钻杆内径（一般为 120 mm）易堵塞管路，则不宜采用。我国定型生产的旋转钻机在转盘、钻架、动力设备等方面均配套定型，钻头的构造根据土质采用各种形式。

由于回旋钻成孔的施工方法受到机具和动力的限制，适用于较细、较软的土层，如各种塑性状态的黏性土、砂土、夹少量粒径小于 100～200 mm 的砂卵石土层，在软岩中也可使用。这种钻孔方法的深度可达 100 m 以上。

(2)冲击钻进成孔

利用钻锥（重为 10～35 kN）不断地提锥、落锥反复冲击孔底土层，把土层中泥砂、石块挤向四壁或打成碎渣，钻渣悬浮于泥浆中，利用掏渣筒取出，重复上述过程即为冲击钻进成孔。冲击成孔采用的主要机具有定型的冲击式钻机（包括钻架、动力、起重装置等）、冲击钻头、转向装置和掏渣筒等，也可用 30～35 kN 带离合器的卷扬机配合钢、木钻架及动力组成简易冲击钻。冲击钻的钻头一般是整体铸钢做成的实体钻锥，钻刃为“十”字形采用高强度耐磨钢材做成，底刃最好不完全平直以加大单位长度上的压重，如图 2-30 所示（$\beta=70°\sim90°$，$\varphi=270°\sim290°$）。冲击时钻头应有足够的重量、适当的冲程和冲击频率，以使它有足够的能量将岩块打碎。冲锥每冲击一次旋转一个角度，才能得到圆形的钻孔，因此在钻头和提升钢丝绳连接处应有转向装置，常用的有合金套或转向环，以保证冲锥的转动，也避免了钢丝绳打结扭断。冲击钻孔适用于含有漂卵石、大块石的土层及岩层，也能用于其他土层。成孔深度一般不宜大于 50 m。

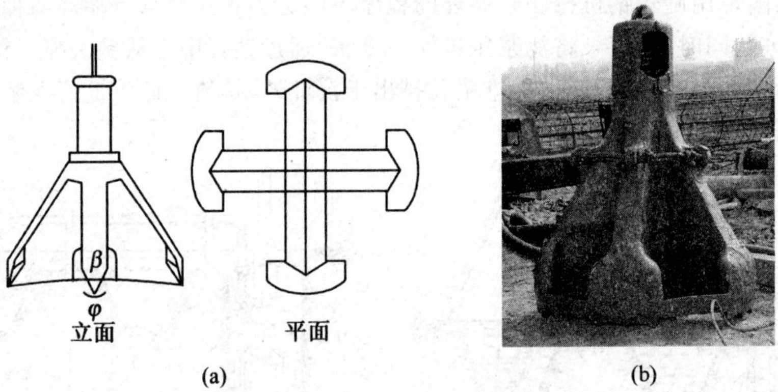

图 2-30　冲击钻

(3)冲抓钻进成孔

用兼有冲击和抓土作用的抓土瓣，通过钻架，由带离合器的卷扬机操纵，靠冲锥自重（重为 10～20 kN）冲下使抓土瓣锥尖张开插入土层，然后由卷扬机提升锥头收拢抓土瓣将土抓出，弃土后继续冲抓钻进成孔。冲锥常采用四瓣或六瓣冲抓锥，其构造如图 2-31 所示，当收紧外套钢丝绳松内套钢丝绳时，内套在自重作用下相对外套下坠，便使锥瓣张开插入土中。冲抓成孔适用于较松或紧密黏性土、砂性土及夹有碎卵石的沙砾土层，成孔深度一般小于 30 m。

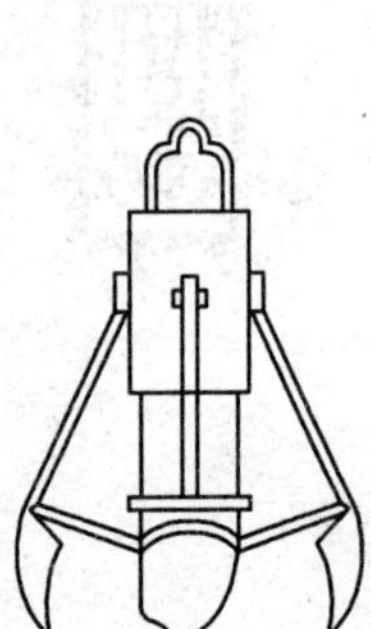
图 2-31　冲抓锥

2.钻孔注意事项

在钻孔过程中应防止坍孔、孔形扭歪或孔斜、钻孔漏水、钻杆折断，甚至把钻头埋住或掉进孔内等事故，因此钻孔时应注意下列各点：

(1)在钻孔过程中，始终要保持孔内外既定的水位差和泥浆浓度，以起到护壁固壁作用，防止坍孔。若发现有漏水(漏浆)现象，应找原因及时处理。如为护筒本身漏水或因护筒埋置太浅而发生漏水，应堵塞漏洞或用黏土在护壁周围夯实加固，或重埋护筒；若因孔壁土质松散，泥浆加固孔壁作用较差，应在孔内重新回填黏土，待沉淀后再钻进，以加强泥浆护壁。

(2)在钻孔过程中，应根据土质等情况控制钻进速度、调整泥浆稠度，以防止坍孔及钻进偏斜、卡钻和旋转钻机负荷超载等情况发生。

(3)钻孔宜一气呵成，不宜中途停钻以避免坍孔，若坍孔严重，应回填重钻。

(4)钻孔过程中应加强对桩位、成孔情况的检查工作。终孔时应对桩位、孔径、形状、深度、倾斜度及孔底土质等情况进行检验，合格后立即清孔、吊放钢筋笼，灌注混凝土。

(三)清孔及吊装钢筋笼骨架

1.清孔

清孔的目的是除去孔底沉淀的钻渣和泥浆，以保证灌注的钢筋混凝土质量，保证桩的承载力，清孔的方法有以下几种：

(1)抽浆清孔

用空气吸泥机吸出含钻渣的泥浆而达到清孔。由风管将压缩空气输进排泥管，使泥浆形成密度较小的泥浆空气混合物，在水柱压力下沿排泥管向外排出泥浆和孔底沉渣，同时用水泵向孔内注水，保持水位不变甚至喷出清水或沉渣厚度达到设计要求为止，适用于孔壁不易坍塌的各种钻孔方法的柱桩和摩擦桩，如图 2-32 所示。

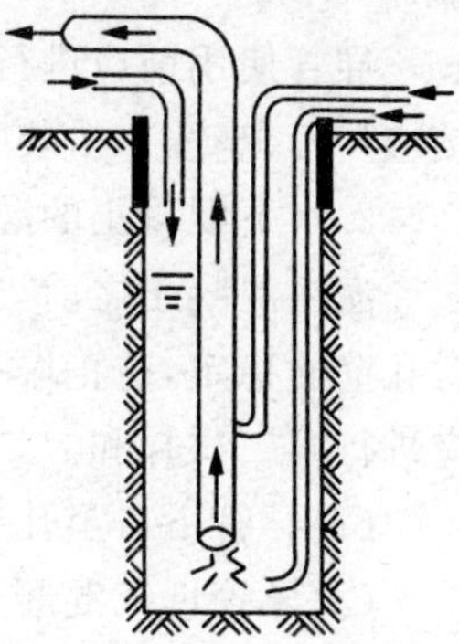

图 2-32 抽浆清孔

(2)掏渣清孔

用掏渣筒掏清孔内粗粒钻渣，适用于冲抓、冲击成孔的摩擦柱。

(3)换浆清孔

正、反循环旋转钻机可在钻孔完成后不停钻、不进尺，继续循环换浆清渣，直至达到清理泥浆的要求，适用于各类土层的摩擦桩。

2.钢筋笼吊放

钻孔桩的钢筋应按设计要求预先焊成钢筋骨架，整体或分段就位，吊入钻孔。钢筋骨架吊放前应检查孔底深度是否符合设计要求以及孔壁有无妨碍骨架吊放和正确就位的情况。钢筋骨架吊装可利用钻架或另立扒杆进行。吊放时应避免骨架碰撞孔壁，并保证骨架外混凝土保护层厚度，应随时校正骨架位置。钢筋骨架达到设计标高后，即将骨架牢固定位于孔口，立即灌注混凝土。(详见图 2-33 及图 2-34)

图 2-33 吊放钢筋笼

图 2-34 钢筋笼接长

（四）灌注水下混凝土

1. 导管

导管是灌注水下混凝土的重要工具，一般选用刚性导管。刚性导管用钢管制成，内径一般为 25～35 cm，每节长 4～5 m，用端头法兰盘螺栓连接，接头间夹有橡胶垫防止漏水。导管上口一般设置储料槽和漏斗，在灌注末期，当钻孔桩桩顶低于井孔中水面时，漏斗底口高出水面不宜小于 4～6 m；当桩顶高于井孔中水面时，漏斗底口高出桩顶不宜小于4～6 m。

导管使用前应进行必要的水密、承压和接头抗拉等试验。吊装前应进行试拼，接口连接应严密、牢固。吊装时，导管应位于井孔中央；并在混凝土灌注前进行升降试验。

2. 水下混凝土的灌注

灌注混凝土之前，应先探测孔底泥浆沉淀厚度。如果大于规定，要再次清孔，但应注意孔壁的稳定，防止塌孔。运至桩位的混凝土应检查其均匀性和坍落度，如不符合要求，应进行第二次拌和。二次拌和仍达不到要求时不能使用。还要注意：

（1）导管下口至孔底的距离一般为 25～40 cm。

（2）导管埋入混凝土中的深度以不小于 1 m 为宜。首批灌注混凝土的数量应能满足导管初次埋置深度（≥1.0 m）和填充导管底部间隙的需要，如图 2-35 所示，所需混凝土数量可按式（2-2）进行计算：

$$V \geqslant \pi d^2 h_1/4 + \pi D^2 H_c/4 \qquad (2\text{-}2)$$

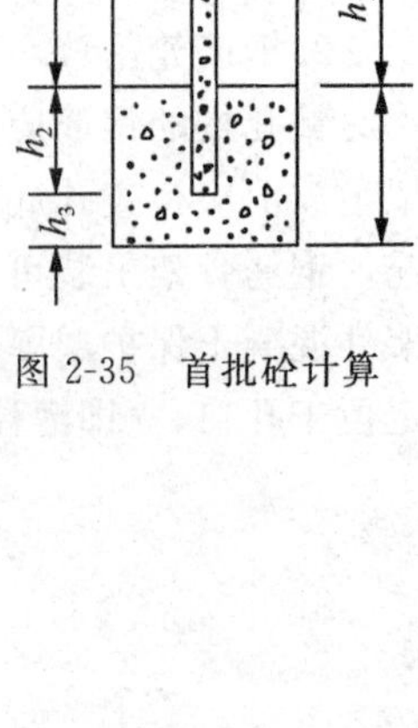

图 2-35 首批砼计算

式中：V——首批混凝土所需数量（m^3）；

h_1——井孔内混凝土高度达到 H_c 时，导管内混凝土柱需要的高度（m），$h_1 \geqslant \gamma_w H_w/\gamma_c$；

H_c——灌注首批混凝土所需井孔内混凝土面至孔底的高度（m），$H_c = h_2 + h_3$；

H_w——井孔内混凝土面以上水或泥浆深度；

D——井孔直径（m）；

d——导管内径（m）；

γ_w——井孔内水或泥浆的密度(kN/m³);

γ_c——混凝土拌和物的密度(kN/m³);

h_2——导管初次埋置深度,$h_2 \geqslant 1.0$ m;

h_3——导管底端至钻孔底间隙,约为 0.4 m。

混凝土灌注方法如图 2-36 所示。当钢筋笼就位,导管下至设计深度,首批混凝土已拌和完毕运送至桩位处时,即可开始灌注混凝土(俗称“灌桩”)。首批灌注时应在导管漏斗底口处设置可靠的防水设施(一般放置一个直径与管内孔完全吻合的木球)。混凝土倒入漏斗,压住木球向下运动,导管中水从管底压出,从井口逐渐排向井外,混凝土靠自重和向下冲力压至孔底。随着混凝土不断灌入,孔内混凝土面逐渐升高,井内积水不断上升,直至混凝土灌满全孔,水全部被排出。注意首批灌注的混凝土的初凝时间不得早于灌注桩全部混凝土灌注完成时间,必要时要加入缓凝剂。每灌一段时间,就要及时抽拔导管,导管埋入混凝土中的深度不能大于 6 m,但也不能小于 2 m,要根据混凝土的灌入量计算灌注高度,从而确定提升导管时间。若导管提升太快,超过已灌混凝土表面,就会形成断桩;若抽拔不及时,埋入过深,则有可能因为混凝土初凝,使导管不能拔除,造成工程事故。因此必须严格控制导管提升时间。

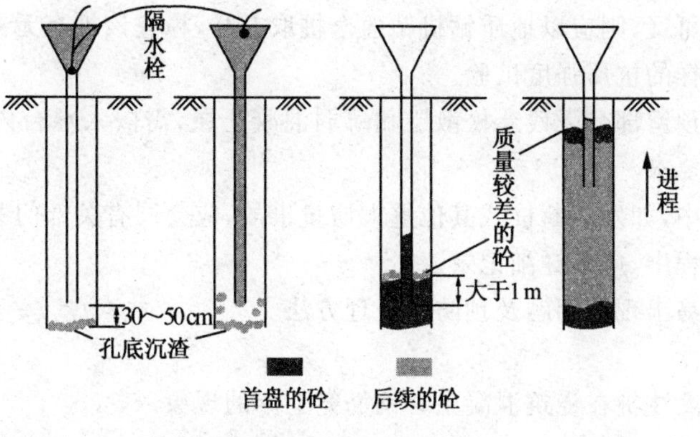

图 2-36　水下混凝土灌注

混凝土灌注开始后,无论昼夜,在任何气候条件下都必须连续作业。提升拆除导管的时间要尽可能缩短。在灌注过程中,应将井孔内溢出的泥浆引流至适当位置,防止污染环境及河流。灌注的桩顶标高应比设计标高高出 0.5～1.0 m,待开挖基坑浇承台时凿除(俗称“破桩头”),目的是将孔内泥浆全部排除,保证桩体成桩质量。

混凝土灌完后要拔除护筒。处于地面及桩顶以下的井口整体式刚性护筒,应在灌注完混凝土后立即拔除;处于地面以上,能拆卸的护筒,须待混凝土抗压强度达到 5 MPa 后才能拆除。

(五)质量检验与质量标准

钻孔在终孔和清孔后,应使用仪器对成孔的孔位、孔深、孔形、孔径、竖直度(倾斜度)、泥浆相对密度、孔底沉淀厚度等进行检验;挖孔桩可采用直观检验丈量法,检查项目及要求见表 2-3。

表 2-3　　检查项目表

序号	检测项目	允许偏差	检测方法及仪器
1	孔深	不小于设计	测绳
2	孔径	不小于设计	探孔器
3	倾斜度	1%桩长	探孔器或钻杆垂线法
4	沉淀厚度	不大于 300 mm	测锤
5	孔位中心	50 mm	全站仪

钻孔桩水下混凝土的质量应符合下列要求：

1. 强度应不低于设计强度。除检查灌注过程中预留试块的抗压强度外，还应凿平桩头，凿取桩头混凝土试块做抗压强度试验，一般可按基桩总数的 5%～10%抽查。大桥的钻孔桩应以地质钻机钻取桩身混凝土芯样做抗压试验，同时检查桩尖沉淀土实际厚度和桩底土层情况，钻取的芯样直径应不小于 50 mm。

2. 桩身混凝土无断层或夹层，钻孔桩桩底不高于设计标高，桩底沉淀厚度不大于设计规定。应仔细检查分析所有各桩径的混凝土灌注记录，并用无破损方法检验桩身，认为其中某些桩的质量可疑，则应以地质钻机钻通全桩取芯样，检查该桩有无夹泥、断桩、混凝土质量松软并做芯样的抗压强度试验。

3. 桩头凿除预留部分无残余松散层和薄弱混凝土层，需嵌入承台内的桩头及锚固钢筋长度符合规范要求。

在质量检查中，如发现断桩或其他重大质量事故，应会同有关部门共同研究提出处理方案。在处理过程中，应作详细记录。

（六）施工中易出现的问题及预防和处理方法

1. 钢筋笼上浮

这里指的是灌注桩在浇筑混凝土时钢筋笼上浮的现象。

（1）原因分析

混凝土在进入钢筋笼底部时浇筑速度太快；钢筋笼未采取固定措施。

（2）防治措施

当混凝土上升到接近钢筋笼下端时，应放慢浇筑速度，减小混凝土面上升的动能作用，以免钢筋笼被顶托而上浮。当钢筋笼被埋入混凝土中有一定深度时，再提升导管，减少导管埋入深度，使导管下端高出钢筋笼下端有相当距离时再按正常速度浇筑，在通常情况下，可防止钢筋笼上浮。此外，浇筑混凝土前，应将钢筋笼固定在孔位护筒上，也可防止上浮。

2. 断桩

断桩是成桩后经探测，桩身局部没有混凝土，存在泥夹层，或截面断裂的现象，是最严重的一种成桩缺陷，直接影响结构基础的承载力。

（1）原因分析

①混凝土坍落度太小，骨料太大，运输距离过长，混凝土和易性差，致使导管堵塞，疏通堵管再浇筑混凝土时，中间就会形成夹泥层。

②计算导管埋管深度时出错，或盲目提升导管，使导管脱离混凝土面，再浇筑混凝土时，中间就会形成夹泥层。

③钢筋笼将导管卡住，强力拔管时，使泥浆混入混凝土中。

④导管接头处渗漏，泥浆进入管内，混入混凝土中。

⑤混凝土供应中断，不能连续浇筑，中断时间过长，造成堵管事故。

(2)预防措施

①混凝土配合比应严格按照有关水下混凝土的规范配制，并经常测试坍落度，防止导管堵塞。

②严禁不经测算盲目提拔导管，防止导管脱离混凝土面。

③钢筋笼主筋接头要焊平，以免提升导管时，法兰挂住钢筋笼。

④浇筑混凝土应使用经过检漏和耐压试验的导管。

⑤浇筑混凝土前应保证混凝土搅拌机能正常运转，必要时应有一台备用搅拌机作应急之用。

(3)治理方法

①当导管堵塞而混凝土尚未初凝时，可吊起导管，再吊起一节钢轨或其他重物在导管内冲击，把堵管的混凝土冲散或迅速提出导管，用高压水冲掉堵管混凝土后，重新放入导管浇筑混凝土。

②当断桩位置在地下水位以上时，如果桩的直径较大(一般在 1 m 以上)，可抽掉桩孔内泥浆，在钢筋笼的保护下，人下到桩孔中，对先前浇筑的混凝土面进行凿毛处理并清洗钢筋，然后继续浇筑混凝土。

③当断桩位置在地下水位以下时，可用直径较原桩直径稍小的钻头，在原桩位处钻孔，钻至断桩部位以下适当深度时，重新清孔，并在断桩部位增设一节钢筋笼，笼的下半截埋入新钻的孔中，然后继续浇筑混凝土。

④当导管被钢筋笼挂住时，如果钢筋笼埋入混凝土中不深，可提起钢筋笼，转动导管，使导管脱离。如果钢筋笼埋入混凝土中很深，只好放弃导管。

⑤灌注桩因严重塌方而断桩或导管拔出后重新放入导管时均形成断桩，是否需要在原桩外侧补桩，需经检测后与有关单位商定。

3.桩身混凝土质量差

桩身混凝土质量差是指桩身出现蜂窝、空洞、夹泥层或级配不均的现象。

(1)原因分析

①浇灌混凝土时未边灌边振捣，使桩身混凝土不密实。

②浇灌混凝土时或上部放钢筋笼时，孔壁土坍落在混凝土中，造成桩身夹泥。

③混凝土配合比坍落度掌握不严，下料高度过大，混凝土产生离析，造成桩身级配和强度不均匀。

(2)防治措施

①浇灌混凝土时应边灌边振捣。

②浇灌混凝土时或上部放钢筋笼时，注意不要碰撞土壁，造成土体坍落。

③认真控制混凝土的配合比和坍落度，浇灌混凝土时设置串筒下料，防止混凝土产生

离析现象，使混凝土强度均匀。

二、挖孔灌注桩施工

挖孔灌注桩适用于无水或少水的较密实的各类土层中，桩的直径（或边长）不宜小于1.2 m，孔深一般不宜超过15 m。

挖孔桩的施工要点是：

1. 同一墩身各桩开挖顺序可对角开挖。当桩孔为梅花式布置时，宜先挖中孔，再开挖其他各孔。

2. 孔口的平面位置与设计桩位偏差不得大于5 cm。挖孔过程中，孔的中轴线偏斜不得大于孔深的0.5%。

3. 当孔深超过10 m，或二氧化碳浓度超过0.3%时，应设置通风设备。

4. 挖孔时必须采取孔壁支护，如图2-37所示，支护应高出地面。

5. 孔内爆破应采用浅眼爆破。

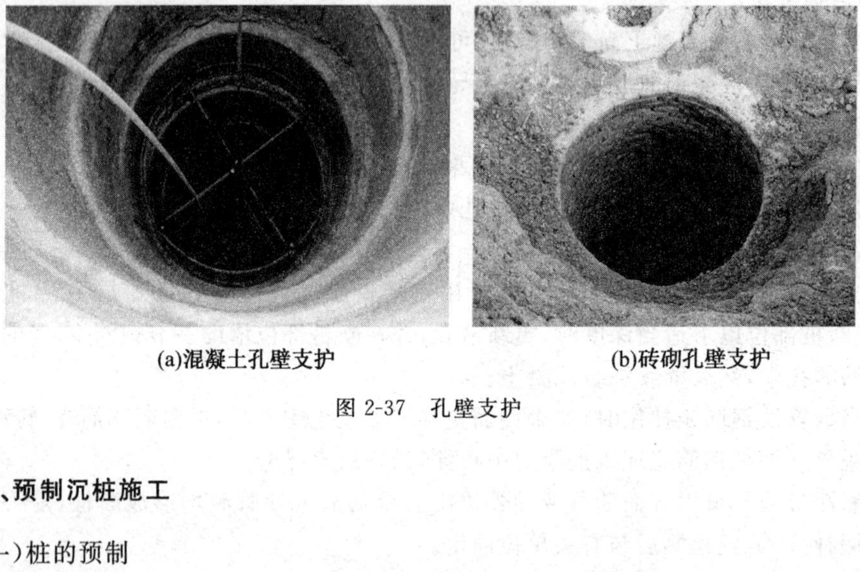

(a)混凝土孔壁支护　　(b)砖砌孔壁支护

图2-37　孔壁支护

三、预制沉桩施工

（一）桩的预制

沉入桩所用的基桩主要为预制的钢筋混凝土桩和预应力混凝土桩。

制作钢筋混凝土桩和预应力混凝土桩所用技术应按《公路桥涵施工技术规范》办理。此外，还应注意以下事项：

1. 钢筋混凝土桩内的纵向主钢筋如需接头时，应采用对焊接头。

2. 螺旋筋或箍筋必须箍紧主筋，与主筋交接处应用点焊焊接或用铁丝扎结牢固。

3. 预应力混凝土的纵向主筋采用冷拉钢筋且需焊接时，应在冷拉前采用闪光接触对焊焊接。

4. 用法兰盘连接时，法兰盘应对准位置焊接在钢筋或预应力钢筋上；对先张法预应力混凝土桩，法兰盘应先焊接在力筋上，然后进行张拉。

5. 混凝土应由桩顶向桩尖方向连续灌注，不得中断。

6. 桩的钢筋骨架（包括预应力钢筋骨架）允许偏差应符合规定。

（二）预制桩的施工方法

1. 锤击沉桩

（1）适用条件

锤击沉桩一般适用于中密砂类土、黏性土。由于锤击沉桩依靠桩锤的冲击能量将桩打入土中，因此一般桩径不能太大（不大于 0.6 m），入土深度在 40 m 左右，否则对沉桩设备要求较高。沉桩设备是桩基施工的质量与成败的关键，应根据土质、工程量、桩的种类、规格、尺寸、施工期限、现场水电供应等条件选择。

（2）施工要点

①沉桩前，应对桩架、桩锤、动力机械等主要设备部件进行检查；开锤前应再次检查桩锤、桩帽或送桩与桩的中轴线是否一致；锤击沉桩开始时，应严格控制各种桩锤的动能；用坠锤和单动气锤时，提锤高度不宜超过 0.50 m；用双动气锤时，可少开气阀降低气压和进气量，以减少每分钟的锤击数；用柴油机锤时，可控制供油量以减少锤击能量；如桩尖已沉入到设计标高，但沉入度仍达不到要求时，应继续下沉至达到要求的沉入度为止。沉桩时，如遇到沉入度突然发生急剧变化；桩身突然发生倾斜、移位；桩不下沉，桩锤有严重的回弹；桩顶破碎或桩身开裂、变形，桩侧地面有严重隆起等现象时，应立即停止锤击，查明原因，采取措施后方可继续施工。

②沉桩过程中应注意：桩帽与桩周围应有 5～10 mm 间隙，以便锤击时桩在桩帽内可做微小的自由转动，避免桩身产生超过许可的扭转应力；打桩机的导向杆应予固定，以便施打时稳定桩身；导向杆设置应保证桩锤上下活动自由；预制桩顶面应附有适合桩帽大小的桩垫，其厚度视桩垫材料、桩长及桩尖所受抗力大小决定；桩垫破碎后应及时更换；选用的桩帽，应将锤的冲击力均匀分布于桩顶面。

（3）锤击沉桩的停锤控制标准

①设计桩尖标高处为硬塑黏土、碎石土、中密以上的砂土或风化岩等土层时，根据贯入度变化并对照地质资料，确认桩尖已沉入该土层，贯入度达到控制贯入度。

②当贯入度已达到控制贯入度，而桩尖标高未到达设计标高时，应继续锤入0.10 m 左右（或锤击 30～50 次），如无异常变化即可停锤；若桩尖标高比设计标高高得多时，应报有关部门研究确定。

③设计桩尖标高处为一般黏土或其他松软土层时，应以标高控制，贯入度作为校核。当桩尖已达设计标高，而贯入度仍较大时，应继续锤击，使其接近控制贯入度。

④在同一桩基中，各桩的最终贯入度应大致接近，而沉入深度不宜相差过大，避免基础产生不均匀沉降。如因土质变化太大，致使各桩贯入度或沉桩深度相差过大时，应报有关部门研究，另行制定停锤标准。对于特殊设计的桩，当桩尖标高比设计标高高或低时（如拱桥的桥台桩等），应按设计要求处理。从沉桩开始，应严格控制桩位及竖桩的竖直度或斜桩的倾斜度。在沉桩过程中，不得采用顶、拉桩头或桩身办法来纠偏，以防桩身开裂并增加桩身附加弯矩。

2. 射水沉桩

射水施工方法的选择应视土质情况而异，在砂夹卵石层或坚硬土层中，一般以射水为主，锤击或振动为辅；在亚黏土或黏土中，为避免降低承载力，一般以锤击或振动为主，以射水为辅，并应适当控制射水时间和水量；下沉空心桩，一般用单管内射水。当下沉较深或土层较密实时，可用锤击或振动，配合射水；下沉实心桩，将射水管对称地装在桩的两侧，并能沿着桩身上下自由移动，以便在任何高度上射水冲土。必须注意，不论采取任何射水施工方法，在沉入最后阶段至设计标高 1～1.5 m 时，应停止射水，单用锤击或振动沉入至设计深度。对湿陷性黄土地层，除设计有特殊规定外，不宜采用射水沉桩。预制的钢筋混凝土桩或预应力混凝土桩以射水配合沉桩时，宜用较低落距锤击，避免因射水后，桩尖支承力不足，桩身产生超过允许的拉应力。

射水沉桩的施工要点是：吊插基桩时要注意及时引送输水胶管，防止拉断与脱落；基桩插正立稳后，压上桩帽桩锤，开始用较小水压，使桩靠自重下沉。初期应控制桩身不使下沉过快，以免阻塞射水管嘴，并注意随时控制和校正桩的方向；下沉渐趋缓慢时，可开锤轻击，沉至一定深度(8～10 m)已能保持桩身稳定后．可逐步加大水压和锤的冲击动能；沉桩至距设计标高一定距离(2.0 m 以上)停止射水，拔出射水管，进行锤击或振动使桩下沉至设计要求标高。

3. 振动沉桩

振动沉桩适用于砂质土、硬塑及软塑的黏性土和中密及较松散的碎、卵石类土。对于软塑类黏土及饱和砂质土，当基桩入土深度小于 15 m 时，可只用振动沉桩机。除此情况外，宜采用射水配合沉桩。在选择沉桩机(锤)时，应验算振动上拔力对桩身结构的影响。同时应注意确保振动沉桩机、机座、桩帽连接可靠，沉桩和桩中心轴线尽量保持在同一直线上。每一根桩的沉桩作业应一次完成，不可中途停顿，以免土层的摩阻力恢复，增加下沉困难。

4. 静力压桩

静力压桩采用静压力将桩压入土中，即以压桩机的自重克服沉桩过程中的阻力，适用于高压缩性性土或砂性较轻的亚黏土层。沉桩速度视土质状况而异。同一地区、相同截面尺寸与沉入深度的桩，其极限承载能力与锤击沉桩大体相同。

静力压桩的准备工作包括：根据地质钻探、静力触探或试桩资料估算压桩阻力；选用压桩设备，但应注意使设计承载力大于压桩阻力的 40%；压桩施工用辅助设备及测量仪器的检查校定等等。压桩作业开始后，应尽可能连续施工，减少停顿次数和时间，以免产生过大的启动阻力。桩尖接近设计标高时，应严格控制压桩进程。当遇到插桩初压时，桩尖即有较大走位和倾斜或沉桩过程中桩身倾斜或下沉速度加快，以及压桩阻力突然剧增或压桩设备倾斜等情况时，应暂停施压，分析原因，及时处理。

5. 水中沉桩

在河流水浅时，一般可搭设施工便桥、便道、土岛和各种类型脚手架组成的工作平台，其上安置桩架并进行水中沉桩作业。

在较宽阔的河中，可将桩安设在组合的浮体上或固定平台，亦可使用专用打桩船。此外还可采用：

(1)先筑围堰后沉基桩法；一般在水不深，桩基临近河岸时采用此法。

(2)先沉基桩后筑围堰法：一般适用于较深的水中桩基。此法包括拼装导向围笼并浮运至墩位，抛锚定位，围笼下沉接高；在围笼内插打定位桩，下沉其余基桩，然后插打钢板桩，组成防水围堰；以及其后的吸泥、水下混凝土封底等等工序组成。

(3)用吊箱围堰修筑水中桩基法；一般适用修筑深水中的高桩承台。悬吊在水中的套箱，在沉桩时用作导向定位，沉桩施工完成后封底抽水，浇筑水中混凝土承台。

任务四 沉井施工

引导案例

某沿海城市电力隧道内径为 3.8 m，全长 4.9 km，管顶覆土厚度大于 5 m，采用顶管法施工，合同工期 1 年，检查井兼作工作坑，采用现场制作沉井下沉的施工方案。电力隧道沿着交通干道走向，距交通干道侧石边最近处仅 2 m 左右，离隧道轴线 8 m 左右，有即将入地的高压线，该高压线离地高度最低为 15 m。单节混凝土管长 2 m，自重 10 t，采用20 t龙门吊下管。隧道穿越一个废弃多年的污水井。上级公司对工地的安全监督检查中，有以下记录：项目部对本工程作了安全风险源分析，认为主要风险源为高空作业、地面交通安全和隧道内施工用电，并依此制定了相应的控制措施；项目部编制了安全专项施工方案，分别为施工临时用电组织设计和沉井下沉施工方案；项目部制定了安全生产验收制度。

针对以上背景，请思考下面问题：

1. 该工程还有哪些安全风险源未被辨识？对此应制定哪些控制措施？

2. 项目部还应补充哪些安全专项施工方案？说明理由。

3. 针对本工程，安全验收应包含哪些项目？

任务描述

预制沉井法施工通常采取排水下沉干式沉井方法和不排水下沉湿式沉井方法。前者适用于渗水量不大、稳定的黏性土；后者适用于比较深的沉井或有严重流沙的情况。排水下沉分为人工挖土下沉、机具挖土下沉、水力机具下沉。不排水下沉分为水下抓土下沉、水下水力吸泥下沉、空气吸泥下沉。本任务主要介绍沉井施工的施工要点，沉井施工一般工序如图 2-38 所示。

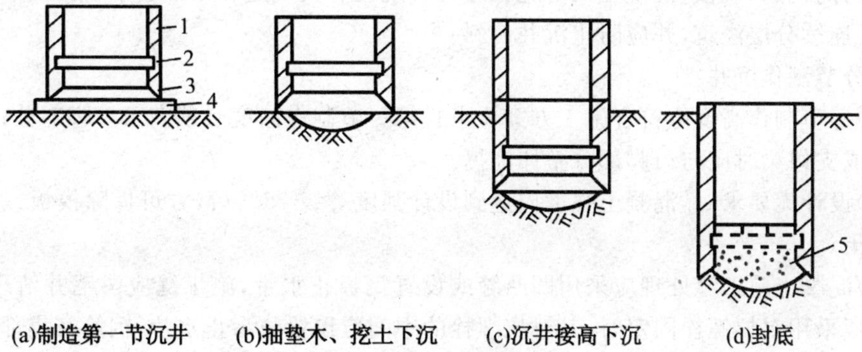

图 2-38 沉井施工顺序图

1—井壁；2—凹槽；3—刃脚；4—承垫木；5—素混凝土封底

一、旱地沉井的施工

（一）沉井施工准备

1. 基坑准备

(1)按施工方案要求，进行施工平面布置，设定沉井中心桩、轴线控制桩、基坑开挖深度及边坡。

(2)沉井施工影响附近建(构)筑物、管线或河岸设施时，应采取控制措施，并应进行沉降和位移监测，测点应设在不受施工干扰和方便测量的地方。

(3)地下水位应控制在沉井基坑以下 0.5 m，基坑内的水应及时排除；采用沉井筑岛法制作时，岛面标高应比施工期最高水位高出 0.5 m 以上。

(4)基坑开挖应分层有序进行，保持平整和疏干状态。

2. 地基与垫层施工

(1)制作沉井的地基应具有足够的承载力，地基承载力不能满足沉井制作阶段的荷载时，应按设计进行地基加固。

(2)刃脚的垫层采用砂垫层上铺垫木或素混凝土，且应满足下列要求：

①垫层的结构厚度和宽度应根据土体地基承载力、沉井下沉结构高度和结构形式，经计算确定；素混凝土垫层的厚度还应便于沉井下沉前凿除。

②砂垫层分布在刃脚中心线的两侧范围，应考虑方便抽除垫木；砂垫层宜采用中粗砂，并应分层铺设、分层夯实。

③垫木铺设应使刃脚底面在同一水平面上，并符合设计起沉标高的要求；平面布置要均匀对称，每根垫木的长度中心应与刃脚底面中心线重合，定位垫木的布置应使沉井有对称的着力点。

④采用素混凝土垫层时，其强度等级应符合设计要求，表面平整。

(3)沉井刃脚采用砖模时，其底模和斜面部分可采用砂浆、砖砌筑；每隔适当距离砌成垂直缝。砖模表面可采用水泥砂浆抹面，并应涂一层隔离剂。

（二）沉井预制

1. 基本规定

结构的钢筋、模板、混凝土工程施工应符合规范有关规定和设计要求；凝土应对称、均匀、水平连续分层浇筑，并应防止沉井偏斜。

2. 分节制作沉井

(1)每节制作高度应符合施工方案要求且第一节制作高度必须高于刃脚部分；井内设有底梁或支撑梁时应与刃脚部分整体浇捣。

(2)设计无要求时，混凝土强度应达到设计强度等级 75%后，方可拆除模板或浇筑后节混凝土。

(3)混凝土施工缝处理应采用凹凸缝或设置钢板止水带，施工缝应凿毛并清理干净；内外模板采用对拉螺栓固定时，其对拉螺栓的中间应设置防渗止水片；钢筋密集部位和预留孔底部应辅以人工振捣，保证结构密实。

(4)沉井每次接高时各部位的轴线位置应一致、重合，及时做好沉降和位移监测；必要时应对刃脚地基承载力进行验算，并采取相应措施确保地基及结构的稳定。

(5)分节制作、分次下沉的沉井，前次下沉后进行后续接高施工。

①应验算接高后稳定系数等，并应及时检查沉井的沉降变化情况，严禁在接高施工过程中沉井发生倾斜和突然下沉。

②后续各节的模板不应支撑于地面上，模板底部应距地面不小于 1 m。

(三)下沉施工

1.排水下沉

(1)应采取措施，确保下沉和降低地下水过程中不危及周围建(构)筑物、道路或地下管线，并保证下沉过程和终沉时的坑底稳定。

(2)下沉过程中应进行连续排水，保证沉井范围内地层水疏干。

(3)挖土应分层、均匀、对称进行；对于有底梁或支撑梁沉井，其相邻格仓高差不宜超过 0.5 m；开挖顺序应根据地质条件、下沉阶段、下沉情况综合运用和灵活掌握，严禁超挖。

(4)用抓斗取土时，井内严禁站人，严禁在底梁以下任意穿越。

2.不排水下沉

(1)沉井内水位应符合施工设计控制水位；下沉有困难时，应根据内外水位、井底开挖几何形状、下沉量及速率、地表沉降等监测资料综合分析调整井内外的水位差。

(2)机械设备的配备应满足沉井下沉以及水中开挖、出土等要求，运行正常；废弃土方、泥浆应专门处置，不得随意排放。

(3)水中开挖、出土方式应根据井内水深、周围环境控制要求等因素选择。

3.沉井下沉控制

(1)下沉应平稳、均衡、缓慢，发生偏斜应通过调整开挖顺序和方式“随挖随纠、动中纠偏”。

(2)应按施工方案规定的顺序和方式开挖。

(3)井下沉影响范围内的地面四周不得堆放任何东西，车辆来往要减少震动。

(4)沉井下沉监控测量

①下沉时标高、轴线位移每班至少测量一次，每次下沉稳定后应进行高差和中心位移量的计算。

②终沉时，每小时测一次，严格控制超沉，沉井封底前自沉速率应小于 10 mm/8 h。

③如发生异常情况应加密量测。

④大型沉井应进行结构变形和裂缝观测。

4.辅助法下沉

(1)沉井外壁采用阶梯形以减少下沉摩擦阻力时，在井外壁与土体之间应有专人随时用黄砂均匀灌入，四周灌入黄砂的高差不应超过 500 mm。

(2)采用触变泥浆套助沉时，应采用自流渗入、管路强制压注补给等方法；触变泥浆的性能应满足施工要求，泥浆补给应及时以保证泥浆液面高度；施工中应采取措施防止泥浆套损坏失效，下沉到位后应进行泥浆置换。

(3)采用空气幕助沉时，管路和喷气孔、压气设备及系统装置的设置应满足施工要求；

开气应自上而下，停气应缓慢减压，压气与挖土应交替作业；确保施工安全。

(4)沉井采用爆破方法开挖下沉时，应符合国家有关爆破安全的规定。

(四)沉井封底

1. 干封底

(1)在井点降水条件下施工的沉井应继续降水，并稳定保持地下水位距坑底不小于0.5 m；在沉井封底前应用大石块将刃脚下垫实。

(2)封底前应整理好坑底和清除浮泥，对超挖部分应回填砂石至规定标高。

(3)采用全断面封底时，混凝土垫层应一次性连续浇筑；有底梁或支撑梁分格底时，应对称逐格浇筑。

(4)钢筋混凝土底板施工前，井内应无渗漏水且新、老混凝土接触部位凿毛处理，并清理干净。

(5)封底前应设置泄水井，底板混凝土强度达到设计强度等级且满足抗浮要求时，方可封填泄水井、停止降水。

2. 水下封底

(1)基底的浮泥、沉积物和风化岩块等应清除干净；软土地基应铺设碎石或卵石垫层。

(2)混凝土凿毛部位应洗刷干净。

(3)浇筑混凝土的导管加工、设置应满足施工要求。

(4)浇筑前，每根导管应有足够的混凝土量，浇筑时能一次将导管底埋住。

(5)水下混凝土封底的浇筑顺序，应从低处开始，逐渐向周围扩大；井内有隔墙、底梁或混凝土供应量受到限制时，应分格对称浇筑。

(6)每根导管的混凝土应连续浇筑，且导管埋入混凝土的深度不宜小于1.0 m；各导管间混凝土浇筑面的平均上升速度不应小于0.25 m/h；相邻导管间混凝土上升速度宜相近，最终浇筑成的混凝土面应略高于设计高程。

(7)水下封底混凝土强度达到设计强度等级，沉井能满足抗浮要求时，方可将井内水抽除，并凿除表面松散混凝土进行钢筋混凝土底板施工。

二、水中沉井的施工

(一)筑岛法

水流速不大，水深在3 m或4 m以内，可用水中筑岛的方法。筑岛材料为砂或砾石，周围用草袋围护，如水深较大可作围堰防护。岛面应比沉井周围宽出2 m以上，作为护道，并应高出施工最高水位0.5 m以上。砂岛地基强度应符合要求，然后在岛上浇筑沉井。

(二)浮运沉井施工

水深较大，如超过10 m时，筑岛法很不经济，且施工也困难，可改用浮运法施工。沉井在岸边做成，利用在岸边铺成的滑道滑入水中，然后用绳索引到设计墩位。沉井井壁可做成空体形式或采用其他措施(如带木底或装上钢气筒)使沉井浮于水上，也可以在船坞内制成用浮船定位和吊放下沉或利用潮汐，水位上涨浮起，再浮运至设计位置。沉井就位后，用水或混凝土灌入空体、徐徐下沉直至河底，或依靠在悬浮状态下接长沉井及填充混凝土使它逐步下沉，这时每个步骤均需保证沉井本身足够的稳定性。沉井刃脚切入河床一定深度后，可按前述下沉方法施工。

三、沉井下沉过程中遇到的问题及处理

（一）沉井发生倾斜和偏移

1. 偏斜原因

土岛表面松软，使沉井下沉不均，河底土质软硬不匀；挖土不对称；井内发生流砂，沉井突然下沉，刃脚遇到障碍物顶住而未及时发现；井内挖除的土堆压在沉井外一侧，沉井受压偏移或水流将沉井一侧土冲空等。沉井偏斜大多数发生在沉井下沉不深的时候，下沉较深时，只要控制得好，发生倾斜较少。

2. 发生倾斜的纠正方法

在沉井高的一侧集中挖土；在低的一侧回填砂石；在沉井高的一侧加重物或用高压射水冲松土层；必要时可在沉井顶面施加水平力扶正。纠正沉井中心位置发生偏移的方法是先使沉井倾斜，然后均匀除土，使沉井底中心线下沉至设计中心线后，再进行纠偏。

3. 在刃脚遇到障碍物时的处理方法

可以是人工排除，如遇树根或钢材可锯断或烧断，遇大孤石宜用少量炸药炸碎，以免损坏刃脚。在不能排水的情况下，由潜水工进行水下切割或水下爆破。

（二）沉井下沉困难

这主要是由于沉井自身重力克服不了井壁摩阻力，或刃脚下遇到大的障碍物所致。解决因摩阻力过大而使下沉困难的方法是从增加沉井自重和减小井壁摩阻力两个方面来考虑的。

1. 增加沉井自重

可提前浇筑上一节沉井，以增加沉井自重，或在沉井顶上压重物（如钢轨、铁块或砂袋等）迫使沉井下沉。对不排水下沉的沉井，可以抽出井内的水以增加沉井自重，用这种方法要保证土不会产生流砂现象。

2. 减小沉井外壁的摩阻力

可以将沉井设计成阶梯形、钟形，或在施工中尽量使外壁光滑；亦可在井壁内埋设高压射水管组，利用高压水流冲松井壁附近的土，且水流沿井壁上升而润滑井壁，使井壁摩阻力减小。近年来，对下沉较深的沉井，为了减少井壁摩阻力，常采用泥浆润滑套或壁后压气沉井的方法。

同步训练

一、填空题

1. 扩大基础主要采用________法施工，桩基础的成孔有________和________两种方法。

2. 基底检验的主要内容有________、________、________、________。

3. 基坑排水方法有________、________和________。

4. 钻孔灌注桩在钻孔施工中发现孔内水位突然下降，并有气泡上冒，出土量显著增加而不见进尺，据此现象可判断为________。

5. 钻孔桩施工中的“断桩”是指____________________。

二、单选题

1. 采用导管进行水下混凝土的灌注时，导管的埋深应满足(　　)米。

A. 2～4　　B. 4～8　　C. 4～6　　D. 2～6

2. 钻孔桩混凝土坍落度一般控制在(　　)。

A. 30～50 mm　　B. 50～70 mm　　C. 140～160 mm　　D. 180～200 mm

3. 钻孔桩灌注水下混凝土时，首批混凝土的数量应满足导管初次埋置深度不小于(　　)m。

A. 1　　B. 2　　C. 3　　D. 4

4. 钻孔灌注桩施工的清孔常用方法不包括(　　)。

A. 换浆　　B. 抽浆　　C. 掏渣　　D. 填砾石

5. 正、反循环钻机钻孔时，下列不是泥浆主要作用的是(　　)。

A. 护壁　　B. 悬浮钻渣　　C. 导向作用　　D. 润滑钻头

6. 钻孔灌注桩按其支撑情况，有摩擦桩和(　　)两种。

A. 打入桩　　B. 柱桩　　C. 沉入桩　　D. 群桩

7. 桩基完整性检测结果统一划分为四类。其中“桩身有轻微缺陷，不会影响桩身承载力的发挥”为(　　)类桩。

A. Ⅰ类　　B. Ⅱ类　　C. Ⅲ类　　D. Ⅳ类

8. 灌注桩护筒高度宜高出地面(　　)米或水面(　　)米。

A. 0.1、0.5～1.0　　B. 0.2、0.7～1.5

C. 0.3、1.0～2.0　　D. 0.2、1.0～2.0

三、多选题

1. 下列属于按桥梁基础分类的是(　　)。

A. 刚性基础　　B. 承台　　C. 沉井　　D. 盖梁

2. 桥梁桩基础按施工方法可分为(　　)。

A. 沉桩　　B. 钻孔桩　　C. 挖孔桩　　D. 管柱

3. 桩基础按施工方法可分为(　　)。

A. 管柱　　B. 打入桩　　C. 钻孔桩　　D. 挖孔桩

4. 桥梁基础的形式有(　　)。

A. 扩大基础　　B. 桩基础　　C. 沉井基础　　D. 地下连续墙

5. 水下灌注混凝土前，导管应进行(　　)试验。

A. 水密　　B. 承压　　C. 接头抗拉　　D. 焊接

四、案例题

1. 钻孔桩直径为 1.8 m，导管直径 30 cm，下完导管后量测，导管底距孔底 25 cm，泥浆表面距孔底 50 m 深，求首罐混凝土最小用量(本孔为冲击钻成孔，泥浆比重取 1.1 g/cm^3，砼密度取 2430 kg/m^3，且首批混凝土最小埋深为 1 m)，要求画出示意图。

2. 某桥为主跨 40～50 m 预应力混凝土简支 T 梁桥，主墩基础为直径 2.0 m 的钻孔灌注桩，桥址处地质为软岩层，设计深度为 20 m，采用回转钻进施工法钻孔。施工单位制定了钻孔灌注桩的主要检验内容和实测项目如下：

(1)终孔和清孔后的孔位、孔形、孔径、倾斜度、泥浆相对密度；

(2)钻孔灌注桩的混凝土配合比；

(3)凿除桩头混凝土后钢筋保护层厚度；

(4)需嵌入柱身的锚固钢筋长度。

问题：

(1)请提出钻孔灌注桩成孔质量检查的缺项部分？

(2)对钻孔灌注桩混凝土的检测是否合理？请说明。

(3)请指出钻孔桩常见质量控制点？

典型案例

钻孔灌注桩施工工艺

1　总则

1.1　适用范围

为了加强工程的钻孔灌注桩施工质量控制，指导后续规模化施工或批量生产，及时预防和防止后续施工或生产可能产生的质量问题，保证钻孔灌注桩工程施工的规范化、标准化，做到安全适用、技术先进、经济合理、确保质量、保护环境，制定本标准。

1.2　参考标准及规范

《公路桥涵施工技术规范》(JTG F50—2011)。

《公路工程质量检验评定标准》(JTG F80/1—2004)。

《公路工程施工安全技术规程》(JTJ 076—95)。

《德商公路德州(鲁冀界)至夏津段施工招标文件》。

2　术语

2.1　钻孔灌注桩

钻孔灌注桩是指通过机械钻孔在地基土中形成桩孔，并在成孔内放置钢筋笼、灌注混凝土而做成的桩。钻孔灌注桩是按成桩方法分类定义的灌注桩系其中的一种桩型。

2.2　声测管

声测管是灌注桩进行超声检测法时探头进入桩身内部的通道。

2.3　清孔

清孔是将孔底部沉淀清干净，如果沉淀过厚，水下灌注混凝土就易造成夹层、断桩，所以灌注桩清孔是非常重要的。在灌注之前用测绳重新测孔深，当沉淀厚度大于一定量的时候，用掏渣、换浆、抽浆等方法进行排渣。

3　基本规定

3.1　为确定各种技术参数，按首件工程认可制要求在大规模施工前应进行工艺性试桩，并制订专项施工技术方案和安全技术方案。

3.2　试桩时必须在监理人员的监督下进行，试桩成功后承包人必须对试桩进行总结，并对质量进行综合评价，驻地办对其施工工艺提出复评意见，并形成首件工程总结报告，同时将取得的施工工艺参数挂牌标明在施工现场以便执行检查。

3.3　钻孔灌注桩施工必须严格遵守国家和行业的安全生产法律、法规，积极改善施工条件，制定切实可行的施工方案和安全生产措施，确保施工人员的安全和作业人员的身体健康。

3.4　在使用和执行本标准过程中，应严格执行公路工程相关设计、施工、试验、检测、测量等方面技术标准、规范、规程、规定；本标准未涉及内容应按相关技术规范执行。

4　施工准备

4.1　技术准备

施工人员熟悉图纸要求及相关的设计文件，正确理解设计意图，搜集现场资料，核实工程数量，按工期要求、施工难易程度、气候条件等，编制施工组织计划，合理安排施工机械设备的数量、型号与操作机手。编制施工方案和进度计划。钻孔灌注桩施工的场地，事先应清除杂物，平整场地并碾压夯实，防止钻机下沉，查明施工段落上空和地下有无管线。若有，应提前汇报，以便及时妥善解决。

4.2　材料准备

水下混凝土所用的钢筋、砂石料、水泥、外加剂等原材料按照规范及设计要求进行抽样检验合格。

4.3　主要机械设备

4.3.1　主要机械设备：钻机、吊车、挖掘机、混凝土罐车等。

钻机的选择及注意的问题：

1）根据桥位地层情况、钻孔的深度由项目部自主选择合适的钻机，原则上采用 GPS15 以上钻机。

2）采用旋挖钻钻孔时，应根据不同的地质条件选用相应的钻头。钻进过程中应保证泥浆面始终不低于护筒底部500 mm以上，并应严格控制钻进速度，避免进尺过快造成塌孔埋钻事故。钻孔结束后及时跟上进行下道工序的施工，以防止灌注混凝土时塌孔。

对于正、反循环钻机，应根据不同土层选择与之相适应的进尺和转速。对于软弱层，采用低挡慢速、大泵量、稠泥浆钻进，以免发生先扩孔后缩孔现象，对于黏土层采用中等钻速大泵量、稀泥浆钻进；对于砂层，采用轻压、低挡慢速、大泵量、稠泥浆钻进，以免孔壁不稳定，发生局部扩孔或局部塌孔，并充分浮渣、排渣，以防埋钻现象；护筒底口和不同地层交接处附近，采用低挡慢速、小进尺钻进，防止扩孔、塌孔和偏斜孔，每小时进尺不大于0.5 m。钻孔过程中，注意维持孔内泥浆水头在地下水位或河流水位2.5 m以上，并随时对泥浆各项指标进行检查，并根据泥浆情况作出相应的调整，确保在钻进过程中泥浆的各项指标满足技术规范要求，同时做好原始记录工作。

4.3.2　所有的试验仪器应进行标定，计量设备必须经过计量部门的标定认可。

4.3.3　拌和站配备至少一台备用拌和机。

4.3.4　拌和站配备发电机组，配备双向电源。

4.4　劳动力组织

现场所需试验人数与职责可参考表1。

表1　　现场试验组织协调机构内各成员的任务分工

相关人员	职　责	备注
项目负责人	负责整个试验工作的进行，协调解决试验中遇到的问题	1人
现场负责人	协助项目负责人落实有关测试，检测各试验量测组的工作	1人
质检负责人	负责整个试验工作质量检测	1人
安全负责人	负责整个试验工作的安全	1人
测量人员	按试验大纲要求组织布点、放线，做好桩基桩位放样和施工过程中的桩位监测工作，根据试验现场需要兼做其他一些辅助工作	3人

续表

相关人员	职　　责	备注
试验员	根据规范及设计要求需要进行的混凝土和易性、坍落度等检测工作	4～6人
机械操作及维修人员	对各种试验所需机械操作及维修(每台钻机至少配备两名操作机手),现场设专职指挥一人	合理安排

4.5　施工作业条件

各种施工机械就位,并能正常使用;混凝土拌和站标定合格并运转良好;钢筋笼已加工完成,并经验收合格;水泥、砂、石料、外加剂已进场并验收合格,按三倍浇筑桩身混凝土体积备齐砂、石、水泥、外加剂等原材料,当钻孔灌注桩成孔时间较集中时加大储备量;混凝土配合比已批复;导线点、水准点已复测,精度满足规范要求;场地整理结束并经驻地办验收合格;人员已就位,若存在其中一项未准备妥当,则不允许开钻。

5　质量、技术要求

5.1　材料要求

5.1.1　桥梁钻孔灌注桩所采用的水泥应按"甲控"材料要求对厂家进行考察、了解。材料应符合设计要求与技术规范的标准,供应量应能满足施工进度要求。

5.1.2　建立进场水泥批次、数量、出厂日期、检验批复文件的编号,以及相应原材料的台账使用记录。

5.1.3　粗集料根据混凝土最大粒径采用连续两级配或连续多级配,施工前应对所用的粗集料进行碱活性检验并进行水洗或进行同步水洗。

5.1.4　细集料采用级配良好、质地坚硬、颗粒洁净且粒径小于5 mm的河砂且应进行过筛处理。

5.1.5　所用外加剂应经过批复。

5.1.6　所用水应满足现行行业标准《混凝土用水标准》(JGJ 63—2006)的规定。

5.2　技术要求

5.2.1　钻孔灌注桩施工必须符合设计及规范要求。钻孔灌注桩施工前应进行首件工程施工,以确定合适的施工方案。通过首件工程确定的技术参数必须认真贯彻到施工中并严格执行。

5.2.2　钻孔灌注桩的桩位采用全站仪测设,桩基施工前采用十字交叉法引出护桩,用以施工过程和成孔后的桩位检测。单排桩桩位偏差不大于50 mm,群桩桩位偏差不大于100 mm。

5.2.3　施工过程中采用专用测绳监测孔深,测绳使用前必须用钢尺校核。摩擦桩的孔深不得小于设计值。

5.2.4　摩擦桩孔底沉淀层厚度应符合设计规定,对于桩径≤1.5 m的摩擦桩,孔底沉淀层厚度要求≤20 cm;对桩径>1.5 m的摩擦桩,孔底沉淀层厚度要求≤30 cm。

5.2.5　钻孔灌注桩灌注时间不得长于首批混凝土初凝时间,必要时掺缓凝剂;掺加外加剂,须得到监理工程师的批准,外加剂在使用前应先试拌,防止由于外加剂与水泥不相溶造成混凝土的离析。

5.2.6　混凝土配合比应做坍落度损失试验,在1小时之内,混凝土坍落度的损失为0。拌和站出料时混凝土的坍落度控制在180～220 mm,灌入钻孔桩时混凝土的坍落度应不小于160 mm。

5.3　质量要求

5.3.1　钻孔灌注桩施工质量必须符合设计和规范要求。

5.3.2　钻孔灌注桩在终孔后,应对桩孔的孔位、孔径、孔形、孔深和倾斜度进行检查,清孔后应对孔底沉淀层厚度进行检查。

孔位、孔径、孔形和倾斜度的检查应采用专用工具检测,孔深采用专用测绳检测。桩孔孔径的检测采用检孔器,检孔器的外径应不小于桩孔直径、长度宜为直径的4～6倍;中、小桥孔的倾斜度可采用检孔器检查,大桥采用钻杆倾斜法检查,用钻杆倾斜法检查桩的倾斜度时,量测应从钻孔平台顶面起算至孔底。

5.3.3　钢筋在钢筋加工厂制作,钢筋笼制作采用数控钢筋笼滚焊机机械化作业或桥梁现场采用靠模法制作。灌注桩钢筋笼所用的钢筋表面不得有鳞片、油污等,螺旋箍筋表面不得有裂纹;钢筋笼每2 m长为一断面,每断面均匀设置不少于4个垫块;主筋采用机械连接,螺旋箍筋焊接在主筋上。

5.4　环境要求

5.4.1　在施工期间始终保持工地的良好排水状态,修建有足够泄水断面的临时排水渠道,并与永久性排水设施相连接,防止引起淤积和冲刷。

5.4.2　机械设备操作,要尽量减少噪音、废气等污染;在靠近居民区夜间施工时,采用措施减少噪声,并遵守当地有关部门对夜间施工的规定。

5.4.3　泥浆不直接流入农田、耕地、水渠及饮用水源。泥浆倒流设施完善,严禁流入工作场地,孔内溢出的泥浆和水引流至泥浆池,不得随意排放,废浆池周围设置1.2 m以上栏杆围护,防止溺浆事故发生。

5.4.4　清理施工机械、设备的废水、废油等有害物质以及生活污水,不直接排放于河流、池塘或其他水域中,也不倾倒于饮用水源附近的土地上,以防污染水源和土壤。

5.4.5　工具、材料堆放整齐,边用边清,保持如一。机械设备管理有序,施工线路明确,不用时停放整齐。在机械化施工过程中,尽量减少噪音、废气、废水及尘埃等的污染,施工场地清洁井然有序、杜绝随地乱扔废弃物。

6　施工工艺

6.1　钻孔灌注桩施工流程(见图1)

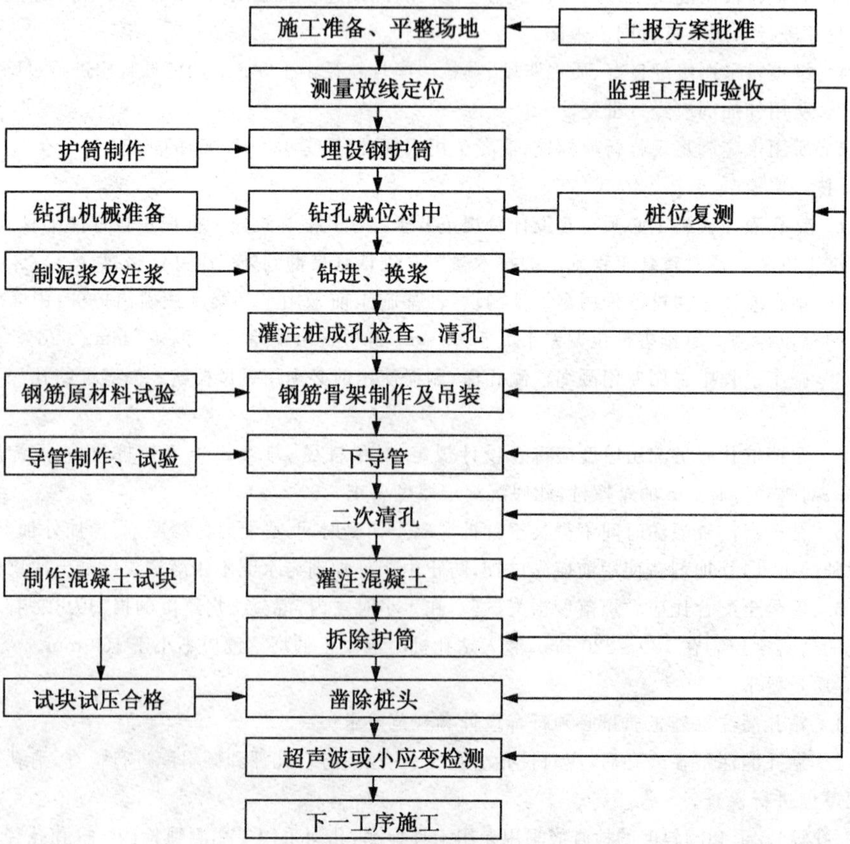

图1　钻孔桩施工流程

6.2 施工操作方法

6.2.1 埋设护筒

——护筒用钢板卷制。

——在陆上或浅水区筑岛处的护筒，其内径应大于桩径至少200 mm，壁厚应能使护筒保持圆筒状且不变形，在水中以机械沉没的护筒，其内径和壁厚的大小，应根据护筒的平面、垂直度要求及长度的因素确定；对参与结构受力的护筒，其内径、壁厚及长度应符合设计的规定。

——护筒高度宜高出地面0.3 m或水面1.0～2.0 m，护筒的埋设准确、稳定，钢护筒周围和底脚用黏土等回填并分层夯实，保证钢护筒周围和护筒底脚紧密，防止漏水。

——护筒中心竖直线应与桩中心重合，除设计另有规定外，一般平面允许误差为50 mm，竖直度倾斜不大于1%；干处可实测定位，水域可依靠导向架定位。

——护筒的埋置深度应根据图纸要求或桩位的水文地质情况经过计算确定。一般情况埋置深度宜为2～4 m，特殊情况应加深，以保证钻孔和灌注混凝土的顺利进行。

6.2.2 钻机就位

钻机就位前，对场地平整压实，检查钻机的性能状态。钻机必须工作性能良好。钻机就位时，钻头中心对准桩中心，钻杆竖直，保证钻进中钻具的平稳及钻孔质量。

6.2.3 泥浆制备

泥浆可采用化学制剂或黏性土配制，使用前对泥浆的浆液比重、黏度、含砂率等性能进行检测，泥浆性能必须符合要求。现场泥浆池四周用高出地面不小于1.2 m的防护网进行防护。

6.2.4 钻机钻孔

——钻机就位后将钻头徐徐放入护筒内。钻机底座和顶端保持平稳，钻机的钻杆、钻头和桩孔中心三者保持同一铅垂线。用泥浆泵往护筒内注入泥浆，搅拌后下钻头。开钻时先慢速，待钻头全部进入地层后逐渐加速到正常钻进速度。

——钻进过程中经常进行检查，了解钻进速度、地质情况，现场检测泥浆的稠度、含砂率和泥浆比重，保证有效的泥浆护壁，严格控制钻进速度并做好施工记录。

——经常注意地层变化，通过进尺的快慢和经常取样来判断地层的变化，在地层变化处捞取渣样，判断地质类别，并与设计提供的地质剖面图相对照。

——钻孔施工时相邻两桩孔不得同时开钻，钻孔间隔应为相邻桩钻孔24小时后。

——钻进时及时将钻渣清运，保证场地的干净整洁。

6.2.5 清孔

钻孔深度达到设计要求后，及时快速进行换浆清孔，清孔方法应根据设计要求、机具设备条件和地层情况等决定。无论采用何种清孔方法，在清孔排渣时，均必须保持孔内水头，防止塌孔。清孔后的泥浆各项指标和桩底沉淀厚度必须满足技术规范和设计图纸的要求。每道成孔工序均在驻地监理工程师检查合格并签认后方准许进行下道工序施工。

6.2.6 钢筋笼制作与吊装

钢筋笼可采用滚焊机制作和靠模法制作。

1)钢筋笼滚焊机制作工艺(见图2)

——所用的钢筋应表面洁净、无损伤、无油渍、铁锈、泥土等杂物，各弯曲部位无裂纹。钢筋应具有出厂质量证明书和试验报告单，进场时除应检查其外观和标志外，尚应按不同的钢种、等级、牌号、规格及生产厂家分批抽取试样进行力学性能检验，检验试验方法应符合现行国家标准的规定。钢筋经进场检验合格后方可使用。

——钢筋笼采用的是数控机械化作业，主筋、缠绕筋的间距均匀，钢筋笼直径一致。设备主构件安装完成，将半成品主筋放在配筋辅助架上，根据钢筋笼直径将对应直径的转盘模具安装到固定和移动转盘的十字筋架上，安装好穿筋管和固筋套。

——设定钢筋笼的螺距和自动运行的速度，设置托笼装置的抬起和落下参数；设置焊接时间、转盘电机的速度，行走电机的速度、回参速度；固定转盘速度补偿、行走转盘速度补偿、行走小车速度补偿等参数。

将主筋穿过固定盘的穿筋管并插入移动盘的固筋套中，旋转紧固螺栓将钢筋固定好，将箍筋端头穿过入料导辊并焊接在一根主筋上，开启手动或自动按钮，移动转盘在转动的同时移动，从而将箍筋绕在主筋上，当箍筋缠绕在主筋上后人工进行焊接，形成产品钢筋笼。

当钢筋笼达到一定长度后相应位置的托笼装置依次抬起并托起钢筋笼，当钢筋笼焊接达到预定长度后，停止焊接，并按下停止及托笼装置的相应开关，使所有的托笼装置一起落下，然后卸下成品钢筋笼。

——钢筋笼主筋宜采用机械连接，其他宜采用双面焊接，其焊缝长度均不小于$5d$。螺旋筋沿主筋纵向电焊牢固。钢筋笼顶端设置吊环。钢筋笼上设 2～4 个起吊点，用吊车吊起钢筋笼入孔。

——制好后的钢筋骨架在成孔前运送至施工现场。平放在平整、干燥的场地上，每个加劲筋与地面接触处都垫上等高的方木，以免粘上泥土。在骨架每个节段上都要挂上标志牌，写明墩号、桩号、节号等。

——钢筋保护层的垫块，可以直径 10 mm 的钢筋焊接在主筋上或穿上高强砂浆辊，同一端面等间距设置不少于 4 个，纵向间距不大于 2 m。

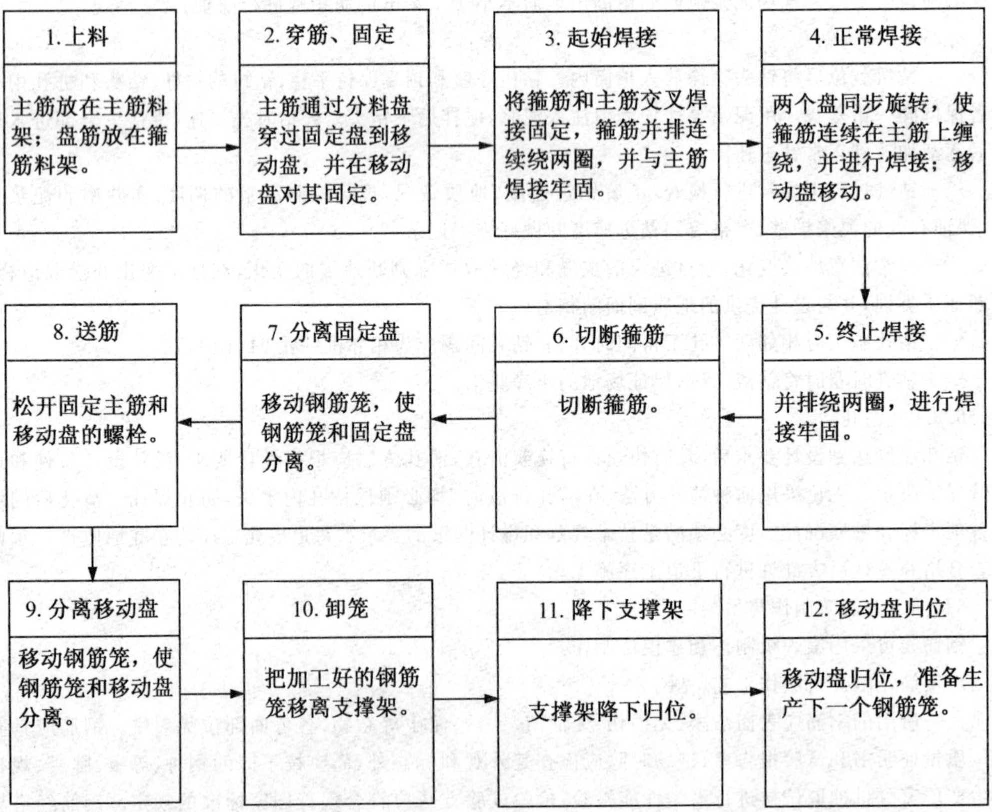

图 2　钢筋笼滚焊机加工流程图

2)靠模法钢筋笼直螺纹对接施工工艺

钢筋笼原材料在钢筋棚内下料，平板车转运到孔位附近后，现场制作成形。为加快钢筋笼安装速度，钢筋笼接头采用直螺纹对接法，采用“靠模法”新工艺，制作时主筋接头精确定位，采用直螺纹对接工艺进行施工，既加快施工进度，又保证对接施工质量(见图 3)。

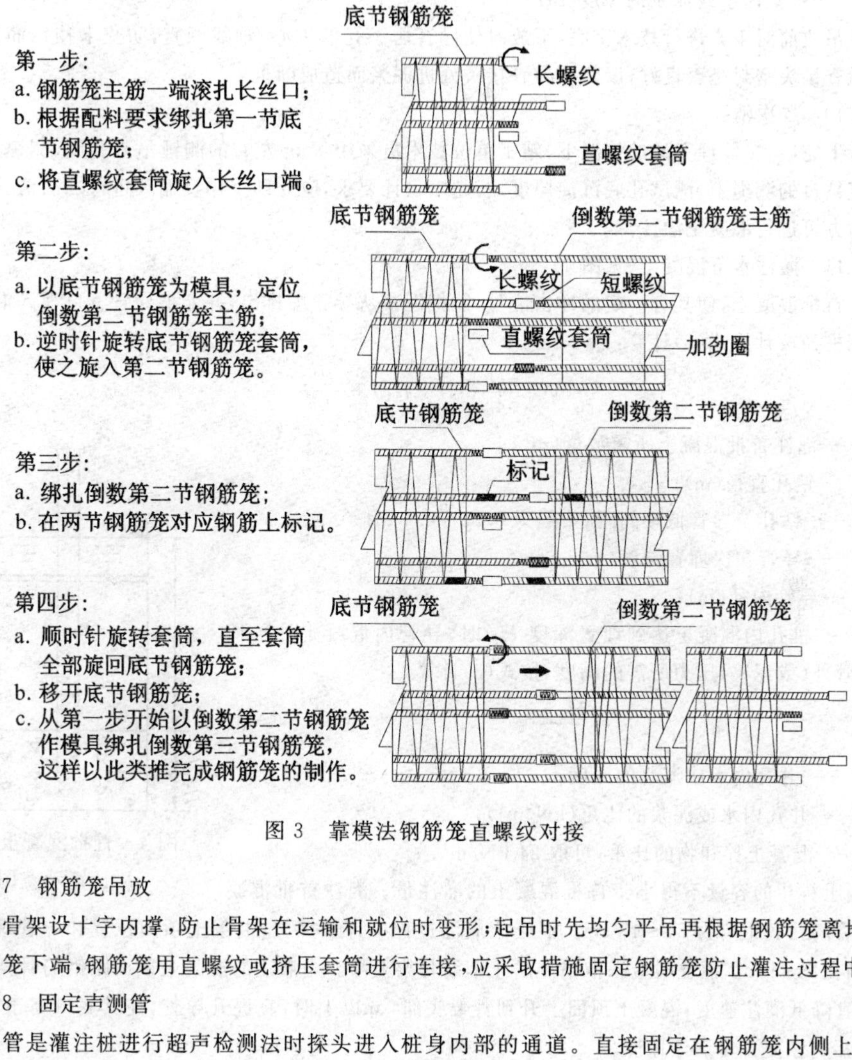

图 3　靠模法钢筋笼直螺纹对接

6.2.7　钢筋笼吊放

钢筋骨架设十字内撑，防止骨架在运输和就位时变形；起吊时先均匀平吊再根据钢筋笼离地面高度下放钢筋笼下端，钢筋笼用直螺纹或挤压套筒进行连接，应采取措施固定钢筋笼防止灌注过程中上浮。

6.2.8　固定声测管

声测管是灌注桩进行超声检测法时探头进入桩身内部的通道。直接固定在钢筋笼内侧上，固定方式采用绑扎，管子之间应基本上保持平行。钢筋笼放入桩孔时应防止扭曲。每段之间的接头可采用反螺纹套筒接口或套管焊接方案；接头必须保证在较高的静水压力下不漏浆，接口内壁应保持平整，不应有焊渣、毛刺等凸出物。声测管的底部进行密封，安装完毕后从上口灌水，并将上口用木塞堵住，以免孔道进入异物堵塞。

6.2.9　导管安装

灌注混凝土导管宜采用直径 200～350 mm的钢管。导管使用前必须进行试拼、水密承压和接头抗拉试验。进行水密试验的水压不小于孔内水深的 1.3 倍的压力，亦不小于导管壁和焊缝可能承受灌注混凝土时的最大压力 P 的 1.3 倍。P 可按式(1)计算：

$$P=r_c h_c - r_w h_w \tag{1}$$

式中：P——导管可能承受的最大内压力(kPa)；

r_c——混凝土拌和物的比重，可取 24 kN/m³；

h_c——导管内混凝土的最大高度(m)，以导管全长或预计的最大高度计；

r_w——桩孔内水或泥浆的比重(kN/m³)；

h_w——桩孔内水或泥浆的深度(m)。

导管吊放前对工人进行技术交底，下放时使导管居于孔的中心，轴线顺直，防止卡挂钢筋笼和碰撞护壁。检查接头密封是否良好，以防从导管接头处进泥浆而造成断桩。

6.2.10　二次清孔

导管下完后，在监理旁站的情况下，施工单位技术员采用 4 kg 左右的测锤吊入孔底(测锤系在用标准钢尺复核过的测绳上)测试孔底沉淀厚度，若超出设计要求，应立即采用反循环进行二次清孔，直至满足要求后方可进行混凝土灌注。

6.2.11　灌注水下混凝土(见图 4)

灌入首批混凝土，使其有一定的冲击能量，能把泥浆从导管中排出，并能把导管下口埋入混凝土，其数量根据桩径按计算式(2)计算：

$$V \geqslant \frac{\pi D^2}{4}(H_1+H_2)+\frac{\pi d^2}{4}h_1 \tag{2}$$

式中：V——灌注首批混凝土所需数量(m³)；

D——钻孔直径(m)；

H_1——钻孔至导管低端间距，一般为 0.25～0.4 m；

H_2——导管初次埋置深度(取 1 m)；

d——导管内径(m)；

h_1——桩孔内混凝土达到埋置深度 H_2 时，导管内混凝土柱平衡导管外(或泥浆)压力所需的高度，按式(3)计算：

$$h_1=\frac{H_w r_w}{r_c} \tag{3}$$

式中：H_w——井孔内水或泥浆的深度；

r_w——井孔内水或泥浆的比重(kN/m³)；

r_c——混凝土拌和物的比重，可取 24 kN/m³。

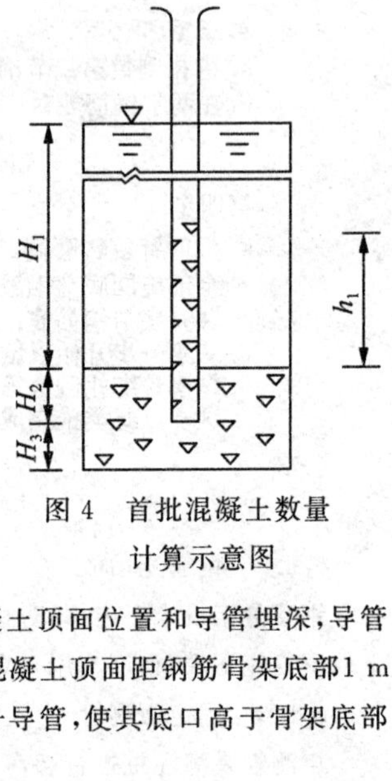

图 4　首批混凝土数量计算示意图

混凝土料斗的容量不得小于首批混凝土的灌注量。灌注首批混凝土时，导管离孔底距离为 25～40 cm。混凝土灌注过程中，随时测量混凝土顶面位置和导管埋深，导管埋深控制在 2～6 m。灌注时应采取措施防止钢筋骨架上浮。当灌注的混凝土顶面距钢筋骨架底部1 m左右时，宜降低灌注速度；混凝土顶面上升到骨架底部4 m以上时，宜提升导管，使其底口高于骨架底部2 m以上后再恢复正常灌注速度。

水下混凝土的灌注时间不得超过首批混凝土的初凝时间，混凝土浇筑连续进行，一次浇筑完毕。在最后浇筑混凝土时，导管保持一定高度，以增加混凝土的压力，提高混凝土的密实性，同时灌注高度超过设计标高50 cm以上。灌注结束后，在混凝土初凝前徐徐拔出护筒。

混凝土灌注过程中现场技术员应经常观察混凝土下落情况和孔内泥浆面的变化，勤测量孔内混凝土面至孔口高度，掌握孔内混凝土的上升情况，以便了解扩孔、缩孔位置(若有)，绘制混凝土灌注柱状图。

6.2.12　凿桩头

混凝土强度达到设计强度的 80%以上时方可破除桩头，禁止采用以淘代破、软破和爆破破除桩头。应采用："基坑开挖→高程测量→无齿锯环切(桩顶高程+2 cm)→剥出钢筋→断桩头→吊车吊出→桩头清理"的七步破桩头法。

在桩顶设计高程+2 cm的位置弹墨线一道，再在其上部10 cm的位置弹墨线一道，对 2 道墨线位置进行无锯齿环切，切割深度至主筋外缘，以不割着钢筋为宜。

先用风镐剔除上部保护层混凝土，将钢筋与混凝土剥离，然后破除环切10 cm部分的桩头混凝土，对环切10 cm范围内的保护层混凝土采用人工凿除，最后破除桩头芯部混凝土。桩头破除后，桩顶部分应微凸(桩中心略高，周边略低)，便于桩顶浮渣清理。

在破桩头过程中，要注意保护好桩头钢筋和声测管(有声测管时)，不得随意弯折桩头钢筋，钢筋弯折不宜超过 15°。

6.3　钻孔灌注桩可能出现的质量事故及预防措施

6.3.1　断桩

1)出现的原因

——由于集料级配存在问题使混凝土离析，灌注完成后成桩混凝土局部松散而造成断桩。

——混凝土中存在大粒径的石块或水泥块造成卡管而出现断桩。

——灌注过程中由于机械故障、临时停电、运输车辆运输时间过长等原因造成混凝土不能连续灌注而出现断桩。

——起吊导管的钢丝绳突然断裂，导管吊进孔中导致无法连续灌注而出现断桩。

——由于混凝土初凝时间过短、混凝土坍落度损失过快、矿渣水泥与减水剂不相容性造成混凝土离析，出现塞管；混凝土不能顺利灌注而造成断桩。

——灌注过程中由于突然坍孔埋管，无法继续灌注而造成断桩。

——灌注过程中拔导管时，导管挂到钢筋笼上无法拔出而造成断桩。

2)预防措施

——确保良好的骨料级配，混凝土拌和时有专人监控拌和站集料的上料情况，所进原材料应与配合比的原材料相一致，发现问题及时处理。

——灌注用的料斗口应加筛子，筛孔小于 5 cm，防止超粒径的集料进入导管。

——拌和站必须有备用的拌和机、备用电源、施工时保证便道畅通，混凝土运输车辆完好，数量满足灌注时间的要求。

——起吊导管所用钢丝绳无断丝，防止剧烈用钢丝绳抖动导管。

——避免采用矿渣水泥，混凝土中可掺加减水缓凝剂，掺加优质粉煤灰或矿粉，以提高混凝土的初凝时间，降低混凝土的坍落度损失，增强混凝土的和易性，以防止出现由混凝土离析和易性差而出现塞管。

——对于采用旋挖钻和反循环钻机成孔的桩基，必须加强各工序间的衔接。成孔后及时检孔、下钢筋笼、灌注混凝土。在钢筋笼未加工完成、混凝土所用原材料未备足的情况下，严禁开钻。

——下放和拔除导管时，必须使导管始终居于孔的中心位置。

6.3.2　桩基承载力小于设计

1)出现的原因

——泥浆沉淀厚度超过设计要求。

——灌注混凝土时由于，泥浆比重过大造成孔壁泥浆过厚而影响桩基承载力。

2)预防的措施

——认真检查混凝土灌注前的泥浆沉淀厚度和泥浆比重，必要时进行二次清孔。

——对于 40 m 以上的长桩，利用声测管进行桩底压浆。

6.3.3　桩身倾斜度超过 1%

1)出现的原因

——钻机平台基础不实，钻进过程中钻机倾斜。

——钻架摆幅过大。

——钻孔前钻机平台应进行操平。

——钻杆上端应设导向设备。

2)预防的措施

——钻孔前钻机平台应进行操平。

——钻机平台基础应垫实。

——钻杆上端应设导向设备。

6.3.4　扩径、缩径

1)出现的原因

——软弱层,由于钻进过快,泥浆过稀而发生先扩孔后缩孔现象。

——对于砂层、粉质土层,由于泥浆水位低、泥浆过稀、钻进速度快造成孔壁不稳定,发生局部扩孔或局部塌孔而造成扩径现象。

2)预防的措施

——对于砂层的钻孔施工,应掺加膨润土、羟基纤维素、磺酸钠盐等能力强的外加剂以加强泥浆的黏结性能。

——应根据不同土层选择与之相适应的进尺和转速。对于软弱层,采用低挡慢速、大泵量、稠泥浆钻进,以免发生先扩孔后缩孔现象,对于黏土层采用中等钻速大泵量、稀泥浆钻进;对于砂层,采用轻压、低挡慢速、大泵量、稠泥浆钻进,以免孔壁不稳定,发生局部扩孔或局部坍孔;护筒底口和不同地层交接处附近,采用低挡慢速、小进尺钻进,防止扩孔、塌孔和偏斜孔,每小时进尺不大于 0.5 m。钻孔过程中,注意维持孔内泥浆水头在地下水位或河流水位 2.5 m 以上,并随时对泥浆各项指标进行检查。

6.3.5　桩身长度不足

1)出现的原因

——桩基测量标高有误。

——测量孔深时,使用的测绳不符合精度要求,并且未用钢尺复核。

2)预防的措施

——所用水准点经过复核,施工单位放样完成后,开钻前驻地办应进行复测。

——孔深测量所用的测绳在使用前用钢尺进行校核,每次使用前应仔细检查。

6.3.6　钢筋笼长度不足

1)出现的原因

——钢筋笼上浮。

——下钢筋笼前,驻地办未对钢筋笼进行检查验收,且钢筋笼加工长度有误。

——钢筋笼下完后,吊出部分钢筋笼割掉。

2)预防的措施

——当灌注的混凝土顶面距钢筋骨架底部 1 m 左右时,宜降低灌注速度;混凝土顶面上升到骨架底部 4 m 以上时,宜提升导管,使其底口高于骨架底部 2 m 以上后再恢复正常灌注速度。

——下钢筋笼前,驻地办应对每节钢筋笼的长度进行检查验收。

——下完钢筋笼后及时下导管灌注混凝土,整个工程施工单位技术员必须在工地现场,现场监理全过程旁站。同时,建立质量事故责任追究制度,杜绝人为因素。

6.3.7　未按合同要求对桩基进行检测

1)出现的原因

——对于灌注过程中出现异常情况的桩基不检测而用相邻墩台的桩基重复检测代替。

2)预防的措施

——桩基检测时,监理必须旁站并留有记录。

7 质量标准

7.1 钻孔灌注桩质量标准

钻孔灌注桩施工质量允许偏差符合下表要求，质量检验合格后监理工程师应填写钻孔灌注桩检验汇总表，如表2所示。

表2　　钻孔灌注桩检验汇总表

项次	检查项目		规定值或允许偏差
1	混凝土强度(MPa)		在合格标准内
2	桩位(mm)	群桩	100
		单排桩	50
3	孔深(m)	摩擦桩	不小于设计
		支承桩	比设计深度超深不超过0.05
4	孔径(mm)		不小于设计
5	钻孔倾斜度(mm)		1%桩长，且不大于500
6	沉淀厚度(mm)	摩擦桩	符合设计规定，设计未规定时按施工规范要求
		支承桩	不大于设计规定，设计未规定时≤50
7	钢筋骨架底面高程(mm)		±50

7.2 质量保证措施

7.2.1 钻孔灌注桩属隐蔽工程，其质量控制应贯穿于施工全过程，故施工过程中，各合同项目部质检员及技术人员要参与各环节的管理。

7.2.2 认真复核图纸要求及相关的设计文件，正确理解设计意图，搜集现场资料，核实工程数量，按工期要求、施工难易程度、气候条件等，编制施工组织设计，做好施工前的技术交底和岗位培训，确保技术指导和施工方法正确。认真做好测量工作，对导线点、水准点、中线进行认真复核确认。

7.2.3 试验人员应经培训，熟悉相关试验方法与操作程序，分工明确。测试仪器、设备等应经过检验，性能可靠，精度满足试验要求。

7.2.4 施工过程中须有专人负责记录，记录资料归档备案。

7.3 超长桩施工控制要点

7.3.1 选择合理的机具设备。

7.3.2 施工过程中严格控制泥浆的各项指标及钻进速度。

7.3.3 为保证成桩质量，应选择合理的混凝土配合比。

7.4 自检体系、质保措施检查

7.4.1 检查施工工艺流程是否满足设计图纸和施工规范的要求，特别是注意打设深度和水泥用量的控制方法是否满足设计要求。

7.4.2 检查自检体系，必须保证每台桩机、任何施工时间都至少有一名自检员在场，做好施工质量控制和施工记录。

7.4.3 检查质量保证措施的落实，包括对进场材料的检查制度，保证现场施工质量控制，施工记录真实、及时、规范的制度，以及配合现场监理人员实施旁站监理的制度。

7.5 质量检查及验收

7.5.1 质量检验

1)桩身混凝土和桩底后压浆中水泥浆的抗压强度应符合设计规定。每桩的试件取样组数应各为3

～4 组。如换工作班时，每增加一工作班，试件相应增加 2 组。

2)桩基应进行 100%的完整性检测，检测方法的选定应具有代表性和满足工程检测的特定要求，且应符合《公路工程基桩动测技术规程》(JTG/T F81-01—2004)的规定。检测单位必须经驻地办认可，并报项目办批准。

3)项目部应在驻地办监理人员在场的情况下，对钻孔桩，采用图纸设计或经监理人员统一的低应变反射波法、高应变动测法或超声波法，进行桩的质量检验和评价。

4)项目部应在工地配备能对全桩长钻取 70 mm 直径或较大芯样的设备和经过训练的工作人员。

5)若设计有规定和现场监理对桩的质量有疑问时，或在施工中遇到的任何异常情况，说明桩的质量可能低于要求的标准时，应采取钻取芯样法对桩进行检测，以检验桩身混凝土的灌注质量。检验结果若不合格，则应视为废弃桩。

6)当驻地办对每一根成桩平面位置的复查、试验结果及施工记录都认可后，应以书面进行审核或批复，在未得到批复前，不得进行该桩基础的其他工作。

7.5.2 检测

工程验收段落施工结束后，应对完成的钻孔灌注桩进行检测，并报项目办进行抽查。

8 安全、环保和文明施工措施

8.1 安全措施

8.1.1 安全保证体系

安全生产是搞好工程施工的重要因素，关系到国家、企业和个人的根本利益，在施工过程中，设专职安全工程师、专职安全员，必须认真贯彻执行“安全第一，预防为主”的方针，广泛运用安全系统工程，严防各类伤亡事故的发生。

——坚持“管生产必须管安全”的原则，坚持安全生产“五同时”的安全管理措施。即做到下达施工计划、布置工作、检查现场、总结、评比生产工作的同时，要计划、布置、检查、总结安全工作，把安全工作纳入日常施工管理，作为安排组织生产时的一个重要因素考虑。

——安全教育经常化、制度化。开工前进行系统教育，调动职工安全生产的自觉性，时时处处注意安全，把安全生产工作真正落到实处。操作手经培训合格后上机。

——按施工组织设计和工艺流程科学施工。严格工序衔接和操作规程，采取必要的安全措施，加强劳动安全防护，切实保证安全施工和文明生产。

——加强施工人员的管理，做好上岗前的安全教育工作。施工过程中经常督促检查，重点工程设专人把关，发现隐患及时处理，确保安全生产。

8.1.2 钻孔灌注桩施工专项安全方案

——进入施工现场人员必须佩戴安全帽，施工操作人员应穿戴好必要的劳动防护用品。

——泥浆池周围必须设有防护设施，高度≥1.2 m。

——打桩机底架在安装或进行打桩工作时，都应安放在平坦坚实的地面上，桩架不得倾斜，撑支桩架时，应将垫木铺平，横架时不得将桩架行至行筒尽端，并有专人在地面指挥。

——禁止任何人在吊起的桩锤和正在竖立的架下面停留或通过，操作司机必须由班长指定专人操作。

——钢筋调直现场，禁止非施工人员入内，钢筋调直前事先检查调直设备各部件是否安全可靠。进行钢筋除锈和焊接时，施工人员穿戴好防护用品。

——钢筋笼加工过程中，不得出现随意抛掷钢筋现象，制作完成的节段钢筋笼滚动前检查滚动方向上是否有人，防止人员被砸伤。

——起吊钢筋骨架时，做到稳起稳落，安装牢靠后脱钩。严格按吊装作业安全技术规程施工。

——钢筋笼安装过程中必须注意：焊接或者机械连接完毕，必须检查脚是否缩回，防止钢筋笼下放时将脚扭伤甚至将人带入孔中的事故发生。

——灌注混凝土桩时，施工人员分工明确，统一指挥，做到快捷、连续施工，以防事故的发生。灌注混凝土时，减速漏斗的吊具、漏斗、串角挂钩和吊环均要稳固可靠。

——护筒周围不宜站人，防止不慎跌入孔中。导管安装注意：导管对接必须注意手的位置，防止手被导管夹伤。

——混凝土浇筑过程中，混凝土搅拌运输车倒车时，指挥员必须站在司机能够看到的固定位置，防止指挥员走动过程中栽倒而发生机械伤人事故。轮胎下必须垫有枕木。倒车过程中，车后不得有人。

——吊车提升拆除导管过程中，各现场人员必须注意吊钩位置，以免将头砸伤。

8.2　环境保护和文明施工措施

8.2.1　严格遵守国家、部委和地方颁布的有关环保法律、法规。采取必要的技术措施，增强全体施工人员的环保意识，建立健全施工中的环保责任制，切实加以贯彻落实。

8.2.2　钻孔泥浆的原料宜选用性能合格的黏土或其他符合环保要求的材料，水上钻孔施工应配备专用的泥浆船或泥浆输送管泵，应采取有效措施防止泥浆外溢污染环境，钻渣应外运到指定弃土区域存放，不得随意排放。

8.2.3　施工车辆运输外弃渣土、垃圾时，应采取封闭、覆盖措施。

8.2.4　工作人员持证上岗，着装文明，不野蛮施工。

8.2.5　保持施工现场整洁，施工机械、车辆整齐、有序停放。创造一个良好的外部施工环境。

项目三　桥梁墩台施工

项目概述

本项目从墩台构造、墩台施工两方面进行介绍，主要讲述墩台的作用、组成和分类，墩台的主要形式，各种墩台的构造特点和适用条件，墩台常用的施工方法等内容。

学习目标

通过本项目的学习，应熟悉墩台的构造，掌握墩台常用的施工方法；能根据墩台的构造特点，正确分析各种墩台的适用条件；能根据施工图及相关要求合理地选用施工方法。

引导案例

某高速公路特大桥为变截面预应力混凝土连续刚构桥，其桥跨布置为 70 m＋4×120 m＋70 m。主梁采用箱形截面，墩身为空心墩，墩高 50～75 m，桥墩采用群桩基础，平均桩长约 60 m，如图 3-1 所示。

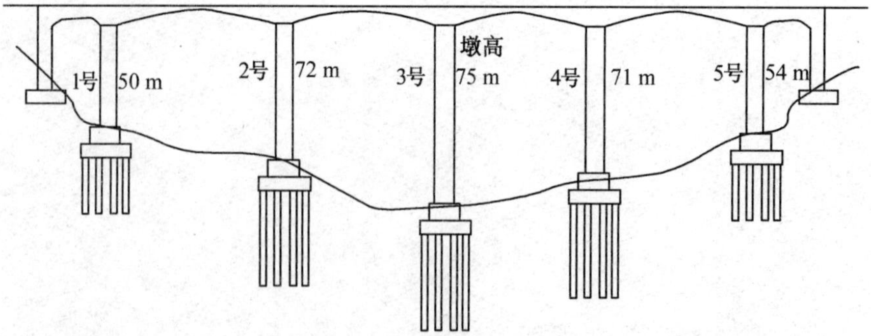

图 3-1　桥梁构造示意图

施工单位为本桥配置了以下主要施工机械和设备：反循环钻机、混凝土高压泵、混凝土搅拌站、塔吊、载人电梯、悬臂式掘进机、架桥机、预应力张拉成套设备、爬模设备、钢模板、钢护筒、挂篮设备。

3 号桥墩在施工到 40 m 高度时，作业人员为了方便施工，自己拆除了部分安全防护设施。另有作业人员携带加工好的部分箍筋乘电梯到墩顶施工。

根据示意图,说明施工单位配备的施工机械和设备分别用于本桥哪些部位的施工?哪些设备不适用于本桥施工?指出3号墩作业人员的错误做法。

任务一 墩台认知

任务描述

墩台是桥梁的重要组成部分,它决定着桥跨结构在平面上和高程上的位置,并将荷载传递给基础。桥墩是指多跨桥梁的中间支承结构物,由墩帽(盖梁)、墩身与基础构成;承受由相邻两跨上部结构支座传来的竖直力、水平力和墩身风力,位于水流中的桥墩还要承受水流压力、冰作用以及可能出现的船只排筏或漂浮物的撞击。桥台是连接两岸道路的桥路衔接构造物,它除了支承上部结构外,还起着挡土护岸的作用,由台帽、台身和基础构成;承受由支座传来的竖直力和水平力的同时,还承受台后填土及填土上附加作用引起的侧向土压力。本任务主要目的是掌握各种墩台的构造特点和适用条件。

一、桥墩的主要类型及构造

(一)梁桥桥墩

国内梁桥常采用的桥墩类型根据墩身结构形式可分为重力式(实体式)墩、桩(柱)式墩、柔性(排架)墩、钢筋混凝土空心墩及薄壁墩等。

1.重力式(实体式)桥墩

重力式桥墩由墩帽、墩身和基础组成,如图3-2所示。这类桥墩主要靠自身重力(包括桥跨结构重力)平衡外力保证桥墩稳定。因其墩身较为厚实,可用天然石材或片石混凝土砌筑,在砂石料方便的地区和小桥采用较普遍。

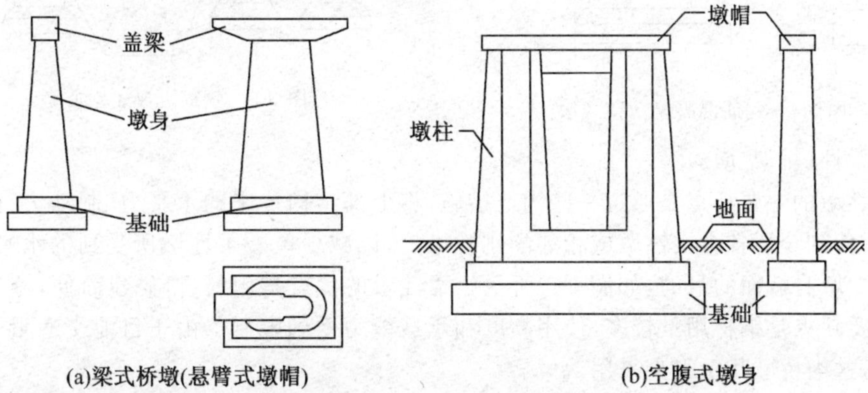

(a)梁式桥墩(悬臂式墩帽)　(b)空腹式墩身

图3-2 重力式桥墩

2.桩(柱)式桥墩

桩(柱)式桥墩是桥梁中采用较多的形式,其外形轻巧大方,圬工体积较少。桩(柱)式桥墩常配合钻孔灌注桩基础而采用，一般适用于桥梁跨径 30 m、墩身高度 20 m 以内的条件，如图 3-3 所示。

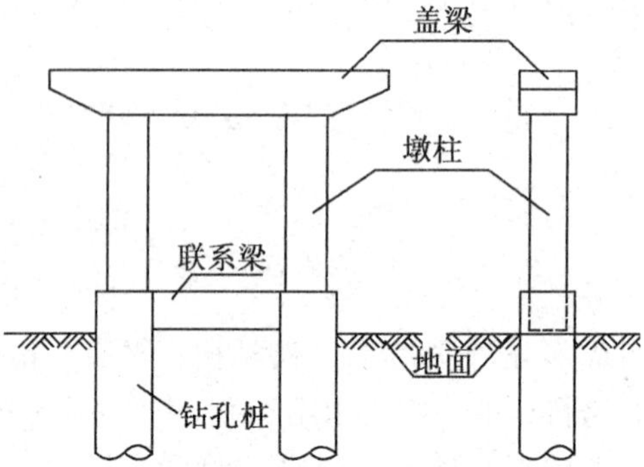

图 3-3　桩（柱）式桥墩

3. 钢筋混凝土薄壁式墩和空心墩

实体式墩体在许多情况下其材料强度不能充分发挥，尤其是在高桥墩条件下，为了减少墩身圬工体积，减轻自重（薄壁墩较实体墩节省圬工约 70%），降低实体墩对地基的承压能力要求，可采用钢筋混凝土薄壁式墩或空心墩，如图 3-4、图 3-5 所示。

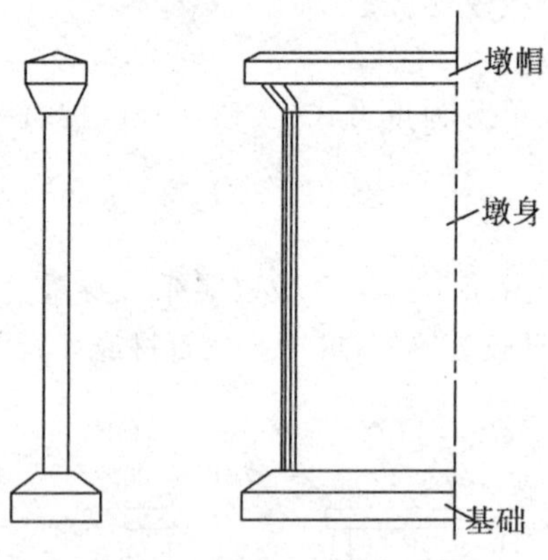

图 3-4　钢筋混凝土薄壁式墩

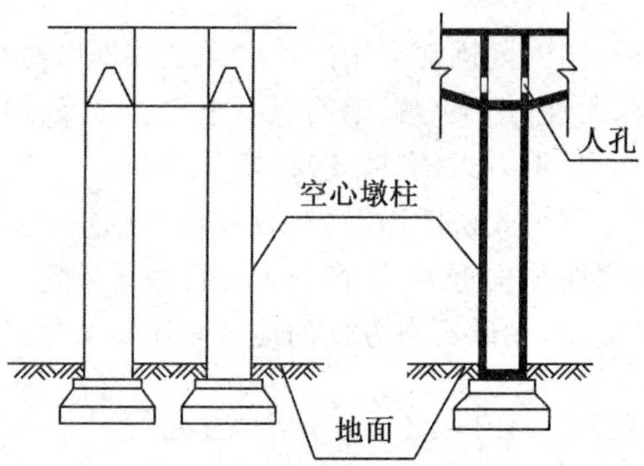

图 3-5　钢筋混凝土空心墩

4. 柔性（排架）墩

柔性墩的主要特点是通过一些构造措施，将上部结构传来的水平力（制动力、温度影响力等）传到全桥各个柔性墩或相邻的刚性墩上，以减少单一柔性墩所受到的水平力，而达到减少墩身截面的目的，如图 3-6 所示。柔性墩的优点是用料省，修建简便，施工速度快。主要缺点是钢材用量较多，使用高度和承载能力受到限制。由于目前交通量大和荷载加重，这类桥墩几乎很少采用。

为加大桥梁跨径、减轻墩身自重和阻水面积，以及适应城市与风景区的景观要求，可采用各种形式的刚架式桥墩（见图 3-7），如 V 形、Y 形、H 形等。这类桥墩虽然用钢量较大，施工模板较复杂，但是其结构造型轻盈新颖，桥下视野宽敞明亮，景观效果好。

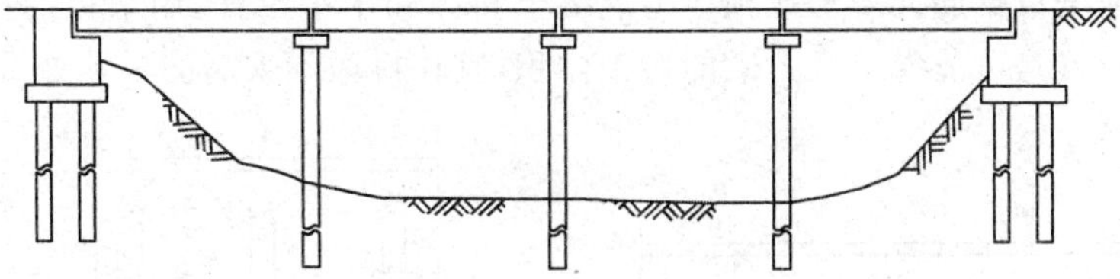

图 3-6 柔性(排架)墩

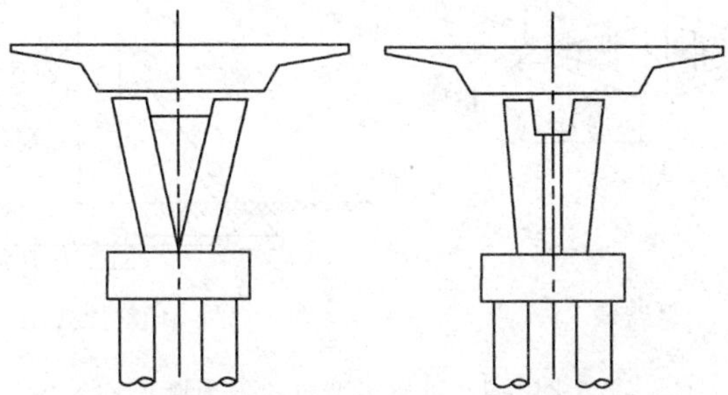

(a)V形桥墩 (b)Y形桥墩

图 3-7 V形、Y形桥墩

(二)拱桥桥墩

拱桥桥墩通常采用重力式和桩(柱)式墩。它与梁桥桥墩不同之处是:①拱是推力结构,它给桥墩以较大的水平推力;②桥墩的相对位移将给拱桥以较大的附加内力,因而拱桥桥墩(台)对地基的要求比梁桥要高;③梁桥桥面与支座顶面的高差就是主梁的建筑高度;而对上承式或中承式拱桥来说,拱桥桥面到拱座之间还有拱上建筑结构高度。因此,拱桥桥墩在结构上有如下特点:

1.拱座

拱座相当于梁式桥墩(台)的墩(台)帽是直接支承拱圈的部分,相邻桥跨的拱推力相互抵消后,将不平衡推力传至墩身。它承受较大的拱圈压力,应该采用C20以上整体式混凝土、混凝土预制块或C40以上石块砌筑;肋拱桥的拱座要像梁式桥的支座垫石一样用高强度等级混凝土及数层钢筋网加固;装配式的肋拱,以及双曲拱桥的拱座,也可预留插入拱肋的孔洞,在洞底及洞壁设加固钢筋网。

2.单向推力墩

对于多孔的拱桥,为了承受永久作用引起的单向推力,以防止一孔因故破坏时使全桥倾塌,应每隔3～5孔设置一座能承受这种单向推力的分段墩。有时为了施工时拱架的多次周转,也在多孔拱桥中设置分段墩,以承受裸拱或全拱恒载推力。

分段墩(单向推力墩)过去一般用实体墩,因而增加了阻水面积。国内广大造桥工人和科技人员曾提出了一些新型单向推力墩,如悬臂式墩、加设斜撑的柱式墩等,如图3-8所示。悬臂墩是在柱式墩上加一对悬臂,拱座设在悬臂端部。当一孔坍塌时,相邻孔永久作用单向推力。桩柱墩身产生的弯矩,被永久作用竖向反力产生的反向弯矩抵消一部分,从而减小桩柱墩身的弯矩,使墩柱能够承受拱的单向永久作用推力。斜撑式墩是在墩柱的两侧对称地增设钢筋混凝土或预应力混凝土斜撑和水平拉杆，用来提高抵抗水平推力的能力。其优点是可节省单推力墩的圬工体积，宜在桥墩不太高的旱地处采用。

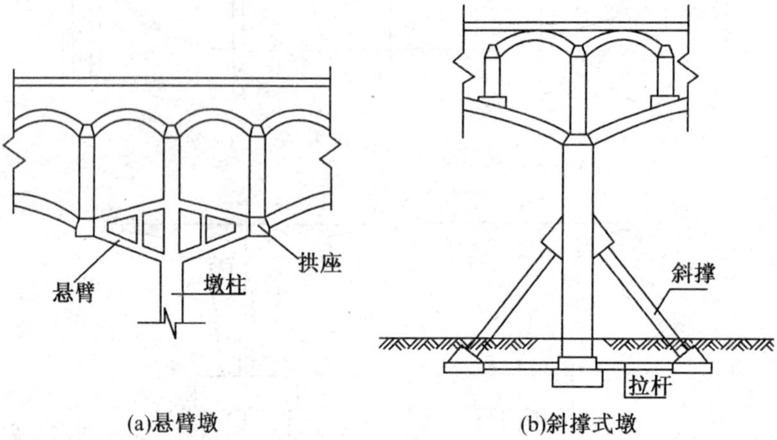

图 3-8　拱桥轻型单向推力墩

3. 相邻两孔推力不相等的桥墩

此时最好以变更相邻的矢跨比，调整拱座位置或拱上结构形式而使两孔推力或推力对桥墩基底弯矩大致相等；也可以将桥墩在立面做成不对称形式（见图 3-9），使恒载压力线接近墩的轴线和基底面积形心。

拱桥的桩柱式桥墩一般为配合钻孔桩基础而采用。它与梁桥桩柱式桥墩的主要差别是：在梁桥墩帽上设置支座，而在拱桥墩顶部分则设置拱座。当桩柱墩较高时，应在桩间设置横系梁以增强桩柱墩的刚性。如果柱与桩直接连接，则应在结合处设置横系梁。若墩柱高度大于 6～8 m 时，还需在墩柱的中部设置横系梁。

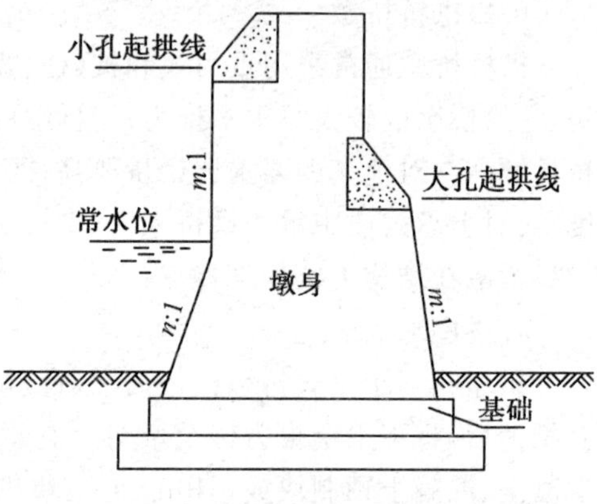

图 3-9　拱桥大小分界墩

二、桥台的主要类型及构造

（一）梁桥桥台

1. 重力式桥台

重力式桥台主要靠自重来平衡台后的土压力，通常用石料、片石混凝土或混凝土等圬工材料建造。依据桥梁跨径、桥台高度和地形条件的不同有多种形式，最常用的是 U 形桥台。U 形桥台由台帽、台身和基础组成[见图 3-10(a)]，系因台身是由前墙和两个侧墙构成的 U 字形结构而得名。其优点是构造简单，不需用钢筋，且能就地取材；缺点是桥台体积与自重较大，侧墙间填土容易积水，结冰后冻胀，使侧墙开裂。所以宜用渗水性良好的土壤填筑，并做好台后的排水措施。

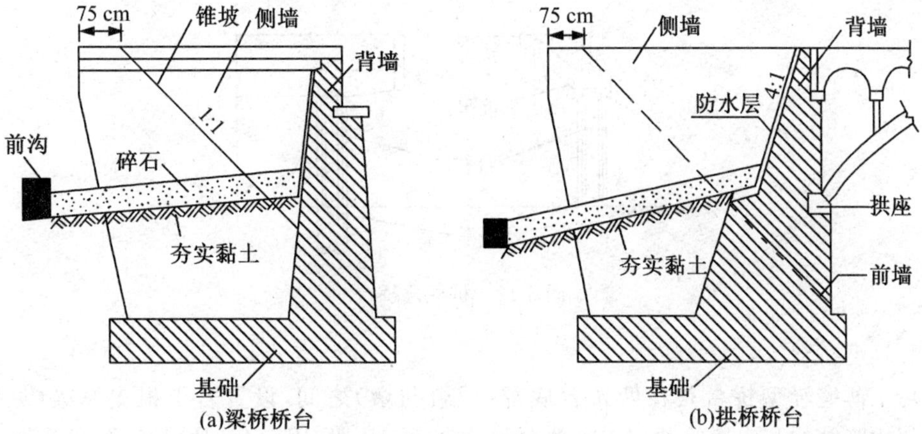

图 3-10　重力式 U 形桥台

2. 埋置式桥台

埋置式桥台将台身大部分埋入锥形护坡(溜坡)内,缩短翼墙(耳墙),仅由台帽两侧耳墙与路堤衔接(见图 3-11)。由于桥台所受的土压力大为减小,桥台体积也相应减小,也增加了桥台的稳定性。但因为台侧护坡伸入桥孔,压缩河道,有时要把桥台位置后移而需增加桥长。埋置式桥台适用桥头为浅滩,护坡受冲刷较小,填土高度在 10 m 以下的中、小跨径的多孔桥梁。

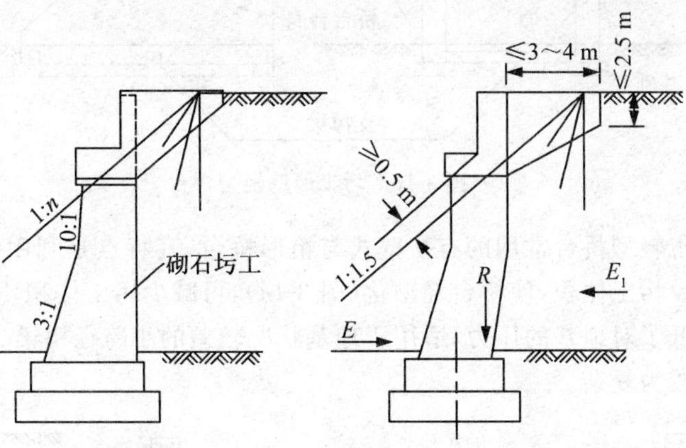

图 3-11　埋置式桥台

3. 桩柱式桥台

桩柱式桥台是当前常用的桥台形式之一。当台后填土高度在 5 m 以下时,可采用双柱(桩)或多柱(桩)或钢筋混凝土肋墙式桥台(见图 3-12),它比实体埋置式桥台能节省更多的圬工,且施工更为简易。当台后填土高度超过 10 m 时,也可采用钢筋混凝土框架式桥台等。框架式桥台比桩柱式桥台有更大的刚度、比肋板埋置式桥台挖空率更高,更能节约圬工体积。其结构本身有斜杆,能够产生水平分力以平衡土压力,兼之基底宽度较大,又通过系杆联结成一个框架体,所以稳定性很好。框架式桥台的缺点是必须用双排桩基,钢筋与水泥用量比桩柱式增多。

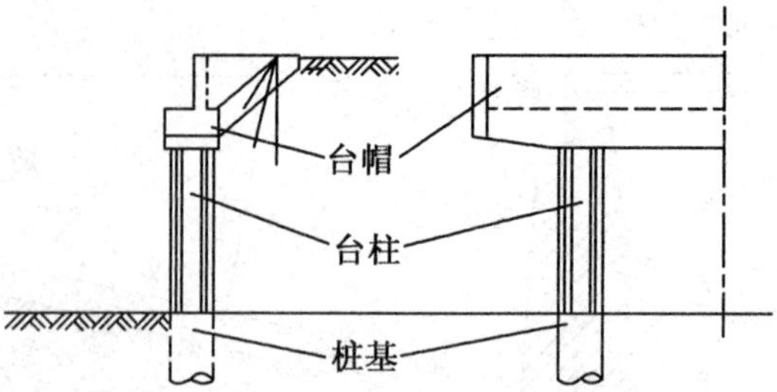

图 3-12　桩柱式桥台

4.轻型桥台

圬工薄壁轻型桥台是在两桥台底部(或台与墩)之间,设置若干根支撑梁(见图 3-13),使桥跨结构与支撑梁共同支承桥台承受台后土压力,因而台(墩)身的厚度较薄,比实体式桥台节省圬工体积约达 50%。因其具有结构简单、不用或少用钢材、施工方便,是小桥桥台常用的形式,适用于 13 m 以下的小跨径桥梁,且桥跨结构不宜超过三孔,总桥长不宜大于 20 m。

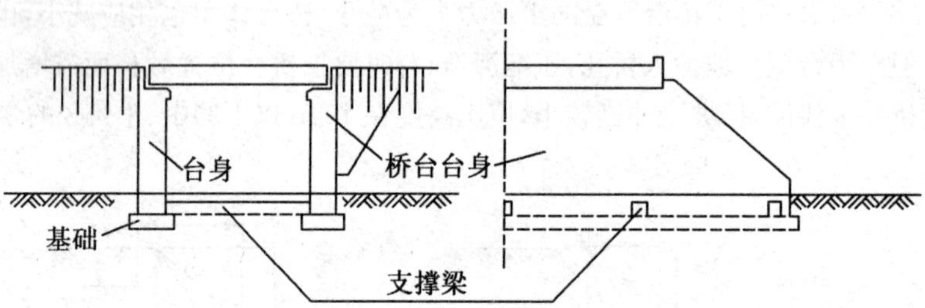

图 3-13　圬工薄壁轻型桥台

钢筋混凝土轻型桥台常用的有扶壁式与箱形桥台,其特点是利用钢筋混凝土结构的抗弯能力来减少圬工体积,使桥台轻型化(图 3-14),可减少圬工体积 40%～50%,同时因自重减轻而降低了对地基的压力,适用于地基状况较差的小跨径桥梁。但其用钢量较大,且构造与施工较为复杂。

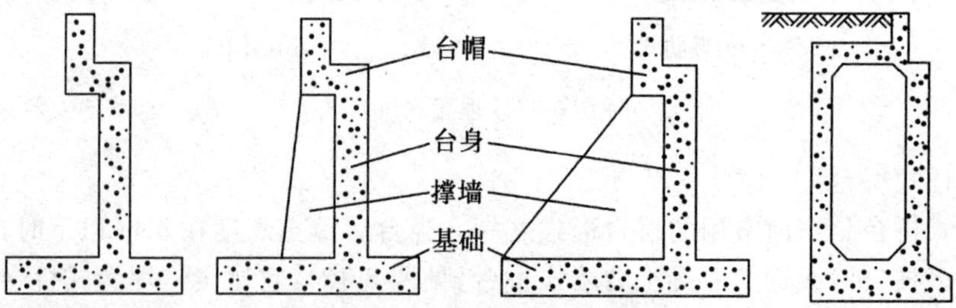

图 3-14　钢筋混凝土轻型桥台

(二)拱桥桥台

拱桥桥台因承受较大的单向拱推力,过去国内外普遍采用刚性圬工结构实体式桥台(如 U 形桥台),除尺寸较大、拱座位置较台帽低外,构造上与梁桥桥台基本相同。20 世纪

60年代，随着国内交通事业发展，拱桥建造较多，在修建刚度大、自重轻，能适用于各种不同地基的新颖结构拱桥桥台方面取得了较大成果，择要介绍如下：

1. 齿槛式桥台

齿槛式桥台由前墙、撑墙、后墙板和底板组成，如图3-15所示。其结构特点是：基础底板面积较大，因此地基承载力若较低，仍能支承一定的竖直压力；底板下设置齿槛可增加底板摩阻力和抗滑动的稳定性；后墙板做成斜挡板，利用它背面的原状土和前墙背面的新填土，共同平衡拱的推力；前墙与后墙板之间设撑墙可以提高桥台结构的刚度。齿槛宽度与深度一般不小于0.5 m。这种桥台一般适用于软弱地基和路堤较低的中小跨径拱桥。

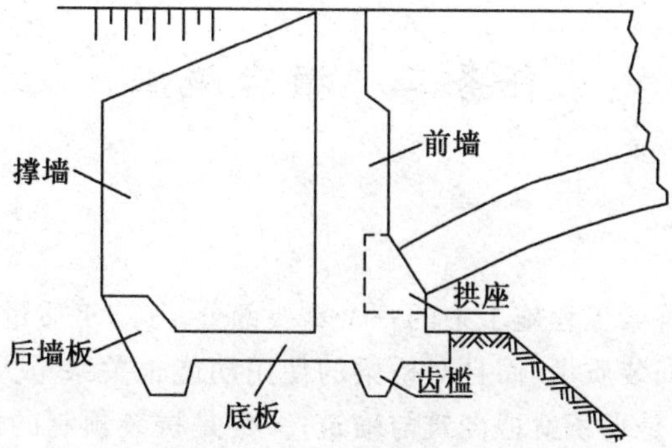

图3-15 齿槛式桥台

2. 空腹式桥台(L形)

空腹式桥台有前墙、后墙、基础板和撑墙等部分组成(见图3-16)，后墙与底板构成L形。前墙承受拱上建筑传来的作用，后墙支承台后的土压力；台座与后墙间设置撑墙以增加桥台刚度；前墙与后墙之间用间墙(3～4道)相连，平面上构成“目”字形。撑墙作为传力构件，既可对后墙支撑扶壁，又对底板起到加劲作用。这种桥台充分利用台后背土抗力和底板摩阻力来平衡拱的推力，适用于软土地基、河床无冲刷或冲刷轻微、水位变化小的河道上的中等跨径的拱桥。

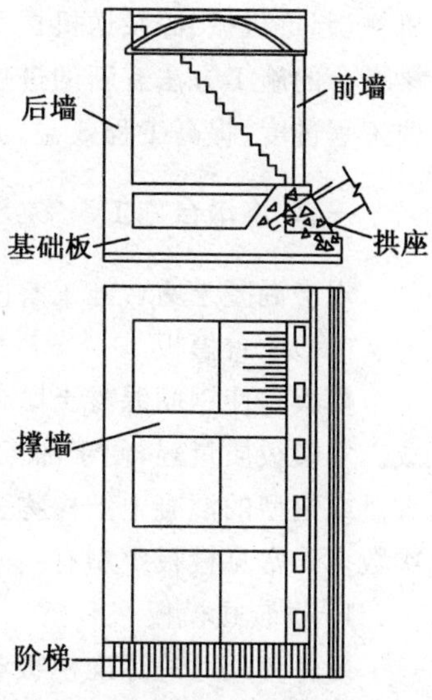

图3-16 空腹式桥台

3. 组合式桥台

组合式桥台由台身和后座两部分组成(见图3-17)。台身部分(后括基础)承受拱的竖直压力，后座部分则通过后座底板的摩阻力及台后的土侧压力来平衡拱的水平推力。因此，后座基底板高应低于拱脚下缘的高程。台身与后座间应密切贴合并设置沉降缝，以适应两部分的不均匀沉降。在地基土质较差时，后座基础应加强处理，以防止后座向后倾斜，导致台身与拱圈变位。组合式桥台适用于中等跨径的拱桥。

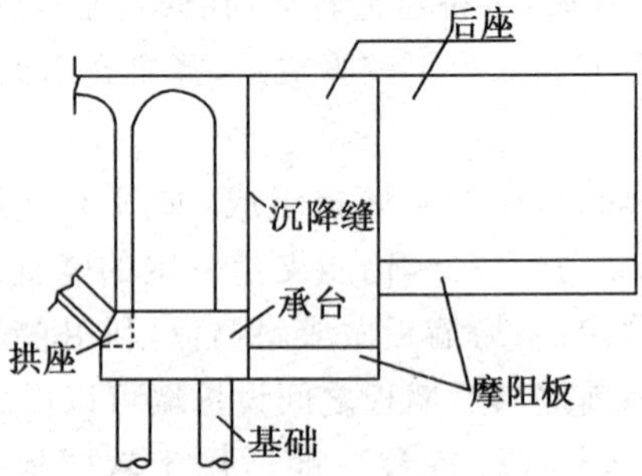

图 3-17　组合式桥台

任务二　墩台施工

任务描述

桥梁墩台施工是桥梁工程施工中的一个重要部分，其施工质量的优劣，不仅关系到桥梁上部结构的制作与安装质量，而且对桥梁的使用功能也关系重大。桥梁墩台施工方法通常分为两大类：一类是现场就地浇筑与砌筑；一类是拼装预制的混凝土砌块、钢筋混凝土或预应力混凝土构件。多数工程是采用前者，优点是工序简便，机具较少，技术操作难度较小；但是施工期限较长，需耗费较多的劳力与物力。近年来，交通建设迅速发展，施工机械（起重机械、砼泵送机械及运输机械）也随之有了很大进步，采用预制装配构件建造桥梁墩台的施工方法有新的进展，其特点是既可确保施工质量、减轻工人劳动强度，又可加快工程进度、提高工程效益。

一、现浇墩台施工

现浇混凝土墩台施工有两个工序：一是制作与安装模板；二是混凝土浇筑。

（一）墩台模板

模板是使钢筋混凝土墩台按设计所要求的尺寸成形的模型板，一般用木材或钢材制成。木模板质量轻，便于加工成墩台所需的尺寸和形状，但较易损坏，使用次数少。对于大量或定型的混凝土结构物多采用钢模板。钢模板虽造价较高，但装拆方便，且重复使用次数多。常见模板类型有：

1. 拼装式模板

用各种尺寸的标准模板利用销钉连接，并与拉杆、加劲构件等组成墩台所需形状的模板。如图 3-18 所示，将墩台表面划分为若干小块，尽量使每部板扇面尺寸相同，以便于周转使用。板扇高度通常与墩台分节灌注高度相同，一般可为 3～6 m，宽度为 1～2 m，具体视墩台尺寸和起吊条件而定。拼装式模板由于在厂内加工制造，因此板面平整、尺寸准确、体积小、质量轻，拆装容易、快速，运输方便，故应用广泛。

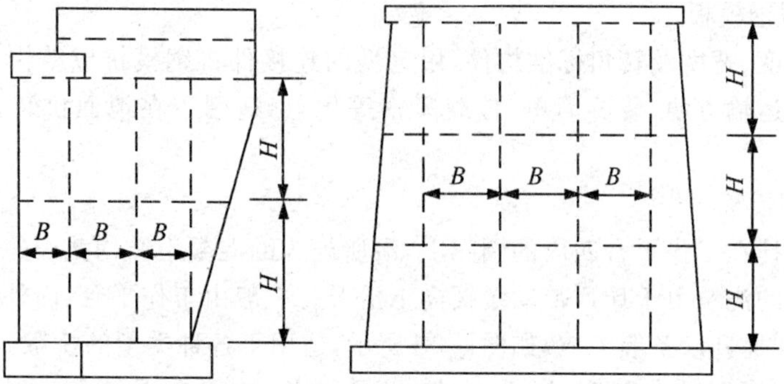

图 3-18 墩台模板划分示意图

2. 整体吊装模板

将墩台模板水平分成若干段，每段模板组成一个整体，在地面拼装后吊装就位(见图3-19)。分段高度可视起吊能力而定，一般可为 2～4 m。整体吊装模板的优点是：安装时间短，无需设施工接缝，加快施工进度，提高了施工质量；将拼装模板的高空作业改为平地操作，有利于施工安全；模板刚性较强，可少设拉筋或不设拉筋，节约钢材；可利用模外框架作简易脚手架，不需另搭施工脚手架，结构简单，装拆方便，对建造较高的桥墩较为经济。

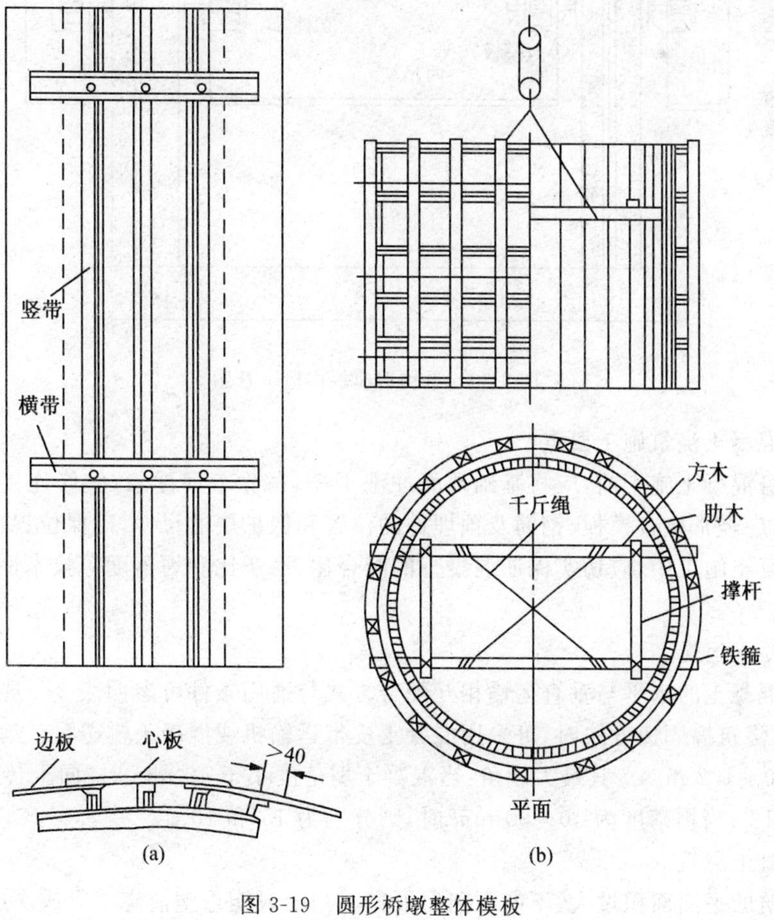

图 3-19 圆形桥墩整体模板

3. 组合型钢模板

以各种长度、宽度及转角标准构件，用定型的连接件将钢模拼成结构用模板，具有体积小、质量轻、运输方便、装拆简单、接缝紧密等优点，适用于在地面拼装，整体吊装的结构上。

4. 滑动钢模板

将模板悬挂在工作平台四周的围圈上，沿所施工的混凝土结构截面的周界组拼装配，并随着混凝土的浇筑由千斤顶带动缓缓向上滑升。一般由工作平台、内外模板、混凝土平台、工作吊篮和提升设备等组成，如图 3-20 所示，适用于各种类型的桥墩。各种模板在工程上的应用，可根据墩台高度、墩台形式、机具设备、施工期限等条件，因地制宜，合理选用。

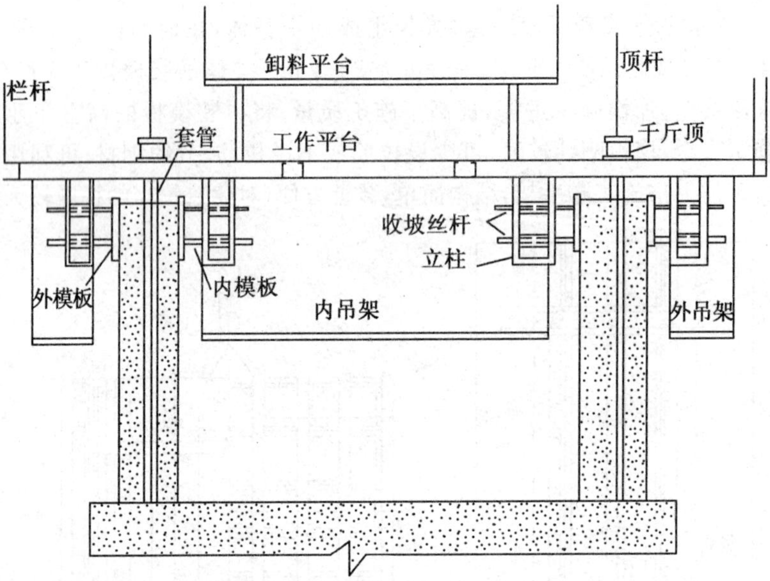

图 3-20　滑动钢模板构造示意图

(二)混凝土浇筑施工要点

墩台身混凝土施工前，应将基础顶面冲洗干净，凿除表面浮浆，整修连接钢筋。灌注混凝土时，应经常检查模板、钢筋及预埋件的位置和保护层的尺寸，确保位置正确，不发生变形。混凝土施工中，应切实保证混凝土的配合比、水灰比和坍落度等技术性能指标满足规范要求。

1. 混凝土运送

墩台混凝土的水平与垂直运输相互配合方式与适用条件可参照表 3-1 选用。如混凝土数量大，浇筑捣固速度快时，可采用混凝土皮带运输机或混凝土输送泵。运输带速度应不大于 1.0～1.2 m/s。其最大倾角：当混凝土坍落度小于 40 mm 时，向上传送为 18°，向下传送为 12°；当坍落度为 40～80 mm 时，则分别为 15°和 10°。

2. 混凝土浇筑

当浇筑的平面面积过大，不能在前层混凝土初凝或能重塑前浇筑完成次层混凝土时，为保证结构的整体性，宜分块浇筑。分块时应注意：各分块面积不得小于 50 m^2；每块高度不宜超过 2 m；块与块间的竖向接缝面应与墩台身或基础平截面短边平行，与平截面长边垂直；上下邻层间的竖向接缝应错开位置做成企口，并应按施工接缝处理。混凝土中填放片石时应符合有关规定。

表 3-1　　混凝土的运输方式及适用条件

<table>
<tr><th>水平运输</th><th>垂直运输</th><th colspan="2">适用条件</th><th>附注</th></tr>
<tr><td rowspan="8">手推车、翻斗车或吊车</td><td>手推车</td><td rowspan="8">中小桥梁水平运距较近</td><td>墩高 $H<10$ m</td><td>搭设脚手平台，铺设坡道，用卷扬机拖拉手推车上平台</td></tr>
<tr><td>轨道爬坡翻斗车</td><td>$H<10$ m</td><td>搭设脚手平台，铺设坡道，用卷扬机拖拉轨道爬坡翻斗车上平台</td></tr>
<tr><td>皮带输送机</td><td>$H<10$ m</td><td>倾角不宜超过 15°，速度不超1.2 m/s。高度不足时，可用两台串联使用</td></tr>
<tr><td>起重机</td><td>10 m $<H<$ 20 m</td><td>用吊斗输送混凝土</td></tr>
<tr><td>木制或钢制扒杆</td><td>10 m $<H<$ 20 m</td><td>用吊斗输送混凝土</td></tr>
<tr><td>墩外井架提升</td><td>$H>20$ m</td><td>在井架上安装扒杆提升吊斗</td></tr>
<tr><td>墩内井架提升</td><td>$H>20$ m</td><td>适用于空心墩</td></tr>
<tr><td>无井架提升</td><td>$H>20$ m</td><td>适用于滑动模板</td></tr>
<tr><td rowspan="5">轨道牵引车、翻斗车、水泥混凝土运输车</td><td>起重机</td><td rowspan="5">大中桥梁水平运距较远</td><td>20 m $<H<$ 30 m</td><td>用吊斗输送混凝土</td></tr>
<tr><td>塔式吊车</td><td>20 m $<H<$ 50 m</td><td>用吊斗输送混凝土</td></tr>
<tr><td>墩外井架提升</td><td>$H<50$ m</td><td>井架可用万能杆件组装</td></tr>
<tr><td>墩内井架提升</td><td>$H>20$ m</td><td>适用于空心墩</td></tr>
<tr><td>无井架提升</td><td>$H>20$ m</td><td>适用于滑动模板</td></tr>
<tr><td colspan="2">索道吊机</td><td colspan="2">$H>50$ m</td><td>—</td></tr>
<tr><td colspan="2">混凝土输送泵</td><td colspan="2">$H<50$ m</td><td>可用于大体积墩台</td></tr>
</table>

为防止墩台基础第一层混凝土中的水分被基底吸收或基底水分渗入混凝土，对墩台基底处理除应符合天然地基的有关规定外，尚应满足以下要求：

(1)基底为非黏性土或干土时应将其湿润；

(2)如为过湿土时，应在基底设计高程下夯填一层 10～15 cm 厚片石或碎(卵)石层；

(3)基底面为岩石时，应加以润湿，铺一层厚 2～3 cm 水泥砂浆，然后于水泥砂浆凝结前浇筑第一层混凝土。

混凝土灌注层的厚度，可根据使用捣固方法按规定数值采用。

墩台身钢筋的绑扎应和混凝土的灌注配合进行。在配置第一层垂直钢筋时，应有不同的长度，同一断面的钢筋接头应符合施工规范的规定，水平钢筋的接头，也应内外、上下互相错开。钢筋保护层的净厚度，应符合设计要求。如无设计要求时，则可取墩台身受力钢筋的净护层不小于 30 mm，承台基础受力钢筋的净保护层不小于 35 mm。墩台身混凝土宜一次连续灌注，否则应按桥涵施工规范的要求，处理好连接缝。墩台身混凝土未达到终凝前，不得泡水。

墩台是大体积圬工。为避免水化热过高，导致混凝土因内外温差引起裂缝，可采取如下措施：

(1)用改善集料级配、降低水灰比、掺加混合材料与外加剂、掺入片石等方法减少水泥用量；

(2)采用 C3A 和 C3S 含量小、水化热低的水泥，如大坝水泥、矿渣水泥、粉煤灰水泥、低强度水泥等；

(3)减小浇筑层厚度，加快混凝土散热速度；

(4)混凝土用料应避免日光曝晒，以降低初始温度；

(5)在混凝土内埋设冷却管通水冷却。

二、装配式墩台施工

装配式墩台适用于山谷架桥或跨越平缓无漂流物的河沟、河滩等的桥梁，特别是在工地干扰多、施工场地狭窄、缺水与砂石供应困难地区，其效果更为显著。装配式墩台的优点是：结构形式轻便，建桥速度快，圬工省，预制构件质量有保证等。目前经常采用的有砌块式、柱式和管节式或环圈式墩台等。

(一)砌块式墩台施工

砌块式墩台的施工大体上与后面所讲的石砌墩台相同，预制砌块的形式因墩台形式不同有很多变化。例如 1975 年建成的兰溪大桥，主桥身系采用预制的素混凝土壳块分层砌筑而成。壳块按平面形状分为Ⅰ型和Ⅱ型两大类，再按其砌筑位置和具体尺寸又分为 5 种型号，每种块件等高，均为 35 cm，块件单元重力为 0.9～1.2 kN，每砌三层为一段落。该桥采用预制砌块建桥墩，不仅节约混凝土约 26%，节省木材 50 m^3 和大量铁件，而且砌缝整齐，外形美观，更主要是加快了施工速度，避免了洪水对施工的威胁。图 3-21 为兰溪大桥预制块件与空腹墩施工示意图。

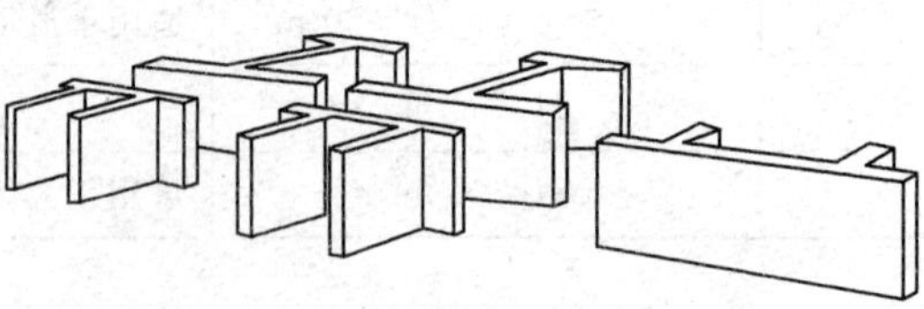

(a)

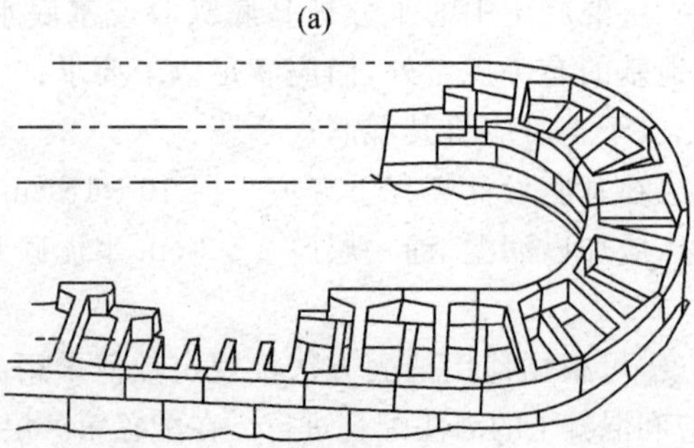

(b)

图 3-21　兰溪大桥预制块件与空腹墩施工示意图

（二）柱式墩施工

装配式柱式墩系将桥墩分解成若干轻型部件，在工厂或工地集中预制，再运送到现场装配桥梁。其形式有双柱式、排架式、板凳式和刚架式等。图 3-22 为各种装配式柱式墩构造示意。

施工工序为预制构件、安装连接与混凝土养护等。其中拼装接头是关键工序，既要牢固、安全，又要结构简单便于施工。常用的拼装接头有以下几种形式：

1. 承插式接头：将预制构件插入相应的预留孔内，插入长度一般为 1.2～1.5 倍的构件宽度，底部铺设 2 cm 砂浆，四周以半干硬性混凝土填充，常用于立柱与基础的接头连接。

2. 钢筋锚固接头：构件上预留钢筋或型钢，插入另一构件的预留槽内，或将钢筋互相焊接，再灌注半干硬性混凝土，多用于立柱与顶帽处的连接。

3. 焊接接头：将预埋在构件中的铁件与另一构件的预埋铁件用电焊连接，外部再用混凝土封闭。这种接头易于调整误差，多用于水平连接杆与立柱的连接。

4. 扣环式接头：相互连接的构件按预定位置预埋环式钢筋，安装时柱脚先坐落在承台的柱芯上，上下环式钢筋互相错接，扣环间插入 U 形短钢筋焊牢，四周再绑扎钢筋一圈，立模浇筑外围接头混凝土。要求上下扣环预埋位置正确，施工较为复杂。

5. 法兰盘接头：在相互连接的构件两端安装法兰盘，连接时用法兰盘连接，要求法兰盘预埋位置必须与构件垂直。接头处可不用混凝土封闭。

装配式柱式墩台应注意以下几个问题：

1. 墩台柱构件与基础顶面预留环形基座应编号，并检查各个墩、台高度是否符合设计要求；基杯口四周与柱边的空隙不得小于 2 cm。

2. 墩台柱吊入基坑内就位时，应在纵、横方向测量，使柱身垂直度或倾斜度以及平面位置均符合设计要求；对重大、细长的墩柱，需用风缆或撑木固定，方可摘除吊钩。

3. 在墩台柱顶安装盖梁前，应先检查盖梁口预留槽眼位置是否符合设计要求，否则应先修凿。

4. 柱身与盖梁（顶帽）安装完毕并检查符合要求后，可在基坑空隙与盖梁槽眼处灌注稀砂浆，待其硬化后，撤除楔子、支撑或风缆，再在楔子孔中灌填砂浆。

在基础或承台上安装预制混凝土管节、环圈作墩台的外模时，为使混凝土基础与墩台连接牢固，应由基础或承台中伸出钢筋插入管节、环圈中间的现浇混凝土内，插入钢筋的数量和锚固长度应按设计规定或通过计算决定。管节或环圈的安装、管节或环圈内的钢筋绑扎和混凝土浇筑，应按《公路桥涵施工技术规范》（JTG/T F50—2011）有关章节的规定执行。

（三）后张法预应力混凝土装配墩施工

装配式预应力钢筋混凝土墩分为基础、实体墩身和装配墩身三大部分。装配墩身由基本构件、隔板、顶板及顶帽四种不同形状的构件组成，用高强钢丝穿入预留的上下贯通的孔道内张拉锚固而成（见图 3-23）。实体墩身是装配墩身与基础的连接段，其作用是锚固预应力钢筋，调节装配墩身高度及抵御洪水时漂流物的冲击等。

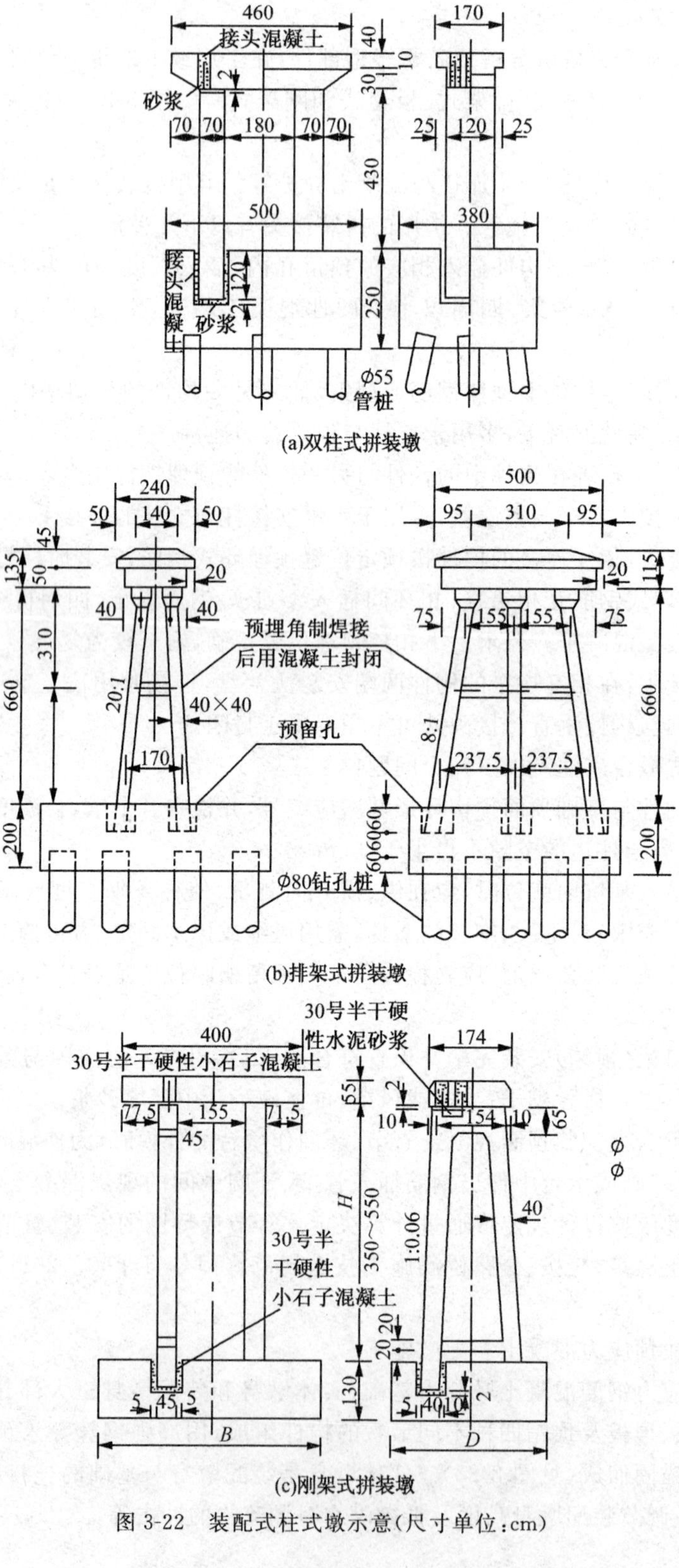

图 3-22 装配式柱式墩示意(尺寸单位:cm)

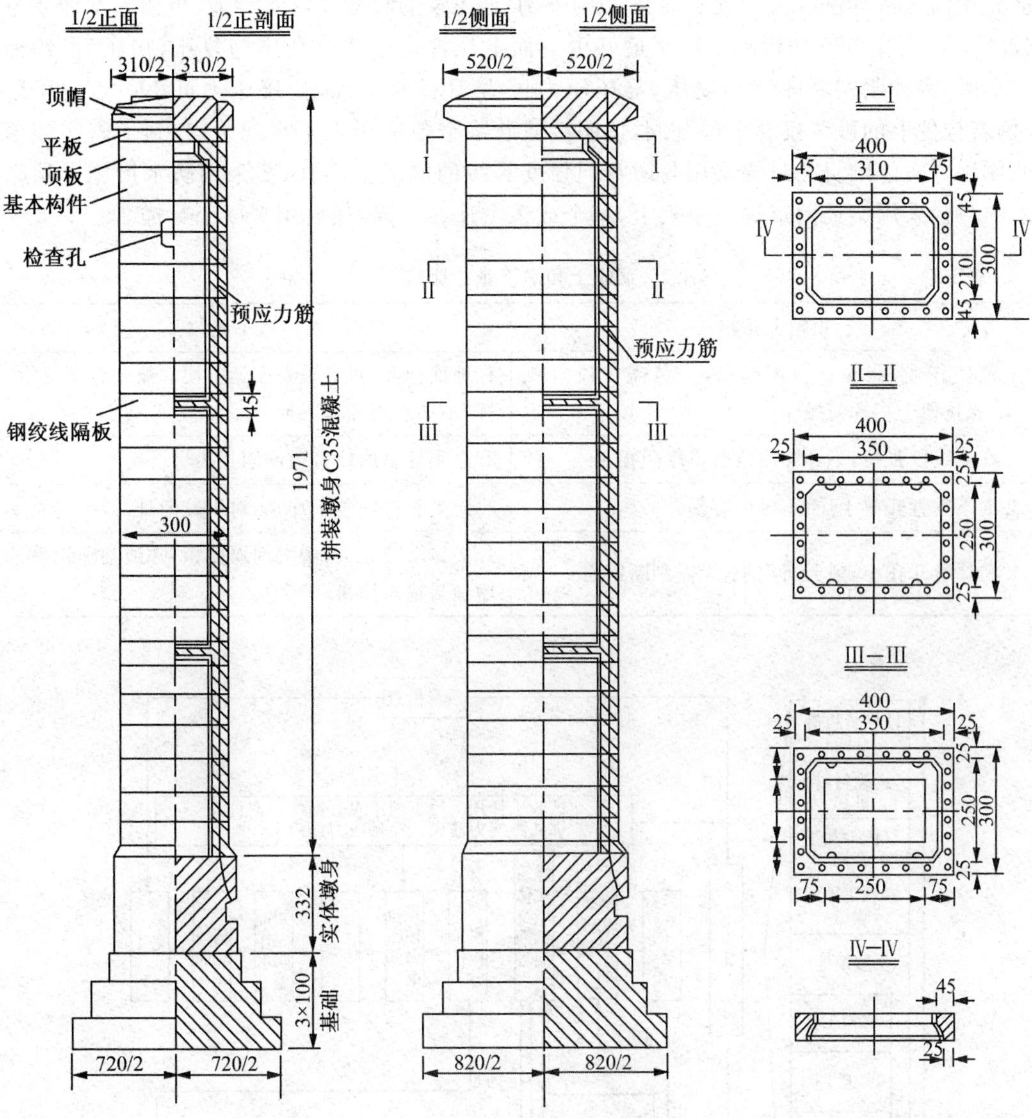

图 3-23 装配式预应力混凝土墩构造图(尺寸单位:cm)

施工工艺流程如图 3-24 所示,分成施工准备、构件预制及墩身装配三方面。全过程贯穿着质量检查工作。实体墩身灌注时要按装配构件孔道的相对位置,预留张拉孔道及工作孔(见图 3-25)。构件装配的水平拼装缝采用 M5 水泥砂浆,砂浆厚度为 15 mm,便于调整构件水平高程,不使误差积累。安装构件要求确保"平、稳、准、实、通"五个关键,即起吊平、构件顶面平、内外壁砂浆接缝要抹平;起吊、降落、松钩要稳;构件尺寸准、孔道位置准、中线准及预埋配件位置准;接缝砂浆要密实;构件孔道要畅通。张拉预应力的钢丝束分两种:一种是直径为 5 mm 的高强度钢丝,用ϕ 18 锥形锚;另一种用7 ϕ 4 mm钢绞线,用 JM12-6 型锚具,采用一次张拉工艺。张拉顺序如图 3-26 所示。张拉位置可以在顶帽上张拉,亦可在实体墩下张拉,两者利弊见表 3-2 的比较,一般多在顶帽上张拉。孔道压浆前先用高压水冲洗。采用纯水泥浆，为了减少水泥浆的收缩及泌水性能，可掺入水泥质量(0.8～1.0)/10000 的铝粉。压浆最好由下而上压注。压浆分初压与复压，初压后，约停一小时，待砂浆初凝即进行复压，复压压力可为 10～1.0 Pa，初压压力可小一点。压浆时，若构件上的砂浆接缝全部湿润，说明接缝砂浆空隙中压入了水泥浆，起到了密实接缝的作用。实体墩身的封锚采用与墩身同强度等级的混凝土，同时要采用防水措施。顶帽上的封锚采用钢筋网罩焊在垫板上，单个或多个连在一起，然后用混凝土封锚。

表 3-2　　顶帽上和墩下张拉比较

顶帽上张拉	实体墩下张拉
1. 高空作业，张拉设备需起吊，人员需在顶帽操作，张拉便于指挥与操作	1. 地面作业，机具设备搬运方便。彼此看不见指挥，不如顶帽操作方便
2. 在直线段张拉，不计算曲线管道摩阻损失	2. 必须计算曲线管道摩阻损失
3. 向下垂直安放千斤顶，对中容易	3. 向上斜向安装千斤顶，对中较困难
4. 实体墩开孔小，削弱面积小，无需割断钢筋	4. 实体墩开孔大，增大削弱面积，必须割断钢筋，增加封锚工作量

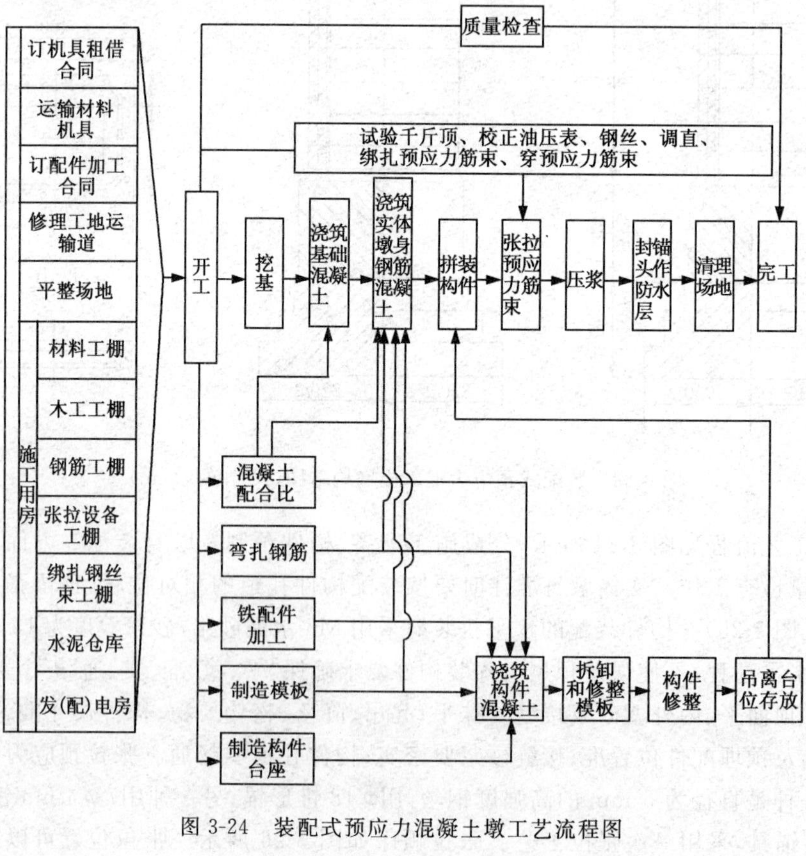

图 3-24　装配式预应力混凝土墩工艺流程图

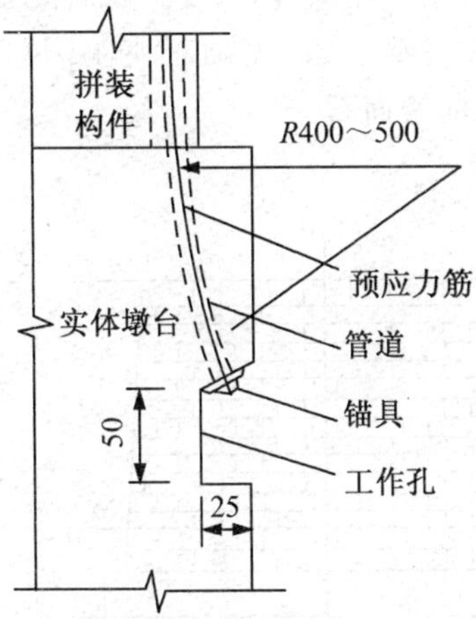

图 3-25　实体墩身的张拉工作孔

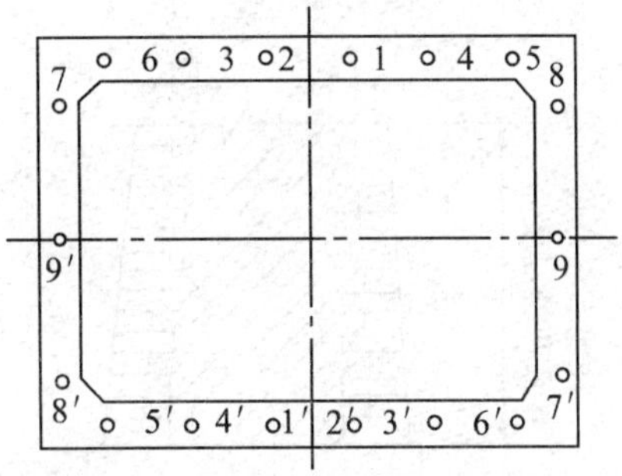

图 3-26　张拉顺序流程图

三、砌筑墩台施工

石砌墩台具有就地取材和经久耐用等优点，在石料丰富地区建造墩台时，在施工期限许可的条件下，为节约水泥，应优先考虑石砌墩台方案。

(一)石料、砂浆与脚手架

石砌墩台是用片石、块石及粗料石以水泥砂浆砌筑的，石料与砂浆的规格要符合有关规定。浆砌片石一般适用于高度小于6 m的墩台身、基础、镶面以及各式墩台身填腹；浆砌粗料石则用于磨耗及冲击严重的分水体及破冰体的镶面工程以及有整齐美观要求的桥墩、台身等。

将石料吊运并安砌到正确位置是砌石工程中比较困难的工序。当质量小或距地面不高时，可用简单的马凳跳板直接运送；当质量较大或距地面较高时，可采用固定式动臂吊机或桅杆式吊机或井式吊机，将材料运到墩台上，然后再分运到安砌地点。用于砌石的脚手架应环绕墩台搭设，用以堆放材料，并支持施工人员砌筑镶面定位行列及勾缝。脚手架一般常用固定式轻型脚手架(适用于 6 m 以下的墩台)、简易活动脚手架(能用在 25 m 以下的墩台)以及悬吊式脚手架(用于较高的墩台)。

(二)墩台砌筑施工要点

在砌筑前应按设计图放出实样，挂线砌筑。砌筑基础的第一层砌块时，如基底为土质，只在已砌石块的侧面铺上砂浆即可，不需坐浆；如基底为石质，应将其表面清洗、润湿后，先坐浆再砌石。砌筑斜面墩台时，斜面应逐层放坡，以保证规定的坡度。砌块间用砂浆黏结并保持一定的缝厚，所有砌缝要求砂浆饱满。形状比较复杂的工程，应先作出配料设计图(见图 3-27)，注明块石尺寸；形状比较简单的，也要根据砌体高度、尺寸、错缝等，先行放样配好料石再砌。

砌筑方法：同一层石料及水平灰缝的厚度要均匀一致，每层按水平砌筑，丁顺相间，砌灰缝互相垂直，灰缝宽度和错缝按表 3-3 规定办理。砌石顺序为先角石，再镶面，后填腹。填腹石的分层厚度应与镶面相同；圆端、尖端及转角形砌体的砌石顺序，应自顶点开始，按丁顺排列接砌镶面石。砌筑图如图 3-28 所示，圆端形桥墩的圆端顶点不得有垂直灰缝，砌石应从顶端开始先砌石块①[见图 3-28(a)],然后应丁顺相间排列,安砌四周镶面石;尖端桥墩的尖端及转角处不得有垂直灰缝,砌石应从两端开始,先砌石块①[见图 3-28(b)],再砌侧面转角②,然后丁顺相间排列,安砌四周的镶面石。

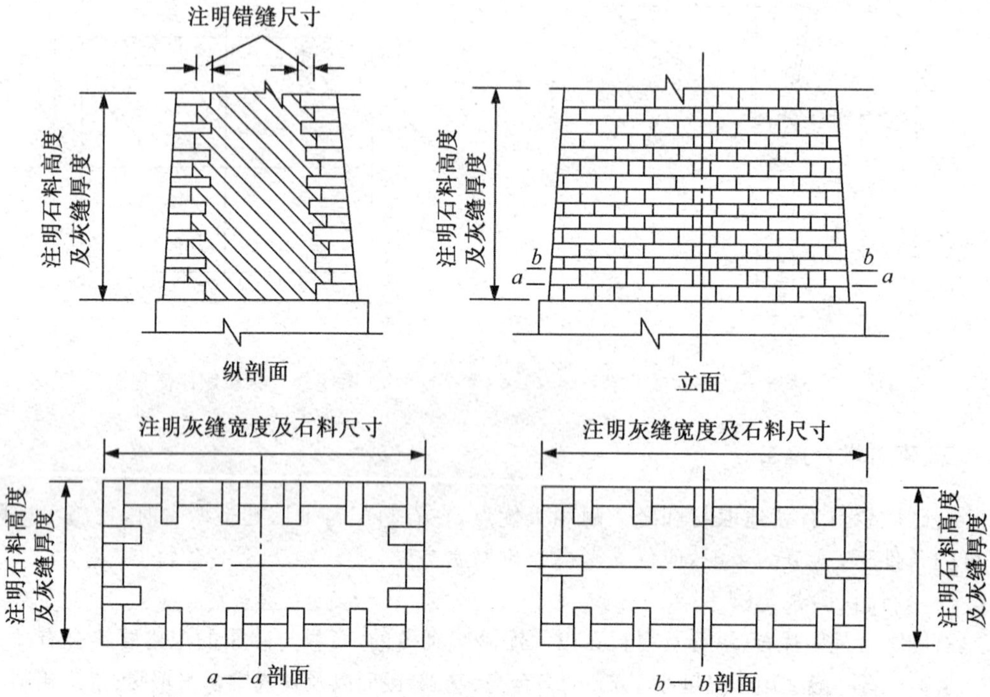

图 3-27　桥墩配料大样图

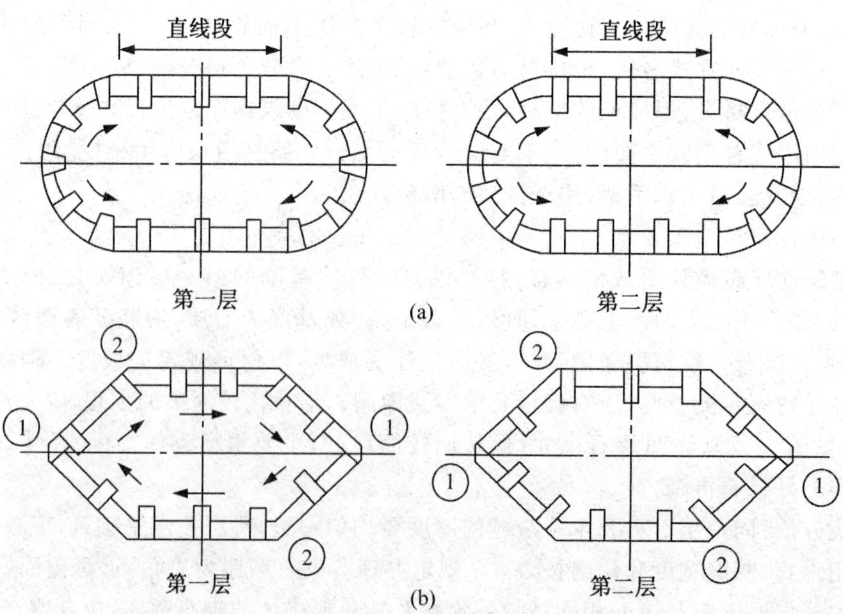

图 3-28　桥墩的砌筑

表 3-3 砌缝要求

种类	灰缝宽度(cm)	错缝(层间或行列间)(cm)	三块石料相接处空隙(cm)	砌筑行列高度(cm)
粗料石	1.5～2	≥10	1.5～2	每层石料厚度一致
半细料石	1～1.5	≥10	1～1.5	每层石料厚度一致
细料石	0.8～1	≥10	0.8～1	每层石料厚度一致

砌体质量应符合以下规定：

(1)砌体所有各项材料类别、规格及质量符合要求。

(2)砌缝砂浆或小石子混凝土铺填饱满、强度符合要求。

(3)砌缝宽度、错缝距离符合规定，勾缝坚固、整齐，深度和形式符合要求。

(4)砌筑方法正确。

(5)砌体位置、尺寸不超过允许偏差。

墩台砌筑位置及外形尺寸允许偏差见表 3-4。

施工工序：石砌墩台施工，主要包括定位放样、材料运送、圬工砌筑、养护及勾缝等工序。

表 3-4 墩台砌筑位置及外形尺寸允许偏差

项次	检查项目	砌体类别	允许偏差(mm)
1	跨径 L_0	$L_0 \leqslant 60$ m	±20
		$L_0 \geqslant 60$ m	$\pm L_0/3000$
2	墩台宽度及长度	片石镶面砌体	+40，−30
		块石镶面砌体	+30，−10
		粗料石镶面砌体	+20，−10
3	大面平整度(2 m 直尺检查)	片石镶面	30
		块石镶面	20
		粗料石镶面	10
4	竖直度或坡度	片石镶面	0.5%H
		块石、粗料石镶面	0.3%H
5	墩台顶面高程		±10
6	轴线偏位		10

注：①跨径 L_0 对于拱式桥涵、箱涵、圆管涵为净跨径；对于梁式桥涵为两桥涵墩中线间或桥涵墩中线与台背前缘间距离。

②H 为墩台高度。

③混凝土预制块和砖砌体的容许误差参照粗料石镶面标准。

同步训练

一、填空题

1. 重力式墩(台)是靠(　　)来平衡外力而保持其稳定。

A. 土的侧压力　　B. 水的压力　　C. 自身重力　　D. 桥面系压力

2. 下列桥台中属于梁桥轻型桥台的有(　　)。

A. 埋置式桥台　　B. 靠背式框架桥台　　C. 背撑式桥台　　D. 空腹式桥台

3. 梁桥和拱桥中常采用的重力式桥台为(　　)。

A. 八字形桥台　　B. U 形桥台　　C. 组合式桥台　　D. 空腹式桥台

4. 软土地基、河道无冲刷或冲刷轻微、水位变化小的河道上的拱桥，其桥台宜采用(　　)。

A. 组合式桥台　　B. 空腹式桥台　　C. 齿槛式桥台　　D. 背撑式桥台

5. 拱桥重力式桥墩与梁桥重力式桥墩相比较，具有(　　)等构造设施。

A. 墩帽　　B. 墩身　　C. 拱座　　D. 基础

6. 梁桥重力式桥墩由(　　)等组成。

A. 墩帽　　B. 墩身　　C. 基础　　D. 挡土墙

7. 钢筋混凝土薄壁桥墩具有(　　)等特点。

A. 圬工体积大　　B. 圬工体积小　　C. 结构轻巧　　D. 结构笨重

二、简答题

1. 梁桥桥墩的主要类型有哪几种?

2. 桥台有哪些类型? 分别适用于哪些条件?

3. 高墩的模板有哪几类?

典型案例

墩台施工工艺

1　工程概况

某工程项目，桥台为重力式或轻型肋板式桥台，墩身为柱式墩或薄壁墩，系梁有墩底系梁和墩顶系梁。

施工时砼由拌和场集中拌和，砼运输车运输，泵送或吊车配合料斗入模；模板采用 1.5 m^2 以上大块定型钢模板或圆柱定型钢模，吊车配合人工装拆；钢筋集中加工，现场安装。

2　施工方案

2.1　墩底系梁

施工工艺如图 1 所示。

2.1.1　基坑开挖：开挖深度为系梁(承台)设计底标高以下 10 cm(垫层)，机械开挖时要预留 20～30 cm，用人工清理、找平。采用挖掘机开挖，开挖时须小心不得超挖。

2.1.2　清理桩头：基坑开挖后，凿除护壁及多余桩头砼，并冲洗干净。凿除后的桩顶平整、干净、无松散和破损现象，以利桩与砼紧密连接。同时，小心将桩顶钢筋扳正，并清洗干净。

2.1.3 铺设垫层：在基坑砼底部处用 10 cm 厚 C15 砼找平，作为墩底系梁底模。在其上放出设计位置线，即可绑扎钢筋。

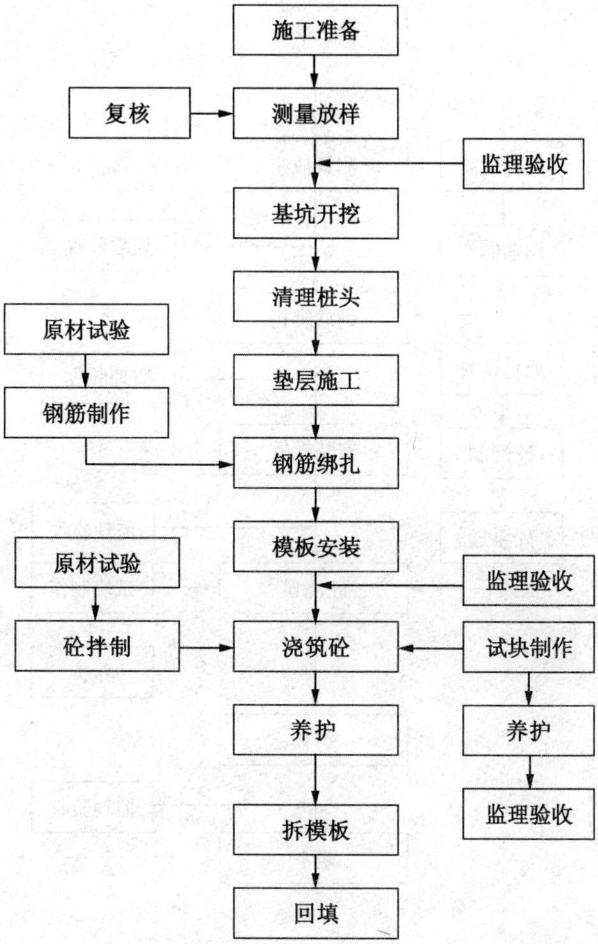

图 1

2.1.4 钢筋制作与绑扎：钢筋制作与绑扎时，须严格遵守设计尺寸要求。将砼保护层块绑扎固定在钢筋上，确保达到设计的保护层厚度。

2.1.5 侧模安装：侧模采用工厂加工的定型钢模。每边系梁侧模分圆弧头与直板部分拼接。模板安装采用吊车起吊移位、人工精确就位，用斜撑或对拉螺栓固定其位置。模板安装尺寸精度要符合规范要求，接缝采用企口式，并用双面海绵条封缝，确保模板不漏浆、不变形、不移位，从而保证砼外观质量。

2.1.6 砼浇筑：再次检查各部尺寸及预埋立柱钢筋绑扎焊接情况，合格后即可进行砼浇筑工作。砼浇筑时宜分层进行，用插入式振动器分层振捣，应在前层砼初凝前将次层砼振捣密实，并应特别注意桩顶处砼振捣密实。砼浇筑时，应留有试块，并做好标识。

2.1.7 脱模和砼养生：砼强度达到 20%时，即可拆除侧模。拆除模板时，须轻吊轻放，防止碰撞构件和模板变形。拆除后的模板擦油检修后，按次序存放或运至下一个工作面。

砼养生采取覆盖洒水自然养生的方法，养护期不少于 7 天，派专人用专用机具负责。

2.1.8 基坑回填：基坑回填应及时，使场地整洁有序，达到文明施工的目的。应特别注意上部结构为现浇梁的墩底系梁基坑回填，须分层夯实。

2.2　墩身施工

墩台身施工工艺如图 2 所示。

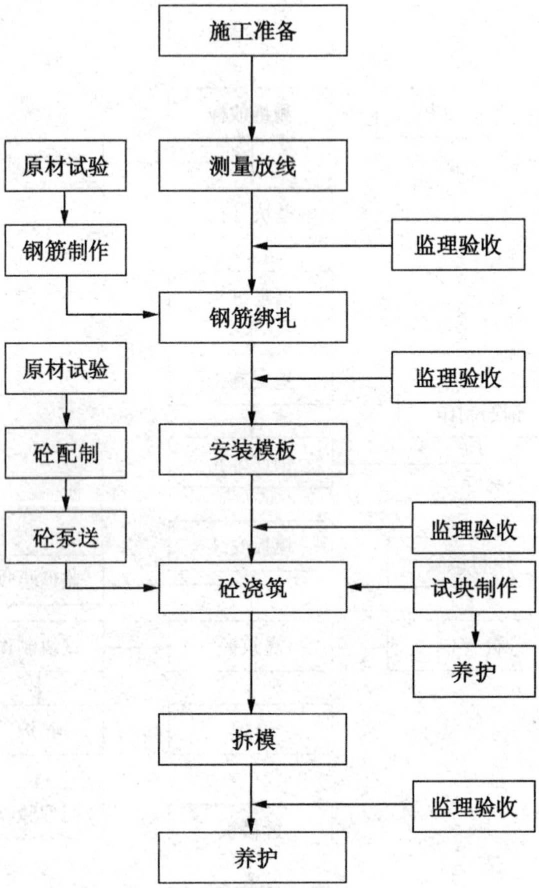

图 2

2.2.1　测量放样：在完成的基础、承台或系梁上，用全站仪标出墩柱中心点或轴线，在中心点或轴线的基础上，在基础、承台或系梁上画出等同设计墩柱断面形状的边线，根据定型钢模端口肋箍宽度，在基础、承台或系梁上钻孔埋设定型钢模的定位钢筋。

2.2.2　钢筋制作与安装：根据设计要求整理立柱预埋主筋，并安装绑扎箍筋。

2.2.3　侧模安装：采用工厂加工的定型钢模。后用吊车吊起定型钢模就位，四周用钢丝缆绳及钢管支撑固定模板。

2.2.4　砼浇筑：砼采用泵送或吊车配合料斗入模，将输送管或串筒接至距立柱底部 1～2 m 处，随着浇筑高度的升高逐节拆除。

浇筑砼时，应注意浇筑速度，每 30～40 cm 振捣一次，后层振捣时，振动棒插入前层砼中 10 cm，浇筑过程中派专人观察模板稳固情况。注意留好砼试块，并做好记录。

2.2.5　脱模和砼养生：砼养生采取覆盖洒水自然养生的方法，柱式墩养生采用塑料膜覆盖，上、下口扎紧封闭自然养生，养护期不少于 7 天，派专人用专用机具负责。

2.3 砼桥台施工

2.3.1 在完成的基础或承台上，用全站仪定出各拐点位置，用墨斗弹线成面，即为桥台底面外轮廓线。

2.3.2 整理预埋在基础砼中的竖直钢筋和绑扎横筋。钢筋焊接时接头位置按规范要求错开。对钢筋间距进行检查，使之符合设计要求。

2.3.3 模板拼接时，在接缝处贴以双面海绵胶，使接缝紧密。模板外隔一定距离设横肋和纵肋，并用钢管做支撑，在一定位置用钢筋拉紧，使模板支立稳固不变形。注意确保钢筋保护层的厚度。

2.3.4 分层浇筑捣实，不设施工缝，一次成功。浇筑过程中设专人检查模板和支撑的稳固情况，以防模板变形。

2.3.5 拆模注意防止碰撞结构物，拆模后采用覆盖洒水养生。

2.4 墩台帽、盖梁及墩顶系梁施工

2.4.1 搭设支架与底模：采用轮扣式、碗扣式支架或在立柱上设包箍配型钢作为盖梁砼浇筑承重支架，搭设时利用系梁基础，在地基上搭设时，对地基进行处理，确保地基不沉陷。在已搭设好支架上铺装底模板，底模用 10 mm 厚钢板或平面钢模制成。

2.4.2 测量放样：在已铺底板上精确放出盖梁轴线和底部轮廓线，并测出立柱顶面设计标高线。

2.4.3 凿毛：对立柱顶面台身顶面质量较差部分砼凿除，并注意防止砼出现碎裂，用水清洗干净，以利与盖梁砼紧密结合。

2.4.4 钢筋制作与绑扎：钢筋应严格按图纸下料，接头采用电阻闪光对焊或搭接电弧焊，焊接质量须经检验合格后方可使用，并注意接头位置按规定错开。

制作完成后进行现场绑扎，即首先在底模上放出底层钢筋位置，设置架立钢筋并固定，在架立钢筋上放出顶层主筋位置，依次绑扎。绑扎时，须注意防震挡块、支座垫石等预埋件设置，并注意保护层设置。

2.4.5 模板安装：模板为整块结构，采用吊车就位、人工校正，用上、下两道对拉螺杆固定尺寸，并用硬木支撑稳定，安装后的模板应对其尺寸、位置、垂直度、平整度等进行检查，合格后报监理工程师批准，方可浇筑砼。

2.4.6 砼浇筑及养生：砼浇筑前应对模板、钢筋、预埋件等再一次检查。对设计配合比、材料质量、人员组织、设备完好情况进行落实，确认无误后方可浇筑砼。

盖梁砼浇筑时，宜从柱顶开始往两边依次对称浇筑，分两层进行，注意砼振捣质量。设专人检查支架、模板牢固程度与变形情况，若有趋势及时加固处理。浇筑完成后对表面进行收光，拆模前后及时覆盖麻袋，洒水养生。留有砼试块，做好各种记录。

砼养生采取覆盖洒水自然养生的方法，养护期不少于 7 天，派专人用专用机具负责。

项目四　预制梁施工

项目概述

本项目主要讲述预制梁板的类型、构造、施工及安装，从先张法和后张法两方面，分别介绍了预制梁板的施工工艺、方法及控制要点，重点是预应力后张法梁板的预制施工和安装。

学习目标

通过本项目的学习，了解预制梁板的类型、构造及受力特点，掌握预应力混凝土梁桥预制的方法，以及预制、安装过程的质控要点。

引导案例

楠垭河大桥是北京至昆明四川境雅安至泸沽高速公路上的一座特大桥。上部结构为 40 m 和 25 m 预应力混凝土简支 T 梁。

其中 40 m 为：跨越楠垭河与 G108 国道设 12 跨（三联），跨越山谷左幅设 9 跨（二联）、右幅 10 跨（二联）。结构形式为先简支安装预制 T 型梁，然后通过现浇桥面连续混凝土和桥面现浇层，形成桥面连续的简支结构体系。预制预应力混凝土 T 梁直线段内采用标准化梁长预制。单片 T 梁中心线梁高 250 cm，翼缘做成横坡，预制边梁宽 202 cm，中梁宽 180 cm，预制 T 梁长 3994 cm，梁间湿接缝宽 70 cm，桥梁半幅横断面由 5 片梁组成，梁肋中心距 250 cm。单片预制 T 梁吊装重量：中梁 1093 kN，边梁 1068 kN。预制 T 梁内预应力束采用 7 φ S15.2、8 φ S15.2、9 φ S15.2 钢绞线，张拉控制力分别为 1367 kN、1562 kN、1757 kN，配 15-7、8、9 锚具。钢束张拉完成时，预制 T 梁上拱，根据计算和施工经验，在预制 T 梁跨中设置边梁 6 cm，中梁 5 cm 反预拱，沿跨径方向按二次抛物线分配，预制梁梁顶线与梁底线形保持一致。

25 m 为：起点设 5 跨（一联），跨越山腰设 30 跨（五联）、左幅终点设 1 跨（一联）。结构形式为先简支安装预制 T 型梁，然后通过现浇桥面连续混凝土和桥面现浇层，形成桥面连续的简支结构体系。预制预应力混凝土 T 梁直线段内采用标准化梁长预制。单片 T 梁中心线梁高 175 cm，翼缘做成横坡，预制边梁宽 202 cm，中梁宽 180 cm，预制 T 梁长 2494 cm，梁间湿接缝宽 70 cm，桥梁半幅横断面由 5 片梁组成。单片预制 T 梁吊装重量：

中梁 552 kN,边梁 545 kN。预制 T 梁内预应力束采用 6 φS15.2、7 φS15.2 钢绞线,张拉控制力分别为 1172 kN、1367 kN,配 15-6、7 锚具。钢束张拉完成时,预制 T 梁上拱,根据计算和施工经验,在预制 T 梁跨中设置边梁 4 cm,中梁 3 cm 反预拱,沿跨径方向按二次抛物线分配,预制梁梁顶线与梁底线形保持一致。

作为项目的技术负责人,你该如何利用所学知识完成本项任务?

任务一　梁桥构造认知

任务描述

钢筋混凝土与预应力混凝土梁式桥都是采用抗压性能好的混凝土和抗拉能力强的钢筋结合在一起建成的。在国内外中小跨径的公路桥梁或城市桥梁,大部分是钢筋混凝土或预应力混凝土梁式桥。预应力混凝土梁式桥更兼有降低梁高和跨越能力大的长处,特别是预应力技术的采用,为现代装配式结构提供了最有效的接头和拼装手段,使建桥技术和运营质量均产生了较大的飞跃。

装配式梁桥的施工需要一定的运输和吊装设备以进行预制构件的运输和安装工作,并需要通过接头或接缝把预制构件拼联成整体。装配式梁桥上部结构的施工可分为构件预制、运输、安装和集整四个施工过程。本任务主要讲授梁桥的类型及构造特点。

一、梁桥的主要类型及适用条件

(一)按承重结构的静力体系分

1. 简支梁桥

简支梁桥是梁式桥中应用最早、使用最广泛的一种桥型[见图 4-1(a)]。它构造简单,最易设计为各种标准跨径的装配式结构;而且施工工序少,架设方便。在多孔简支梁桥中,由于各跨构造和尺寸划一,从而简化了施工管理工作,降低了施工费用。因相邻桥孔各自单独受力,桥墩上需设置相邻简支梁的两个支座。简支梁桥的构造较易处理,因而常被选用。

2. 连续梁桥

这种体系的主要特点是:承重结构(板、T 形梁或箱梁)不间断地连续跨越几个桥孔而形成一超静定的结构[见图 4-1(b)]。连续孔数一般不宜过多。当桥梁跨径较多时,需要沿桥长分建成几组(或称"几联")连续梁。连续梁由于荷载作用下支点截面产生负弯矩,从而显著减小了跨中的正弯矩,这样不但可减小跨中的建筑高度,而且能节省钢筋混凝土数量。跨径增大时,这种节省就愈益显著。连续梁是超静定结构,基础不均匀沉降将在结构中产生附加内力,因此,对桥梁基础要求较高,通常宜用于地基较好的场合。

3. 悬臂梁桥

这种桥梁的主体是长度超出跨径的悬臂结构。仅一端悬出者称为"单悬臂梁",两端均悬出者称为"双悬臂梁"。对于较长的桥,还可以借助简支的挂梁与悬臂梁一起组合成多孔桥[见图 4-1(c)]。在力学性能上,悬臂根部产生的负弯矩减小了跨中正弯矩,所以悬臂梁也与连续梁相仿，可以节省材料用量。悬臂梁桥属于静定结构，墩台的不均匀沉陷不会在梁内引起附加内力。

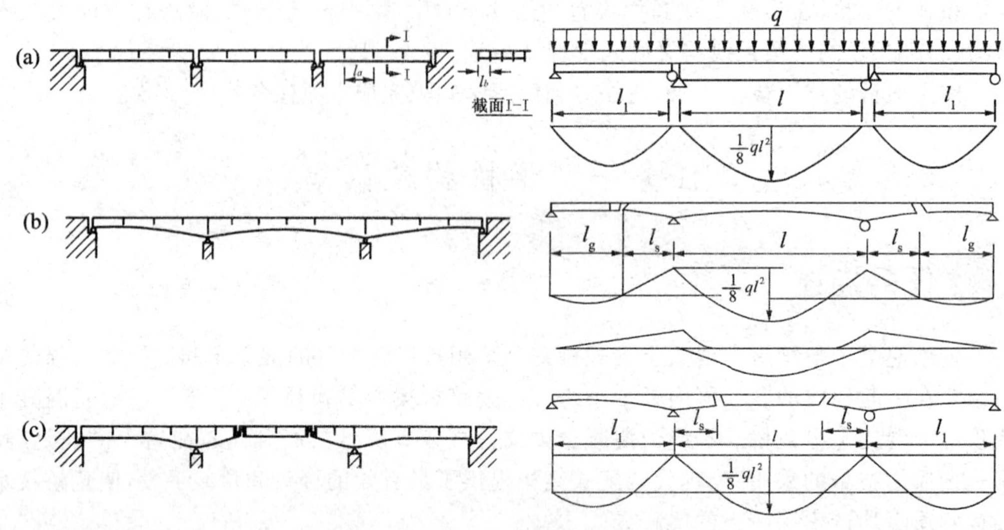

图 4-1　梁式桥的基本体系及受力分析

（二）按承重结构的截面形式分

1. 板桥

板桥横截面包括整体式矩形实心板、装配式实心板、装配式空心板等。

整体式矩形实心板[见图 4-2(a)]具有形状简单、施工方便、建筑高度小、结构整体刚度大等优点；但施工时需现浇混凝土，受季节气候影响，又需模板与支架。从受力要求看，截面材料不经济、自重大，所以只在小跨板桥使用。有时为了减轻自重，也可将截面受拉区稍加挖空做成矮肋式的板截面[见图 4-2(b)]。使用最广泛的装配式板桥如图 4-2(c)所示，由几块预制的实心板利用板间企口缝填入混凝土而成。装配式板桥也可做成横截面被显著挖空的空心板桥[图 4-2(d)]。在缺乏起重设备的情况下，横截面可做成一种装配—整体组合式桥[见图 4-2(e)]。钢筋混凝土简支实心板梁的跨径，只适用于 8 m 左右的小桥，预应力混凝土空心板跨径可以用到 16～32 m。

2. 肋梁桥

在横截面内形成明显肋形结构的梁桥称为“肋板式梁桥”，或简称“肋梁桥”。在此种桥上，梁肋（或称“腹板”）与顶部的钢筋混凝土桥面板结合在一起作为承重结构（见图 4-3）。由于肋与肋之间处于受拉区域的混凝土得到很大程度的挖空，因而显著减轻了结构自重。

钢筋混凝土简支肋梁桥的常用跨径为 8～20 m，预应力混凝土简支肋梁桥的常用跨径为 25～50 m。

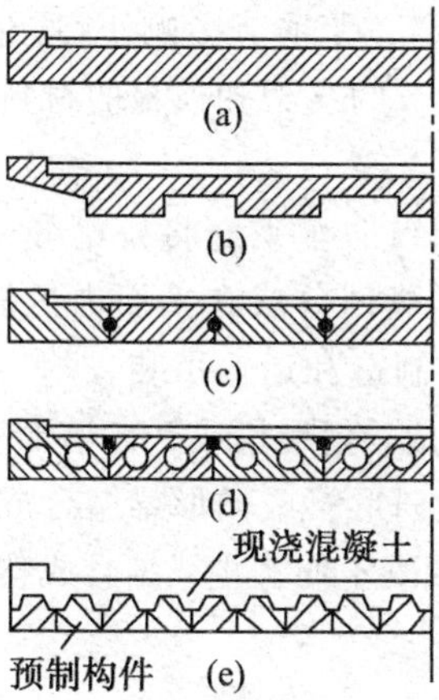

图 4-2 板桥横截面

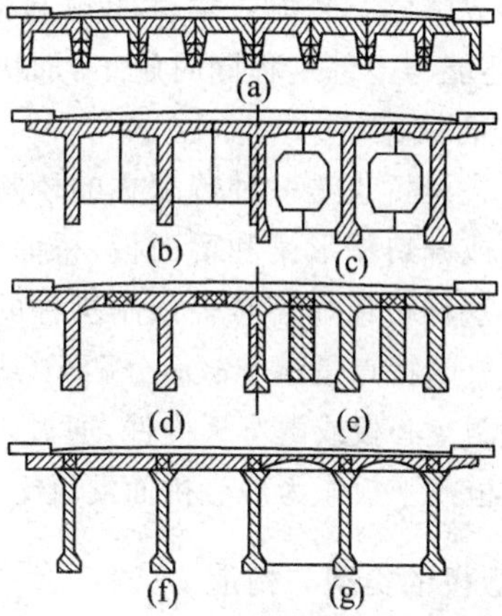

图 4-3 肋梁桥横截面

3. 箱形梁桥

横截面呈一个或几个封闭箱形的梁桥简称为“箱形梁桥”(见图 4-4)。这种结构除了梁肋的上部翼缘板外,在底部尚有扩展的底板,因此可提供承受正、负弯矩的足够的混凝土受压区。箱形梁桥的另一个重要特点,是在一定的截面面积下能获得较大的抗弯惯矩,而且抗扭刚度也特别大,在偏心的活载作用下各梁肋的受力比较均匀。因此箱形截面能适用于较大跨径的悬臂梁桥和连续梁桥,也可用来修建全截面均参与受力的预应力混凝土简支梁桥。显然,对于普通钢筋混凝土的简支梁桥来说,底板除徒然增加自重外并无其他益处,故不宜采用。

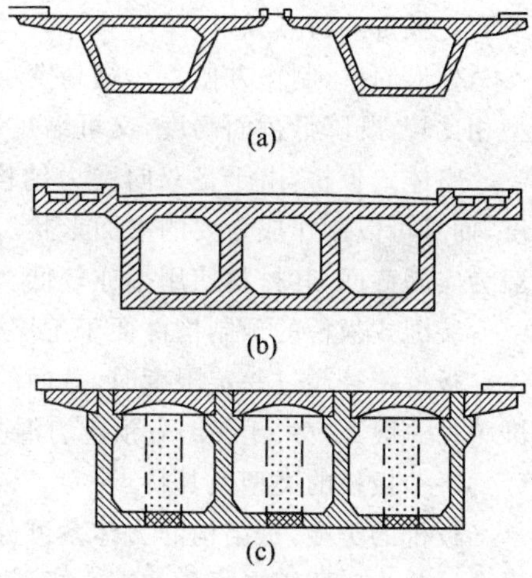

图 4-4 箱形梁桥横截面

(三)按有无预应力分类

1. 钢筋混凝土梁桥

仅配置普通钢筋。

2. 预应力混凝土梁桥

在钢筋混凝土内施加预应力以提高梁的裂缝安全度。它包括部分预应力混凝土梁桥和全预应力混凝土梁桥。

(四)按施工方法分

1. 整体浇筑式梁桥

建桥的全部工作都在施工现场进行,由于全桥在纵向和横向都是现场整体浇筑,所以整体性好,可以按需要做成各种外形。但施工速度慢,工业化程度低,又要耗费较多的支架和模板材料,目前除了弯、斜桥外,一般情况下较少修建。

2. 装配式梁桥

上部构造在预制工厂或工地预制场分块预制,再运到现场吊装就位,然后在接头处把构件连接成整体。装配式梁桥的预制构件采用工厂化施工，受季节影响小，质量易于保证，而且还能与下部工程同时施工，加快了施工进度，并能节约支架和模板的材料。

3. 组合式梁桥

组合式梁桥也是一种装配式的桥跨结构，不过它是用纵向水平缝将桥梁分割成Ⅰ字形的梁肋或开口槽形梁和桥面板，桥面板再借纵横向的竖缝划分成在平面内呈矩形的预制构件。这样可以显著减轻预制构件的重力，并便于集中制造和运输吊装。

组合梁的特点是整个截面分两个(或几个)阶段组合而成，在I形梁或开口槽形梁上搁置轻巧的预制空心板或微弯板构件，通过现浇混凝土接头而与I形梁或槽形梁结合成整体；或以弧形薄板或平板作为现浇桥面混凝土的模板，通过现浇混凝土使各主梁结合成整体。

二、板桥的类型与构造

板桥是小跨径钢筋混凝土桥中最常用的桥型之一。由于建成以后外形像一块薄板，故习惯称之为“板桥”。在所有的桥梁形式中，板桥以其建筑高度最小，外形最简单而久用不衰。板桥的特点如下：

外形简单，制作方便。建筑高度小，适宜于桥下净空受到限制的桥梁使用，与其他桥型相比较，既降低桥面高度，又可缩短引道长度，外形轻盈美观。

整体式板桥，由于是双向受力结构，因此比一般板桥有更高的承载能力和更大的刚度，而且可以制作成需要的平面形状。但是整体式板桥需要搭设施工支架，工期较长。一般为实心截面，其材料使用率亦较低。

装配式板桥的预制构件便于工厂生产，构件重量较轻，便于安装。

板桥跨径超过一定限度时，截面的增高使自重加大。因此，钢筋混凝土简支板桥的标准跨径一般不宜大于 13 m；预应力混凝土简支板桥的标准跨经不宜大于 25 m。

(一)板桥的类型及其特点

板桥的类型，按结构静力体系可分为简支板桥、悬臂板桥和连续板桥；按横截面形式主要可分为实心矩形板桥和空心矩形板桥；按有无预应力可分为钢筋混凝土板桥、预应力混凝土板桥、部分预应力混凝土板桥；按施工方式可分为整体式板桥、装配式板桥和组合式板桥。

(二)整体式板桥的构造

整体浇筑的简支板桥一般均采用等厚度板，它具有整体性能好，横向刚度大，而且易于浇筑各种形状的优点。

整体式板桥的宽度大，一般均为双向受力板。荷载位于桥中线时，板内产生正弯矩，荷载位于板两边时，板内可能产生负弯矩。所以，针对这些受力特点，除了配置纵向受力钢筋，板内需设置垂直于主钢筋的横向分布钢筋，在板的顶部配置适当的横向钢筋。

钢筋混凝土行车道板内主筋直径不小于 10 mm，间距不大于 20 cm，板内主筋可以不弯起，也可以弯起。当弯起时，通过支点的不弯起钢筋，每米板宽内不少于 3 根，截面积不少于主筋的 1/4。弯起的角度为 30°或 45°，弯起的位置为沿板高中线计算的 1/4～1/6 跨径处。对于分布钢筋，应采用直径不小于 8 mm，间距不大于 20 cm，同时在单位长度板宽内的截面积应不少于板的截面面积的 0.1%。板的主钢筋与板边缘间的净距应小于

3 cm，分布钢筋与板边缘间的净距应小于 15 mm。

如图 4-5 所示为标准跨径 6 m 的钢筋混凝土整体式简支板桥构造。行车道宽7 m，两边设 0.25 m 的安全带。计算跨径为 5.69 m，净跨径为 5.40 m，板厚为 36 cm。纵向主钢筋用直径 18 mm 的 HRB335 钢筋，分布钢筋用直径 10 mm 的 R235 钢筋。由于板内的主拉应力一般不大，按计算可不设斜筋，但是从构造上考虑，有时将多余的一部分主钢筋弯起。桥跨结构的混凝土强度等级为 C20。

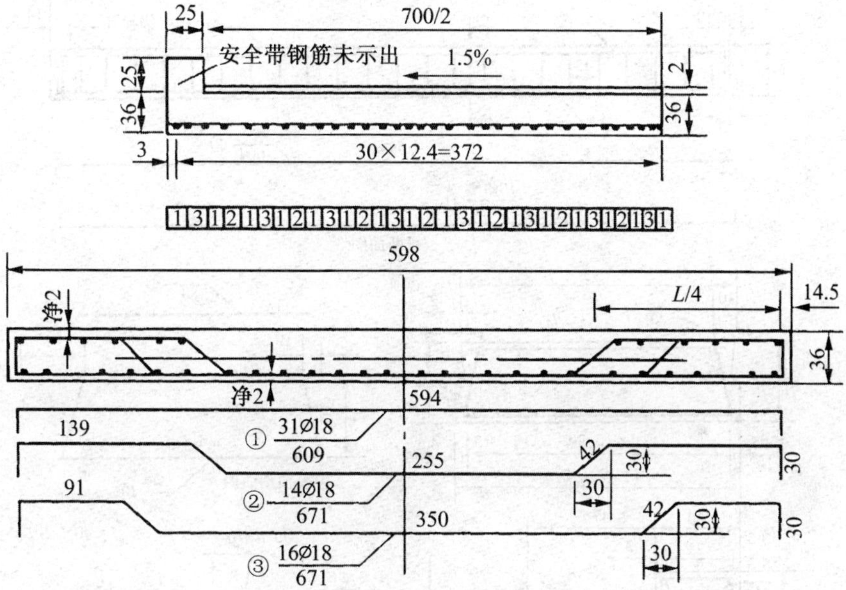

图 4-5　钢筋混凝土整体式简支板桥的构造（尺寸单位：cm）

（三）装配式简支板桥的构造

装配式简支板桥的横截面形式主要有实心板和空心板两种，一般使用跨径不超过 8 m。

1. 装配式正交实心板桥

这种矩形实心板桥是目前最常用的，它具有形状简单，施工方便，建筑高度小，施工质量易于保证等优点。如图 4-6 所示为装配式简支实心板桥横剖面构造。

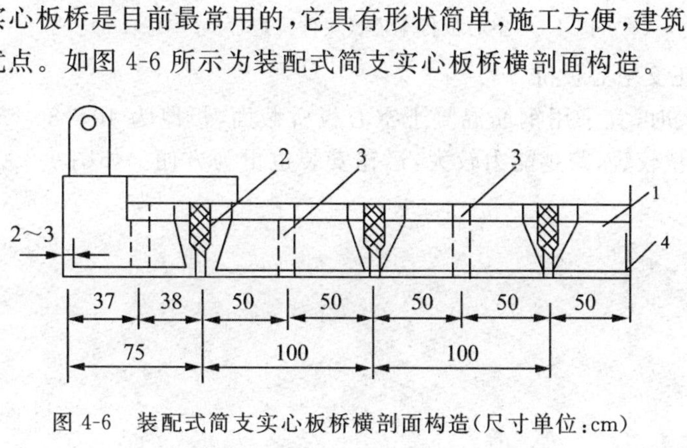

图 4-6　装配式简支实心板桥横剖面构造（尺寸单位：cm）

1—预制板；2—接缝；3—预留孔；4—垫层

如图 4-7 所示为标准跨径 6 m,行车道宽 7 m,两边设 0.75 m 的人行道,公路Ⅰ级,人群荷载 3 kN/m^2 设计的装配式行车道板块件构造。块件安装后在企口缝内填筑 C30 小石子混凝土,并浇筑厚 6 cm 的 C30 级防水混凝土铺装层使之连成整体。为了加强预制板与铺装层的结合以及相邻预制板的连接,将板中的箍筋伸出预制板顶面,待板安装就位后将这段钢筋放平,并与相邻预制板中的箍筋相互搭接,以铁丝绑扎,然后浇筑于混凝土铺装层中。预制板的混凝土强度等级为 C25。

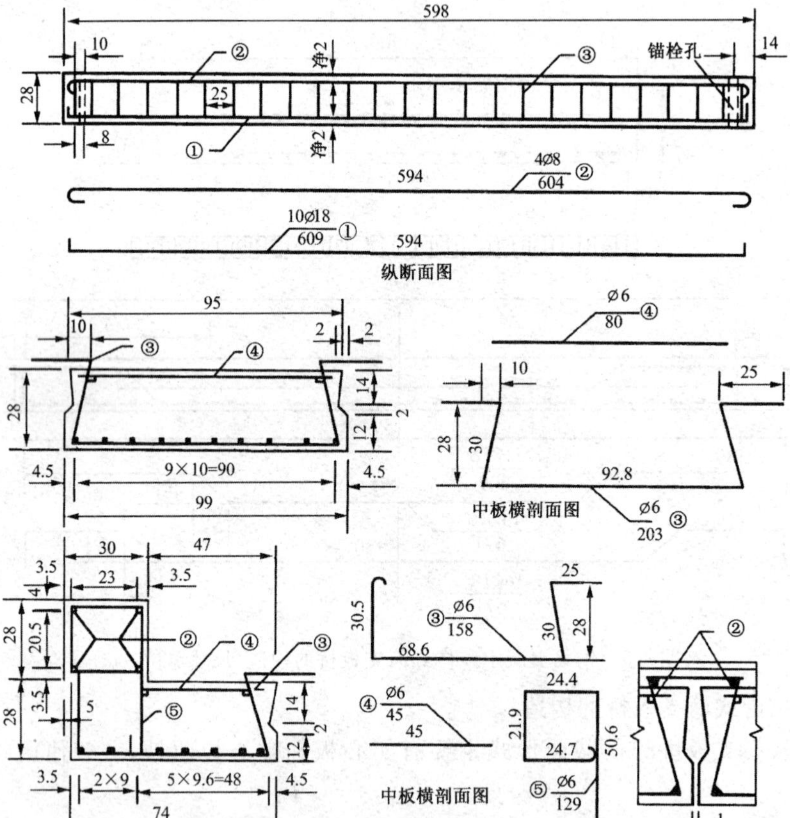

图 4-7 空心板行车道板块件构造(尺寸单位:cm)

2. 装配式正交空心板桥

当跨径增大时,宜采用钢筋混凝土空心板桥截面,板厚为 40～80 cm。与实心板相比,空心板的质量较轻,跨越能力较大,运输安装也更为方便。如图 4-8 所示为几种常用的开孔形式。

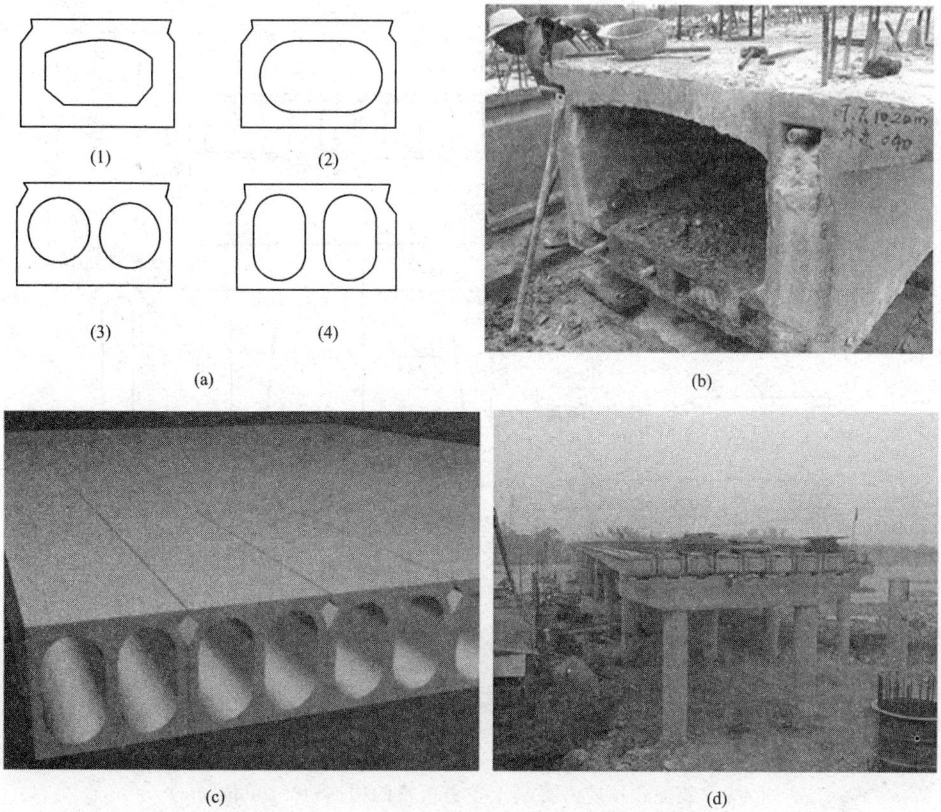

图 4-8　装配式预应力混凝土空心板桥截面

如图 4-9 所示为标准跨径 13 m 的装配式预应力混凝土空心板桥的构造。桥面净空为净—7＋2×0.25 m 的安全带，总宽为 8 m，由 8 块宽 99 cm 的空心板组成，板与板之间的间隙为 1 cm。板全长 12.96 m，计算跨径 12.6 m，板厚 60 cm。采用 C40 混凝土预制空心板和填塞铰缝。每块底层配置 7 根φ 20Ⅳ级冷拉钢筋作预应力筋，每根预应力筋拉力为 194 kN，每米钢筋的拉伸值为 0.35 cm。板顶面除配置 3 根φ 12 的架立钢筋外，在支点附近还配置 6 根φ 8 的非预应力钢筋来承担由于应力产生的拉应力。用以承担剪力的箍筋 *N*5 与 *N*6 做成开口形式，待立好芯模后，再与其上横向钢筋 *N*4 相绑扎组成封闭的箍筋。

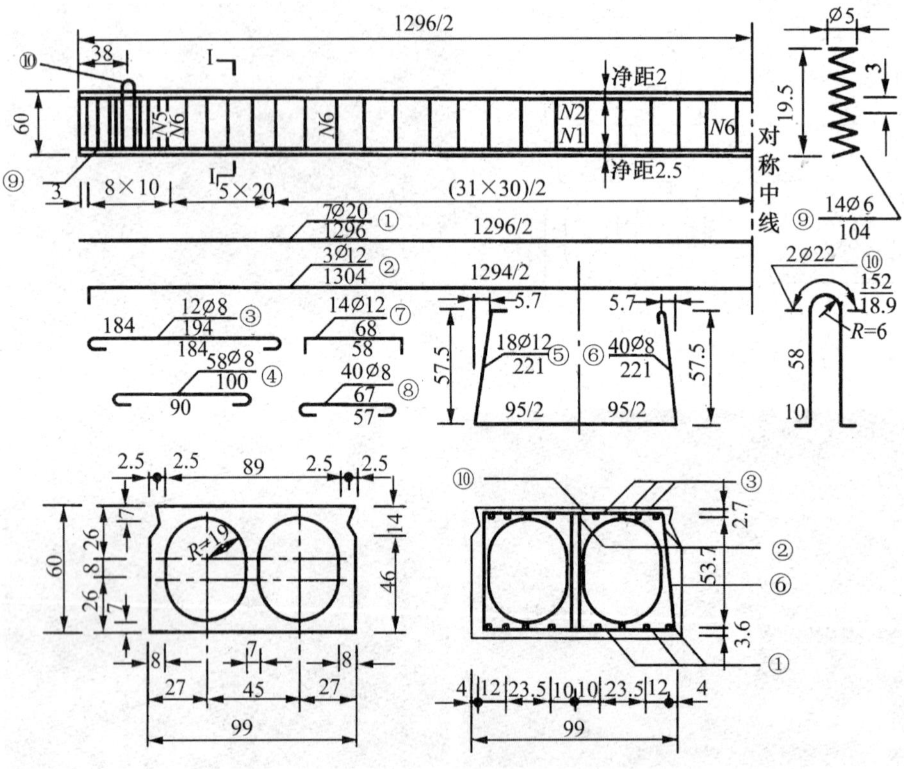

图 4-9　装配式预应力混凝土空心板桥的构造(尺寸单位:cm)

3. 装配式板的横向连接

为了增加块件间的整体性和在外荷载作用下相邻的几个块件能共同工作,在块件之间必须设置横向连接,这种连接的构造有企口圆形混凝土铰和企口菱形混凝土铰两种。它是在块件安装就位后,在企口缝内用 C25~C40 小石子混凝土填筑密实而成的(见图 4-10)。

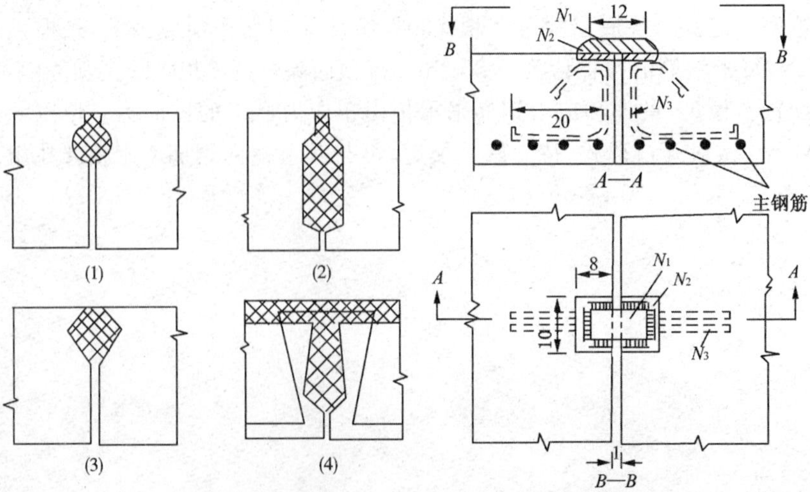

(a) 企口混凝土铰构造　　(b) 钢板连接构造

图 4-10　装配式板的横向连接

为了加强块件间和板与桥面铺装间的连接，还可以将块件中钢筋伸出与相邻块伸出的钢筋互相搭接绑扎，并浇筑在混凝土铺装层内，需待混凝土达到设计强度后才能通车。为了加快工程进度，也可以采用钢板连接，用一块钢盖板焊在相邻两构件的预埋钢板上。连接构件的纵向中距通常为 80～150 cm，在跨中部分布置较密，向两端支点逐渐减疏。实践证明：企口式混凝土铰能保证传递横向剪力，使各块板共同受力（见图 4-11）。

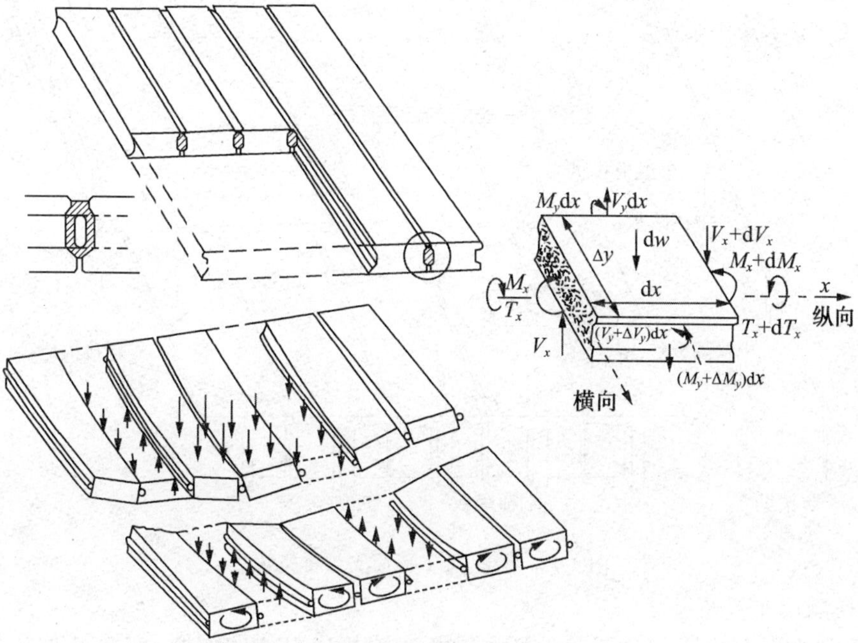

图 4-11　装配式铰接板的构造及受力特点

三、装配式简支梁桥的设计与构造

对于钢筋混凝土简支梁桥我国的标准跨径有四种，分别为 10 m、13 m、16 m 和 20 m。装配式钢筋混凝土 T 梁上部构造由几根 T 形截面的主梁、横隔梁及通过设在横隔梁下方和横隔梁翼缘顶板处的焊接钢板连成整体，如图 4-12 所示。

（一）构造布置及尺寸

1. 主梁布置及尺寸

对于设计给定的桥面宽度（包括行车道和人行道宽度），如何选定主梁的间距（或片数），这是构造布局中首先要解决的课题。它不仅与钢筋和混凝土的材料用量以及构件的吊装质量有关，而且还涉及翼板的刚度等因素。

一般来说，对于跨径较大的简支梁桥，加大主梁间距，减少主梁片数是比较经济的。当吊装重量允许时，主梁间距采用 1.80～2.20 m 为宜。对于跨径 10 m、13 m、16 m、20 m的标准设计，采用的梁高相应为 0.9 m、1.1 m、1.3 m、1.5 m。常用的梁肋宽度为 15～18 cm。

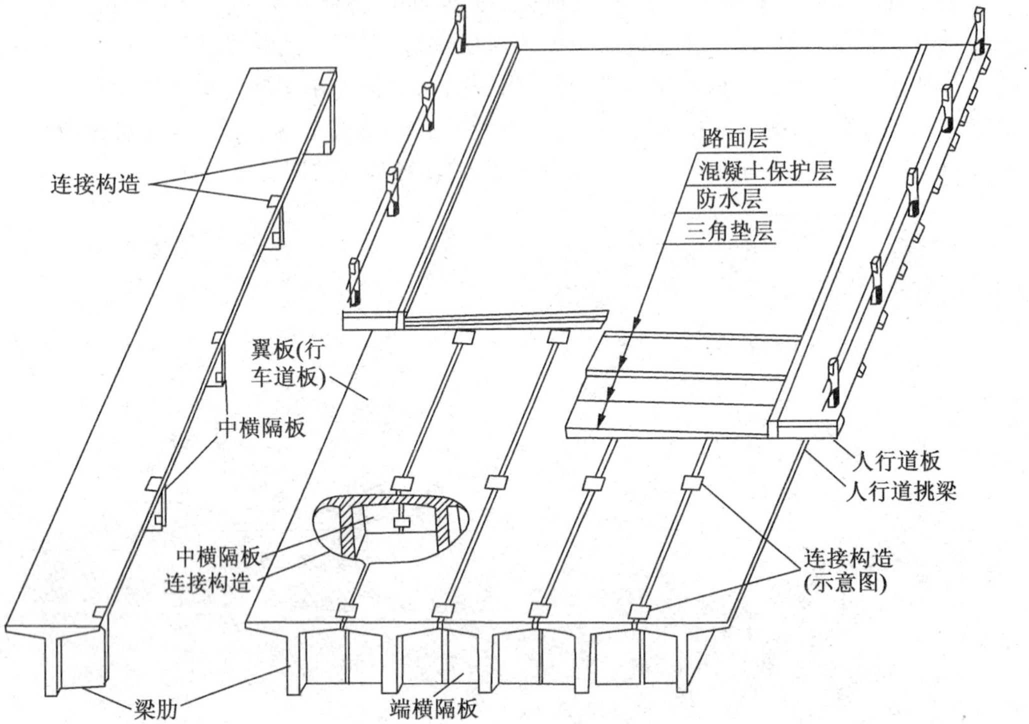

图 4-12　装配式 T 形简支梁桥概貌

2. 横隔梁布置及尺寸

横隔梁在装配式 T 梁中起着保证主梁相互连接成整体的作用，它的刚度愈大，桥梁的整体性就越好，如图 4-13 所示。

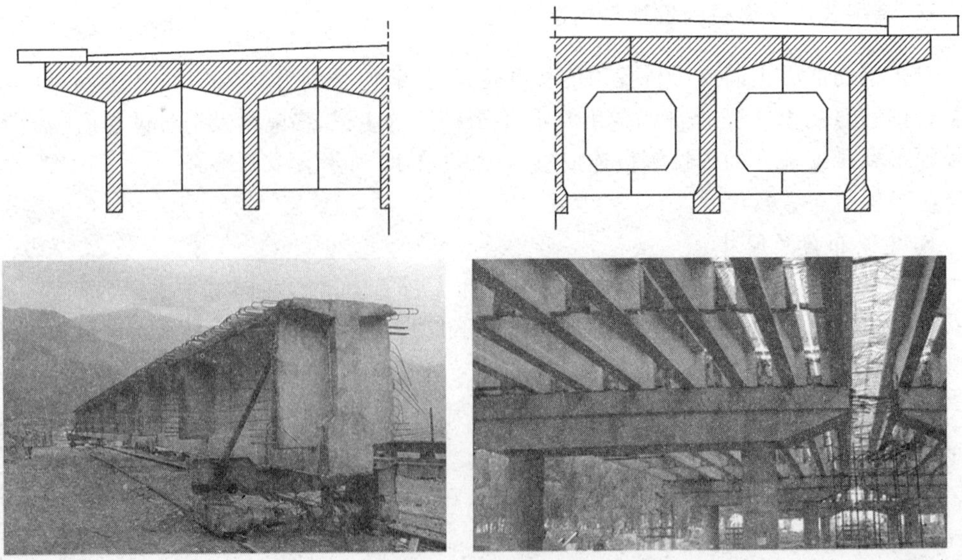

图 4-13　T 梁横隔梁

端横隔梁是必须要设置的，跨内随跨径增大可以设 1～3 道横隔梁，间距采用 5～6 m 为宜。

跨中横隔梁的高度通常做成主梁高度的 3/4 左右；梁肋下部呈马蹄形加宽时，横隔梁延伸至马蹄的加宽处。横隔梁的肋宽常采用 12～16 cm。

（二）主梁和横隔梁的钢筋构造

1. 主梁的钢筋构造

装配式 T 形简支梁桥的钢筋可分为纵向主钢筋、架立钢筋、斜钢筋、箍筋和分布钢筋等几种。

简支梁承受正弯矩作用，故抵抗拉力的主钢筋设置在梁肋的下缘。随着弯矩向支点处减小，主钢筋可在跨间适当位置处切断或弯起。为保证主筋在梁端有足够的锚固长度和加强支承部分的强度，《公路桥涵施工技术规范》(JTG D62—2004)规定，至少有 2 根，并不小于 20%的下层主钢筋应伸过支承截面。简支梁两侧的受拉主钢筋应伸出支点截面以外，并弯成直角顺梁端延伸至顶部与架立钢筋相连接。两侧之间不向上弯曲的受拉主钢筋伸出支承截面的长度，对带半圆弯钩的 R235 钢筋不小于 $15d$［见图 4-14(a)］，对带直角弯钩的螺纹钢筋不小于 $10d$［见图 4-14(b)］。

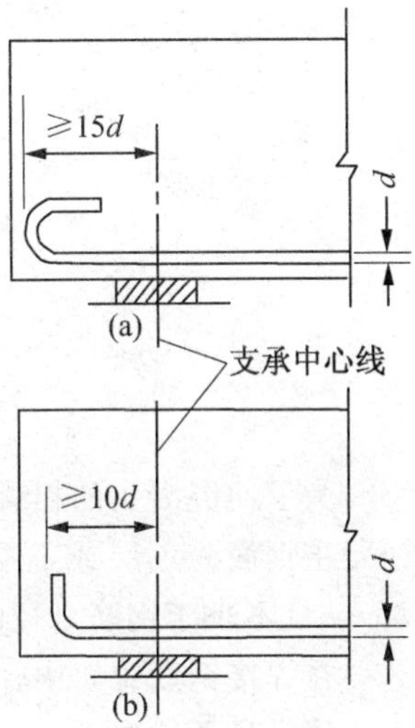

图 4-14　梁端主钢筋的锚固

由主钢筋弯起的斜向钢筋用来增强梁体的抗剪强度，当无主钢筋弯起时，尚需配置专门的焊于主筋和架立筋上的斜钢筋，斜钢筋与梁的轴线一般布置成 45°角。弯起钢筋应按圆弧弯折，圆弧半径(以钢筋轴线计算)不小于 $10d$(d 为钢筋直径)。当 T 形梁梁肋高度大于 100 cm 时，为了防止梁肋侧面因混凝土收缩等原因而导致裂缝，因此需要设置纵向防裂的分布钢筋，对于整体浇筑时，其截面积 $A_s=(0.0005\sim0.001)bh$，对于焊接骨架的薄壁梁时 $A_s=(0.0005\sim0.002)bh$，式中 b 为梁肋宽度，h 为梁的全高。当梁跨较大，梁肋较薄时取用较大值。这种分布钢筋的直径为 6～10 mm。靠近梁下缘，混凝土拉应力也大，故布置得密些，在上部则可稀些。

箍筋的主要作用也是增强主梁的抗剪强度。《公路桥涵施工技术规范》中规定其间距应不大于梁高的 3/4 和 50 cm，且梁支点附近的第一个箍筋应设置在距支承边缘 5 cm 处。其他有关规定可参阅《公路桥涵施工技术规范》相应条文。

架立钢筋布置在梁肋的上缘，主要起固定箍筋和斜筋并使梁内全部钢筋形成立体或平面骨架的作用。

为了防止钢筋受到大气影响而锈蚀，并保证钢筋与混凝土之间的黏着力充分发挥作用，钢筋到混凝土边缘需要设置保护层。若保护层厚度太小，就不能起到以上作用，太大则混凝土表层因距钢筋太远容易破坏，且减小了钢筋混凝土截面的有效高度，受力情况也不好。因此《公路桥涵施工技术规范》规定：主钢筋与梁底面的净距应不小于 3 cm，不大于 5 cm。主筋与梁侧面净距应不小于 2.5 cm。混凝土表面至箍筋或防裂分布钢筋间的净距应不小于1.5 cm(见图 4-15)。

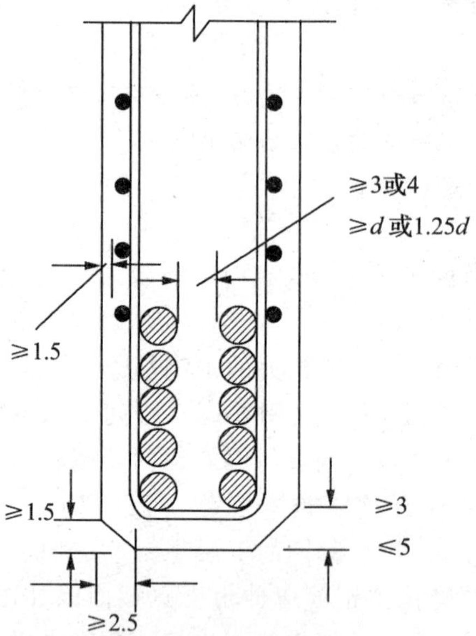

图 4-15 混凝土保护层厚度(尺寸单位:cm)

为了使混凝土的粗骨料能填满整个梁体,以免形成灰浆层或空洞,规定各主筋之间的净距主钢筋为三层或三层以下者不小于 3 cm,且不小于钢筋直径;三层以上者不小于 4 cm,且不小于钢筋直径的 1.25 倍。

在焊接钢筋骨架中,为保证焊接质量,使焊缝处强度不低于钢筋本身强度,焊缝的长度必须满足下述要求:

(1)利用主钢筋弯起的斜筋,在起弯处应与其他主筋相焊接,可采用每边各长 $2.5d$ 的双面焊缝或一边长 $5d$ 的单面焊缝。弯起钢筋的末端与架立钢筋(或其他主筋)相焊接时,采用长 $5d$ 的双面焊缝或 $10d$ 的单面焊缝(见图 4-16)。其中 d 为受力钢筋直径。

(2)对于附加的斜筋,其与主筋或架立筋的焊缝长度,采用每边各长 $5d$ 的双面焊缝或一边长 $10d$ 的单面焊缝。

(3)各层主钢筋相互焊结固定的焊缝长度,采用 $2.5d$ 的双面焊缝或 $5d$ 的单面焊缝(见图 4-16)。

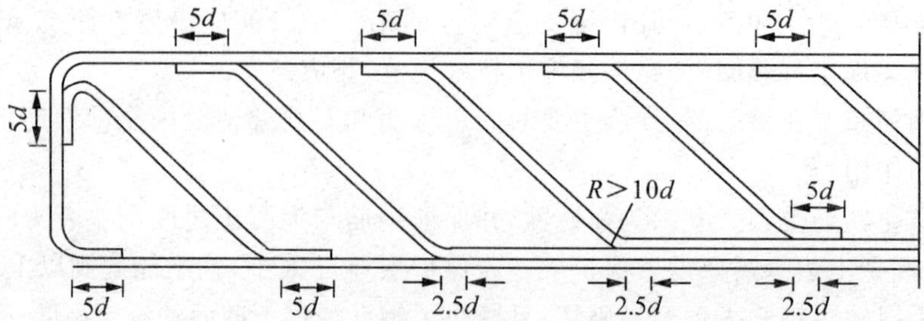

(图中尺寸为双面焊缝,单面焊缝应加倍)

图 4-16 焊接钢筋骨架焊缝尺寸图

对于小跨径梁通常可采用双面焊缝,先焊好一边再把骨架翻身焊另一边,这样既可缩短接头长度，又可减小焊接变形。但当骨架较长而不易翻身时，就可用单面焊缝。

T梁翼缘板内的受力钢筋沿横向布置在板的上缘，以承受悬臂的负弯矩。在顺主梁跨径方向还应设置少量的分布钢筋。按《公路桥涵施工技术规范》要求，板内主筋的直径不小于10 mm，每米板宽内不应少于5根。分布钢筋的直径不小于6 mm，间距不大于25 cm，在单位板宽内分布钢筋的截面积不小于主筋截面积的15%，在有横隔梁的部位分布钢筋的截面积应增至主筋的30%，以承受集中轮载作用下的局部负弯矩。所增加的分布钢筋每侧应从横隔梁轴线伸出$l/4$(l为横隔板的间距)的长度。如图4-17所示为标准跨径为20 m，行车道宽7 m，两边设0.75 m的人行道，人群荷载3 kN/m^{2}设计的装配式钢筋混凝土简支T形梁块件构造，主梁的混凝土为C25。

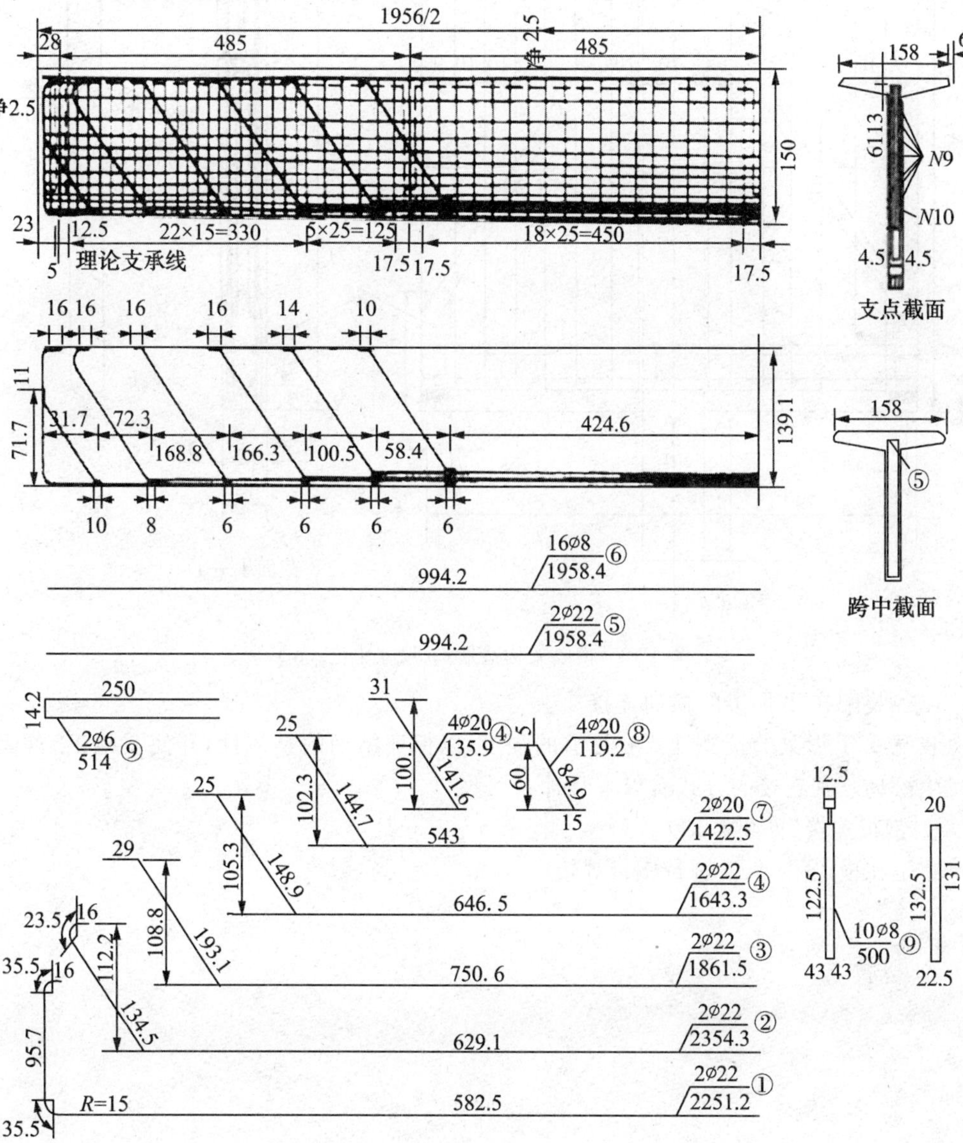

图4-17 装配式T形梁块件梁肋钢筋构造(尺寸单位：cm)

2. 横隔梁的钢筋构造

在横隔梁靠近下部边缘的两侧和顶部翼板内均埋有焊接钢板，如图 4-18 所示，焊接钢板则与横隔梁的受力钢筋焊在一起做成安装骨架，当 T 梁安装就位后即在横隔梁的预埋钢板上再加焊盖接钢板使其连成整体。横隔梁的箍筋是抗剪的。

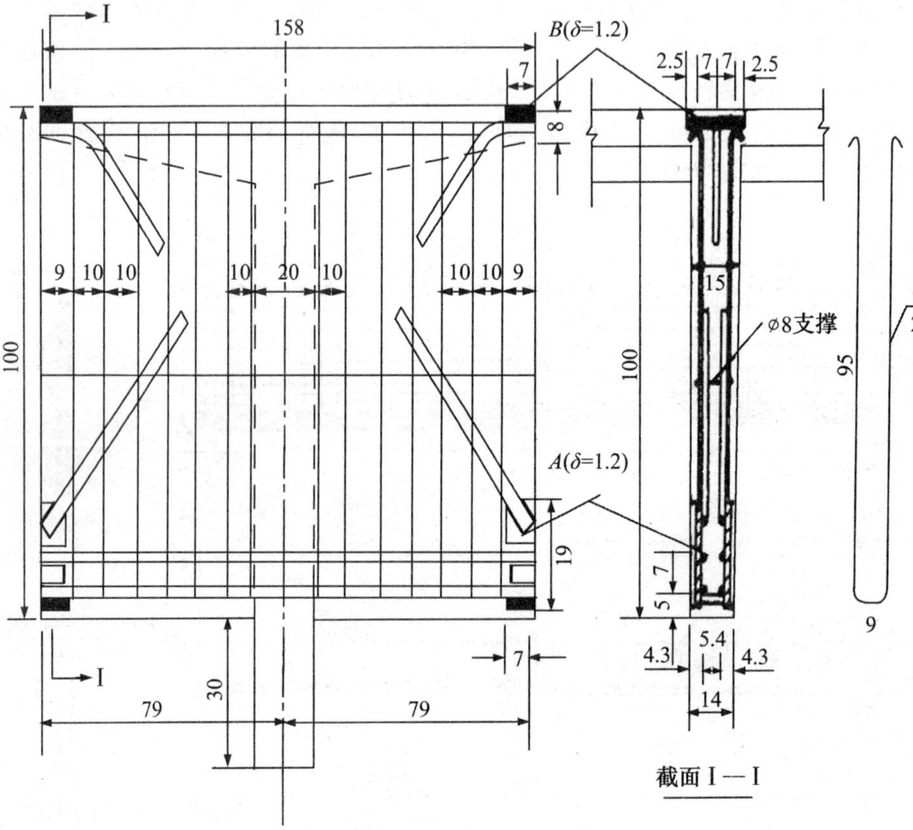

图 4-18　横隔梁构造形式(尺寸单位:cm)

(三)装配式 T 形梁的横向连接

装配式 T 形梁的接头处要有足够的强度，以保证结构的整体性，并使在施工、营运中不发生松动。其连接的方式有以下几种：

1. 钢板连接(见图 4-19)

它是在横隔梁上、下进行钢板焊接。

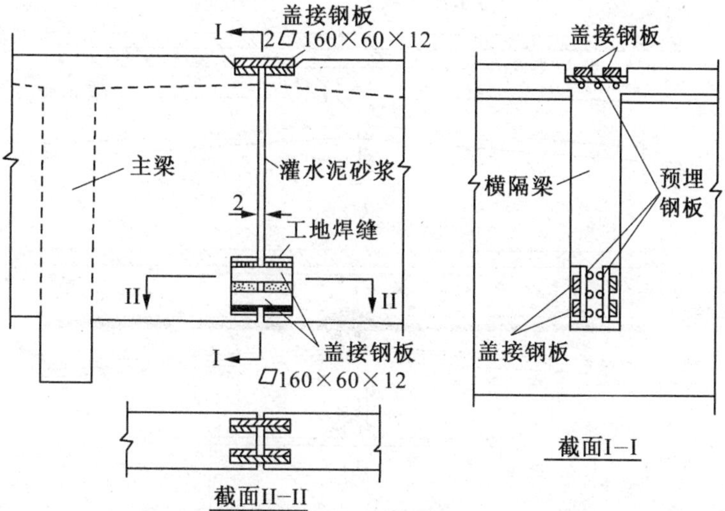

图 4-19 横隔梁的接头构造:钢板焊接(尺寸单位:mm)

2. 扣环接头(见图 4-20)

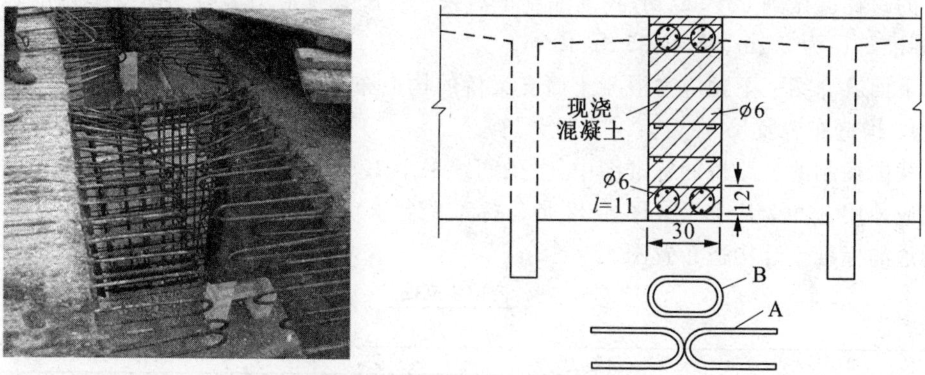

图 4-20 扣环接头(尺寸单位:cm)

横隔梁在预制时在接缝处伸出钢筋扣环 A,安装时在相邻构件的扣环两侧再安上腰圆形的接头扣环 B,在形成的圆环内插入短分布钢筋后就现浇混凝土封闭接缝,接缝宽度为 0.20～0.50 m。

目前,为改善挑出翼板的受力状态,横向连接往往做成企口铰接式的简易构造,如图 4-21(a)所示为 T 梁标准设计中所采用的连接方式。主梁翼缘板内伸出连接钢筋,交叉弯制后在接缝处再安放局部的ø 6 钢筋网,并将它们浇筑在桥面混凝土铺装层内;或者可将翼板的顶层钢筋伸出,并弯转套在一根长的钢筋上,以形成纵向铰,如图 4-21(b)所示。显然,此种接头构造由于连接钢筋甚多,使施工增添了一些困难。

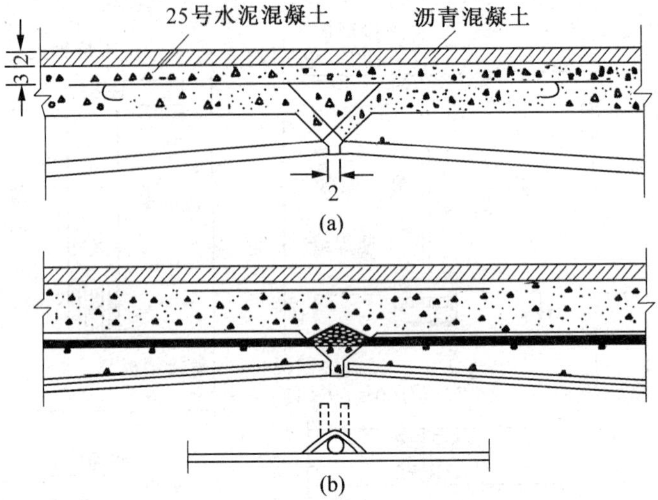

图 4-21　主梁翼板连接构造(尺寸单位:cm)

(四)装配式预应力混凝土简支梁

预应力混凝土结构以其良好的使用性能被广泛地应用。目前公路上预应力混凝土简支梁的跨径已做到 50～60 m,我国编制了后张法装配式预应力混凝土简支梁桥的标准设计,标准跨径为 25 m、30 m、35 m、40 m。

下面就介绍一下预应力混凝土简支梁桥的构造布置、截面尺寸及配筋特点。

1. 构造布置及尺寸

我国编制的公路桥涵标准图中,主梁间距采用 1.6 m,并根据桥梁横断面不同的净宽而相应采用 5、6、7 片主梁。图 4-22 是一标准跨径 30 m,桥面净空为净—7＋2×0.75 m 人行道的标准设计构造布置图。

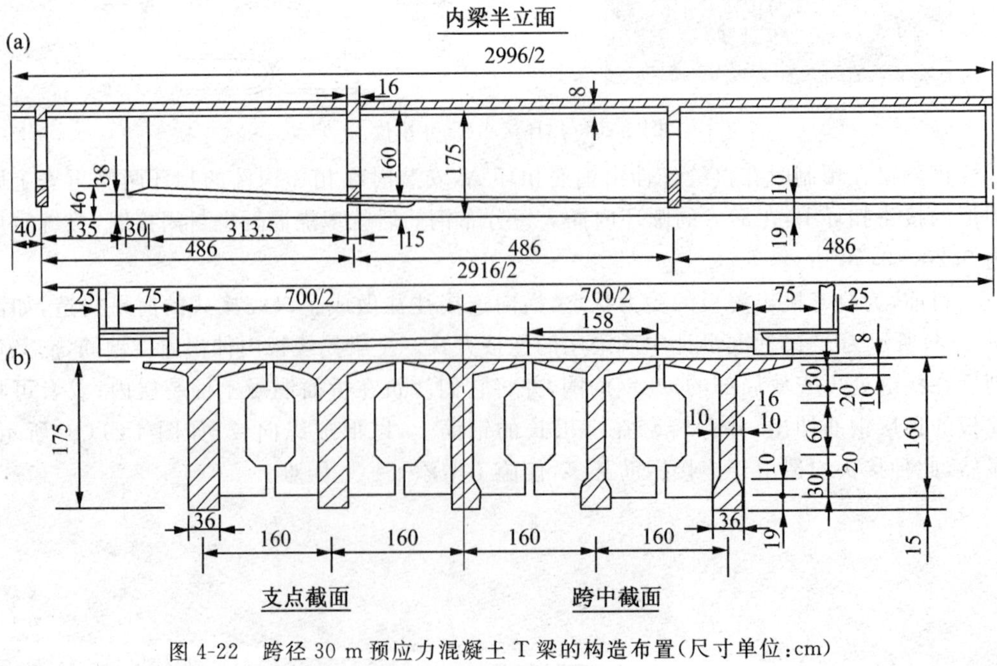

图 4-22　跨径 30 m 预应力混凝土 T 梁的构造布置(尺寸单位:cm)

当吊装质量不受限制时，对于较大跨径的T梁，宜用较大的主梁间距(1.8～2.5 m)，可减少钢筋与混凝土的用量。

主梁的高度随截面形式、主梁片数及建筑高度的不同而不同。对于常用的等截面简支梁，高跨比可在1/14～1/25内选取。随着跨径增大取较小值，随梁数减少取较大值，中等跨径一般可取1/16～1/18。

预应力混凝土简支T梁的梁肋下部通常加宽做成马蹄形，以满足钢丝束的布置来承受很大预压力的需要，在靠近支点处腹板要加厚至与马蹄同宽，加宽范围最好达一倍梁高左右。一般跨径中部肋宽采用16 cm，肋宽不宜小于肋板高度的1/15。

为了防止在施工和运输中使马蹄部分出现纵向裂缝，除马蹄面积不宜小于全截面的10%～20%以外，尚建议具体尺寸如下：

(1)马蹄宽度约为肋宽的2～4倍，并注意马蹄部分(特别是斜坡区)的管道保护层不宜小于6 cm。

(2)马蹄全宽部分高度加1/2斜坡区高度约为(0.15～0.20)h，斜坡宜陡于45°。同时应注意，马蹄部分不宜过高、过大，否则会降低截面形心，减小偏距，并导致降低抵消自重的能力。在靠近支点时，为适应预应力筋的弯起，可将马蹄逐渐加高。从预应力梁的受力特点可知，为了使截面布置经济合理，节省预应力筋的配筋数量，T形梁截面的效率指标P应大于0.50。加大翼板宽度能有效地提高截面的效率指标。

2. 配筋特点

装配式预应力混凝土简支梁内配筋除了主要的纵向预应力筋外，还有一些非预应力筋，如：架立钢筋、箍筋、水平分布钢筋、承受局部压力的钢筋骨架。

(1)纵向预应力筋的布置

布置方式有以下几种(见图4-23)：

(a)全部主筋直线形布置。适用于先张法。缺点是在梁端上缘会产生过高拉应力。有时为了减小此应力，可根据弯矩的变化，将纵向预应力筋按需要截断。

(b)直线形预应力筋的后张法梁。为了减小梁端负弯矩，节省钢材，可以将主梁在中间截面截断。但锚固处受力与构造较复杂，且预应力筋没有充分发挥抗剪作用。

(c)将预应力筋全部弯至梁端锚固。可以减少摩擦损失，但梁端受预应力较大。

(d)当梁高受限制时，可以将一部分预应力筋弯出梁顶。此方法摩擦损失增大，但能缩短预应力筋的长度，且能提高梁的抗剪能力。

预应力钢筋总的布置原则是：在保证梁底保护层厚度及使预应力钢筋位于索界内的前提下，尽量使预应力筋的重心靠下；在满足构造要求的同时，预应力钢筋尽量相互紧密靠拢，使构件尺寸紧凑。

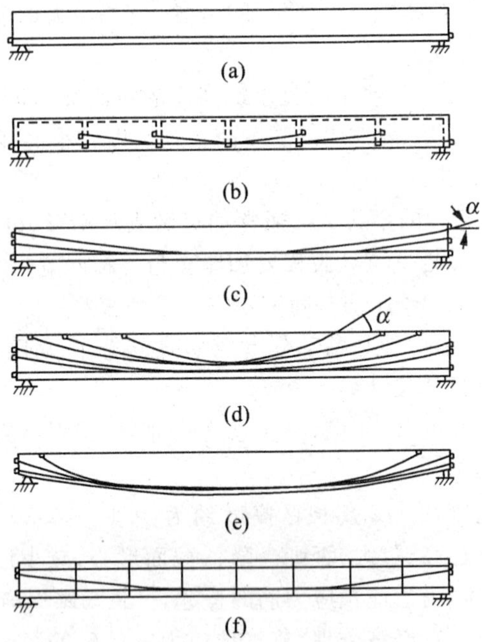

图 4-23　纵向预应力筋布置图

(2)非预应力筋的布置

预应力混凝土 T 形梁与钢筋混凝土梁一样，按规定布置箍筋、防收缩钢筋、架立钢筋。另外，还有其自身特点。

如图 4-24 所示为梁端锚固区(约等于梁高的长度内)的配筋构造。加强钢筋网的网格约为 10 cm×10 cm。锚具下设置厚度不小于 16 mm 的钢垫板与ϕ 8 的螺旋筋，其螺距为 3 cm，长 21 cm，以提高混凝土的抗裂性。

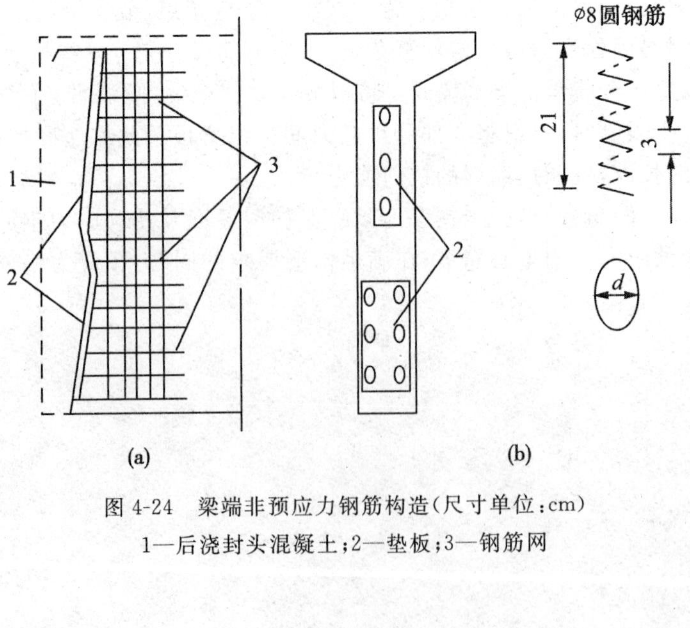

图 4-24　梁端非预应力钢筋构造(尺寸单位：cm)

1—后浇封头混凝土；2—垫板；3—钢筋网

此外，对于预应力筋比较集中的下翼缘(下马蹄)内必须设置闭合式加强箍筋，其间距不大于 15 cm，制孔管的直径应比预应力筋直径大 10 mm，采用铁皮套管时应大 20 mm，管道间的最小净距主要是由灌注混凝土的要求所确定，在有良好振捣工艺时(例如同时采用底振和侧振)，最小净距不小于 4 cm。

另外，有时预应力筋与非预应力筋共同配置，会收到很好的效果。

图 4-25(a)表示当梁中预应力筋在梁端不便弯起时，为了防止张拉阶段在梁端顶部可能开裂而布置的受拉钢筋。

对于自重比恒载与活载小得多的梁，在预加力阶段跨中部分的上翼缘可能会开裂破坏，因而也可在跨中部分的顶部加设无预应力的纵向受力钢筋，如图 4-25(b)所示。这种钢筋在营运阶段还能加强混凝土的抗压能力，在破坏阶段则可提高梁的安全度。

图 4-25(c)所示在跨中部分下翼缘内设置的钢筋，多半是在全预应力梁中为了加强混凝土承受预加压力而设置。

对于部分预应力梁也往往利用通长布置在下翼缘的纵向钢筋来补足极限强度的需要，如图 4-25(d)所示，并且这种钢筋对于配置无黏结预应力筋的梁能起到分布裂缝的作用。

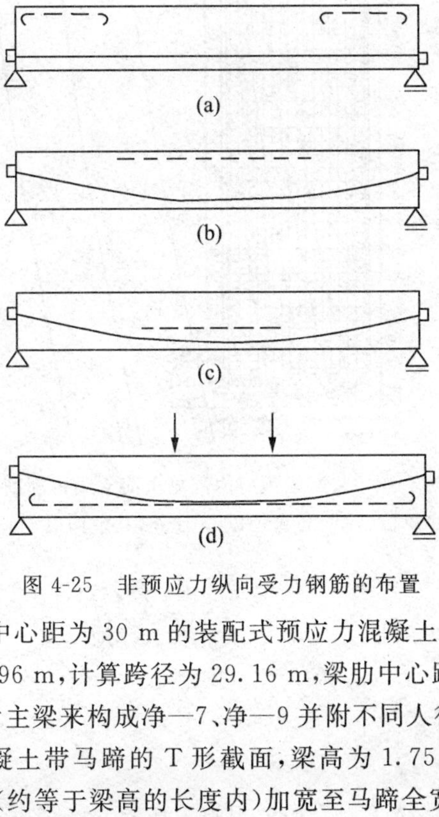

图 4-25　非预应力纵向受力钢筋的布置

如图 4-26 所示为墩中心距为 30 m 的装配式预应力混凝土简支梁标准设计图的构造布置。此梁的全长为 29.96 m，计算跨径为 29.16 m，梁肋中心距为标准尺寸 1.60 m。在横截面上，可以用 5～7 片主梁来构成净—7、净—9 并附不同人行道宽度的桥面净空。

主梁采用 C40 号混凝土带马蹄的 T 形截面，梁高为 1.75 m，高跨比为 1/16.7。厚 16 cm的梁肋在梁端部分(约等于梁高的长度内)加宽至马蹄全宽 36 cm，以利预应力筋的锚固。在截面设计中将所有混凝土内角做成半径为 5 cm 的圆角，以利脱模。T 梁预应力采用了 7 根 24 ϕ 5 高强钢丝束，钢丝极限强度为 1600×103 kPa，全部钢丝束均以圆弧起弯并锚固在梁端厚 2 cm 的钢垫板上。

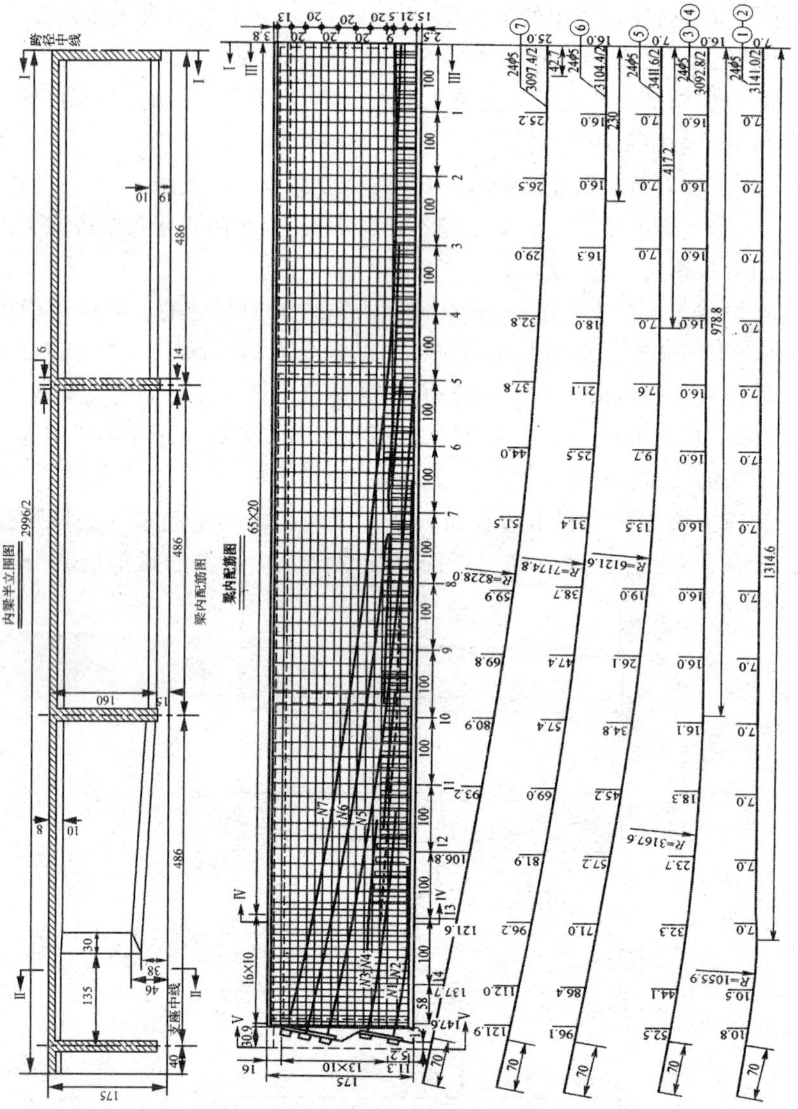

图 4-26　装配式预应力混凝土简支梁桥配筋

（尺寸单位：除钢筋直径以 m 计外，其余均以 cm 计）

任务二　先张法施工

引导案例

某城市桥梁工程由某路桥工程公司承担施工任务。该路桥工程公司在预应力筋的施工过程中，通过计算确定了下料长度，采用先张法对预应力筋进行张拉，并对施加预应力所用的机具设备及仪表设置专人使用管理，同时制定定期维护和校验制度。在对大体积混凝土墩台基础的施工过程中，为了保证工程质量，承包单位对原材料和施工工艺采取了系列措施进行控制和预防。

问题：

1. 常见的预应力筋有哪几种？
2. 计算预应力筋的下料长度时应考虑哪些因素？
3. 预应力筋的切割宜采用什么方法？
4. 简述先张法的施工工艺方法。

请您根据所学知识思考并回答以上问题。

任务描述

所谓预应力混凝土就是为了弥补混凝土过早出现裂缝的现象，在构件使用(加载)以前，预先给混凝土一个预压力，即在混凝土的受拉区内，用人工加力的方法，将钢筋进行张拉，利用钢筋的回缩力，使混凝土受拉区预先受压力。这种储存下来的预加压力，当构件承受由外荷载产生拉力时，首先抵消受拉区混凝土中的预压力，然后随荷载增加，才使混凝土受拉，这就限制了混凝土的伸长，延缓或不使裂缝出现。按照施加预应力的方法分为两类：先张法和后张法。本任务主要讲授先张法预制梁板的施工工艺及控制要点。

一、先张法简介

先张法是在浇筑混凝土之前，在台座或模板上先张拉预应力钢筋，用夹具临时固定，然后浇筑混凝土。待混凝土达到规定强度(一般不低于混凝土设计强度标准值的80%)，保证预应力筋与混凝土有足够的黏结力时放张或切断预应力筋，借助于预应力筋的弹性回缩及混凝土与预应力筋间的黏结力，对混凝土施加预压应力，如图4-27所示。先张法一般仅适用于生产中小型构件，在固定的预制厂生产。

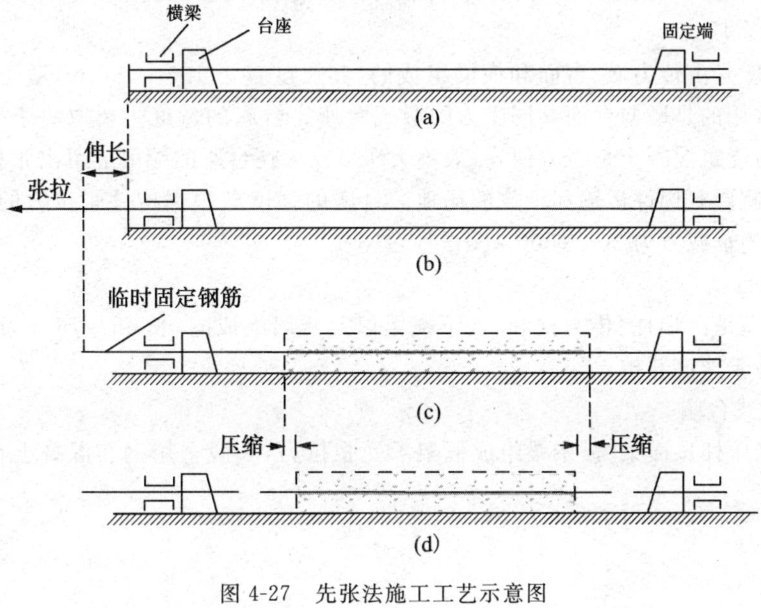

图4-27 先张法施工工艺示意图

先张法生产构件可采用长线台座法，一般台座长度为 100～150 m，或在钢模中机组组流水法生产构件。先张法生产构件，涉及台座、张拉机具和夹具及先张法张拉工艺，下面将分别叙述。

二、先张法梁体预制技术

先张法梁体施工工艺流程如图 4-28 所示。

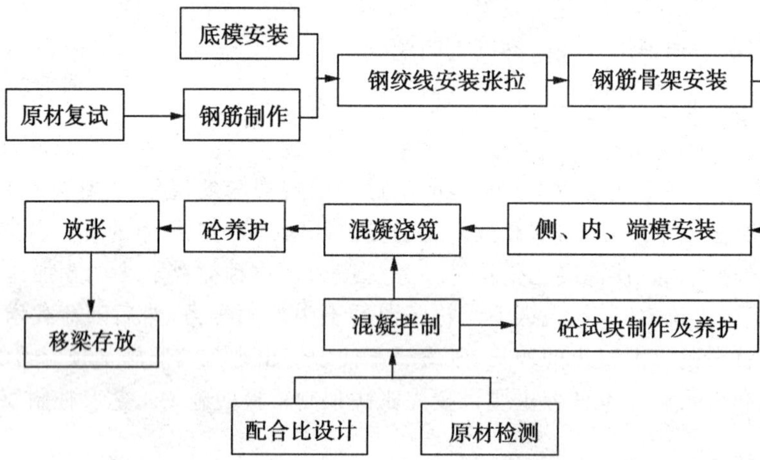

图 4-28　先张法梁体施工工艺流程

(一)先张法梁体预制台座

台座是先张法施工中主要的设备之一，它必须有足够的强度、刚度和稳定性；满足生产工艺的要求，避免因台座的变形、倾覆和滑移而引起预应力值的损失，以确保先张法生产构件的质量。

台座按构造形式的不同可分为墩式、槽式和框架式台座三类，如图 4-29 所示。

1. 墩式台座

墩式台座是由传力墩、台面和横梁组成的，其长度宜为 100～150 m，适于中、小型构件。目前，常用的是墩与台面共同受力的墩式台座。台座的宽度主要取决于构件的布筋宽度、张拉与浇筑混凝土是否方便，一般不大于 2 m。在台座的端部应留出张拉操作用地和通道。两侧要有构件运输和堆放的场地。台座的强度应根据构件张拉力的大小，可按台座每米宽的承载力为 200～500 kN 设计台座。

2. 槽式台座

槽式台座是由端柱、传力柱和上、下横梁以及砖墙组成的，长 45～76 m，适于双向预应力构件，易于蒸汽养护。

3. 框架式台座

由纵梁(压柱)、横梁、横系梁组成框架承受张拉力，一般采用钢筋混凝土在现场整体浇筑。

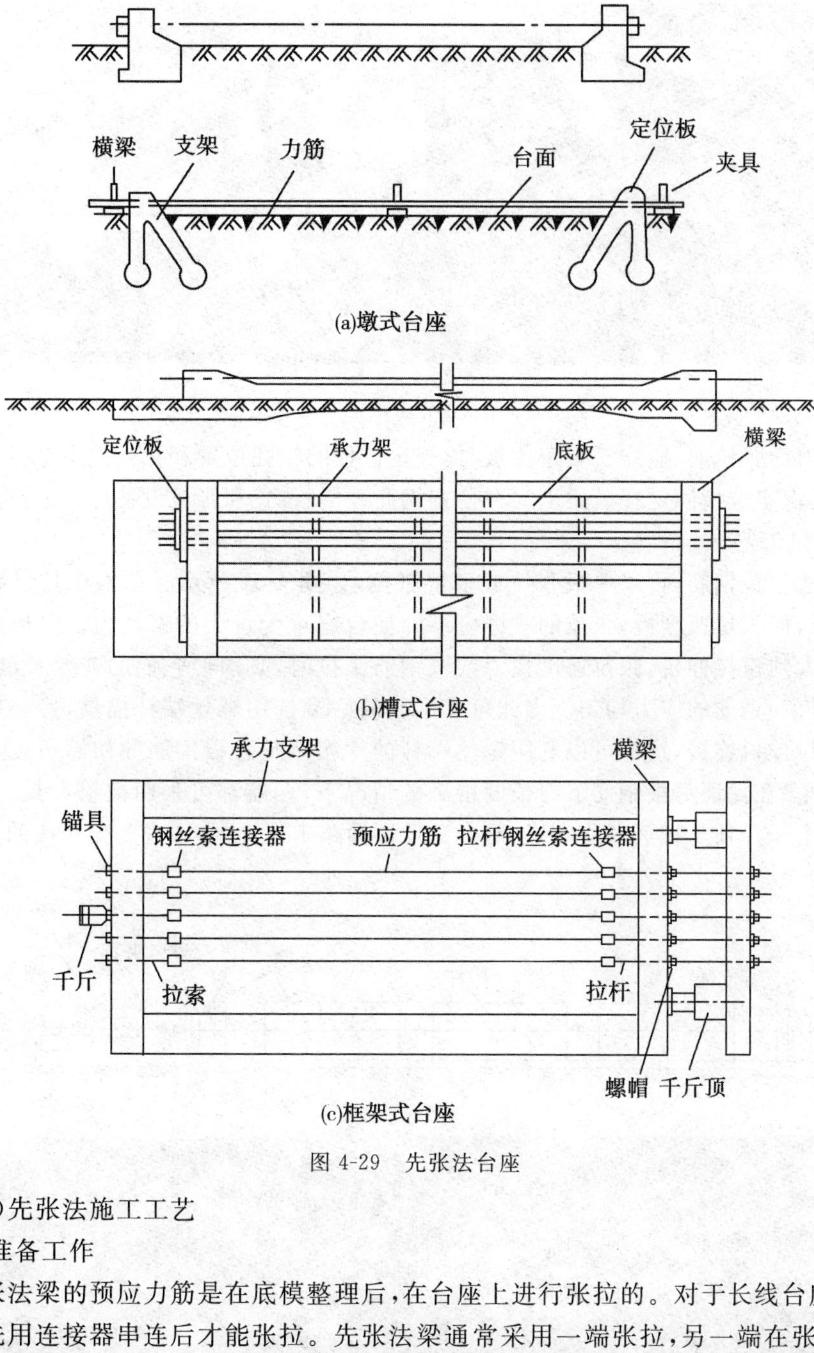

图 4-29　先张法台座

(二)先张法施工工艺

1. 准备工作

先张法梁的预应力筋是在底模整理后,在台座上进行张拉的。对于长线台座,预应力筋需要先用连接器串连后才能张拉。先张法梁通常采用一端张拉,另一端在张拉前要设置好固定装置或安放好预应力筋的放松装置。但也有采用两端张拉的方法(见图 4-30)。

图 4-30　先张法钢绞线的布置及接长

预应力筋张拉前，应先安装定位板，检查定位板的钻孔位置和孔径大小是否符合设计要求，然后将定位板固定在横梁上。在检查钢筋数量、位置和张拉设备后，方可进行张拉。

2. 张拉工艺

先张法张拉钢筋，可以单根张拉或多根张拉，如图 4-31 所示。单根张拉设备比较简单，吨位低，但张拉速度慢，张拉的顺序应不致使台座承受过大的偏心力。多根张拉一般需有两个大吨位拉伸机，张拉速度快。数根钢筋张拉时，必须使它们的初始长度一致，张拉后每根(束)钢筋的应力均匀。因此可在钢筋的一端选用螺丝端杆锚具，另一端选用镦粗夹具与拉伸机连接，这样可以利用螺丝端杆的螺帽调整各根钢筋的初始长度。如果钢筋直径较小，在保证每根钢筋下料长度精确的情况下，两端都可采用镦粗夹具。此外，还必须使两个千斤顶与钢筋对称布置，两个千斤顶油路串通，同步顶进。先张法的张拉程序见表 4-1。

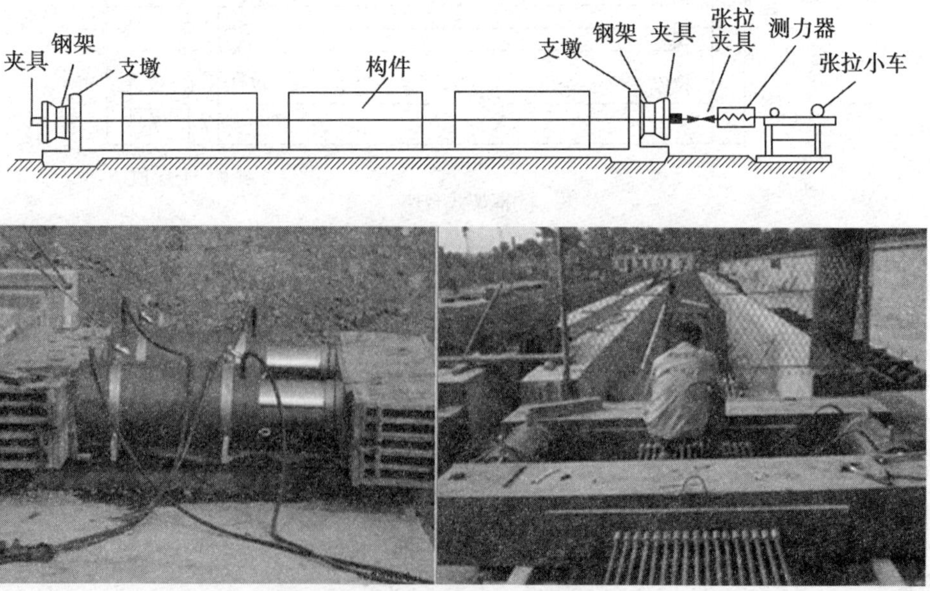

图 4-31　先张法整体张拉机构

表 4-1　　先张法预应力筋的张拉程序

预应力筋种类	张拉程序
钢筋	0→初应力→1.05σ_{con}(持荷 5 min)→0.9σ_{con}→σ_{con}(锚固)
钢丝、钢绞线	0→初应力→1.05σ_{con}(持荷 5 min)→0→σ_{con}(锚固)
	对于夹片式等具有自锚性能的锚具： 普通松弛力筋 0→初应力→1.03σ_{con}(锚固) 低松弛力筋 0→初应力→σ_{con}(持荷 5 min 锚固)

注：①表中 σ_{con} 为张拉时的控制应力值，包括预应力损失值。

②超张拉数值超过规定的最大超张拉应力限值时，按规定的限制张拉应力张拉。

为了减少预应力筋的应力松弛损失，通常采用超张拉方法。以上张拉程序中应力由1.05σ_{con}退至0.9σ_{con}，主要是为了设置预埋件、绑扎钢筋等工作的安全。σ_{con}为张拉时的控制应力，包括预应力损失值。张拉时，预应力筋的断丝数量不得超过表 4-2 的规定。

表 4-2　　先张法预应力筋断丝限制

类别	检查项目	控制数
钢丝、钢绞线	同一构件内断丝数不得超过钢丝总数的	1%
钢筋	断筋	不容许

预应力筋张拉时，张拉机具与预应力筋应在一条直线上；同时，在台面上每隔一定距离放一根圆钢筋头或相当于混凝土保护层厚度的其他垫块，以防预应力筋因自重而下垂。张拉过程中应避免预应力筋断裂或滑落；先张法预应力构件，在浇筑混凝土前发生断裂或滑落的预应力筋必须予以更换。预应力筋张拉锚固后，对设计位置的偏差不得大于5 mm，且不大于构件截面最短边长的4%。张拉过程中，应按混凝土结构工程施工质量验收规范要求填写张拉预应力张拉记录表，以便检查。

施工中应注意安全。台座两端应设有防护措施，张拉时，正对钢筋两端禁止站人，也不准进入台座。敲击锚具的锥塞或楔块时，不应用力过猛，以免损伤预应力筋而断裂伤人，但又要锚固可靠。

3. 放松预应力筋

当混凝土强度达到设计要求后，可在台座上放松受拉预应力筋(称为"放张")，对预制梁施加预应力。当设计无规定时，一般应在大于混凝土设计强度的80%时进行。放松之后，切割梁外钢筋，即可移位准备再生产。

放松预应力钢筋的方法有：用千斤顶放松、张拉放松、滑楔放松、砂箱放松、螺杆放松、氧割法等，以下简单介绍常用的几种放松法。

(1)千斤顶放松法

如图 4-32 所示，张拉前在台座固定端承力架与横梁之间安放两个千斤顶，待混凝土达到规定放松强度后，即可让两个千斤顶同步回程，使拉紧的力筋慢慢回缩，将力筋放松。

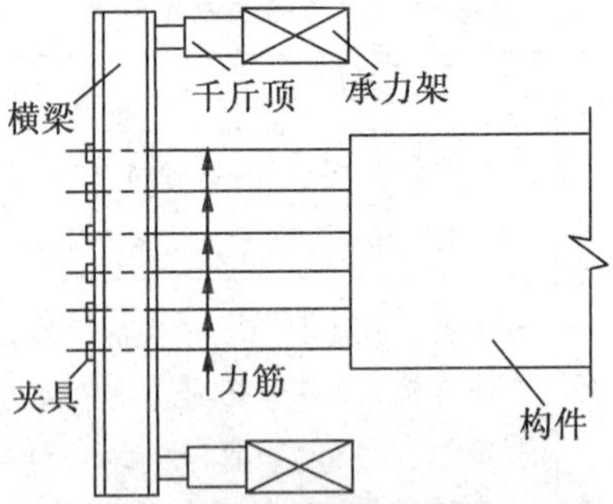

图 4-32　千斤顶放松

(2)张拉、螺杆放松法

在张拉端利用连接器、拉杆、双螺帽放松预应力筋，如图 4-33 所示。施加的应力不应超过原有的张拉控制应力。之后将固定在横梁定位板前的双螺帽慢慢旋动，同一组放松的预应力筋螺帽旋动的距离应相等，然后再将千斤顶回油，力筋就慢慢回缩，张拉力即被释放。如果采用单根放松时，应自构件两侧对称向中心分阶段进行。

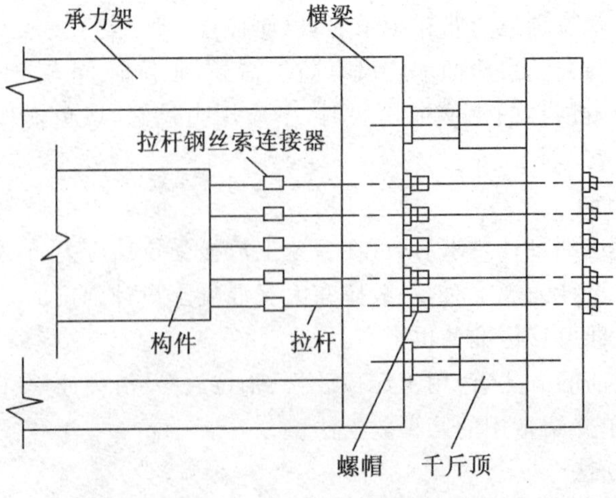

图 4-33　张拉、螺杆放松

在台座固定端设置螺杆和张拉架，张拉架顶紧横梁让预应力筋锚固在张拉架上，如图4-33所示。放松时，再略微拉紧力筋，让其伸长一些，然后拧松螺帽，再将千斤顶回油，力筋就慢慢回缩，张拉力即被释放。

(3)滑楔放松法

张拉前将三块钢制U形滑楔放在台座横梁与螺帽之间，在中间滑楔上设置螺杆、螺丝顶住预应力筋，张拉完毕后，放松螺丝，因反力作用，而使中间滑楔向上滑动，将预应力筋慢慢放松。

(4)砂箱放松法(见图4-34)

当张拉力较大时，可采用砂箱放张。砂箱主要由钢制套箱及活塞组成(套箱内径比活塞外径大2 mm)，内装石英砂或铁砂。当张拉钢筋时，箱内砂被压实，承担着横梁的反力。放松钢筋时，将出砂口打开，使砂缓慢流出，从而达到缓慢放张的目的。采用砂箱放张，能控制放张速度，工作可靠，施工方便。

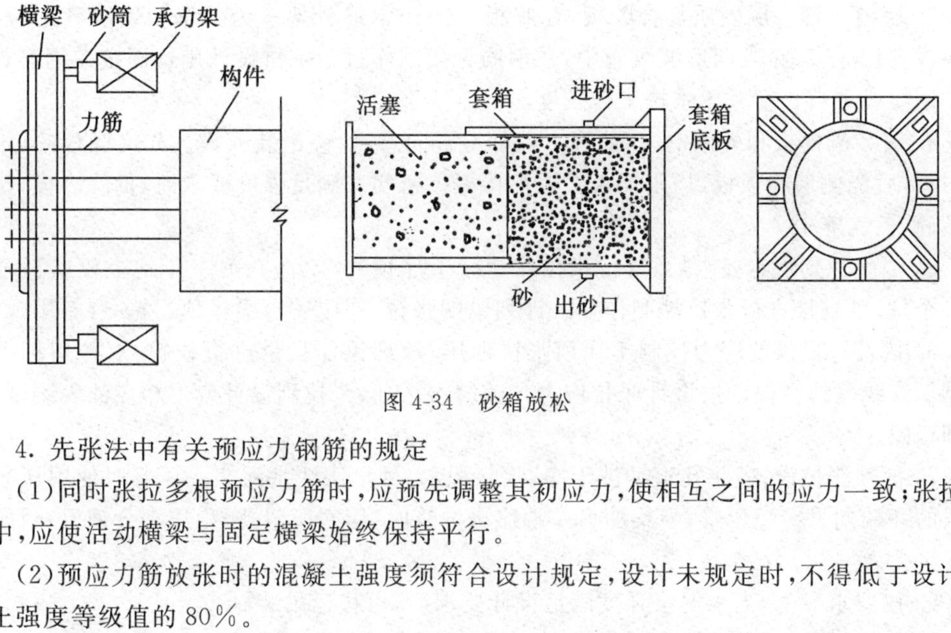

图4-34 砂箱放松

4. 先张法中有关预应力钢筋的规定

(1)同时张拉多根预应力筋时，应预先调整其初应力，使相互之间的应力一致；张拉过程中，应使活动横梁与固定横梁始终保持平行。

(2)预应力筋放张时的混凝土强度须符合设计规定，设计未规定时，不得低于设计混凝土强度等级值的80%。

(3)预应力筋的放张顺序应符合设计要求，设计未规定时，应分阶段、对称地放张。在力筋放张之前，应将限制位移的侧模、翼缘模板或内模拆除。

(4)多根整批预应力筋的放张，可采用砂箱法或千斤顶法。用砂箱放张时，放砂速度应均匀一致；用千斤顶放张时，放张宜分数次完成。单根钢筋采用拧松螺母的方法放张时，宜先两侧后中间，并不得一次将一根力筋松完。

(5)钢筋放张后，可用乙炔—氧气切割，但应采取措施防止烧坏钢筋端部。钢丝放张后，可用切割、锯断或剪断的方法切断；钢绞线放张后，可用砂轮锯切断。

任务三　后张法施工

引导案例

项目部在预制 40 m 和 25 mT 梁时，发现该桥右侧为一大块麦地，于是项目经理部决定布置为预制场。确定的预制安装施工方案为：设 32 个台座，全部预制完成后，采用 130 吨吊车装就位。工程部门作出主要施工方案如下：

1. 人工清表 10 cm，放样 32 个台座，立模，现浇 15 m 厚 C20 砼，埋设对拉杆预留孔，台座顶面撒水泥抹光平整。

2. 外模采用已经使用过的同尺寸箱梁的定型钢模板，内模采用木模外包镀锌铁皮，所有模板试拼合格。

3. 底模上铺一层硬质复合胶板，在胶板上制作钢筋骨架。为了钢绞线准确定位，将钢绞线绑扎成束，穿入圆形波纹管中，在钢筋骨架制作过程中按设计坐标固定在钢筋骨架上。钢绞线下料长度考虑张拉工作长度。

4. 安装端模板和外侧钢模，监理工程师检查同意后，砼吊装入模。先浇底板砼，再安装内模，后浇侧墙和顶板，均用插入式振捣棒振捣密实。满足强度要求时，拆除内模，浇筑封端砼，覆盖养生 7 天。

5. 强度达到规定要求后，进行张拉作业。千斤顶共 2 台，在另一工地上校验后才使用一个月，可直接进行张拉控制作业。计划单端张拉，使用一台千斤顶，另一台备用。

6. 按设计提供的应力控制千斤顶张拉油压，按理论伸长量进行校核，双控指标严格控制钢绞线张拉。保证按设计张拉应力匀速缓慢增加，张拉到设计应力相应油表刻度时，立即锚固。

7. 拆除张拉设备，将孔道冲洗干净，吹除积水，尽早压注水泥浆。压浆时使用压浆机从梁的一端向另一端压浆，当梁的另一端流出浓浆时，堵塞压浆孔，稳压 1 分钟后，封闭压浆端浆孔。

8. 按要求养生，当水泥浆强度满足设计要求后，可移运吊装。

请你指出写明的方案中的不当之处，并说明理由。

任务描述

后张法梁施加预应力时(如图 4-35)，构件混凝土强度一般不低于设计标号的 80%。力筋张拉前必须完成梁内预留孔道、制束、制锚、穿束和张拉机具设备的准备工作。但后张法生产预应力混凝土梁，不需要大型的张拉台座，灵活性大，便于在桥梁工地现场施工，而且又适宜于配置曲线形预应力筋的重、大型构件制作，因此在公路桥梁上应用广泛。

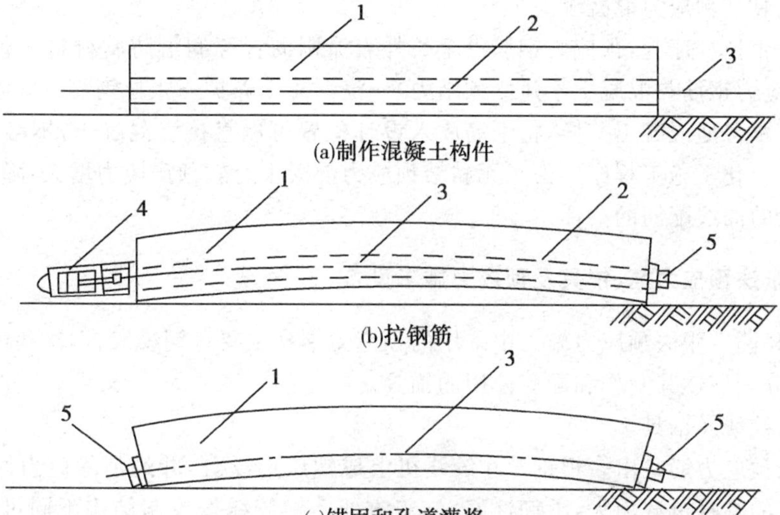

图 4-35　后张法预应力施工示意

1—混凝土构件；2—预留孔道；3—预应力筋；4—千斤顶；5—锚具

后张法预应力施工的特点是直接在构件或结构上张拉预应力筋，混凝土在张拉过程中受到预应力而完成弹性压缩，因此混凝土的弹性收缩不直接影响预应力筋有效预应力的建立。后张法不需台座，构件在张拉过程中完成砼的弹性压缩，广泛应用于现场生产的大型预应力构件和现浇砼结构中。本任务主要讲授后张法预制梁板的施工工艺及控制要点。

一、后张法简介

后张法指的是先制作构件，并在构件体内按预应力筋的位置留出相应的孔道，待构件的混凝土强度达到规定的强度(一般不低于设计强度标准值的 80%)后，在预留孔道中穿入预应力筋进行张拉，并利用锚具把张拉后的预应力筋锚固在构件的端部，依靠构件端部的锚具将预应力筋的预张拉力传给混凝土，使其产生预压应力；最后在孔道中灌入水泥浆，使预应力筋与混凝土构件形成整体。

二、后张法的分类

(一)有黏结预应力混凝土

先浇混凝土，待混凝土达到设计强度 80%以上，再张拉钢筋(钢筋束)。其主要张拉程序为：埋管制孔→浇混凝土→抽管→养护穿筋张拉→锚固→灌浆(防止钢筋生锈)。其传力途径是依靠锚具阻止钢筋的弹性回弹，使截面混凝土获得预压应力，这种做法使钢筋与混凝土结为整体，称为“有黏结预应力混凝土”。

有黏结预应力混凝土由于黏结力(阻力)的作用使得预应力钢筋拉应力降低，导致混凝土压应力降低，所以应设法减少这种黏结。这种方法设备简单，不需要张拉台座，生产灵活，适用于大型构件的现场施工。

(二)无黏结预应力混凝土

其主要张拉程序为:预应力钢筋沿全长外表涂刷沥青等润滑防腐材料→包上塑料纸或套管(预应力钢筋与混凝土不建立黏结力)→浇混凝土养护→张拉钢筋→锚固。

施工时跟普通混凝土一样,将钢筋放入设计位置可以直接浇混凝土,不必预留孔洞、穿筋、灌浆,简化了施工程序。由于无黏结预应力混凝土有效预压应力增大,降低造价,适用于跨度大的曲线配筋的梁体。

三、后张法预应力筋、锚具及预应力施工设备

目前,我国后张法预应力施工中采用的预应力钢材主要有钢绞线、钢丝和精轧螺纹钢筋等,下面分别叙述其制作和配套使用的锚具。

(一)钢绞线及锚具

钢绞线预应力筋是由多根钢丝在绞线机上成螺旋形绞合,并经消除应力回火处理而成。钢绞线的整根承载力大,柔韧性好,施工方便。钢绞线按捻制结构不同可分为1×2钢绞线、1×3钢绞线和1×7钢绞线等。1×7钢绞线是由6根外层钢丝围绕着一根中心钢丝(直径加大2.5%)绞成,用途广泛。

1. 钢绞线的制作

钢绞线的质量大、盘卷小、弹力大,为了防止在下料过程中钢绞线紊乱并弹出伤人,事先应制作在一个简易的铁笼内,从盘卷中逐步抽出,较为安全。

钢绞线下料宜用砂轮锯或切断机切断,不得采用电弧切割。钢绞线编束宜用20号铁丝绑扎,间距2~3 m。编束时应先将钢绞线理顺,并尽量使各根钢绞线松紧一致。如钢绞线单根穿入孔道,则不编束。

2. 锚具

锚具是后张法预应力混凝土构件或结构为保持预应力筋的拉力并将其传递到混凝土上所用的永久性锚固装置。根据锚具在构件中的位置分为张拉端锚具(常用夹片式锚具)和锚固端锚具(采用P锚),如图4-36所示。

张拉端锚具可分为单孔和多孔。单孔夹片锚固由锚环和夹片组成。当预应力筋受P力时(张拉后回缩力),由于夹片内孔有齿咬合预应力筋,而带动夹片(不得产生滑移)进入锚环锥孔内。由于楔形原理,故越楔越紧。

多孔夹片锚具有多孔锚板、锚垫板(也称“铁喇叭管”“锚座”)、螺旋筋等组成。这种锚具是在一块多孔的锚板上利用每一个锥形孔装一副夹片,夹持一根钢绞线。其优点是任何一根钢绞线锚固失效都不会引起整体锚固失效。

钢绞线固定端锚固具有挤压锚具、压花锚具等。其中,挤压锚具可埋在混凝土结构内,也可安装在混凝土结构之外,对有黏结钢绞线预应力筋和无黏结钢绞线预应力筋都适用,应用范围较广。压花锚具成本较低,仅适用于固定端空间较大且有足够的黏结长度的情况。

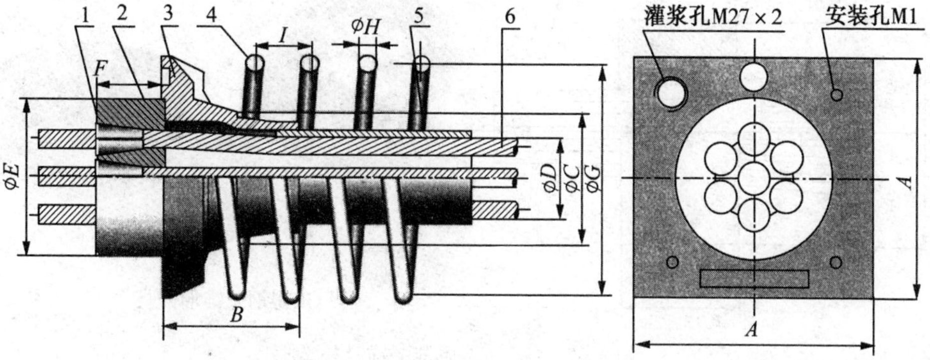

(a)张拉端锚具

1—夹片;2—锚板;3—锚垫板;4—螺旋筋;5—波纹管;6—钢绞线

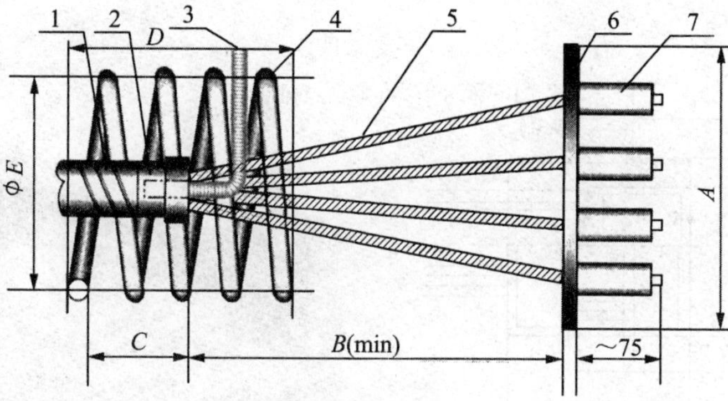

(b)锚固端锚具

1—波纹管;2—约束圈;3—出浆管;4—螺旋筋;5—钢绞线;6—固定锚板;7—挤压头

图 4-36 锚 具

(二)预应力钢丝及锚具

1. 预应力钢丝

高强预应力钢丝的品种有冷拔钢丝、消除应力钢丝、刻痕钢丝、低松弛钢丝和镀锌钢丝等。钢丝束预应力筋的制作一般需经过下料、编束和组装锚具等工作。

2. 锚具

高强钢丝常用的锚具有钢质锥形锚具、镦头锚具和锥形螺杆锚具(见图 4-37)。

钢质锥形锚具(又称“弗式锚”)由锚环和锚塞组成。锚环和锚塞均用 45 号钢制作。锚环不得有裂纹,经调质热处理后,硬度为 HB220~250,锚塞表面加工成螺纹状小齿,以保证钢丝与锚塞的摩擦,由于碳素钢丝表面硬度为 HRC40~50,所以锚塞热处理后的硬度应达 HRC55~58。

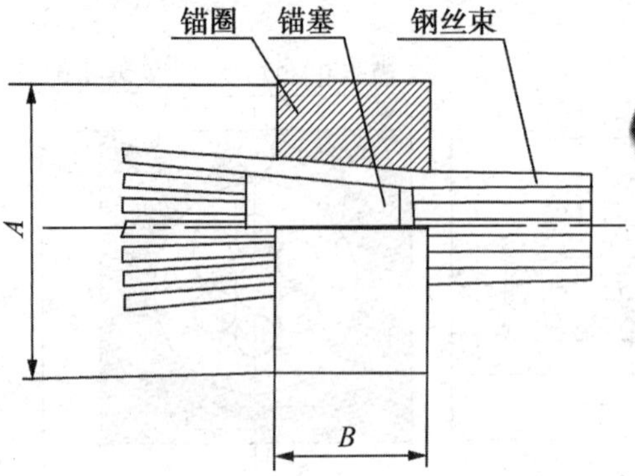

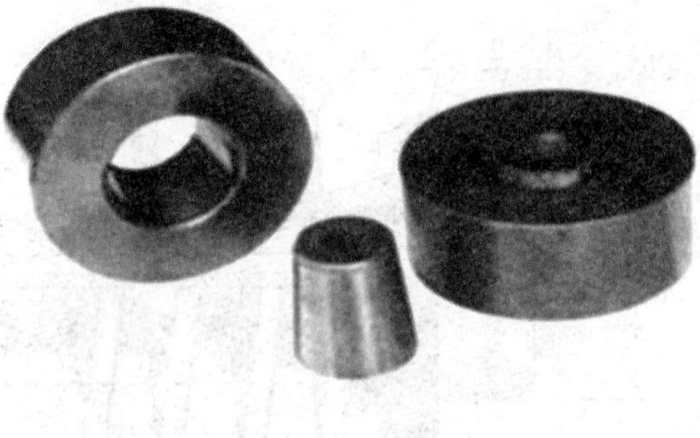

图 4-37　GZ 型钢质锥形锚具构造

钢丝束镦头锚具是利用钢丝本身的镦头而锚固钢丝的一种锚具，可以锚固任意根数的φ P5 和φ P7 钢丝束，张拉时，需配置工具式螺杆(见图 4-38)。

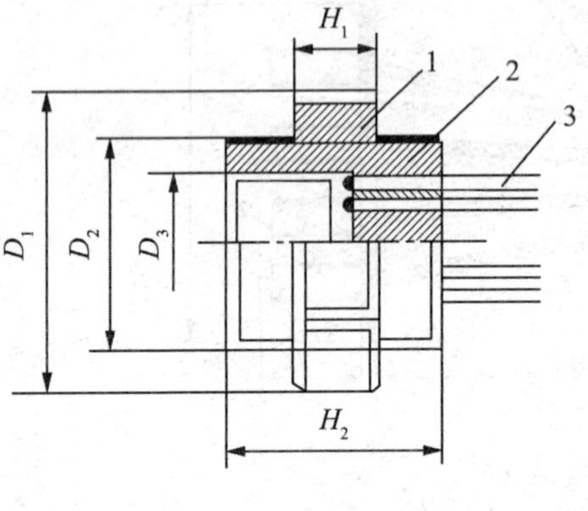

图 4-38　DMA 型张拉端锚具

1—螺母；2—锚环；3—钢丝

(三)张拉机具和设备

预应力筋的张拉工作必须配置成套的张拉机具设备。后张法预应力施工所用的张拉设备由液压千斤顶、高压油泵和外接油管等组成。张拉设备应装有测力仪器，以准确建立预应力值。张拉设备应有专人使用和保管，并定期维护和校验。

1. 千斤顶

预应力液压千斤顶按机型不同可以分为拉杆式千斤顶、穿心式千斤顶、锥锚式千斤顶等几种。

(1)拉杆式千斤顶

拉杆式千斤顶是利用单活塞杆张拉预应力筋的单作用千斤顶，只能张拉吨位不大于 600 kN 的支撑式锚具，近年来已逐步被多功能的穿心式千斤顶代替。

(2)穿心式千斤顶

穿心式千斤顶是一种具有穿心孔，利用双液缸张拉预应力筋和顶压锚固预应力筋的双作用千斤顶，如图 4-39 所示。

图 4-39　穿心式千斤顶

(3)锥锚式千斤顶

锥锚式千斤顶是一种具有张拉、顶锚和退楔功能的三作用千斤顶,仅用于带钢质锥形锚具的钢丝束。

2. 高压油泵

高压油泵主要与各类千斤顶配套使用。高压油泵的类型比较多,性能不一,如 ZB4/500 型高压油泵,它由泵体、控制阀、油压表、车体和管路等部件组成。

四、后张法施工工艺

图 4-40 为后张法有黏结预应力筋施工工艺流程。

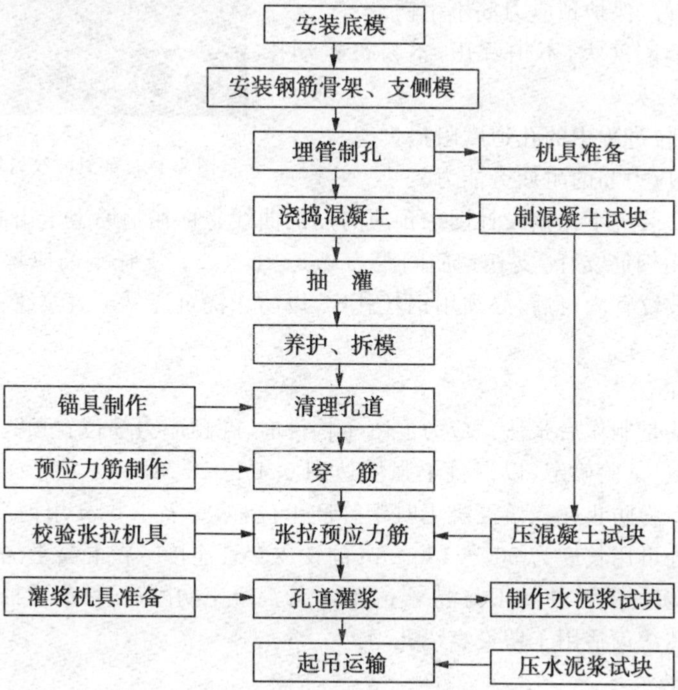

图 4-40　后张法有黏结预应力施工工艺流程

(一)孔道留设

孔道留设是后张法有黏结预应力筋施工中的关键工作之一。预留孔道的规格、数量、位置和形状应符合设计要求。预留孔道的定位应牢固,浇筑混凝土时不应出现位移和变形。孔道应平顺,短端部的预埋锚垫板应垂直于孔道中心线。设置于混凝土中的管道不应有漏浆现象,且应具有足够的强度和刚度,应能在浇筑混凝土重力的作用下保持原有的形状,并能按要求传递黏结应力。

1. 预埋波纹管法

预埋波纹管成孔时,波纹管直接埋在构件或结构中不再取出,这种方法特别适用于留设曲线孔道。按材料不同,波纹管分为金属波纹管和塑料波纹管。

金属波纹管(见图 4-41)又称“螺旋管”,宜采用镀锌钢带制作,壁厚不宜小于0.3 mm。按照截面形状可分为圆形和扁形两种;按照钢带表面状况可分为镀锌和不镀锌两种。预应力混凝土用金属波纹管应满足径向刚度、抗渗漏、外观等要求。金属波纹管的连接采用大一号的同型波纹管。接头管的长度为 200～300 mm,其两端用密封胶带或塑料热缩管封裹。

高密度聚乙烯塑料波纹管用于预应力筋孔道时具有以下优点:

(1)提高预应力筋的防腐保护,可防止氯离子侵入而产生的电腐蚀。

(2)不导电,可防止杂散电流腐蚀。

(3)密封性好,保护预应力筋不生锈。

(4)强度高,刚度大,不怕踩压,不易被振动棒凿破。

(5)减小张拉过程中的孔道摩阻损失。

(6)提高预应力筋的耐疲劳能力。

图 4-41 金属波纹管埋置式制孔器

波纹管的安装应事先按设计图中预应力筋的曲线坐标在箍筋上定出曲线位置。波纹管的固定应采用钢筋支托,支托钢筋间距为 0.8～1.0 m。支托钢筋应焊在箍筋上,箍筋底部应垫实。波纹管固定后,必须用钢丝扎牢,以防止浇筑混凝土时波纹管上浮而引起严重的质量事故。

2. 钢管抽芯法

钢管抽芯法是制作后张法预应力混凝土构件时,在预应力筋位置预先埋设钢管,待混凝土初凝后(通过试验确定,以混凝土强度达到 0.4～0.8 MPa 时为宜)再将钢管旋转抽出的留孔方法。为防止在浇筑混凝土时钢管产生位移,每隔 1.0 m 用钢筋井字架固定牢固。钢管接头处可用长度为 300～400 mm 的铁皮套管连接。在混凝土浇筑后,每隔一定时间慢慢同向转动钢管,使之不与混凝土黏结;待混凝土初凝后、终凝前抽出钢管,即形成孔道。钢管抽芯法仅适用于留设直线孔道。

3. 胶管抽芯法

胶管抽芯法是制作后张法预应力混凝土构件时,在预应力筋的位置处预先埋设胶管,待混凝土结硬后再将胶管抽出的留孔方法。为防止在浇筑混凝土时产生位移,直线段每隔 600 mm 用钢筋井字架固定牢靠，曲线段应适当加密。胶管两端应有密封装置。在浇筑混凝土前，胶管内充入压力为 0.6～0.8 MPa 的压缩空气或压力水，管径增大约 3 mm，待浇筑的混凝土初凝后，放出压缩空气或压力水，管径缩小，混凝土脱开，随即拔出胶管。胶管抽芯法适用于留设直线与曲线孔道，如图 4-42 所示。

(a)预埋橡胶管

(b)橡胶管接头

图 4-42　胶管抽芯法

在预应力筋孔道两端，应设置灌浆孔和排气孔。灌浆孔可设置在锚垫板上或利用灌浆管引至构件外，其间距对抽芯成型孔道不宜大于 12 m，孔径应能保证浆液畅通，一般不宜小于 20 mm，曲线孔道的曲线波峰部位应设置排气兼泌水管，必要时可在最低点设置排水孔，泌水管伸出构件顶面的高度不宜小于 0.5 m。

灌浆孔的做法：对于一般预制构件，可采用木塞留孔。木塞应抵紧钢管、胶管或螺旋管，并应固定，严防混凝土振捣时脱开。现浇预应力结构金属螺旋管留孔做法是在螺旋管上开口，用带嘴的塑料弧形压板与海绵垫片覆盖并用铁丝扎牢，再接增强塑料管（外径 200 mm，内径 160 mm）。为保证留孔质量，金属螺旋管上可先不开孔，在外接塑料管内插一根钢筋，待孔道灌浆前，再用钢筋打穿螺旋管。

波纹管是后张法梁使用越来越广的制孔器，它具有局部抗压度大、内壁摩阻力小、与混凝土联结性能好、易弯曲造型等优点。但是，波纹管需要比铁皮管更密的定位钢筋，应尽量避免电焊花溅及，否则易发生管道线形走样和管壁漏浆现象。

（二）穿束

预应力筋穿入孔道，简称“穿束”。当梁体混凝土强度达到设计强度的 80%以上时，才可进行穿束张拉。先穿束法即在浇筑混凝土之前穿束。此法穿束省力，但穿束占用工期，预应力筋的自重引起的波纹管摆动会增大摩阻损失，预应力筋端保护不当易生锈。后穿束法即在浇筑混凝土之后穿束。此法可在混凝土养护期内进行，不占工期，便于用通孔器或高压水通孔，穿束后即行张拉，易于防锈，但穿束较为费力。穿束前，可用空压机吹风等方法清除孔道内的污物和积水，以确保孔道畅通。一般可采用人工直接穿束，也可借助一根φ5 长钢丝作为引线，用卷扬机牵引较长的束筋进行穿束工作。穿束时钢丝束从一端穿入预留孔道，钢丝束在孔道两端头伸出的长度应大致相等。目前，穿钢绞线束的新方法是用专门的穿束机，将钢绞线从盘架上拉出后从孔道的一端快速地（速度为 3～5 m/s）推送入孔道。当戴有护头的束前端穿出孔道另一端时，用电动切线机按规定伸出长度予以截断，再将新的端头戴上护头穿第二束，直至穿到规定的束数。有时可在浇筑混凝土前预先埋束。

（三）预应力筋的张拉

1. 张拉用机具及仪表

（1）预应力张拉用的机具设备和仪表应符合下列规定：

预应力筋的张拉宜采用穿心式双作用千斤顶，整体张拉或放张宜采用具有自锚功能的千斤顶；张拉千斤顶的额定张拉力宜为所需张拉力的1.5倍，且不得小于1.2倍。与千斤顶配套使用的压力表应选用防震型产品，其最大读数应为张拉力的1.5～2.0倍，标定精度应不低于1.0级。张拉机具设备应与锚具产品配套使用，并应在使用前进行校正、检验和标定。

（2）张拉用的千斤顶与压力表应配套标定、配套使用，标定应在经国家授权的法定计量技术机构定期进行，标定时千斤顶活塞的运行方向与实际张拉工作状态一致。当处于下列情况之一时，应重新进行标定：

使用时间超过6个月；张拉次数超过300次；使用过程中千斤顶或压力表出现异常情况；千斤顶检修或更换配件后。

2. 张拉前的准备工作

（1）混凝土强度、弹性模量检验。

张拉时，结构或构件混凝土的强度、弹性模量（或龄期）应符合设计规定；设计未规定时，混凝土的强度应不低于设计强度等级值的80％，弹性模量应不低于混凝土28天弹性模量的80％。

（2）构件端头清理。构件端部预埋钢板与锚具接触处的焊渣、毛刺、混凝土残渣等应清除干净。

（3）张拉操作平台搭设。高空张拉预应力筋时，应搭设可靠的操作平台。张拉操作平台应能承受操作人员与张拉设备的重量，并装有防护栏杆。

（4）锚具与张拉设备安装。

锚具安装正确。对钢绞线束夹片锚固体系，安装锚具时应注意工作锚板或锚环对中，夹片均匀打紧并外露一致；千斤顶上的工具锚孔与构件端部工作锚的孔位排列要一致，以防钢绞线在千斤顶穿心孔内打叉。安装张拉设备时，对于直线预应力筋，应使张拉力作用线与孔道中心线重合；对于曲线预应力筋，应使张拉力作用线与孔道中心线末端的切线重合。实施张拉时，千斤顶与预应力筋、锚具的中心线应位于同一轴线上。

3. 预应力筋张拉顺序

预应力筋的张拉顺序应符合设计规定；设计未规定时，可采用分批、分阶段的方式对称张拉。

预应力的张拉顺序应使梁上、下边缘混凝土应力不超过容许值，构件不扭转与侧弯、结构不变位等，应对称于预制梁截面的竖直轴线。同时，还应考虑到尽量减少张拉设备的移动次数。两端同时张拉时，两端千斤顶的升降压、画记号、测伸长、插垫等工作均应一致。

4. 预应力张拉

张拉使用的张拉机及油泵、锚、夹具按设计要求准备，并配套使用，配套定期校验，以准确标定张拉力与压力表读数间的关系曲线。

后张法梁的预应力筋(束)张拉程序依锚具形式和筋束种类不同而不同，如表 4-3 所示。

张拉控制应符合设计规范要求，采取应力、应变(即应力和伸长值)“双控”，以应力控制为主，伸长值控制为辅。

先将钢绞线略微予以张拉，以消除钢绞线松弛状态，并检查孔道轴线、锚具和千斤顶是否在一条直线上。钢绞线初始应力达到张拉控制的 10%时，可在千斤顶活塞上作一个记号，作为量测伸长值的参考点，在钢绞线上作一个记号检查钢丝有无滑动。

张拉过程中，如发生下列任何一种情况，预应力设备应重新进行校验标定：

(1)张拉过程中，预应力钢丝经常出现断丝时；

(2)千斤顶漏油时；

(3)油压表指针挡回零时；

(4)调换千斤顶油压表时。

张拉过程应选派经验丰富的技术员负责整个预应力张拉工作，张拉作业人员应持证上岗。

表 4-3　　后张法预应力筋张拉程序

锚具和预应力筋类别		张拉程序
夹片式等具有自锚性能的锚具	钢绞线束、钢丝束	普通松弛预应力筋 0→初应力→1.03σ_{con}(锚固)
		低松弛预应力筋 0→初应力→σ_{con}(持荷 5 min 锚固)
其他锚具	钢绞线束	0→初应力→1.05σ_{con}(持荷 5 min)→σ_{con}(锚固)
	钢丝束	0→初应力→1.05σ_{con}(持荷 5 min)→0→σ_{con}(锚固)
螺母锚固锚具	螺纹钢筋	0→初应力→σ_{con}(持荷 5 min)→0→σ_{con}(锚固)

注：①表中 σ_{con} 为张拉时的控制应力，包括预应力损失值。

②两端同时张拉时，两端千斤顶升降压、画线、测伸长、插垫等工作应基本一致。

③梁的竖向预应力筋可一次张拉到控制应力，持荷 5 min 后测伸长值和锚固。

④超张拉数值超过规定的最大超张拉应力限值时，应按该条规定的限值进行张拉。

后张预应力筋断丝及滑移不得超过表 4-4 的控制数。

表 4-4　　后张法预应力筋断丝、滑移的限制

类别	检查项目	控制数
钢丝束和钢绞线束	每束钢丝断丝或滑丝	1 根
	每束钢绞线断丝或滑丝	1 丝
	每个断面断丝之和不超过该断面钢丝总数的	1%
单根钢筋	断筋或滑移	不容许

注：①钢绞线断丝系指单根钢绞线内钢丝的断丝。

②超过表列控制数时，原则上应更换，当不能更换时，在许可的条件下，可采取补救措施，如提高其他束预应力值，但须满足设计上各阶段极限状态的要求。

5. 预应力筋理论伸长值计算与张拉伸长值校核

(1)后张法预应力筋理论伸长值及预应力筋平均张拉力的计算

$$\Delta L=\frac{\overline{P}L}{A_yE_g} \tag{4-1}$$

$$\overline{P}=P\,\frac{1-\mathrm{e}^{-(\kappa L+\mu\theta)}}{\kappa L+\mu\theta} \tag{4-2}$$

式中：ΔL——预应力理论伸长值(cm)；

$\overline{P}$——预应力筋的平均张拉力(N)；

L——从张拉端到计算截面孔道长度(m)；

A_y——预应力筋截面面积(mm^2)；

E_g——预应力筋的弹性模量(MPa)；

P——预应力筋张拉端的张拉力(N)；

κ——孔道每米局部偏差对摩擦的影响系数，参见表 4-5；

θ——从张拉端到计算截面曲线孔道部分切线的夹角之和(rad)；

μ——预应力筋与孔道壁的摩擦系数，参见表 4-5。

表 4-5　　系数 κ 及 μ 值表

项次	孔道成型方式	κ 值	μ 值	
			钢丝束、钢绞线、光面钢筋	带肋钢筋
1	预埋铁皮管道	0.003	0.35	0.4
2	橡胶管抽芯成型	0.0015	0.55	0.6
3	预埋波纹管道	0.0015	0.20～0.25	—

上面两公式考虑了孔道曲线及局部偏差的摩阻影响。当为直线孔道及不考虑局部偏差的摩阻影响时，预应力筋伸长值可简化如下：

a. 当孔道为直线时，$\theta=0$，可简化为：

$$\Delta L=\frac{P}{\kappa A_yE_g}(1-\mathrm{e}^{-\kappa L}) \tag{4-3}$$

b. 当孔道为直线且无局部偏差的摩阻时，$P=\overline{P}$，可简化为：

$$\Delta L=\frac{P}{A_y E_g} \tag{4-4}$$

关于公式的说明：

预应力筋的弹性模量取值是否正确，对理论伸长值的影响较大，据有关单位的测试资料表明，一般取 $E_g=2\times10^5$ MPa 较妥。对于重要工程，应提前测试。

预应力筋的张拉力 P 按下式计算：

$$P=\sigma_K A_g n \frac{1}{1000} b \tag{4-5}$$

式中：P——预应力筋的张拉力(kN)；

σ_K——预应力筋的张拉控制应力(MPa)；

A_g——每根预应力筋的截面面积(mm^2)；

n——同时张拉预应力筋根数；

b——超张拉系数，不超拉时为 1.0。

预应力筋的张拉控制应力应符合设计要求，且不宜超过表 4-6。

表 4-6　　最大张拉应力

预应力钢材类别	最大张拉应力
冷拉 H～IV 级钢筋	$0.95R_y^b$
热处理钢筋、消除应力钢丝、钢绞线、冷拉钢丝	$0.8R_y^b$
冷拉钢丝	$0.75R_y^b$

注：R_y^b 为钢材的极限抗拉强度标准值。

(2)张拉伸长值校核

预应力张拉采用应力控制，同时以伸长值作为校核。实际伸长值与理论伸长值的差值应符合设计规定，设计无规定时，误差应控制在±6%。伸长值校核可以综合反映张拉力是否足够，孔道摩阻损失是否偏大，以及预应力筋是否有异常现象等。如实际伸长值与理论伸长值之差超过 6%，应暂停张拉，查明原因找出解决办法后方可重新张拉。

预应力筋张拉前，应先调整到初应力 σ_0(该初应力宜为张拉控制应力 σ_{con} 的 10%～25%)，伸长值应从初应力时开始量测，预应力筋的实际伸长值除量测的伸长值外，尚应加上初应力以下的推算伸长值。实际伸长值总量的计算公式如下：

$$\Delta L_{实}=\Delta L_1+\Delta L_2-C \tag{4-6}$$

式中：ΔL_1——从初应力至最大张拉应力间的实测伸长值(mm)，$\Delta L_1=L_3-L_1$；

ΔL_2——初应力以下的推算伸长值(mm)，可采用相邻级的伸长值，$\Delta L_2=L_2-L_1$；

L_1——控制应力的 10%时的实测伸长值；

L_2——控制应力的 20%时的实测伸长值；

L_3——控制应力的 100%时的实测伸长值；

C——混凝土构件在张拉过程中的弹性压缩值，一般情况下 C 值也可略而不计。

【例 4-1】某梁采用双向张拉，在张拉过程中，活塞伸出量实测值如表 4-7 所示，则实际伸长量 ΔL 是多少？若理论伸长量为 28.4 cm，则实际伸长量是否符合规范要求？为什么？

表 4-7　实际活塞伸出量

张拉控制应力	左侧活塞伸出量(cm)	右侧活塞伸出量(cm)
10%P	12.2	9.5
20%P	13.7	10.5
100%P	24.5	21.8

解：将各段数据列入表 4-8。

表 4-8　各段预应力筋张拉伸长量计算表

预应力筋段	L_1(cm)	L_2(cm)	L_3(cm)	$\Delta L_1=L_3-L_1$(cm)	$\Delta L_2=L_2-L_1$(cm)	$\Delta L_{实}=\Delta L_1+\Delta L_2$(cm)
左侧活塞	12.2	13.7	24.5	12.3	1.5	13.8
右侧活塞	9.5	10.5	21.8	12.3	1.0	13.3

双向张拉实际伸长量：

$$\Delta L_{实}=\Delta L_{实左}+\Delta L_{实右}=13.8+13.3=27.1\text{ cm}$$

$$\frac{\Delta L_{实}-\Delta L_{理}}{\Delta L_{理}}\times 100\%=\frac{27.1-28.4}{28.4}\times 100\%=-4.6\%$$

在规范允许的±6%以内，所以符合规范要求。

6. 张拉注意事项

(1)预应力混凝土在张拉时，混凝土强度不得低于设计强度的 80%或设计的规定值。

(2)抗压强度必须是与构件同条件养护的混凝土试件的抗压强度测定值。

(3)张拉过程中严禁操作人员(包括其他人员)站在千斤顶后方，防止断丝或滑丝伤人。

(4)锚固完毕并经检验确认合格后方可切割端头多余的预应力筋，切割时采用砂轮锯，严禁采用电弧进行切割，同时不得损伤锚具。

(5)切割后预应力筋的外露长度不应小于 30 mm，且不应小于 1.5 倍预应力筋直径。锚具应采用封端混凝土保护，当需长期外露时，应采取防止锈蚀的措施。

(6)认真做好张拉记录，当发现张拉伸长量与理论计算值相差太多(一般在±6%之间)时，立即停止张拉，分析原因；张拉预应力钢材断丝、滑移不得超过规定的控制数。

(7)必须在张拉控制应力达到稳定后方可锚固。对夹片式锚具，锚固后夹片顶面应平齐，其相互间的错位不宜大于 2 mm，且露出锚具外的高度不应大于 4 mm。

7. 孔道压浆

图 4-43 孔道压浆

后张法预应力筋张拉完成后，孔道应尽早压浆（见图 4-43），且应在 48 h 内完成，否则应采取避免预应力筋锈蚀的措施。压浆前做好割切锚具外多余预应力钢绞线及冲洗孔道等准备工作，提早对锚具周围的钢丝间缝隙和孔洞予以填封，以防冒浆。

（1）压浆目的

压浆的目的是使梁内预应力筋（束）免于锈蚀，并使力筋（束）与混凝土梁体相黏结而形成整体。

（2）水泥浆技术指标

后张预应力孔道宜采用专用压浆料或专用压浆剂配制的浆液进行压浆。

水泥应采用性能稳定、强度等级不低于 42.5 的低碱硅酸盐或低碱普通硅酸盐水泥。

孔道压浆采用纯水泥浆并添加适量的膨胀减水剂，以增加其流动性，水胶比选用为 0.26～0.28。

水泥浆凝结时间：初凝≥5 h，终凝≤24 h。流动度（25 ℃）：初始流动度 10～17 s，30 min 流动度 10～20 s，60 min 流动度 10～25 s。

水泥浆的自由泌水率为 0。

（3）压浆准备

应在工地试验室对压浆材料加水进行试配，各种材料的称量（均以质量计）应精确到 ±1%。

应对孔道进行清洁处理。对抽芯成型的孔道应冲洗干净并应使孔壁完全湿润；金属和塑料管道在必要时亦应冲洗清除附着于管道内壁的有害材料。对孔道内可能存在的油污等，可采用已知大于预应力筋和管道无腐蚀作用的中性洗涤剂或皂液，用水稀释后进行冲洗；冲洗后，应使用不含油的压缩空气将孔道内的所有积水吹出。

应对压浆设备进行清洗，清洗后的设备内不应有残渣和积水。

（4）孔道压浆

压浆时，对曲线孔道和竖向孔道应从最低点的压浆孔压入；对结构或构件中以上下分层设置的孔道，应按先下层后上层的顺序进行压浆。同一管道的压浆应连续进行，一次完成。压浆应缓慢、均匀地进行，不得中断，并应将所有最高点的排气孔依次一一打开和关闭，使孔道内排气通畅。

浆液自拌制完成至压入孔道的延续时间不宜超过 40 min，且在使用前和压注过程中应连续搅拌，对因延迟使用所致流动度降低的水泥浆，不得通过额外加水增加去流动度。

对水平或曲线孔道，压浆的压力宜为 0.5～0.7 MPa；对超长孔道，最大压力不宜超过 1.0 MPa；对竖向孔道，压浆的压力宜为 0.3～0.4 MPa。压浆的充盈度应达到孔道另一端饱满且排气孔排出与规定流动度相同的水泥浆为止，关闭出浆口后，宜保持一个不小于 0.5 MPa 的稳压期，该稳压期的保持时间宜为 3～5 min。

采用真空辅助压浆工艺时，在压浆前应对孔道进行抽真空，真空度宜稳定在－0.06～－0.10 MPa范围内。真空度稳定后，应立即开启孔道压浆端的阀门，同时启动压浆泵进行连续压浆。

当气温或构件温度低于5 ℃时，不得进行压浆，否则应采取保温措施，水泥浆温度不得超过32 ℃。管道内水泥浆在注入后48 h内，结构砼温度不得低于5 ℃。当白天气温高于35 ℃时，压浆宜在晚上进行。在压浆后两天，应检查注入端及出气孔的水泥浆密实情况，需要时要进行处理。

压浆过程中认真填写施工记录。压浆时，每一工作班应制作留取不少于3组尺寸为40 mm×40 mm×160 mm的试件，标准养护28天，进行抗压强度和抗折强度试验，作为质量评定的依据。

8. 封锚

孔道压浆后应立即对梁端水泥浆冲洗干净，同时清除支承垫板、锚具及端面混凝土的污垢，并对端面进行凿毛，以备浇筑封端混凝土。

制作安装梁板端部钢筋。为固定钢筋位置，可将部分箍筋点焊在支承垫板上。

立封端混凝土模型，立模时根据设计图中的梁板布置图的梁板内外梁长、角度立模；并预先将封端混凝土挡块安设在梁洞内。

固定妥善模板，以免在浇筑混凝土时模板走动而影响梁长。立模后立即校核梁长，使其在允许偏差范围内。之后即可浇筑混凝土。

浇筑封端混凝土时，要仔细操作并认真插捣，务必使锚具处混凝土密实。

封端混凝土浇筑后，静置1～2 h，带模浇水养护，脱模后在常温下一般养护时间不少于7天。

任务四　装配式梁（板）吊装施工

引导案例

项目部在预制40 m和25 m预应力混凝土T形截面简支梁时，采用预制吊装，后张法施工。在现场施工中，当T形截面简支梁构件达到规定强度时，进行张拉。张拉过程中按设计要求在两端同时对称张拉，预应力张拉采用应力控制，同时以伸长值作为校核。实际伸长值与理论伸长值之差也满足规范要求，但张拉完成后发现有锚头下锚板处混凝土变形开裂的现象。

问题：

1. 试分析该桥T形梁锚头下锚板处混凝土变形开裂现象的原因。
2. 出现了锚头下锚板处混凝土变形开裂现象后，现场应如何处理？
3. 在施工过程中如何防止锚头下锚板处的混凝土变形开裂？

请你利用已学知识思考并回答以上问题。

任务描述

预制梁(板)的安装是预制装配式混凝土梁桥施工中的关键性工序,应结合施工现场条件、工程规模、桥梁跨径、工期条件、架设安装的机械设备条件等具体情况,从安全可靠、经济简单和加快施工速度等为原则,合理选择架梁的方法。对于简支梁的安装,一般包括起吊、纵移、横移、落梁就位等工序。从架设的工艺来分,有陆地架梁、浮吊架梁和高空架梁等方法。本任务主要讲授装配式梁(板)吊装方法及其横向连接方式。

一、预制梁安装控制要点

梁板安装工序如图 4-44 所示。

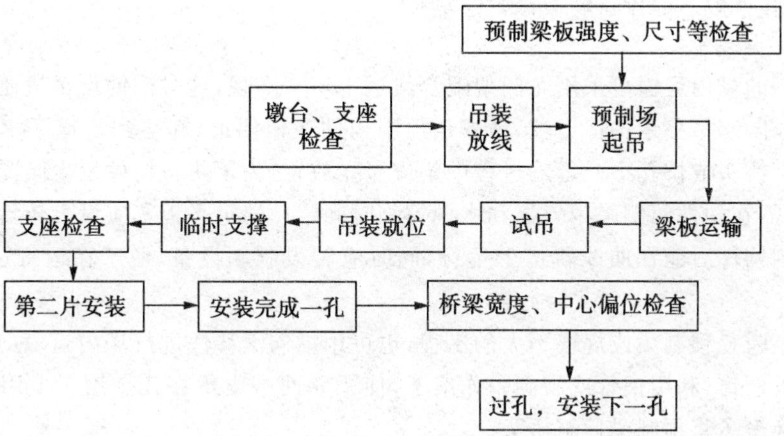

图 4-44 梁板安装工序框图

梁板安装控制要点有:

(1)梁板安装前,必须进行梁板安装放线、清除盖梁顶面杂物、安装支座、完成梁板凿毛及板体清理工作。对梁板进行全面检查,不合格的梁板禁止安装。

(2)在梁体上标明支座中心线,在梁端弹出垂线。

(3)台帽、盖梁顶面放样,弹出每片梁的端线、位置线,支座的中心线。

(4)每次安梁前必须全面检查吊装、运输设备的安全性。

(5)吊装钢丝绳与梁板边角接触位置要用角钢保护;钢丝绳要使用吊环扣接或防脱钩销接。

(6)梁板安装时,墩、台、盖梁、垫石的强度应符合设计要求。支撑结构和预埋件(包括预留锚栓孔、锚栓、支座钢板等)的尺寸、标高及平面位置应符合设计要求。混凝土和压浆强度不得低于设计所要求的吊装强度。

(7)边跨孔的安装应控制伸缩缝间距,应该严格按照每片梁的不同安装温度,按不同的设计要求调整预留伸缩缝缝隙宽度。严禁伸缩缝预留宽度过小和过大。梁板板端和台背背墙间不得夹有混凝土块、石块、木头等杂物,影响自由伸缩。

(8)梁板边板不得密贴防震挡块。防震挡块内侧要用 2 cm 厚的橡胶板粘贴。梁板安装后边板线形要顺直，板间不得有错台。

(9)不得随意挠动护栏、伸缩缝等预埋钢筋。

(10)安装完成一孔后，检查桥面宽度、中线偏位、顶面高程是否满足要求，若不满足应及时调整。调整合格后，再跨孔安装。

二、预制梁的运输和吊装

(一)预制梁的运输

装配式混凝土预制板、梁及其他预制构件通常在桥头附近的预制场或桥梁预制厂(或场)内预制，为此，需配合吊装架梁的方法，通过一定的运输工具将预制梁运到桥头或桥孔下。从工地预制场到桥头或桥孔下的运输称为“场内运输”，将预制梁从桥梁预制厂(或场)运往桥孔或桥头的运输称为“场外运输”。

1. 场内运输

短距离的场内运输可采用龙门架配合轨道平车来实现，这时需铺设钢轨便道，由龙门架(或木扒杆)起吊移运构件出坑，横移至预制构件运输便道，卸落到轨道平车上，然后用绞车牵引至桥头或桥孔下。运输过程中梁应竖立放置，为了防止构件发生倾覆、滑动或跳动等现象，需在构件两侧采用斜撑和木楔等临时固定。轨道平板车应设有转盘装置，以便于装上预制构件后能在曲线轨道上运行，同时应装设制动设备，便于在运行过程中随时制动。

对于小跨径预制梁或规模不大的工程，也可用纵向滚移法进行场内运输(见图4-45)，即设置木板便道，利用钢管或硬圆木作滚子，使梁靠两端支承在几个滚子上用绞车拖拽，边前进边换滚子将预制梁运至桥头。

在场内运梁时，为使平稳前进以确保施工安全，通常在用牵引绞车徐徐向前拖拉的同时，后面的制动索应跟着慢慢放松，以控制前进的速度。

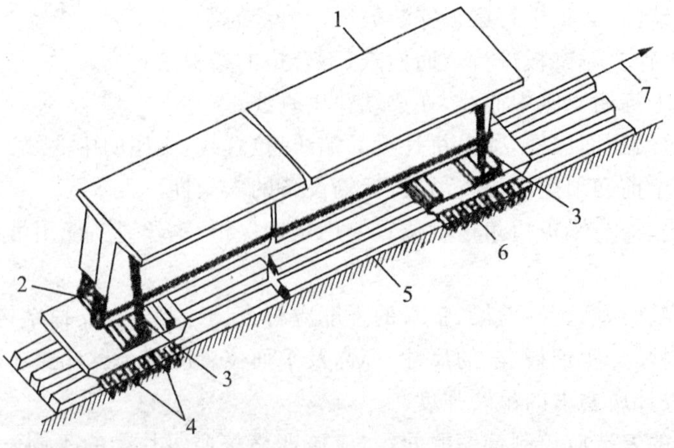

图 4-45　纵向滚移法

1—预制梁；2—保护混凝土的垫木；3—临时支撑；4—后走板及滚筒；5—方木滚道；6—前走板及滚筒；7—牵引钢丝绳

当采用水上浮吊架梁时，需要将预制梁装上船，则运梁便道应延伸至河边能使驳船靠拢的地方，为此需要修筑一段装船用的临时栈桥（码头）。

2. 场外运输

距离较远的场外运输，通常采用汽车、大型平板拖车、火车或驳船。

（二）装配式梁桥的吊装

对于简支梁（板）的安装设计，一般包括起吊、纵移、横移、落梁（板）就位等工序。从架设的工艺来分有陆地架梁、浮吊架梁和利用安装导梁、塔架、缆索的高空架梁法等方法。这里简要介绍几种常用的架梁方法的工艺特点。

必须注意的是，预制梁（板）的安装既是高空作业，又需用复杂的机具设备，施工中必须确保施工人员的安全，杜绝工程事故。因此，无论采用何种施工方法，施工前均应详细、具体地研究安装方案，对各承力部分的设备和杆件进行受力分析和计算，采取周密的安全措施，严格执行操作规程，加强施工管理和安全教育，确保安全、迅速地进行架梁工作。同时，安装前应将支座安装就位。

1. 陆地架梁法

（1）移动式支架架梁法（见图 4-46）

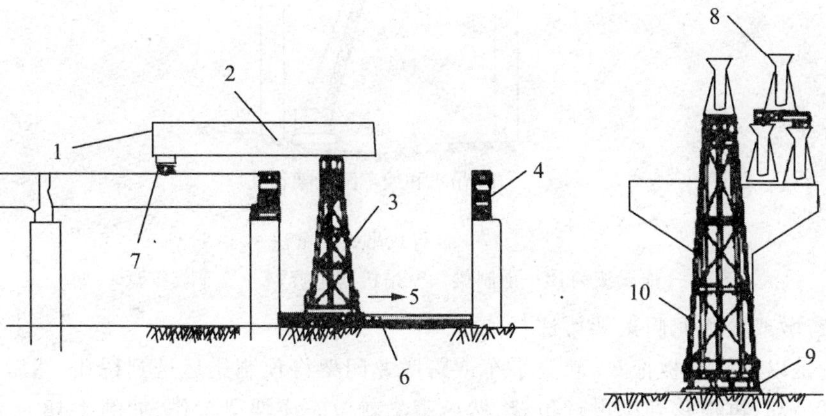

图 4-46　移动式支架架设法

1—后拉绳；2—预制梁；3—移动支架；4—枕木垛；5—拉绳；6—轨道；7—平车；
8—临时搁置的梁（支架拆除后再架设）；9—平车；10—移动支架

此法是在架设孔的地面上，顺桥轴线方向铺设轨道，其上设置可移动支架，预制梁的前端搭在支架上，通过移动支架将梁移运到要求的位置后，再用龙门架或人字扒杆吊装；或者在桥墩上设枕木垛，用千斤顶卸下，再将梁横移就位。

利用移动支架架设，设备较简单，但可安装重型的预制梁；无动力设备时，可使用手摇卷扬机或绞盘移动支架进行架设。但不宜在桥孔下有水、地基过于松软的情况下使用，一般也不适宜桥墩过高的场合，因为这时为保证架设安全，支架必须高大，因而此种架设方法不够经济。

（2）自行式吊机架梁法

由于大型的自行式吊机的逐渐普及，且自行式吊机本身有动力，架设迅速，可缩短工期，不需要架设桥梁用的临时动力设备及不必进行任何架设设备的准备工作和不需要如其他方法架梁时所具备的技术工种，因此，一般中小跨径的预制梁(板)的架设安装越来越多地采用自行式吊机。

自行式吊机架梁可以采用一台吊机架设、两台吊机架设、吊机和绞车配合架设等方法，如图 4-47 所示。

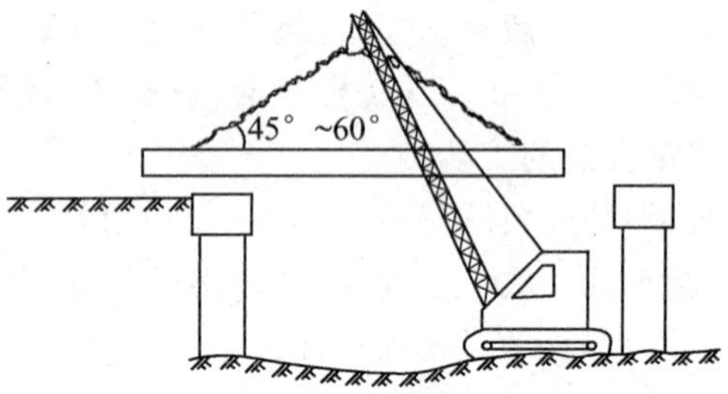

(a) 一台吊机架设法

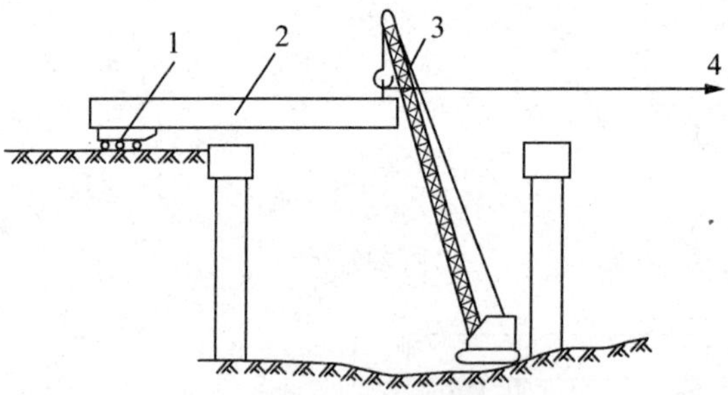

(b) 吊机和绞车配合架设法

图 4-47 自行式吊机架梁法

1—拖履滚筒；2—预制梁；3—吊机起重臂；4—绞车或绞盘

(3)跨墩或墩侧龙门架架梁法

本法是以胶轮平板拖车、轨道平车或跨墩龙门架将预制梁运送到桥孔，然后用跨墩龙门架将梁吊起，再横移到梁设计位置，然后落梁就位完成架梁工作，如图 4-48 所示。

图 4-48 龙门架架梁法

用本法架梁的优点是架设安装速度较快，河滩无水时也较经济，而且架设时不需要特别复杂的技术工艺，作业人员较少。但龙门吊机的设备费用一般较高，尤其在高桥墩的情况。

2. 高空架梁法

(1)联合架桥机架梁(蝴蝶架架梁法)

此法在20世纪90年代应用较多，其优点是完全不设桥下支架，不受水深流急影响，架设过程中不影响桥下通航、通车，预制梁的纵移、起吊、横移、就位都较方便。缺点是架设设备用钢量较多，但可周转使用。

联合架桥机由两套门式吊机、一个托架(即蝴蝶架)、一根两跨长的钢导梁三部分组成，如图4-49所示。钢导梁由贝雷装配，梁顶面铺设运梁平车和托架行走的轨道，可以保证梁的纵桥向运输。门式吊机由工字梁组成，并在上下翼缘处及接头的地方用钢板加固。门式吊机顶横梁上设有吊梁用的行走小车，可以保证梁的横桥向移动。蝴蝶架是专门用来托运门式吊机转移的，它由角钢组成，如图4-49所示。整个蝴蝶架放在平车上，可沿导梁顶面轨道行走。

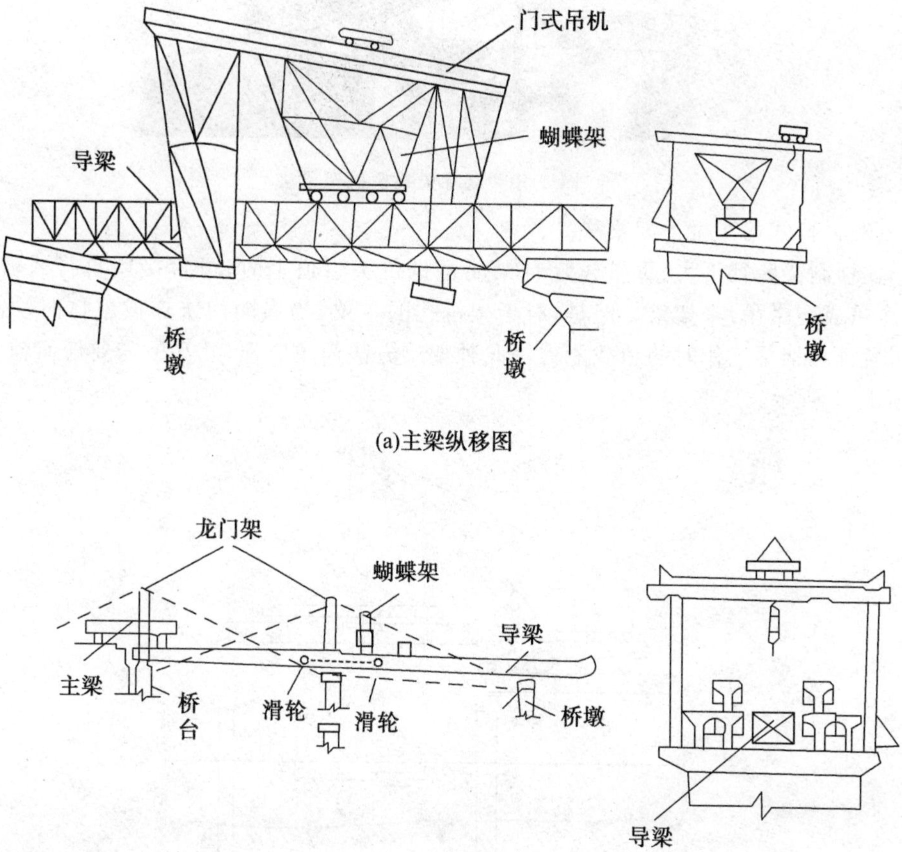

(a)主梁纵移图

(b)主梁横移安装图

图4-49　联合架桥机架梁法

(2)双导梁架桥机架梁法

本法是在架设孔间设置两组导梁，导梁上安设配有悬吊预制梁设备的轨道平车和起重行车或移动式龙门吊机，将预制梁在双导梁内吊着运到规定位置后，再落梁、横移就位。横移时一种方法是将两组导梁吊着预制梁整体横移；另一种是导梁设在桥面宽度以外，预制梁在龙门吊机上横移，导梁不横移，这比第一种横移方法安全。

双导梁架桥机架梁法的优点与联合架桥机架梁法相同，适用于墩高、水深的情况下架设多孔中小跨径的装配式梁桥，但不需蝴蝶架，而配备双组导梁，故架设跨径可较大，吊装的预制梁可较重，如图4-50所示。

图4-50　双导梁架桥机架梁法

(3)自行式吊车桥上架梁法

在预制梁跨径不大、重量较轻且梁能运抵桥头引道上时，可直接用自行式伸臂吊车(汽车吊或履带吊)来架梁。但是，对于架桥孔的主梁，当横向尚未连成整体时，必须核算吊车通行和架梁工作时的承载能力。此种架梁方法简单方便，几乎不需要任何辅助设备，如图4-51所示。

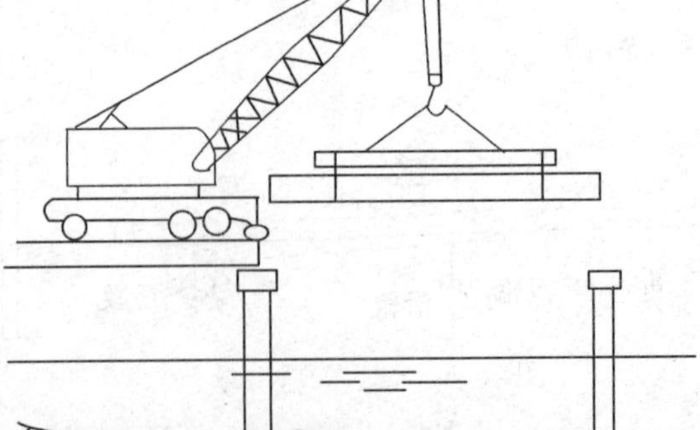

图4-51　自行式吊车桥上架梁法

任务五　悬臂拼装施工

引导案例

桥梁设计为 70 m＋120 m＋70 m 变截面连续箱梁，桥下为重要通航河道，施工过程中不能阻断航道，同时施工工期时间短，如采用挂篮悬浇则不能满足工期要求。

问题：在此情况下可采用何种施工方案？

任务描述

本任务主要讲述箱梁悬拼的施工工艺，首先介绍了悬臂拼装的特点，然后从梁段预制、0 号块施工、悬臂拼装、合龙段的施工等方面全面介绍了悬臂拼装箱梁的施工工序及质量控制重点。

一、悬臂拼装法施工工序及特点

（一）悬臂拼装法施工概述

1. 悬臂拼装法（简称“悬拼”）是悬臂施工法的一种，它是利用移动式悬拼吊机将预制梁段起吊至桥位，然后采用环氧树脂胶和预应力钢丝束连接成整体。采用逐段拼装，一个节段张拉锚固后，再拼装下一节段。悬臂拼装的分段，主要决定于悬拼吊机的起重能力，一般节段长 2～5 m。节段过长则自重大，需要悬拼吊机起重能力就大；节段过短则拼装接缝多，工期也延长。悬拼施工适用于预制场地及运吊条件好，特别是工程量大和工期较短的梁桥工程。

2. 悬拼施工工序主要包括梁体节段的预制、移位、堆放、运输，梁段起吊拼装，悬拼梁体体系转换，合龙段施工。

（二）悬拼的特点

1. 进度快

传统的悬浇法灌注一节段梁周期在天气好时也需要 1 周左右；而采用悬拼法，节段的预制可与桥梁下部构造施工同时进行，平行作业缩短了施工工期，且拼装速度比浇筑速度快得多。

2. 制梁条件好，混凝土质量高

悬拼法在预制场预制梁体节段，工厂化施工有利于整体施工的质量，操作方便、安全。悬浇的混凝土有时会因强度达不到要求而造成事故，处理起来较麻烦，延误了工期，损失较大。采用悬拼法，节段梁段在地面施工，有足够的时间来想办法弥补工程施工中的不足。

3. 收缩、徐变量少

预制梁段的混凝土龄期比悬浇成梁的长，从而减少悬拼成梁后混凝的收缩和徐变。

4. 线形好

节段预制采用长线法，长线法是在按梁底曲线制作的固定底模上分段浇筑混土的方法，能保证梁底线形。

5. 适合多跨梁施工

当桥梁跨度越大，桥跨越多，则越能体现悬拼法的优越性，也就越经济。悬拼按照起重吊装的方式的不同可分为浮吊悬拼、牵引滑轮组悬拼、连续千斤顶悬拼、缆索起重机（缆吊）悬拼及移动支架悬拼等。悬拼的核心是梁的吊运与拼装，梁体节段的预制是悬拼的基础。

二、梁段预制

（一）预制方法

悬拼施工是将梁沿纵轴向根据起吊能力分成适当长度的节段，在工厂或桥位附近的预制场进行预制，然后运到桥位处用吊机进行拼装。节段预制的质量直接关系着梁段悬拼施工的重量和速度，因此预制时应严格控制梁段断面和形体的精确度，并充分注意预制场地的选择与布置、台座和模板支架的制作，工艺流程的拟订以及养护和储运的每一环节。梁段预制的方法通常有长线预制或短线预制法。

1. 长线预制（见图 4-52）

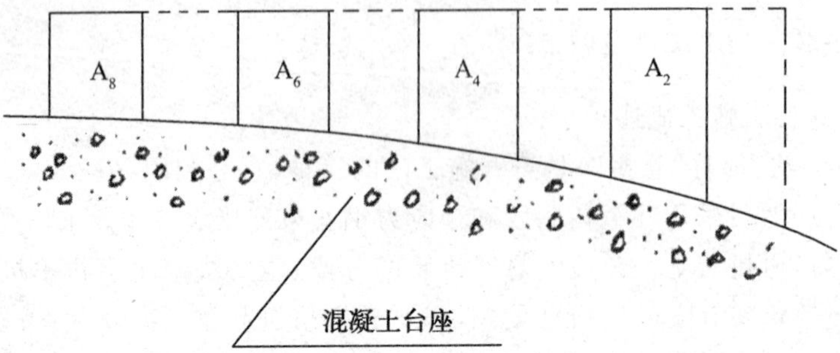

图 4-52　长线法台座

长线预制是在预制厂或施工现场按梁底曲线制作固定台座，在台座上安装模板进行节段混凝土浇筑工作。组成箱梁的各梁段均在固定台座上的活动模板内且相邻段应相互贴合浇筑，缝面浇前涂抹隔离剂，以利脱模。长线预制需要较大的场地，其底座的最小长度应为桥孔跨径的一半。梁体节段的预制一般在底板上进行。模板常采用钢模，每段一块，以便于装拆使用。为加快施工进度，保证节段之间密贴，常采用先浇筑奇数节段，然后浇筑偶数节段。当节段混凝土强度达到设计强度 75%以上后，可吊出预制场地。

2. 短线预制（见图 4-53）

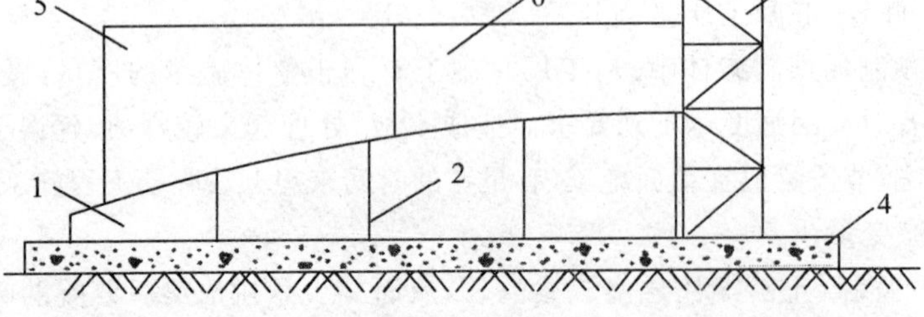

图 4-53　短线法台座

1—短线台座；2—可调底模；3—封闭式端模；4—基础；5—配筑梁段；6—待浇梁段

短线预制是在固定台位且能纵移的模板内浇筑，由可调整内、外部模板的台车与端梁来完成的。当第一节段混凝土浇筑完成后，在其相对位置上安装下一节段模板，并利用第一节段混凝土的端面作为第二节段的端模完成第二节段混凝土的浇筑工作。这种方法适合节段的工厂化生产预制，设备可周转使用，台座仅需 3 个梁段长，但节段的尺寸和相对位置的调整要复杂一些。短线台座除基础部分外，多采用钢料加工制作。

由于长线台座可靠，因而成桥后梁体线形较好，长线的台座使梁段存贮有较大余地；但占地较大，地基要求坚实，混凝土的浇筑和养护移动分散。短线预制场地相对较小，模板及设备基本不需移动，可调的底、侧模便于平、竖曲线梁段的预制；但精度要求高，施工严，周转不便，工期相对较长。

箱梁节段预制要求相邻节段之间接触紧密，故必须以前面浇筑完成的节段的端面作为后来浇筑节段的端模，同时必须采用隔离剂使节段出坑时相互容易从接缝处脱离。常用隔离剂可分：(1)薄膜类，如塑料硬薄膜；(2)油脂类，如好机油；(3)皂类，如烷基苯磺酸钠，虽成本较高，但使用效果较好。

(二)预制和存放场地布置

1. 预制场地主要设施

预制场地主要设施有预制台座、龙门吊、存梁台及拌和站。布设时应便于梁段的移动和场运，便于模板、钢筋及混凝土的运输。梁段的拼装快于预制，因此梁段应尽早预制，与下部构造同步施工时，应布置足够的存梁区。区位宜设在待吊的一端。存梁台基础宜采用片石浆砌，上置枕木作支承，确保地基承载力，硬地基上可直接铺枕木支承。严防发生沉塌事故或支承不当损坏梁段。

2. 拼接接合

梁段拼接有全断面铰接、部分铰接与部分湿接及湿接三种形式。两梁段全横断面靠环氧树脂黏结构成全断面铰接，计算时假定为剪力铰。部分铰接与部分湿接是腹板为铰接，顶板及底板通过伸出钢筋连接再现浇混凝土。湿接是相邻梁段间浇筑一段 10～20 cm宽的混凝土作接头的连接缝，用以调整随后梁段(基准梁段)的位置，使准确地控制其后续梁段的安装精度。为了弥补湿接缝混凝土的收缩和早强，采用早强微膨胀混凝土浇筑。温度控制在 20 ℃左右，24 h 可达到设计强度。全断面铰接、部分铰接的接缝，拼装前即在接触面涂抹多功能环氧树脂，以保证连接面的水密性和利用树脂的厚度找平。为了使预制节段在拼装时能准确而迅速地安装就位，在节段预制时在顶板均衡设置定位器。有的定位器不仅能起到固定位置的作用，而且能承受剪力。这种定位装置称“抗剪楔”或“防滑楔”。节段预制时，除注意预埋定位器装置外，尚须注意按正确位置预埋孔道形成器和吊点装置(吊环或竖向预应力粗钢筋)等。同时，为了提高梁段拼接面的抗剪强度，拼接面应做成齿合，即为剪力齿，如图 4-54 所示。为了提高预制梁段拼接面的吻合度，一般宜在长

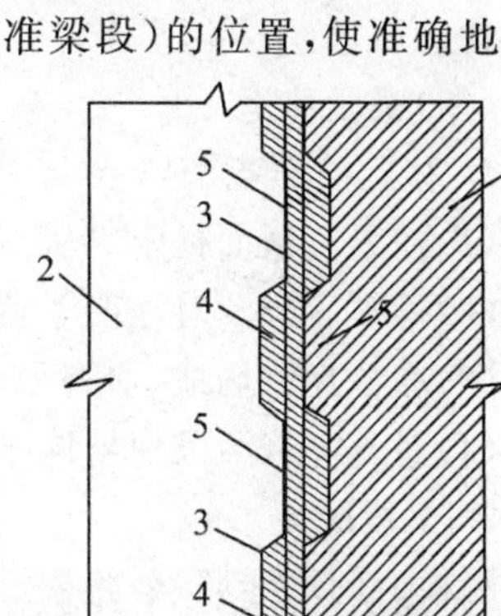

图 4-54 拼接面剪力齿

1—已浇箱梁；2—待浇箱梁；3—钢或木制板；4—凹齿；5—凸齿

线台座上将待浇梁段与已浇梁段端接面密贴浇筑。拼接面的偏差应控制在以下范围：模板厚度偏差：±0.5 mm；齿板尺寸偏差：±1 mm；前后凹凸齿相对位置偏差：±0.5 mm。

3. 梁段模板、钢筋、预应力管道安装

(1)模板

按底模支架的设计图式搭设支架，在支架顶上安装底模，再安装外模及框架，然后安装端模，为了保证梁段端面的平整及管道位置的准确，每个断面均应制作一块定型的钢端模板。最后安装内模。模板宜用大型钢模，便于周转使用。

(2)钢筋

钢筋应分块制作成型。对于腹板及齿板钢筋，先定位绑扎成骨架，用吊机吊运至预制台座上安装。底板及顶板钢筋采用现场绑扎。

(3)预应力管道

在底板、顶板钢筋布设好后，进行管道布置。先在底板钢筋上每隔 50～100 cm 按管道高度焊一道钢筋支架，其后通过端模上预先开好的孔将波纹管穿入，然后与支架绑扎固定。对于湿接缝的断面，相邻梁段需连接的管道，均应在端头接以长度为 50 cm 的连接管以利以后管道的驳接。对于铰接缝的断面，须连通的两管道的内部加以长度为 30 cm、外径与管道内径相吻合的纺锤形的圆木连通管道，防止浇筑混凝土过程中水泥砂浆流入而堵塞管道。对于设锚头的位置，须将锚垫板牢固地固定在端模上，并注意锚垫板面的角度符合设计要求，波纹管垂直于锚固平面。对于竖向预应力钢筋的安设，应先将预应力钢筋按设计长度下好料后，套以波纹管，其后，安装好锚固端的螺旋筋、锚垫板及工作螺母后，按设计位置在腹板钢筋内安装固定。安装压浆管，并密封波纹管下端以免漏浆。最后在梁顶安装排气管，套以锚下螺旋筋，安装固定锚垫板。

三、梁段移运、存放、整修和运输

梁段吊运除满足《公路桥涵施工技术规范》及设计规范有关要求外，还应满足悬拼施工的特殊要求。

(一)梁段移运

1. 移运前准备工作

(1)在梁段顶面标定纵轴线和测控点，便于悬拼时监控。

(2)拆模后应及时注明梁段所属墩号、梁段编号、吊拼方向及混凝土浇筑日期。

(3)准备存放场地，检查吊运的机具设备。

(4)对与浇筑梁段现场同条件养护的试件试压，以确保梁段吊运强度。

2. 梁段脱模

脱模时间可参照《公路桥涵施工技术规范》中承重模板等规定办理。底模及相邻梁段结合面需作特殊处理。

(1)底模处理

预制底座面层宜铺一层厚 3～5 mm 钢板，或铺一层镀锌铁皮，再在模板上涂刷隔离层剂。

(2)相邻梁段结合面的分隔处理

结合面宜用不掺乙胺而掺丙酮稀释的环氧树脂涂抹，效果较好。

(3)梁段脱模

由于梁段的质量较大(一般最大可能达 70 t 以上),且须消除梁段混凝土与底模黏结和梁段之间的黏结,起吊前须在底板四角处设置 4 个起重能力 500 kN 的千斤顶,将梁段顶起脱离底模,然后用起重机(或龙门吊)把脱离底模的梁段吊离预制台座。

3. 梁段吊点设置

吊点一般设在腹板附近,有以下 4 种方式可供参考。

(1)翼板下腹板两侧留孔,用钢丝绳与钢棒穿插起吊。

(2)直接用钢丝绳捆绑。

(3)在腹板上预留孔穿过底板,用精轧螺纹钢穿过底板锚固起吊。

(4)在腹板上埋设吊环。

吊点设置应绝对可靠,考虑动载和冲击安全系数宜大于 5。吊装时腹板将承受拉力,应先张拉一部分腹板竖向预应力筋。为改善吊梁的受力状态,应尽量降低吊点的高度。

4. 龙门吊机设置

龙门吊机一般用万能杆件或贝雷架组拼,结构形式诸多,视起吊重力、跨径及设备等因素而定。

龙门吊机现场组拼设计注意事项:

(1)计算荷载应考虑冲击力,取用最大荷载条件下的安全储备,确保设备及使用安全。

(2)龙门吊机为临时结构,为减少成本的投入和确保使用中的安全性,塔梁宜铰接。否则,基础的沉降会使龙门结构严重扭曲以致损坏。

(3)考虑两塔柱因行走异步差值,因此设计应控制允许偏差。

(二)梁段存放

1. 吊运时梁段强度应不低于设计强度标准值的 75%。

2. 一般宜单层放置,不得多于两层,应避免梁段堆放的不合理受力。

3. 存梁宜用枕木支垫,梁面成水平搁置。

4. 梁段吊离台座后,应及时清除梁段上的隔离剂,以免影响拼合施工。

(三)梁段整修

存放期间应做好以下准备:

1. 湿接缝两结合面必须凿毛,并修补预制缺陷。

2. 清洗铰接面隔离剂后,应将突出端面的混凝土凿平整,切忌因沾染油污而影响树脂黏结。

3. 检查各锚头垫板是否与预应力孔道垂直,否则应加焊楔形板纠正。

4. 检查相邻段孔道接头是否正位,错位超过允许偏差的要进行处理,直至满足穿束要求。

5. 压水检查孔道有无串孔,若有串孔时应对串孔进行有效补救。

(四)梁段运输

梁体节段自预制底座上出坑后,一般先存放于存梁场,拼装时节段由存梁场移至桥位处的运输方式,一般可分为场内运输、装船和浮运三个阶段。

1. 场内运输

当存梁场或预制台座布置在岸边,又有大型悬臂浮吊时,可用浮吊直接从存梁场或预制台座将节段吊放到运梁驳船上浮运。当预制底座垂直于河岸时，存梁场往往设于底座轴线的延长线上，此时，节段的出坑和运输一般由预制场上的龙门吊机担任，节段上船也可用预制场的龙门吊机。当预制底座平行于河岸时，场内运输应另备运梁平车进行。栈桥上也必须另设起重吊机，供吊运节段上船。节段的运输，当预制场与栈桥距离较远时，应首先考虑采用平车运输。起运前要将节段安放平稳，底面坡度不同的节段要使用不同厚度的楔形木来调整。

当采用无转向架的运梁平车时，运输轨道不能设平曲线，纵坡一般应为平坡。当地形条件限制时，最大纵坡也不得大于1%。下坡运行时，平车后部要用钢丝绳牵引保险，不得溜放。

2. 装船

梁段装船在专用码头上进行。码头的主要设施是施工栈桥和节段装船吊机。栈桥的长度应保证在最低施工水位时驳船能进港起运，栈桥的高度要考虑在最高施工水位时栈桥主梁不应被水淹，栈桥宽度要考虑到运梁驳船两侧与栈桥之间需有不少于0.5 m的安全距离。

3. 浮运

浮运船只应根据节段质量和高度来选择。为了保证浮运安全，应设法降低浮运重心。开口舱面的船应尽量将节段置于船舱底板。必须置放在甲板面上时，要在舱内压重。

四、悬臂拼装

(一)悬拼方法

预制节段的悬臂拼装可根据现场布置和设备条件采用不同的方法来实现。当靠岸边的桥跨不高且可在陆地或便桥上施工时，可采用自行式吊车、门式吊车来拼装。对于河中桥孔，也可采用水上浮吊进行安装。如果桥墩很高，或水流湍急而不便在陆上、水上施工时，就可利用各种吊机进行高空悬拼施工。具体拼装方法如下：

1. 浮吊拼装法(见图4-55)

图4-55　浮吊拼装法

重型的起重机械装配在船舶上，全套设备在水上作业，在40 m的吊高范围内起重力大，所用辅助设备少，优点是相应的施工速度较快，一天可完成2～4段的吊拼。但台班费用较高。

2. 悬臂吊机拼装法(见图4-56)

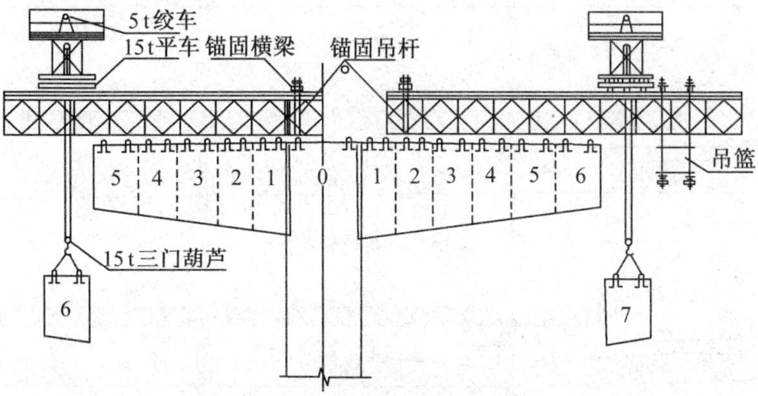

图4-56 悬臂吊机拼装法

悬臂吊机由纵向主桁架、横向起重桁架、锚固装置、平衡重、起重系统、行走系统和工作吊篮等部分组成。纵向主桁为吊机的主要承重结构，可由贝雷桁片、万能杆件、大型型钢等拼制。一般由若干桁片构成两组，用横向连接系连成整体，前后用两根横梁支承。横向起重桁架是供安装起重卷扬机直接起吊箱梁节段之用的构件，多采用贝雷架、万能杆件及型钢等拼配制作。纵向主桁架的外荷载就是通过横向起重桁架传递给它的。横向起重桁架支承在轨道平车上，轨道平车搁置于铺设在纵向主桁架上弦的轨道上，起重卷扬机安置在横向起重桁架的上弦。设置锚固装置和平衡重的目的是防止主桁架在起吊节段时倾覆翻转，保持其稳定状态。对于拼装墩柱附近节段的双悬臂吊机，可用锚固横梁及吊杆将吊机锚固于0号块上。对称起吊箱梁节段，不需要设置平衡重。单悬臂吊机起吊节段时，也可不设平衡重，而将吊机锚固在节段吊环上或竖向预应力筋的螺丝端杆上。起重系统一般是由电动卷扬机、吊梁扁担及滑车组等组成。作用是将由驳船浮运到桥位处的节段提升到拼装高度以备拼装。滑车组要根据起吊节段的重量来选用。

吊机的整体纵移可采用钢管滚筒在木板上滚移，由电动卷扬机牵引。牵引绳通过转向滑车系于纵向主桁架前支点的牵引钩上。横向起重桁架的行走采用轨道平车，用倒链滑车牵引。

工作吊篮悬挂于纵向主桁架前端的吊篮横梁上，吊篮横梁由轨道平车支承以便工作吊篮的纵向移动。工作吊篮供预应力钢丝穿束、千斤顶张拉、压注灰浆等操作之用。可设上、下两层，上层供操作顶板钢束用，下层供操作肋板钢束用。也可只设一层，工作吊篮可用倒链滑车调整高度。

3. 连续桁架拼装法(见图 4-57)

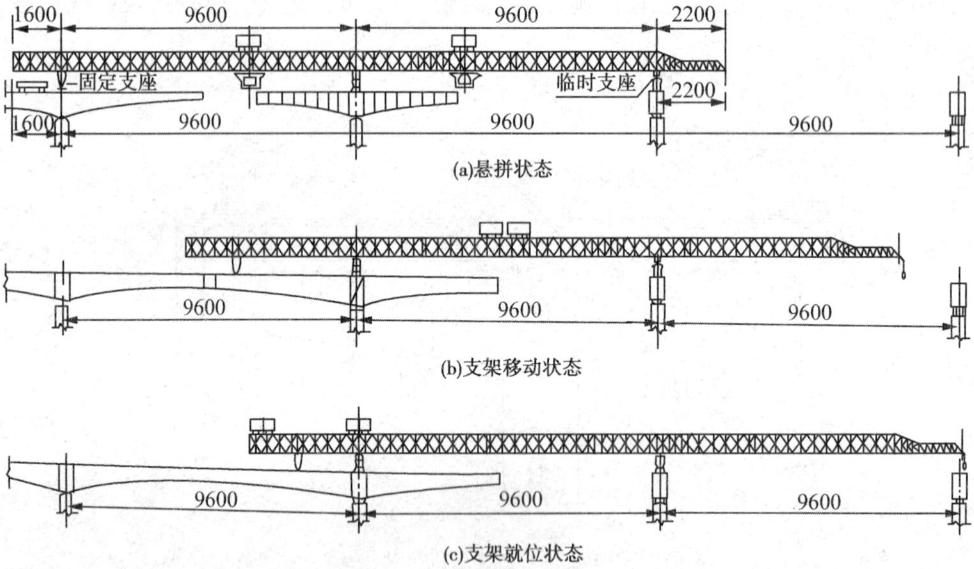

图 4-57 连续桁架梁拼装法

连续桁架拼装法可分移动式和固定式两类。移动式连续桁架的长度大于桥的最大跨径,桁架支承在已拼装完成的梁段和待拼墩顶上,由吊车在桁架上移运节段进行悬臂拼装。固定式连续桁架的支点均设在桥墩上,而不增加梁段的施工荷载。

4. 缆索起重机拼装法(见图 4-58)

图 4-58 缆索起重机拼装法

缆吊无须考虑桥位状况,且吊运结合,机动灵活,作业空间大,在一定设计范围内缆吊几乎可以负责从下部到上部、从此岸到彼岸的施工作业,因此缆吊的利用率和工作效率很高。其缺点是一次性投入大,设计跨度和起吊能力有限,一般起吊能力不宜大于 500 kN,而一般混凝土预制梁段的重力大多都达到 500 kN,目前我国使用缆吊悬拼连续梁都是由两个独立单箱单室并列组合的桥型,为了充分利用缆吊的空间特性,特将预制场及存梁区布设在缆吊作用面内。缆吊进行拼合作业时增加风缆和手拉葫芦,以控制梁段即位的精度。缆机运吊结合的优势是,大大缩短了采用其他运吊方式所需的转运时间,可以将梁段从预制场直接吊至悬拼结合面。施工速度可达日拼 2 个作业面 4 段,甚至可达 3 个作业面 6 段。不管是利用现有起重设备或专门制作,悬臂吊机需满足如下要求:

(1)起重能力能满足起吊最大节段的需要。

(2)吊机便于作纵向移动,移动后又能固定于一个拼装位置。

(3)吊机处在一个位置上进行拼装时,能方便地起吊节段作竖向提升和纵、横向移动,以便调整节段拼装位置。

(4)吊机的结构尽量简单,便于装拆。

(二)拼装施工

1. 支座临时固结或设置临时支架

为了确保连续梁分段悬拼施工的平衡和稳定,常与悬浇方法相同,将T构支座临时固结。当临时固结支座不能满足悬拼要求时,一般考虑在墩两侧或一侧加临时支架。

2. 接缝处理和拼装程序

梁段拼装过程中的接缝有湿接缝、干接缝和胶接缝等几种。不同的施工阶段和不同的部位采用不同的接缝形式。

1号块和0号块接缝用湿接缝拼装。1号块即墩柱两侧的第1个节段,一般与墩柱上的0号块以湿接缝相接。1号块是T型刚构两侧悬臂箱梁的基准节段,是全跨安装质量的关键。T构悬拼施工时,防止上翘和下挠的关键在于1号块定位准确,因此,必须采用各种定位方法确保1号块定位的精度。定位后的1号块可由吊机悬吊支承,也可用下面的临时托架支承。为便于进行接缝处管道接头操作、接头钢筋焊接和混凝土振捣作业,湿接缝一般为0.1～0.2 m宽。跨度大的T形刚构桥,由于悬臂很长,往往悬臂中部设置一道现浇箱梁横隔板,同时设置一道湿接缝。这道湿接缝除了能增加箱梁的结构刚度外,也可以调整拼装位置;在拼装过程中,如拼装上翘的误差很大,难以用其他办法补救时,也可以增设一道湿接缝来调整。

(1)湿接缝的施工程序

吊机就位,起吊1号块,安设铁皮管,中线测量,丈量湿接缝的宽度,调整铁皮管,高程测量,检查中线,固定1号块,安装湿接缝的模板,浇筑湿接缝混凝土,接缝养护,拆模,张拉预应力筋,下一梁段拼装。

其他节段用胶接缝或干接缝拼装。其他梁段吊上并基本定位后,先将临时预应力筋穿入,安好连接器,再开始涂胶,张拉临时预应力筋,固化前胶接缝的压应力不低于0.3 MPa,张拉完成胶固化后可解除吊钩。

(2)胶接缝拼装施工程序

吊机就位,起吊梁段,初步定位试拼,检查并处理管道接头,移开梁段,穿临时预应力筋入孔,接缝面上涂胶接材料,正式定位,贴紧梁段,张拉临时预应力筋,放松起吊索,穿永久预应力筋,张拉预应力筋后移挂篮,下一梁段施工。

胶接段胶接缝采用环氧树脂胶,厚度1.0 mm左右,环氧树脂胶接缝可使节段连接密贴,可提高结构抗剪能力、整体刚度和不透水性。一般不宜采用干接缝。干接缝节段密贴性差,接缝中水气浸入导致钢筋锈蚀。环氧树脂胶的配方应通过试验决定,环氧树脂胶由环氧树脂、固化剂、增塑剂、稀释剂、填料等组成。填料一般用高强度等级水泥、洁净干燥砂。一般对接缝混凝土面先涂底层环氧树脂底胶,然后再涂加入填料的环氧树脂胶。环氧树胶随用随配。

3. 穿束、张拉及压浆

(1)穿束

T形刚构桥纵向预应力钢筋的布置有两个特点:①较多集中于顶板部位。②钢束布置对称于桥墩。因此拼装每一对对称于桥墩节段用的预应力钢丝束,均须按锚固这一对块件所需长度下料。暗管穿束比明槽难度大。经验表明,60 m以下的钢丝束穿束一般均可采用人工推送;60 m以上的长束穿束时可先从孔道中插入一根钢丝与钢丝束引丝连接,然后一端以卷扬机牵引,另一端以人工送入。

(2)张拉

钢丝束张拉前要首先确定合理的张拉次序,以保证箱梁在张拉过程中每批张拉合力都接近于该断面钢丝束总拉力重心处。钢丝束张拉次序的确定与箱梁横断面形式、同时工作的千斤顶数量、是否设置临时张拉系统等因素关系很大。在一般情况下,纵向预应力钢丝束的张拉次序按以下原则确定:

①对称于箱梁中轴线,钢束两端同时成对张拉。

②先张拉肋束,后张拉板束。

③肋束的张拉次序是先张拉边肋,后张拉中肋(若横断面为三根肋,仅有两对千斤顶时)。

④同一肋上的钢丝束先张拉下边的,后张拉上边的。

⑤板束的次序是先张拉顶板中部的,后张拉边部的。

(3)压浆

管道压浆的目的是为了保证预应力筋不受腐蚀。目前的工艺是先用高压水检查管道的畅通、匹配面的密贴情况以及封端情况后再进行正式压浆,直到出浆口出浓浆。封闭出浆口持压3~5 min,以保证水泥浆尽量充满管道。压浆是在局部封锚后进行的,除了保证封端质量外,须在水泥浆中加入适量微膨胀剂,选取合适的配合比,则既能使压浆工作顺利进行,又能使凝固后的水泥浆尽量充满管道,尽可能地排出管道内的水和空气,避免力筋受蚀。

4. 合龙段施工

用悬臂施工法建造的连续刚构桥、连续梁桥需在跨中将悬臂端刚性连接、整体合龙。合龙段施工有现浇和拼装两种方法,现浇方法与悬浇中跨合龙段施工方法相同,拼装方法与简支梁板的安装相同。

(三)施工控制

1. 预制质量控制

(1)预制场测量

建立基准三角网,选用平行于桥轴线的一直线作为控制中线,在预制场台座外进行控制中线放样。在梁段预制后,移运前,用控制中线在顶面上放出梁中线,并用最大的可能间距放出两条与中线垂直的横线。在横线上测量4个固定点(每根横线取2个点)的高程,记录横线间距及4点高程值,供安装时使用。

(2)中线控制

悬拼时梁段的中线可能因为平面位移与平面转角而产生误差,为减小平面位移误差的叠加和传递,安装时可通过中线适当错位纠正。每次错位调节小于3 mm为宜。转角误差因梁段一般较短，中线上难以反映，可通过测量两梁段上横线是否平行进行判断。转角容许误差由合龙中线最大偏差确定。加以调整的办法是在一侧的腹板加垫金属板或刷厚环氧树脂。

(3)梁的高程控制

梁应按修正后的设计高程控制，修正后的高程已计入预制梁高误差。施工时，影响梁高程的因素较多：预制梁高误差、梁自重误差、临时荷载、安装时立面转角及预应力筋张拉误差等。梁自重误差一般在±4%内，可不计其影响。混凝土徐变因总的悬拼时间短，预制时间长，在施工期内亦可不计。临时荷载由施工控制。预应力筋张拉引起的高程变化可通过计算求得，根据影响的大小决定是否修正。

2. 悬拼线形控制

悬拼的各梁段连接后梁顶或梁底中心的连线称为“梁顶或梁底的线形”，相关的预拱度计算和施工控制测量工作即称为“线形控制”。桥的跨度越大，线形控制的重要性就越趋突出。要控制好线形，应该把握以下环节：

(1)节段预制

当采用长线法预制节段时，台座可按半个“T”或整个“T”制作。台座的基础须按一定的允许承载力设计，避免制梁时台座的沉降影响预制线形。台座的底模高程应是可调的，以便制梁时进行必要的高程(梁底线形)调整。应对台座高程进行精确测量。

(2)正确计算线形高程

根据设计图、施工组织设计及预制线形，可以得到预计的各种计算参数值，并提前进行预拱度及挠度的理论计算，得到各节段制造与施工安装高程。节段预制完以后，需称重，比较实际质量与设计质量，确定梁体自重误差对悬拼线形的影响。在计算高程时，要注意连续梁在确定后一节段的施工安装高程前，须考虑前一节段的高程影响。

(3)正确测量，总结规律

在每一节段梁定位前后都要对线形(高程、中线)等进行精确测量，及时汇集监控数据并进行分析，总结规律，为下一节段悬拼控制提供参数，以便调整其控制高程。测量最好定时进行(以凌晨为好)，以减少温度影响。

(4)控制1号块线形

悬拼法施工的0号块一般是在墩顶现浇。1号块以后的节段是在地面上用长线法预制。1号块位于悬臂的根部，其他块在其延长线上，1号块的安装精度对以后的悬拼线形影响极大。0号块与1号块之间采用湿接头是十分必要的，有利于精确控制1号块的线形。安装中主要通过调整1号块的安装线形进行线形的调整，必须严格控制其高程、中线的位置，尽量减少悬拼时的纠偏工作。

(5)线形调整

由于各种原因，实际线形总是与设计线形有一定偏差，要求安装时随时调整。调整分两种：一是根据已安装T构实测资料，修正1号块的安装高程；另一种是1号块以后的纠偏。纠偏工作必须及时进行，因为对采用长线法预制的拼装块只能作微量纠偏，且若不及时纠偏，线形误差会越来越大，造成纠偏困难，且不易保证接合面的质量。纠偏可采用以下措施：

①垫铜片或石棉网。使节段块向有利方向偏转。石棉网经环氧树脂净浆浸透，以便粘贴。宽度在 10 cm 左右，以控制最大预留缝的胶量和厚度的均匀性；厚度可根据计算求得，一次调整石棉网厚度不宜大于 5 mm。

②利用临时张拉束。临时张拉可采取张拉一部分力筋，或在箱梁内壁设置临时张拉齿块。在各临时张拉束上施加不同的力，挤出匹配面上多余的环氧树脂胶泥，也可以达到纠偏的目的。实践证明，其操作相对方便，效果也较明显。纠偏时，一次不宜太多，不仅要注意安装块的中心线与高程，更要注意其倾斜度，使纠偏工作顺利进行，避免反复纠偏，以确保合龙段的中心线与高程的精确性。

同步训练

一、填空题

1. 张拉时的“双控”是指________控制和________控制。

2. 先张法施工的放张方法主要有______、______和________。

3. 采用先张法张拉，0～10%σ_k 时，伸长值为 3 cm，10%～20%σ_k 时，伸长值为 2 cm，20%～80%σ_k 时，伸长值为 16 cm，0～100%σ_k 时张拉力的实际伸长值为______。

4. 后张法压浆在关闭出浆口后，应保持不小于 0.5 MPa 的压力下稳压______min。

二、计算题

1. 某预应力钢绞线规格ϕ15.2，截面积 $A=140\ \text{mm}^2$，弹性模量 $E=1.95\times105$ MPa，若锚具型号为 OVM15-7，有效张拉长度为 24 m，设计控制应力 $\sigma_k=0.72R$（$R=1860$ MPa）。

(1)求控制张拉力 P 值。

(2)若已知 $\overline{P}=P(1-e^{-(\kappa x+\mu\theta)})/(\kappa x+\mu\theta)$，且 $\kappa x+\mu\theta=0.6532$，$e^{-(\kappa x+\mu\theta)}=0.52$，求钢绞线的理论伸长量 ΔL_1。

(3)若张量过程中，活塞伸出量的实测值如表 1 所示。求张拉实际伸长量 ΔL_2，并判断是否在规范允许范围内。

表 1

张拉力	活塞伸出量(cm)
10%P	13.2
20%P	14.6
100%P	24.5

2. 某梁采用双向对称张拉，在张拉过程中，活塞伸出量的实测值如表 2 所示，则实际伸长量 ΔL 是多少？若理论伸长量为 28.4 cm，则实际伸长量是否符合规范要求？为什么？该如何处理？

表 2

张拉力	左侧活塞伸出量(cm)	右活塞伸出量(cm)
10%P	11.2	9.8
20%P	12.7	10.5
100%P	23.5	21.8

三、案例分析题

某大桥为(50+4×80+50)m 连续梁桥，主梁为双箱单室箱形结构，混凝土强度为 C50，采用悬臂拼装施工工艺。梁段采用长线法预制，缆索吊装就位。

问题：

(1)悬臂拼装法与悬浇施工比较，具备哪些优点？

(2)简要叙述长线法施工工序。

(3)1 号块是紧邻 0 号块两侧的第一箱梁节段，也是悬拼 T 构的基准梁段，是全跨安装质量的关键，一般采用湿接缝连接。湿接缝拼装梁段施工程序为：吊机就位—提升、起吊 1 号块—安设薄钢板管—(　　)—丈量湿接缝的宽度—调整薄钢板管—(　　)—检查中线—固定 1 号块—安装湿接缝的模板—(　　)—湿接缝养护、拆模—(　　)—下一梁段拼装。(请在以上括号内填写正确的工序)

典型案例

预应力施工操作规程

都汶路 E 合同段庙子坪岷江大桥主桥为 125 m+220 m+125 m 的连续刚构桥，其主梁设计为三向预应力体系，纵、横向为低松弛钢绞线；0～23 号块件竖向为低松弛钢绞线，其他采用精轧螺纹钢筋。

1　原材料进场验收

1.1　钢绞线

预应力砼用钢绞线必须符合《预应力混凝土用钢绞线》(GB/T 5224—2003)的要求，其力学性能及表面质量的允许偏差符合规范。钢绞线按 60 t 为一批，在其中任中取 3 盘，从每盘所选的钢绞线端部正常部位截取一根试样进行表面质量、直径偏差和力学性能试验。试验结果如有一项不合格时，则不合格盘报废，并再从该批未试验过的钢绞线中取双倍数量的试样进行该不合格项的复验，如仍有一项不合格，则该批钢绞线为不合格。

1.2　精轧螺纹钢筋

按不大于 100 t 进行分批，对表面质量应逐根目视检查，外观检查合格后在每批中任选 2 根钢筋截取试件进行拉伸试验。试验结果如有一项不符合规定要求，则另取双倍数量的试件重做全部各项试验，如仍有一根试件不合格，则该批钢筋为不合格。拉伸试验的试件不允许进行任何形式的加工。

1.3　锚具、夹具和连接器

预应力筋锚具、夹具和连接器应具有可靠的锚固性能、足够的承载能力和良好的适用性，能保证充分发挥预应筋的强度，安全地实现预应力张拉作业，并应符合现行国家标准的要求。

其进场验收按《公路桥涵施工技术规范》12.3.5条的规定进行验收、试验。

1.4 管道

对管道的验收、试验按《公路桥涵施工技术规范》12.4条的规定进行。

2 预应力材料的保护

2.1 钢绞线保管

考虑加载的原因，我处进场的钢绞线较多，因此必须将其置于清洁、干燥的地方，并在其顶面用彩色布进行覆盖，不得让钢绞线锈蚀。

2.2 锚具、夹具和连接器的保管

锚具、夹具和连接器均由库房保管，由技术人员开具领料单方可在库房内领取，在搬运到工地的过程中应妥善保护，避免锈蚀、沾污、遭受机械损伤或散失。

3 预应力筋的制作

3.1 下料长度

预应力筋的下料长度由技术人员提供给张拉组，其下料长度应包括张拉预留长度：对于纵向束，两端各85 cm；对于横向、竖向束预留长度为75 cm。其下料长度为计算长度加预留长度。

3.2 钢绞线、精轧螺纹钢筋的切断均采用砂轮切割机切断，不得采用电弧切割。

4 管道布置

4.1 预应力筋管道的尺寸与位置必须按施工设计文件进行正确布置，孔道应平顺，端部的锚头应垂直于孔道中心线。

4.2 管道必须按设计要求采用定位钢筋，使其能牢固地置于设计位置，并在砼浇筑期间不产生位移。

4.3 所有管道均应设压浆孔，还应在最高点设排气孔。

4.4 管道在模板内安装完毕后，应将其端部盖好，防止水或其他杂物进入。

5 预应力安装

5.1 预应力筋在浇筑后或浇筑前穿入管道，在穿束前应检查锚垫板和孔道，锚垫板应位置准确，孔道内应畅通，无水和其他杂物。

5.2 在任何情况下，当在安装有预应力筋的构件附近进行电焊时，对全部预应力筋和金属件均应进行保护，防止溅上焊渣或造成其他损坏。

6 预应力的施加

6.1 张拉前的准备工作

6.1.1 对力筋施加预应力之前，应对构件进行检验，外观和尺寸应符合质量标准要求，张拉时，构件的砼强度必须大于设计强度的85%。

6.1.2 在安装锚杯之前，应派专人对锚头进行检查，及时清理，保证垫板平面与钢束垂直，锚杯与锚头平行紧贴。

6.1.3 施加预应力所用的机具设备及仪表由张×、王××统一保管，并定期维护，定期由试验室进行校验。

6.1.4 千斤顶、油压表应配套标定，配套使用；标定时千斤顶及油压表应统一编号。

6.2 张拉顺序

6.2.1 先张拉竖向预应力筋(束)，再张拉纵向预应力束，后张拉横向预应力束。

6.2.2 对横向预应力钢束而言，0～13块滞后3 m张拉；14～25号块滞后3.5 m张拉，26号块以后滞后4 m张拉。

6.2.3 对竖向预应力筋而言，当强度达到设计张拉强度后，张拉本梁段竖向预应力钢束数量的40%，本节段剩余的60%按以下顺序张拉：0～13号块，滞后3.5 m张拉；14～25号块滞后2.5 m张拉；

26号块以后，滞后1.5 m张拉。

6.2.4　中跨合龙段的横向预应力钢束和竖向预应力钢筋与34号块未张拉的横竖向预应力钢束(筋)同时张拉，边跨合龙段的横向预应力束和竖向预应力钢筋与34号、37号块未张拉的横竖向预应力钢束(筋)同时张拉。

6.3　张拉力计算

6.3.1　纵向预应力钢束

26束：1860×0.75×140×26＝5078 kN

19束：1860×0.75×140×19＝3711 kN

15束：1860×0.75×140×15＝2930 kN

6.3.2　横向预应力钢束

由于横向束采用扁平管道且力筋根数不多于4根，拟采用单根张拉：1860×0.75×140×1＝195 kN

6.3.3　竖向预应力钢束(筋)

4束钢绞线：1860×0.75×140×4＝781 kN

3束钢绞线：1860×0.75×140×3＝586 kN

精轧螺纹钢筋：673 kN

6.4　张拉

6.4.1　张拉方式

纵向预应力钢束采用两端对称张拉，横竖向预应力一端张拉，均采用伸长量与张拉力双控，以应力为主，伸长量校核。

6.4.2　张拉程序

纵向预应力钢束：

$0 \rightarrow 15\sigma_{con} \rightarrow 100\%\sigma_{con} \rightarrow 103\%\sigma_{con}$(持荷3 min锚固)

横、竖向预应钢束(筋)：

$0 \rightarrow 15\sigma_{con} \rightarrow 100\%\sigma_{con}$(持荷3 min锚固)

6.5　张拉后的工作

6.5.1　张拉后应派专人对预应力钢束(筋)进行检查，其滑、断丝不得大于1丝，精轧螺纹钢筋不允许断筋或滑移。

6.5.2　用砂轮切割机切除多余的钢束(筋)，压浆后用封端砼进行封锚，严禁用电弧焊切割多余钢束(筋)。

7　孔道压浆

预应力筋张拉后孔道应尽早压浆。

7.1　压浆材料

孔道压浆材料必须符合《公路桥涵施工技术规范》12.11.2条的规定，其压浆强度大于60 MPa。

7.2　孔道准备

压浆前对孔道用空压机进行清洁，并用空压机将其积水吹干。

7.3　纵向预应力束压浆工作

纵向预应力钢束采用真空压浆，其工艺如下：

7.3.1　将出浆端的连接管连接到锚垫板上的连接阀上，关闭入浆端的阀门，启动真空泵(见图1)进行抽气，使真空度达到－0.1 MPa以下的负压。

7.3.2　启动压浆机压出泵内的残留的水、杂物或空气，并检查所排除的水泥浆的稠度是否达到设计要求，达到要求后关闭压浆机，立即将压浆管通过连接阀门将其连接在锚垫板上的压浆孔上。

7.3.3　保持真空泵和压浆机连续运转的情况下，开启压浆端的阀门并将已拌制好的浆液压注到预应力管道。

7.3.4　待水泥浆经过负压器时，检查到负压容器的浆液的稠度，直到稠度达到设计要求，且流动顺畅后，关闭真空抽浆泵和抽气阀门，暂停压浆机。

7.3.5　打开排气阀门，继续压浆直到稠度达到设计要求，且流动顺畅后，关闭排气阀门。同时启动压浆机保持压力为 0.5～0.7 MPa，持压 3 min，关闭压浆机和压浆阀门，即完成压浆。

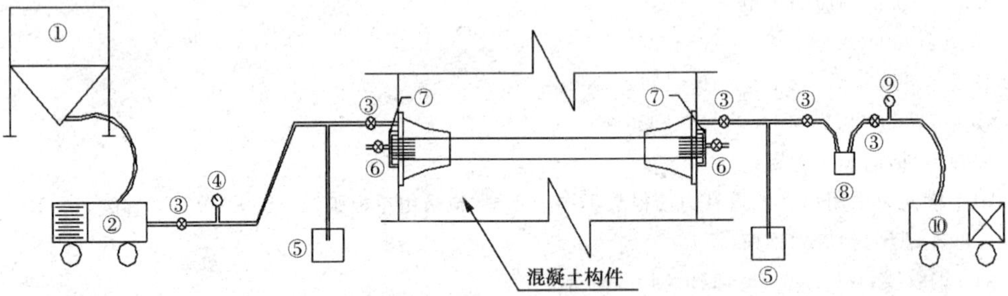

图 1

①搅拌机；②压浆机；③阀门；④普通压力表；⑤废浆桶；⑥排气管；⑦密封盖
⑧负压器；⑨真空压力表；⑩抽真空机

7.4　横竖向预应力钢束(筋)孔道压浆

横纵向孔道压浆采用常规压浆，其工艺必须符合《公路桥涵施工技术规范》(JTJ041-2000)12.11 条的规定。

竖向束(筋)压浆时，应从最低点的压浆孔压入，由最高点的排气孔排气和泌水。

8　压浆质量要求

8.1　水泥浆配比必须经过试验确定，施工中不得任意调整和变动。每次压浆作业至少应进行两次水泥浆稠度测试。

8.2　压浆浆液必须留件试验，在标养 28 天后测定强度。

8.3　压浆完成后应检查凸起部位的密实性，如有异常应进行处理。

8.4　压浆过程中和压浆后 48 h 内构件温度不能低于 5 ℃，否则应采取保温措施。

8.5　压浆应均匀缓慢连续一次性压完，严禁中断。

9　安全要求

9.1　在预应力张拉时，操作人员不得正对千斤顶站立，防止千斤顶或夹片滑移伤人。

9.2　在进行孔道压浆时，操作人员应戴好护目镜，避免水泥浆溅入眼睛。

项目五　现浇梁施工

项目概述

本项目主要讲述了现浇梁的施工方法，重点介绍了支架现浇施工及悬臂浇筑施工的施工工艺与质量控制要点，这两种施工方法在工程中应用非常广泛，在桥梁施工中占有非常重要的地位。

学习目标

通过本项目的学习，了解支架及挂篮的种类和组成，熟悉支架的计算方法，掌握支架现浇及挂篮悬浇的施工工艺及质控要点。

引导案例

某沿海大桥是一座跨径为 28.5 m＋3×40.5 m＋28.5 m 的变截面预应力混凝土连续箱梁桥，分左、右两幅，每幅单箱顶宽 14.50 m，底板宽 7 m，梁高由支点的 2.75 m 渐变到跨中的 1.80 m。根据桥位处的地质情况和大桥本身的特点，支架现浇。支架纵梁采用六四军用梁，为减小纵梁在混凝土重量作用下的过大变形，在每个边跨设一排临时支墩，3 个主跨各设置两排支墩，支墩均为摩擦桩，卸落设备采用砂箱。在安装模板时，全面计算并设置了预拱度值。为减小支架变形，混凝土分两次浇筑，第一次浇筑底板和腹板，第二次浇筑顶板和翼缘板。为防止桥墩与支架发生沉降差而导致墩顶处梁体混凝土开裂，采用自两边墩台向跨中分段浇筑的方法。因管道较多、钢筋密，决定采用大直径振捣器直接运送混凝土并振捣，以确保有预应力管道下的混凝土密实。混凝土达到设计强度后，张拉预应力筋，按要求和规定压浆。

问题：

1. 混凝土浇筑顺序是否合理？请说明理由。
2. 混凝土振捣是否合理？为什么？
3. 施工单位在计算施工预拱度时，应考虑哪些荷载？
4. 如何对管道进行压浆？

任务一　支架现浇箱梁施工

任务描述

本任务主要讲述了支架现浇箱梁的施工方法，从地基处理、支架搭设、模板支立、钢筋骨架加工与绑扎、混凝土浇筑、张拉与压浆等方面，全面地介绍了支架现浇箱梁的施工工艺及质量控制要点。

图 5-1 为支架现浇箱梁施工工艺图。

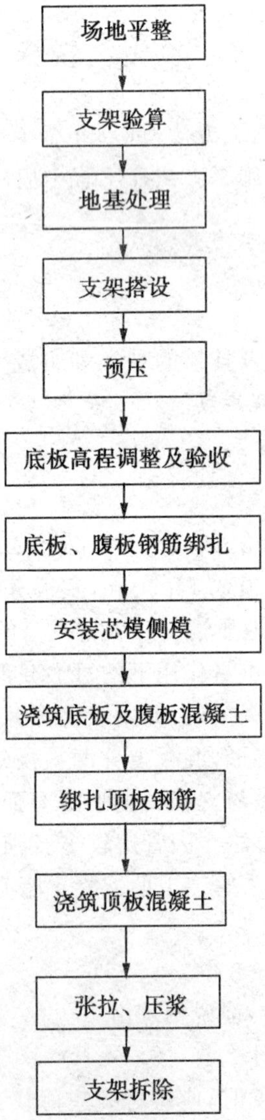

图 5-1　支架现浇箱梁施工工艺

一、支架类型及构造

就地浇筑混凝土梁桥的上部结构，首先应在桥孔位置搭设支架，以支承模板、浇筑的钢筋混凝土，以及其他施工荷载的重力。

根据构造不同，支架可分为立柱式、梁式、梁式—立柱式(见图 5-2)。

根据材料不同，支架可分为木支架、钢支架、钢木支架、万能杆件支架。(备注：还应进行强度和稳定性验算)

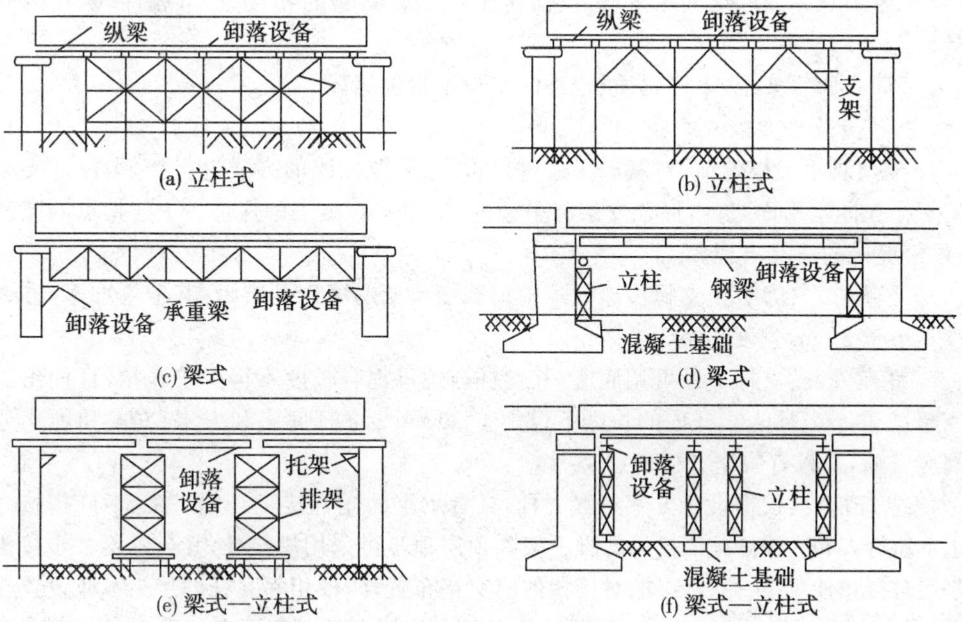

图 5-2 支架构造

二、支架的搭设

按照所选取的支架方案，安设立杆纵、横杆，设置纵、横扫地杆、横向斜撑、剪刀撑，铺设脚手板，挂设平网、立网。根据搭设支架脚手架高度来设置风缆绳，设置防雷电接地(避雷针)。

(一)支架的组成

1. 底座：设立于立杆底部的垫座。包括固定底座、可调底座。

2. 立杆：主要承受施工及其他荷载的竖向杆件结构。

3. 水平杆：支架脚手架中的水平杆件。沿支架脚手架纵向设置的水平杆件为纵向水平杆件；沿支架脚手架横向设置的水平杆件为横向水平杆件。

4. 扫地杆：贴近支架脚手架的地面设置，连接立杆根部的纵、横向水平杆件。包括纵向扫地杆、横向扫地杆。

5. 横向斜撑：与支架脚手架内、外立杆或水平杆斜交成“之”字形的斜杆。

6. 剪刀撑：在支架脚手架竖向或水平向成对设置的交叉斜杆。分普通型和加强型。

7. 可调托撑(顶托):插入立杆钢管顶部,可调节高度的顶撑。可调螺杆外径不得小于 36 mm。托板厚不小于 5 mm,其承载力不小于 40 kN。

8. 脚手板:可采用钢、木、竹材料制作,单块脚手板的重量不宜大于 30 kg。木质板厚度不应小于 5 cm,板端用不小于 4 mm 钢丝箍两道。

9. 步距:上下水平杆轴线间的距离。满堂支架的步距不宜超过 1.8 m。

10. 立杆纵(跨)距、横距:相邻立杆纵向及横向之间的轴线距离。满堂支架的立杆间距不宜超过 1.2 m。

11. 主节点:立杆、纵向水平杆、横向水平杆三杆紧靠的扣接点。(扣件、碗扣的安装质量)

12. 同一脚手架中,不同材质、规格的材料不得混用。

(二)支架作业要点

1. 支架脚手架搭设前,对基础平面进行检查,采取拉线的方式进行找平,保证支架脚手架下托在同水平面之内,保证支架脚手架的受力均匀,施工中保证各个连接点的紧密安放,严禁虚接的情况出现。

2. 下垫方木:为防止支腿传递的集中荷载使垫层混凝土开裂,在其上垫方木,方木的厚度不小于 5 cm,宽度不小于 20 cm。

3. 底座安装:立杆下设可调底座,其丝杆与螺母捏合长度不得少于 5 扣,且伸出长度不宜超过 30 cm,插入立杆内的长度不得小于 30 cm。立杆底座和方木、方木和硬化地面之间应密贴,不得有脱空和松动。

4. 立杆搭设:根据设计方案布置立杆,具有承重的立杆接长必须对接,不许搭接。只是上下通行人和为辅助施工搭设的脚手架除顶层顶步可采用搭接外,其余各层各步接头必须采用对接扣件对接。立杆上的对接扣件应交错布置,两根相邻立杆的接头不应设置在同步内,同步内隔一根立杆的两个相隔接头在高度方向错开的距离不宜小于 50 cm,各接头中心至主节点的距离不宜大于步距的 1/3。当立杆 $H\leqslant20$ m 时,其偏差不大于 $H/200$(mm)。当立杆 $H\geqslant20$ m 时,其偏差不大于 $H/300$(mm),且总高度垂直偏差不大于 100 mm。

5. 每搭设一层立杆,经检查合格后,进行横杆和纵杆的搭设。按设计要求搭设横杆和纵杆,横杆和纵杆一定要水平。如果是扣件式支架脚手架,纵、横杆的水平杆和立杆每一个节点都要用扣件扣牢,严禁不扣或扣不牢的现象出现。主节点处必须设置一根横向水平杆,用直角扣件扣接且严禁拆除。主节点处两个直角扣件的中心距不应大于 150 mm。

6. 剪刀撑:剪刀撑夹角为 45°～60°,长度不得小于 6 m,每根剪刀撑应横跨不小于 4 榀。剪刀撑斜杆应用旋转扣件固定在立杆或与之相交的横向水平杆的伸出端上,旋转扣件中心线至主节点的距离不宜大于 15 cm。剪刀撑底端必须落地。使节点之间不成平行四边形剪刀搭接长度应大于 1 m,采用双扣件扣牢。当立杆间距小于或等于 1.5 m 时,模板支撑架四周从底到顶连续设置竖向剪力撑;中间纵横向由底至顶连续设置竖向剪力撑,其间距应小于或等于 4.5 m。当模板支撑架高度大于 4.8 m 时,顶端和底部必须设置水平剪力撑,中间水平剪力撑设置间距应小于或等于 4.8 m。

7. 纵、横向扫地杆:模板支撑架应根据所承受的荷载选择立杆的间距和布距,底层纵横向水平杆作为扫地杆，距地面高度应小于或等于 350 mm，立杆底部应设置可调底座或固定底座。

8. 在支架顶部设置上托，立杆上端包括可调螺杆伸出顶层水平杆的长度不得大于 0.7 m。

9. 其他控制要点：

支架脚手架搭设完毕后，对其平面位置、顶部标高、节点联系及纵横向稳定性进行全面检查，砼浇筑之前，将支架脚手架的上、下托再次拧紧，保证其与方木紧密接触，防止砼浇筑过程中支架脚手架的沉降变形。安装后的扣件螺栓拧紧扭力矩应采用扭力扳手检查，抽样方法应按随机分布原则进行。扣件螺栓拧紧扭力矩不应小于 40 kN·m，且不大于 60 kN·m。分段浇筑两端设置施工缝，当中间段张拉注浆完成后拆除底部支架脚手架，但在整个梁段施工完成前，不得拆除悬臂端的支撑系统。

防雷接地：高度在 20 m 以上的支架脚手架必须设防雷接地。

电源线：电源线接触架体，应使用有绝缘套的挂钩。距离头顶输电线最少不得少于 3 m。

支架脚手架搭设应使用专业工具：用水平尺校正立杆垂度及横杆水平度；用米尺来控制步距、纵距及横距。

（三）支架搭设技术要求

1. 立杆升高采用对接扣件连接，相邻立杆接头应错开布置在不同的步距内，与相邻大横杆的距离不宜大于步距的 1/3。

2. 在主节点处固定横向水平杆、纵向水平杆、剪刀撑、横向斜杆等用的直角扣件、旋转扣件中心点的相互距离不宜大于 15 cm。

3. 对接扣件的开口应朝上或朝内。

4. 各杆件端头伸出扣件盖板边缘的长度不应小于 100 mm。

5. 立杆与大横杆必须用直角扣件扣紧，不得隔步设置或遗漏。

6. 立杆的垂直偏差应不大于架高的 1/300。

7. 上下横杆的接长位置错开布置在不同的立杆纵距中，与相连立杆的距离不大于纵距的 1/3。

8. 大横杆布置在立杆的里侧，同一排大横杆的水平偏差不大于该片脚手架总长度的 1/250 且不大于 50 mm。

9. 安全网应满挂在外排杆件内侧大横杆下方，用 26 号铁丝把网眼与杆件绑牢。

10. 扣件安装应符合下列规定：①扣件规格必须与钢管外径相同；②螺栓拧紧力矩为 50 kN·m。

11. 主节点处必须设置一根横向水平杆，用直角扣件扣接且严禁拆除。主节点处两个直角扣件的中心距不应大于 150 mm。

三、支架预压

（一）预压目的

1. 验证支架的整体稳定性。

2. 消除支架与地基的非弹性变形及基础沉降。

3. 计算支架在等载作用下的弹性变形量，在支架搭设时设置预拱度，从而对现浇箱梁在施工过程中的变形进行有效的预控。

(二)预压程序(以某互通立交主线桥为例)

预压方法依据现浇箱梁砼重量分布情况，在搭好的支架上堆放与梁跨荷载等重的土袋等，将预压荷载划分成若干个单元，单元划分应根据上部结构荷载分布形式确定。每个单元内的支架预压荷载应为此单元内上部结构自重和模板重量之和的 1.2 倍。采用砂袋按体积比重分级加载的方法，进行支架预压。预压时经试验实测确定，调整预压堆载高度。

四、施工预拱度

(一)设预拱度的原因

在支架上浇筑梁式上部构造时，在施工时和卸架后，上部构造要发生一定的下沉和产生一定的挠度。

(二)在确定预拱度时所要考虑的因素

1. 卸架后上部构造本身及活载一半所产生的竖向挠度 δ_1。

2. 支架在荷载作用下的非弹性压缩 δ_2。

3. 支架在荷载作用下的弹性压缩 δ_3。

4. 支架基底在荷载作用下的非弹性压缩 δ_4。

5. 由混凝土收缩及温度变化而引起的挠度 δ_5。

注：当恒载和静载产生的挠度不超过跨径的 1/1600 时，可不设预拱度。

五、支座安装及模板制作安装

(一)支座安装

箱梁浇筑前安装好支座，在预留螺孔内注入环氧树脂砂浆，在初凝前，按中心线安放盆式支座并保证支座四角高差不大于 2 mm，同时从支座的地脚螺栓孔中插入拧上螺母的地脚螺栓，待完全凝固后拧紧螺母。地脚螺栓穿入底座或顶板孔内并旋入底柱内，将支座就位并调整水平，用环氧树脂砂浆或高标号砂浆灌注地脚螺栓孔及支座底板垫层。

(二)模板制作安装

1. 模板制作要求

进行现浇箱梁的外模板设计时，既要考虑到周转使用的需要，也要考虑到易于加工性，以及施工中的便捷操作性，此外还要考虑对梁体外观质量的要求。因此，一般多选用竹胶模或钢模板作为面板。现浇箱梁的模板由底模、侧模及内模三个部分组成，一般预先制作成组件，在使用时再进行拼；模板的楞木采用方钢、槽钢或方木组成，具体的布置需根据箱梁截面尺寸确定，并对模板的强度、刚度进行验算。对于腹板模板，应根据腹板高度设置对拉杆，对拉杆宜采用塑料套管，以便拉杆取出，不得用气割将拉杆割断；在箱梁的顶板和横隔板上要根据施工需要设置人孔，以便将内模取出。

2. 模板安装

在进行模板拼装组合时，保证接缝严密、整齐、平整，并注意保持让底、侧板拼缝在一条线上，拼缝用玻璃胶填缝抹平，以防漏浆。芯模采用胶合板，底板钢筋绑扎完成后进行芯模的安装，竹胶板采用10 cm×10 cm方木进行加固，为了防止芯模上浮，用拉杆进行加固。腹板芯模同样采取此方法进行加固。

六、钢筋加工及安装

(一)工序及要求

1. 每批到达工地现场的钢材，均向监理工程师提供生产厂家的试验报告和出厂质量证明书。并按不同钢种、等级、牌号及生产厂家，分类堆放，挂牌识别。

2. 钢筋在使用前，进行调直和除锈，保证钢筋表面洁净、平直，无局部弯折。钢筋的加工制作在加工间严格按设计图进行，成品编号堆码，以便使用。钢筋加工时，每种型号应先制作几个与设计图纸上的尺寸进行比较，对于不符合要求的应及时进行调整使其达到要求。主筋采用机械连接，通长钢筋在上部进行焊接。

3. 钢筋调直，盘条用单控冷拉调直，冷拉伸长率不大于2%。

4. 钢筋切断，焊接与弯曲成型，钢筋切断采用切断机，并以型钢切口，横加挡板台架控制下料长度，对焊机对焊连接，每工班都要抽样检查，剔除不合格品。

5. 钢筋绑扎成型

钢筋绑扎前先在底板上精确按设计放出钢筋点位，并垫设高强度砂浆垫块，顶板、底板、腹板钢筋根据施工图纸准确定位，纵向普通钢筋在接缝处的连接方法及连接长度满足设计及规范要求。先进行底板普通钢筋绑扎，再进行腹板钢筋的绑扎，最后进行顶板普通钢筋的绑扎。钢筋焊接时下面垫一层薄铁片，以防焊渣落入模板，造成模板损伤。绑扎成型的钢筋尺寸、箍筋间距必须满足规范要求，待监理工程师验收合格后方可进行下一道施工工序。

6. 预应力管道安装

波纹管的进场验收波纹管外观应清洁，无孔洞和不规则折皱。波纹管的施工在安装波纹管时，一定要严格按设计位置安装，束孔定位钢筋间距0.5 m，在弯起部分适当加强。安装时，将波纹管定位网片与箍筋点焊一起保证其牢固。波纹管安装就位过程中应尽量避免反复弯曲，同时防止电焊火花烧伤管壁。波纹管安装后，应检查波纹管位置，曲线形状是否符合设计要求。波纹管连接必须用套管旋紧，保证有15～20 cm的相互重叠，并沿长度方向用两层胶布在接口处缠5 cm左右长度。

7. 钢绞线施工

钢绞线采用穿束机进行穿束，穿束过程中不得使用任何润滑油，避免污染预应力管道及钢绞线。钢绞线穿束完成后外漏部分必须使用塑料布进行包裹保护，防止混凝土浇筑过程中对钢绞线造成污染。下料过程中钢绞线切口端先用铁丝扎紧，采用砂轮切割机切割，钢束要统一编号，钢束端头端末使用同一编号，防止安装锚具时钢绞线两端部对应。

8. 预应力管道通气孔的设置

钢绞线穿束完成后，在预应力管道纵向设置通气孔，通气孔位置为波纹管最高处，一般位置为桥墩墩顶处，空气孔采用1 cm直径的软管，软管与波纹管连接，连接位置使用胶布缠绕密实，防止混凝土浇筑时漏浆，软管长度为顶板混凝土浇筑完成后外漏不小于50 cm。

（二）质量控制要点

1. 钢筋施工过程中要注意如下几点：

（1）要把成品钢筋分区堆放，做好标记，并垫高覆盖。

（2）混凝土保护层垫块应均匀分布，以保证混凝土的保护层厚度满足设计要求。

（3）确保各钢筋尺寸、位置、根数皆符合设计及规范要求。

2. 对于腹板钢筋一般根据其起吊能力，预先焊成钢筋骨架，吊装后再绑扎或焊接成型。

3. 预应力管道的位置按设计要求准确布设，并采用每隔 50 cm 一道的定位筋进行固定，接头要平顺，外用胶布缠牢，在管道最高点设置排气孔。

4. 锚垫板安装前，要检查锚垫板的几何尺寸是否符合设计要求，垫板与孔道严格对中，并与孔道端部垂直，不得错位。

5. 预应力筋的下料长度要通过计算确定，计算应考虑孔道曲线长、锚具长度、千斤顶长度及外露工作长度等因素，预应力筋的切割宜用砂轮切割。

6. 预应力筋穿束前要对孔道进行清理，钢束较短时，可采用人工从一端送入。如钢束较长，可先用孔道内预留铅丝将牵引网套的钢丝绳牵入孔道，再用人工或卷扬机牵引钢束缓慢引入。

七、箱梁混凝土浇筑

（一）浇筑前的检查

1. 模内杂物（锯末、木屑、钢筋头、电焊条等）清理干净。

2. 检查平面位置及各部位尺寸是否合格，拉筋是否牢固，支撑是否结实，并对支架的顶托底脚、剪刀撑、基础情况进行最后一次检查。

3. 检查波纹管的位置及是否有破损，接头处是否严密牢固。

4. 检查钢绞线的数量及工作外露长度是否满足要求。

5. 检查钢筋型号、位置、根数、间距，以及预埋件的位置、数量是否符合设计要求。

（二）浇筑工序

1. 箱梁混凝土根据浇筑的时间可选择采用一次或二次浇筑箱梁。本任务混凝土箱梁的混凝土分两次浇筑。先浇筑箱梁底板和腹板，再浇筑顶板，水平施工缝留在腹板的上腋角处。浇筑底板和腹板混凝土时，从应自跨中向两墩台连续浇筑，即浇筑混凝土浇筑施工中采用分层浇筑，每层 25 cm。在前层混凝土初凝之前将次层混凝土浇筑完毕，保证无层间冷缝，混凝土浇筑应连续不间断。第二次浇筑前，应检查脚手架有无收缩和下沉，并打紧各楔形块及钢管卡扣，以保证最小的压缩和沉降，在离翼板外缘 2 cm 处设 0.5 cm 深半圆形滴水槽，以阻止水流污染砼表面。浇筑时注意不要碰撞预应力预留孔道，对钢筋较密集部位及张拉端齿板混凝土应采用小直径振捣棒仔细振捣，保证密实。为减少混凝土的收缩裂缝，混凝土浇筑完成，二次收浆结束后（顶板混凝土）混凝土达到初凝即用土工布覆盖并洒水养护。为了把箱体内的水能尽快排出，不产生附加荷载，砼浇筑前在箱梁底板设透气孔。

2. 在混凝土浇筑过程中派专人观察模板支架的情况，一旦发现有模板漏浆、变形等情况及时处理。并安排测量人员观测支架的沉降情况，做好记录。同时按要求做好混凝土的试块。

3. 箱梁顶板混凝土浇筑前，须对新旧混凝土接触面进行凿毛及加密顶板的高程控制，顶板高程采用焊接钢筋高程点控制，钢筋焊接高程点高出设计高程 5 mm，使成型的混凝土拉毛后顶面高程达到设计要求，在浇筑时先用插入式振动器或平板振动器振实，然后再找平，找平时要跟踪观察混凝土面的高低情况，及时补料或铲除多余砼。

4. 采用插入式振捣棒振捣砼时，应符合如下规定：

采用插入式振捣器振捣砼时，插入式振捣器的移动间距不宜大于振捣器作用半径的 1.5 倍。当振动完毕需变换振捣棒在砼拌和物中的水平位置时，应边振动边竖向缓慢提出振动棒，不得将振动棒放在拌和物内平拖，不得用振动棒驱赶砼。振捣过程中应避免碰撞模板、钢筋及其他预埋部件。每一振点的振捣延续时间宜为 10～20 s，以砼不再沉落，不出现气泡，表面呈现浮聚为度，防止过振、漏振。

（三）浇筑注意事项

1. 箱梁施工前，应做混凝土的配合比设计及各种材料试验，并根据实际情况进行综合比较确定，箱梁混凝土采用一次或二次浇筑。

2. 箱梁混凝土方量较大，宜采用拌和站拌和，用混凝土罐车运输，用混凝土泵送入模，必要时备有应急设备，以防设备障碍造混凝土浇筑过程中断。

3. 安排好浇筑顺序，其浇筑速度要确保下层混凝土初凝前覆盖上层混凝土，应自跨中向两墩台连续浇筑；混凝土分两次浇筑时，第二次混凝土浇筑时，应将接触面上第一层混凝土凿毛，清除浮浆。

4. 混凝土的振动采用插入式振动器进行，振动时要避免振动棒碰撞模板、钢筋，尤其是波纹管。

（四）浇筑过程中质量控制重点

1. 专人随时检查模板，以便及时发现问题，防止漏浆、胀模事故的发生。

2. 避免假张拉现象。要有专人来回抽动钢绞线，避免因波纹管漏浆而使钢绞线波纹管之间黏结一起，影响后续施工。

3. 加强混凝土振捣。尤其要注意锚头位置和钢绞线固定端处的混凝土振捣密实。

八、预应力钢绞线张拉施工

（一）张拉工序

当砼龄期不小于 7 天，且混凝土强度达到设计要求的强度时，方可进行预应力钢束张拉。对长度大于 25 m 和曲线预应力束要求采用双端张拉。张拉采用张拉力和伸长值双控。张拉程序：$0 \rightarrow$ 初应力（$15\%\sigma_{con}$）$\rightarrow 30\%\sigma_{con} \rightarrow 100\%\sigma_{con} \rightarrow \sigma_{con}$（锚固）。张拉时应注意测量每个应力相对的伸长值。张拉时，两端千斤顶升、降压应均匀稳定、同步加载，千斤顶的张拉力作用线应与预应力筋的中心线重合。张拉设备检验合格后方可使用。预应力筋张拉时，断丝和滑丝数量不能超过规范要求。千斤顶后端严禁站人，并设防护装置，张拉操作人员持证上岗，张拉时操作人员严守岗位，不允许闲谈，每根预应力筋张拉都应有完整记录。

（二）张拉注意事项

1. 张拉前进行两检查一清除。两检查：张拉前，检查管道是否通畅；检查锚垫板后混凝土是否密实，是否有蜂窝和空洞。一清除：清除锚垫板上的浮浆。

2. 安装顺序：工作锚（夹片）→限位板→千斤顶→工具锚（夹片）。

3. 张拉控制：采用伸长值和张拉力双重控制，以张拉力为主，伸长值校核为辅。实际伸长值与理论伸长值的偏差不得超过±6%。

4. 千斤顶、锚具与孔口必须在一个同心圆内。

5. 顶表对应，不得用错；配套使用，定期校验。

6. 割丝时用砂轮切割，严禁用氧气乙炔切割；外漏长度不小于 3 cm。

7. 张拉时，千斤顶后面严禁站人以防止滑、断丝伤人。

九、压浆

（一）预应力钢绞线张拉完毕后，要在 48 h 内尽早压浆，水泥一般采用硅酸盐水泥，水泥浆的水灰比为 0.28，水泥浆稠度为 14～18 s，水泥浆在使用前和压注过程中应全程搅拌以防沉淀凝结。

（二）在压浆前，要先将锚头部分用高标号砂浆封严，防止漏浆。然后，压清水冲洗孔道，再采用空气压缩机将管道内积水吹出，最后才进行压浆。压浆应连续进行，中间不能中断，压浆的顺序是先压下层管道，后压上层管道。

（三）压浆以管道的另一端饱满出浆，并通过排气孔溢出相同稠度的水泥浆为止。这时可关闭出浆口，保持 0.5～0.7 MPa 下稳压 3～5 min。压浆过程中及压浆后 48 h 内，混凝土结构的温度不得低于 5 ℃。否则，应采取保温措施。当温高于 35 ℃时，压浆应在夜间进行。压浆强度达到设计要求或符合《公路桥涵施工技术规范》要求后，方可进行支架拆除。

十、支架拆除

压浆完成，强度达到设计要求后，方可进行支架拆除。支架拆除的顺序，按照先中间后两边的原则进行。同时，模板、支架按照先支后拆，后支先拆，先拆非承重模板，后拆承重模板，自上而下，分层分段拆除的顺序和原则进行拆除。在支架拆除时，要对箱梁顶高程进行观测，以确认其下沉速度是否符合设计要求。支架拆除时，严禁立体交叉作业，以防止安全事故的发生。

任务二　悬臂浇筑施工

引导案例

某桥梁设计为 70 m＋120 m＋70 m 变截面连续箱梁，桥下为重要通航河道，施工过程中不能阻断航道。

问：如采用现浇，可采用何种施工方案？

任务描述

本任务主要讲述了挂篮悬臂浇筑的施工方法，分别从挂篮设计与加工、0号块施工、挂篮悬浇段施工、边跨支架现浇及合龙段施工等方面，全面介绍了挂篮悬浇的施工工艺及质控要点。

一、悬臂浇筑法概述

悬臂施工法也称为“分段施工法”。悬臂施工法是以桥墩为中心向两岸对称的、逐节悬臂接长的施工方法。预应力混凝土桥梁采用悬臂施工法是从钢桥悬臂拼装发展而来。悬臂施工法最早主要用于修建预应力T形刚构桥，由于悬臂施工方法的优越性，后来被推广用于预应力混凝土悬臂梁桥、连续梁桥、斜腿刚构桥、桁架桥、拱桥及斜拉桥等。随着桥梁事业的发展，近年来悬臂施工法在国内外大跨径预应力混凝土桥梁施工中得到广泛采用。据资料统计，1952年以来，国内外100 m以上大跨径桥梁中，采用悬臂浇筑法施工的占80%左右，采用悬臂拼装法施工的占20%左右。

(一)悬臂施工法的特点

1. 预应力混凝土连续梁及悬臂梁桥采用悬臂施工时需进行体系转换，即在悬臂施工时，梁墩采取临时固结，结构为T形刚构，合龙前，撤销梁墩临时固结，结构呈悬臂梁受力状态，待结构合龙后形成连续梁体系。设计时应对施工状态进行配束验算。

2. 桥跨间不需搭设支架，施工不影响桥下通航或行车。施工过程中，施工机具和人员等重力均全部由已建梁段承受，随着施工的进展，悬臂逐渐延伸，机具设备也逐步移至梁端。所以悬臂施工法可应用于通航河流及跨线立交大跨径桥梁。

3. 多孔桥跨结构可同时施工，加快施工进度。

4. 悬臂施工法充分利用预应力混凝土承受负弯矩能力强的特点，将跨中正弯矩转移为支点负弯矩，使桥梁跨越能力提高，并适合变截面桥梁的施工。

5. 悬臂施工用的悬拼吊机或挂篮设备可重复使用，施工费用较省，可降低工程造价。

(二)悬臂浇筑法

悬臂浇筑(简称“悬浇”)采用移动式挂篮作为主要施工设备，以桥墩为中心，对称向两岸利用挂篮浇筑梁段混凝土，待混凝土达到要求强度后，张拉预应力束，再移动挂篮，进行下一节段的施工。

悬臂浇筑每个节段长度一般为3～5 m，节段过长，将增加混凝土自重及挂篮结构重力，还要增加平衡重及挂篮后锚设施；节段过短，影响施工进度。所以施工时应根据设备情况及工期，选择合适的节段长度。

悬臂浇筑法施工是桥梁施工中难度较大的施工工艺，需要一定的施工设备及一支熟悉悬臂浇筑工艺的技术队伍。

二、挂篮设计

(一)挂篮概述

挂篮是悬臂浇筑施工的主要机具，如图5-3所示。挂篮是一个能沿着轨道行走的活动脚手架及模板支架，挂篮锚固在已经张拉的箱梁梁段上，悬臂浇筑时箱梁梁段的模板安装、钢筋绑扎、管道安装、混凝土浇筑、预应力张拉、压浆等工作均在挂篮上进行。当一个梁段的施工程序完成后，挂篮解除后锚，移向下一梁段施工。所以挂篮既是空间的施工设备，又是预应力筋未张拉前梁段的承重结构。

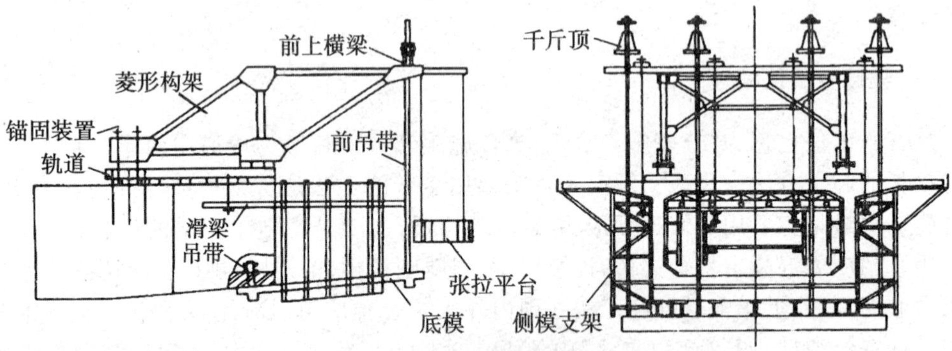

图 5-3　挂篮

（二）挂篮的分类

作为施工梁段的承重结构，同时又是施工梁段的作业现场，随着施工技术的不断改进，挂篮已由过去的压重平衡式发展成现在通用的自锚平衡式。自锚式施工挂篮结构的形式主要有桁架式、斜拉式两类。桁架式挂篮按其构成部件的不同，可分为万能杆件挂篮、贝雷梁（或装配式公路钢桁梁组合式）和型钢桁架组合式挂篮。

（三）挂篮的主要构造

挂篮组成：承重梁、悬吊模板、锚固装置、行走系统、工作平台等（见图 5-4）。

图 5-4　挂篮的构造

1. 承重结构。承重结构是挂篮主要受力构件，可用万能杆件或贝雷梁拼装的钢桁或大号型钢制成。

2. 悬吊系统。悬吊系统的作用是将底模架、张拉工作平台的自重及其上面的荷重传递到承重结构上，悬吊系统可采用钻有销孔的扁钢或两端有螺纹的圆钢组成。

3. 锚固系统装置及平衡重。该系统设置目的是防止挂篮在行走状态及浇筑混凝土梁段时倾覆失稳。

4. 行走系统。挂篮整体纵移采用电动卷扬机牵引，挂篮上设有上滑道，梁上铺设下滑道，中间可用滚轴，也可用聚四氟乙烯板做滑道。

5. 工作平台。工作平台设于挂篮承重结构的前端，用于张拉预应力束、压浆等操作用的脚手架。

6. 底模架。底模架是供立模板、绑扎钢筋、浇筑混凝土、养生等工序用。

(四)挂篮设计

挂篮的合理设计是保证施工质量、加快施工进度的重要因素。在设计中要求挂篮的质量结构简单、受力明确、运行方便、坚固稳定、变形小、拆装方便，并尽量利用当地现有构件。

主要设计参数：

1. 挂篮总重控制在设计限重之内。

2. 挂篮质量与梁段混凝土的质量比值宜控制在 0.3～0.5 内，特殊情况下也不应超过 0.7。

3. 允许最大变形(包括吊带变形的总和)：20 mm。

4. 施工时、行走时的抗倾覆安全系数：2。

5. 自锚固系统的安全系数：2。

6. 斜拉水平限位系统安全系数：2。

7. 上水平限位安全系数：2。

8. 设计时，应考虑各项实际可能发生的荷载情况，进行最不利的荷载组合。设计荷载有以下几种：①挂篮自重；②模板支架自重(包括侧模、内模、底模和端模等)；③振动器重和振动力，千斤顶和油泵及其他有关设备自重；④施工人群荷载；⑤最大节段混凝土自重等。

9. 验算挂篮的抗倾覆稳定性能，确定结构整体的图式和尺寸以及后锚点的锚力等。选择挂篮形式主要考虑结构简单、自重轻、受力明确、变形较小、行走安全、装拆方便等方面因素。在一般情况下，尽量选择本单位现有设备，达到保证施工质量、加速施工进度、节省投资的目的。

10. 挂篮承重能力满足设计要求，强度、刚度、稳定性满足施工要求，行走、锚固方式可靠。

11. 挂篮设计图纸必须经有资质的单位进行结构验算。

(五)挂篮的选择

1. 满足梁段设计的要求，即满足梁体结构、形体、质量及设计对挂篮质量的要求。

2. 满足施工安全、高质量、低成本、短工期和操作简便的要求。

3. 采用万能杆件、贝雷桁架、六四军用桁架组拼的挂篮桁架，一般比型钢加工制作的成型快、设备利用率高、成本低。专业单位生产的挂篮虽一次性投入成本高，但有节点少、变形小、质量轻、结构完善、施工灵活和适用性强的优点。

三、悬臂浇筑施工工序

悬臂浇筑施工时，梁体一般要分四部分浇筑。一为墩顶梁段（又称“0 号块”），二为由 0 号块两侧对称分段悬臂浇筑部分，三为边跨在支架上浇筑部分，四为主梁在边跨合龙段和跨中合龙段。主梁各部分的长度视主梁形式和跨径、施工周期而定。0 号块一般为 5～10 m，悬浇分段一般为 3～5 m，支架现浇段一般为 2～3 个悬浇分段长，合龙段一般为 1～3 m。主要施工工序如下：

步骤一：0 号块（1 号块）施工

1. 完成主墩的基础、下部构造；
2. 搭设主墩 0 号块及 1 号块施工墩旁支架；
3. 搭设两主墩上 0 号块及 1 号块支架，安装支座，铺设底模；将箱梁临时固结在承台顶的钢管桩上（连续梁的施工需要采用临时固结）；
4. 分别在支架上浇筑两主墩上 0 号块及 1 号块混凝土，并张拉纵向预应力束。

步骤二：挂篮安装、2 号块施工

1. 拆除两主墩上 0 号块及 1 号块模板及部分支架；
2. 在箱梁顶面安装挂篮并预压；
3. 悬臂对称浇筑 2 号块箱梁节段，张拉相应预应力束。

步骤三：对称悬浇施工块段及边跨现浇段的施工

1. 挂篮前移，依次悬臂对称浇筑箱梁节段，张拉相应预应力束；
2. 在桥台附近设扩大基础或钢管桩基础，搭设支架，安装模板，灌注边跨现浇段混凝土。

步骤四：边跨合龙段施工

1. 搭设边跨合龙段吊架；
2. 焊接合龙钢支撑，张拉合龙束，浇筑边跨合龙段混凝土。

步骤五：中跨合龙段施工

1. 张拉边跨连续束，拆除边跨现浇段支架，并解除主墩墩顶临时固结，使结构成为单悬臂体系；
2. 安装中跨合龙吊架，设置配重水箱，焊接中跨合龙钢支撑；
3. 张拉合龙束，浇筑合龙段混凝土。

步骤六：全桥体系转换

1. 拆除中跨合龙段吊架及桥面施工设备；
2. 张拉中跨连续束，完成全桥结构体系转换；
3. 进行桥面系及桥梁附属工程施工。

四、0 号块、1 号块施工

（一）施工支架或托架

采用悬臂浇筑法施工时，墩顶 0 号和 1 号块梁段采用在支架或托架上立模现浇，并在施工过程中设置临时墩锚固、使 0 号块梁段能承受两侧悬臂施工时产生的不平衡力矩。施工托架可根据承台、墩身高度和地形情况，分别支承在承台、墩身或地面上。它们可采用万能杆件、贝雷架（装配式公路钢桁架）、六四军用桁架及型钢等组成，也可采用钢筋混凝土构件作临时支撑。目前施工托架有扇形托架、高墩托架、墩顶预埋牛腿托架平台、临时墩钢结构支承平台等。托架的顶面尺寸，视拼装挂篮的需要和拟浇梁段的长度确定，宽度一般应比箱梁底板宽出 1.5～2.0 m，以便设立箱梁边肋的外侧模板。托架顶增设垫梁，使托架与箱梁底面纵向线形的变化一致。由于考虑到在托架上浇筑梁段 0 号块混凝土，托架变形对梁体质量影响很大，除考虑托架强度要求外，还应考虑托架的刚度和整体性。由于托架弹性、杆件连接处变形、地基沉降等因素可能使托架下沉，引起混凝土梁段出现裂缝，因此采用万能杆件、贝雷梁、型钢等作托架时，在混凝土浇筑以前，可采取预压、调整标高等措施，以减少托架变形，并检验托架是否安全。

（二）临时固结施工

大跨径预应力混凝土桥梁采用悬臂施工法施工，如结构采用 T 形刚构，因墩身与梁本身采用刚性连接，所以不存在梁墩临时固结问题。悬臂梁桥及连续梁桥采用悬臂施工法，为保证施工过程中结构的稳定可靠，必须采取 0 号块梁段与桥墩间临时固结或支承措施。临时固结的作用是在施工阶段临时固结墩、梁，承受施工时由墩两侧传来的悬浇梁段荷载及弯矩，在梁体中跨合龙前进行拆除和体系转换。

1. 临时锚固的必要性

为防止连续梁在挂篮施工中发生倾覆，和确保支座在施工中不受剪切破坏，必须在施工中采用临时固结，承担施工不平衡荷载形成的弯矩及剪力。施工中的不平衡荷载包括：

(1)混凝土浇筑不平衡；

(2)挂篮行走；

(3)人员、施工机械；

(4)预应力张拉顺序。

2. 临时锚固方法

(1)墩顶锚固(见图 5-5)

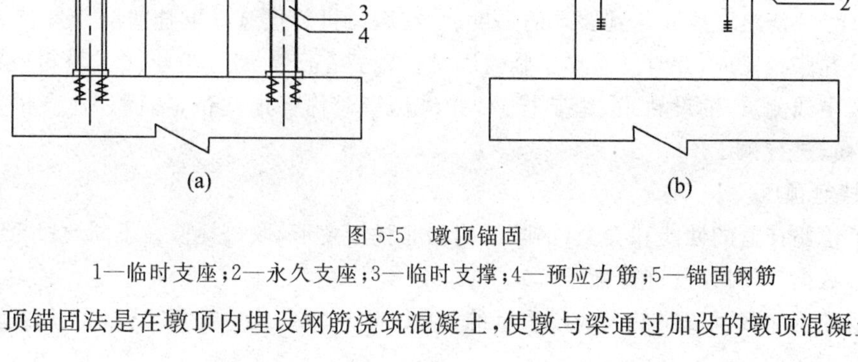

图 5-5　墩顶锚固

1—临时支座；2—永久支座；3—临时支撑；4—预应力筋；5—锚固钢筋

墩顶锚固法是在墩顶内埋设钢筋浇筑混凝土，使墩与梁通过加设的墩顶混凝土刚接，适用于主墩截面大、梁跨径小的情况。

(2)辅助墩锚固(见图 5-6)

图 5-6　辅助墩锚固

使用混凝土立柱作为辅助，立柱底部埋入承台，顶部埋入 0 号块箱梁，为便于临时锚固的解除，立柱中间设置 10～20 cm 与混凝土同标号的硫黄砂浆；使用钢管立柱作为辅助墩，底部通过承台预埋件焊接或法兰盘连接，顶部通过钢管中加设的混凝土立柱或预应力钢筋与箱梁相连。

(三)0 号块模板和支架

模板和支架是 0 号块施工的关键，其设计、施工主要的技术要求是：

1. 应有足够的刚度和强度；

2. 准确计算在浇筑过程中结构的弹性变形和非弹性变形；

3. 施工偏差和定位要求应符合有关规范的规定；

4. 便于操作，确保施工质量。

当墩身较低时，可采用在扇形托架或临时墩及型钢结构支承平台顶面上立模板、搭支架，浇筑 0 号块混凝土；当墩身较高时，可采用在高墩托架顶面上立模板、搭支架，浇筑 0 号块混凝土。也可由墩顶放置的型钢和墩身预埋的牛腿作贝雷梁的支承形成 0 号块的施工托架，在托架上立模板、搭支架，浇筑混凝土。

(四)挂篮的拼装与预压

1. 挂篮拼装

在 0 号块浇筑完成并达到要求的强度后，在墩顶拼装挂篮。上挂篮前 0 号、1 号块必须是浇筑并张拉完成，并对支座作了临时固结措施。在已浇筑的 0 号、1 号块箱梁顶面进行水平及中线测量，铺设轨道，组装挂篮，并将挂篮对称行走就位，锚固。挂篮拼装完成后，上底模，进行预压。

2. 挂篮预压

为了检验挂篮的性能和安全，消除结构的非弹性变形，取得挂篮在不同块段重量下的弹性变形数据，应对挂篮进行预压。

挂篮预压加载可按照最大块段重量的 40%、60%、80%、90%、100%观测加载及卸载标高，加载位置模拟梁段重量分布情况，防止集中加载。以此取得挂篮所受荷载与挂篮弹性、非弹性变形的关系曲线。根据多次的施工经验，用加载方法取得的弹性变形数据一般情况下大于混凝土浇筑时的挂篮弹性变形数据。

五、悬浇块段施工（见图 5-7）

图 5-7 悬浇块段施工

（一）模板校正、就位

模板分为底模、外侧模及内模。底模支撑在吊篮底的纵、横梁上，外侧模一般由外框架预先拼装成整体（侧包底），内模由侧模、顶模及内框架组成，内模的模板及框架因每一梁段断面高度的变化，均需修改高度，不宜做成整体。一般情况下采用一次浇筑，在顶板中部预留窗口，使混凝土由预留孔进入箱内，分布到底模上。箱梁由根部至端部为二次抛物线线形，由前吊带调整底模标高。箱梁的底标高应综合考虑以下因素：

(1)挂篮在加载下的弹性变形；

(2)施工荷载、使用荷载产生的挠度；

(3)节段自重产生的挠度；

(4)混凝土收缩、徐变产生的挠度；

(5)张拉后产生的挠度。

上述数据由桥梁计算软件计算或直接由监控单位提供立模标高。

（二）普通钢筋、预应力管道

悬浇箱梁的普通钢筋及预应力管道除需满足一般施工工艺外，还应严格控制预应力管道的位置，当与普通钢筋发生矛盾时，应优先保证预应力管道的位置正确，纵向管道的接头应采取措施防止孔道堵塞，孔道较长时，可在管道中间增设压浆三通，保证孔道压浆密实。为保证预应力筋的压浆质量，对于竖向预应力筋的压浆可采用连通压浆法，即将两根竖向预应力筋管道在底部用塑料管相连，一根孔道的上部出浆口作为连通管道的进浆口，另一根孔道的上部出浆口作为连通管道的出浆口。

（三）混凝土浇筑

两边块段对称浇筑，重量偏差不超过设计规定的要求。

浇筑从前端开始逐步向后端，最后与已浇梁端连接。

混凝土浇筑前应将前次浇筑的混凝土接合面凿毛并冲洗干净。

（四）张拉、压浆及挂篮前移

1. 张拉

（1）预应力筋张拉前，应对梁体的混凝土强度进行检验，其强度以现场同步养生的试件强度为准。混凝土强度达到设计要求后，方可进行预应力的张拉。

（2）张拉前按规范要求对千斤顶、油泵进行标定，对管道进行清洗、穿束，准备张拉工作平台等。

（3）以张拉力控制为主，以伸长量校核为辅。每一级荷载张拉完均应实测钢束的伸长量，并和理论伸长量进行比较，误差应在±6%范围内，否则应查明原因再张拉。

（4）竖向预应力筋在顶部张拉，张拉时以张拉吨位控制，为保证竖向预应力筋的张拉质量，在压浆之前要求再进行一次张拉，即采取二次张拉工艺。

2. 压浆

（1）预应力束张拉结束后要及时进行压浆，防止预应力损失。压浆前应对孔道进行冲洗、清洁，确保孔道的畅通，冲洗后用压缩空气将孔道内的积水吹出。

（2）水泥浆现场控制，按设计配合比进行配料，拌和要均匀，不能有团块，其稠度现场测定应符合规范要求。水泥浆自拌制到压入孔道的延续时间视气温情况而定，一般为30～45 min。水泥浆在使用前和压注过程中应连续搅拌，对于因延迟使用而导致流动度降低的水泥浆，不得通过加水来增加其流动度。

（3）压浆时，对曲线孔道和竖向孔道应从最低点的压浆孔压入，由最高点的排气孔排气和泌水。压浆顺序宜先压注下层孔道。

3. 拆模及移动挂篮

梁段的张拉束张拉、压浆完成后，落底模，铺设前移轨道，移动挂篮就位，开始下一梁段的施工。

六、边跨支架现浇梁段施工

边跨支架上的现浇部分，可搭设临时支承平台，一般采用万能杆件、贝雷架等拼装，在其上分段浇筑。支架地基应牢固、可靠不下沉。如果采用梁式支架，则尽量采用钢管桩基础。支架必须进行预压，沉降量应满足规范与设计要求。

边跨现浇段混凝土浇筑时间在最后一个悬浇块段混凝土浇筑之前或之后。边跨现浇段的立模标高应充分考虑到施工季节对边跨合龙段高差的影响。如在秋冬季节施工，立模标高应适当提高1～2 cm；如在春秋施工，标高应适当降低。

七、边跨合龙段施工

（一）合龙的时间及步骤

1. 合龙的时间

当主墩两侧块段对称平衡浇筑完，形成两个单T结构，且边跨现浇段已浇筑完毕，这时可进行边跨合龙段的施工。

2. 合龙的步骤

边跨合龙前首先要作好合龙前的准备工作，满足合龙的要求方可进行合龙施工。合龙的第一步工作是临时锁定，临时锁定一般采用槽钢或工字钢将合龙段两侧相对位置固定，同时张拉一部分钢绞线，采取“既撑又拉”的施工方法。临时锁定分为体内锁定和体外锁定。体内锁定所用的槽钢或工字钢浇筑在合龙段混凝土内，不能取出。体外锁定所用的槽钢或工字钢在合龙段混凝土断面外，随着合龙段钢绞线的张拉完成，逐步割除取出。为保证合龙段混凝土的裂缝的出现，应采用体外锁定。

在边跨现浇段浇筑和另一侧端部块件浇筑时，预埋好边跨合龙段龙口锁定的预埋钢板，并严格控制好预埋钢板的轴线和高程，以便于龙口锁定的顺利焊接。合龙段两侧梁体施工时，也要注意梁体的轴线和顶板、底板高程的控制，轴线相对偏差控制在 10 mm 内，高程的相对高差控制在 20 mm 内。用吊架进行合龙段施工，施工时要特别注意吊架和底模板的调整，使吊架高度合理、受力平衡，模板与两侧梁体绝对密贴，确保成型后合龙段与两侧梁段的线形平顺，不发生错台现象。

（二）合龙段施工具体要求

1. 合龙段的临时锁定，应在设计温度内完成，在临时锁定焊接过程中，用湿布覆盖周围混凝土并洒水降温，以免混凝土损伤。钢筋绑扎及波纹管的安装与衔接完成后，张拉部分边跨合龙段预应力束，张拉力以达到设计吨位的 30% 为准，以保证合龙口的相对位置在混凝土浇筑过程中不发生变化。

2. 合龙段混凝土的浇筑时间，宜在一天中最低气温时完成，并使混凝土土浇筑完成后，外界气温处于升温阶段。所用于合龙段的混凝土强度等级可提高一级，或选用早强、少收缩或微胀的水泥拌制混凝土，以便于尽早张拉，防止接缝处出现裂缝。

3. 边跨合龙段混凝土达到设计强度以上时，张拉合龙段底板预应力束，张拉时先长束后短束，在张拉过程中应逐步、均匀、对称地拆除临时锁定。

八、中跨合龙段施工

（一）中跨合龙段施工的前提条件

1. 边跨合龙段施工完成

边跨合龙段张拉、压浆完成，拆除边跨现浇段支架。

2. 临时锚固拆除

要在解除 0 号块处的临时锚固后。临时锚固的解除有如下要求：两边对称解除；解除要分步骤进行；解除完成后及时对悬臂端高差进行测量。

3. 单悬臂状态下施工中跨合龙段

临时锁定解除后，梁变为单悬臂体系，然后施工中跨合龙段，合龙段高差要求小于 2 cm，采用体外锁定，在低温时进行混凝土浇筑。

（二）中跨合龙段施工顺序

1. 安装吊架

在吊模安装完成后进行钢筋绑扎工作，并做好临时锁定的准备工作。

2. 加配重

在临时锁定前，用水箱法施加平衡配重于合龙段两侧，重量为合龙段混凝土的重量，此重量随着混凝土的浇筑同步卸载，以防止在混凝土浇筑过程中箱梁标高变化造成应力集中。

3. 对合龙段进行临时锁定(见图 5-8)

图 5-8　临时锁定

临时锁定一般采用槽钢或工字钢将合龙段两侧相对位置固定，同时张拉一部分钢绞线，采取“既撑又拉”的施工方法。从严格意义上讲，只要完成了临时锁定，从受力状态上，中跨合龙段完成施工。为控制温度应力对桥梁上部结构的影响，要求低温锁定。为避免临时锁定所用槽钢或工字钢在梁体内无法拆除，造成局部应力集中，临时锁定一般采用体外锁定。

4. 浇筑混凝土

混凝土的浇筑时间应选在当天的低温时段，为避免温缩裂缝的出现，应使混凝土浇筑完成之后，气温处于升温阶段。

5. 解除体外锁定

在混凝土强度达到设计要求后，在张拉之前解除体外锁定。

6. 合龙束张拉、压浆

在混凝土强度达到设计要求后，进行合龙束的张拉和压浆。

九、悬浇施工质量控制要点

挂篮悬浇施工成败的关键在于临时锚固的可靠性，施工过程中的应力、变形与高程满足要求以及体系转换的实施。对于分节段悬臂浇筑施工的桥梁来说，施工控制就是根据施工监测所得的结构参数进行施工阶段计算，确定出每个悬浇节段的立模高程，并在施工过程中根据施工监测的成果对误差进行分析、预测和对下一立模高程进行调整，以此来保证成桥后桥面线形、合龙段两悬臂端高程的相对偏差不大于规定值以及结构内力状态符合设计要求。

悬臂浇筑的施工控制计算除了必须满足与实际施工方法相符合的基本要求外，还要考虑如下诸多相关的其他因素：

（一）施工方案

由于施工桥梁的恒载内力与施工方法密切相关，施工控制计算前应首先对施工方法作一番较为深入地研究，并对主梁施工期间的荷载给出一个较为精确的数值。

（二）计算图式

悬臂浇筑一般要经过墩梁固接—悬臂施工—边跨合龙—解除墩梁固接—中跨合龙的过程，在施工过程中结构体系不断地发生变化，因此在各个施工阶段应根据符合实际状况的结构体系和荷载状况选择正确的计算图式进行分析、计算。

（三）非线性影响

非线性对中小跨连续梁桥、连续刚构桥的影响可以忽略不计，但对大跨径则有必要考虑非线性的影响。

（四）预加应力影响

预加应力直接影响结构的受力与变形，施工控制中应在设计要求的基础上，充分考虑预应力的实际施加程度。

（五）混凝土收缩和徐变的影响

连续梁桥、连续刚构桥必须计入混凝土收缩、徐变对变形的影响。

（六）温度

温度对结构的影响是复杂的，通常的做法是对季节性温差在计算中予以考虑，对日照温差则在观测中采取一些措施予以消除，例如在挂篮悬浇桥梁施工中，所有块段的标高及立模标高测量要求在凌晨 2～4 点进行，以减少温度影响。

（七）施工进度

施工控制计算需按实际的施工进度以及确切的合龙时间分别考虑各个部分的混凝土徐变变形。

（八）立模标高的确定

在主梁的悬臂浇筑过程中，梁段立模高程的合理确定，是关系到主梁线形是否平顺，设计是否合理的一个重要问题。如果确定立模高程时考虑因素比较符合设计，而且加以正确的控制，则最终桥面线形较好；如果考虑的因素与实际情况不符合，控制不力，将会导致桥面与设计线形有较大的偏差。

（九）裂缝及外观质量

在施工过程中，梁体不得出现受力裂缝。出现裂缝时，应查明原因，若缝宽超过 0.15 mm必须经过处理后方可继续施工。同时必须确保梁体接头质量，线形平顺，梁顶面平整，每跨无明显折变。相邻块段的接缝平整密实，色泽一致，棱角分明，无明显错台。混凝土表面平整密实，蜂窝麻面的面积不超过该面面积的 0.5%，深度不超过 10 mm。

同步训练

一、案例分析

1. 某二级公路上建造了一座跨度为 25 m 的预应力混凝土简支梁桥，该桥使用不久即发现桥面下沉，底板混凝土开裂。业主召集有关人员到现场调查，并查阅了地质钻探资料、施工组织设计和施工记录。经查：桥位处地质为表面有厚 5～7 m 不等的强风化泥岩，岩体破碎，裂隙发育，容许承载力只有 0.12 MPa，下层为中风化泥岩，单轴饱和抗压强度为 12 MPa，可以作为桥台持力层。施工组织设计文件中记载有：因缺乏吊装机具，决定采用整体现浇法施工，采用满堂式钢管支架，支架搭设前对地基表层作了加固用木块支垫钢管。

预拱度值的计算考虑了如下因素：

(1)卸架后上部构造本身及荷载一半所产生的竖向挠度。

(2)支架在荷载作用下的弹性压缩挠度和非弹性压缩挠度。

(3)由混凝土收缩及温度变化而引起的挠度，以此作为施工预拱度值进行设置和分配，并对模板标高进行反复测量，满足要求。

预应力筋的下料长度的计算中考虑了锚夹具长度和外露工作长度因素。

问题：

(1)施工单位在作施工预拱度值计算时是否完整？为什么？

(2)预应力筋的下料长度的计算所考虑的因素是否全面？为什么？

(3)本桥桥面下沉，底板混凝土开裂的原因是什么？

2. 某三跨预应力混凝土连续箱梁桥，跨度为 90 m＋155 m＋90 m，箱梁宽 14 m，底板宽 7 m，箱梁高度由根部的 8.5 m 渐变到跨中的 3.5 m，根据设计要求，0 号、1 号块混凝土为托架浇筑，然后拼装挂篮，用悬臂浇筑法对称施工，挂篮采用自锚式桁架结构。施工单位根据该桥的特点，制定了详细的施工流程，其中对箱梁悬臂浇筑阶段的主要施工工序如下：

(1)在两主墩的两侧安装托架并预压，架立模板，绑扎 0 号、1 号块钢筋，浇筑混凝土并张拉预应力筋。

(2)拼装挂篮，用堆载法预压挂篮，以消除挂篮的非弹性变形。

(3)按设计标高值加预加抬高量值架立模板、绑扎钢筋、浇筑各个节段的箱梁混凝土；张拉预应力筋；拆除模板，移动挂篮，开始下一个节段的施工。

(4)在整个悬臂浇筑过程中，定时进行箱梁节段标高的测量以及应力和温度的观测，整个测量完全满足设计和施工技术规范的要求。

(5)中跨合龙段的临时锁定只是采用工字钢将合龙段两侧相对位置固定，临时锁定在中午进行，采用体内锁定。在锁定完成后用水箱法加平衡重于合龙段两侧，然后浇筑混凝土，为观测整个浇筑过程中的变形，浇筑在中午进行。

问题：

(1)施工单位在 0 号、1 号块施工完成后拼装挂篮是否正确？

(2)采用堆载法预压挂篮除了消除非弹性变形外，还有哪些目的？

(3)张拉完预应力筋后能否立刻开始做下一节段的施工？为什么？

(4)中跨合龙施工中存在哪些错误？

(5)为什么在合龙段混凝土浇筑前要进行临时锁定？

二、简答

1. 拱架和支架的预拱度应考虑的因素？

2. 支架预压的目的有哪些？

3. 简述中跨合龙段的施工工序及控制要点？

典型案例

支架验算

1 工程概况

四女寺互通立交主线桥跨径布置为 20 m+25 m+20 m，桥梁全长 72.66 m；左幅桥宽 12.75 m，桥面净宽 11.75 m；右幅桥宽 16.75 m，桥面净宽 15.75 m。左幅底宽 8.75 m，右幅底宽 12.75 m，梁高 140 cm，悬臂长度 2.0 m，悬臂根部厚度 50 cm，顶板厚度 25 cm，底板厚度 22 cm，左幅现浇箱梁 C50 砼 611.6 方，右幅现浇箱梁砼 839.4 方。计划采用满堂支架施工。

2 支架的验算

支架设计采用满堂式碗扣支架，支架主要包括立杆、横杆、扫地杆、底托、可调顶托、剪力撑，立杆顶托上纵向设 10 cm×10 cm 方木；横向设 10 cm×10 cm 的方木，间距为 30 cm。模板采用优质胶合板，腹板与底板交界处着重进行加固，防止变形。

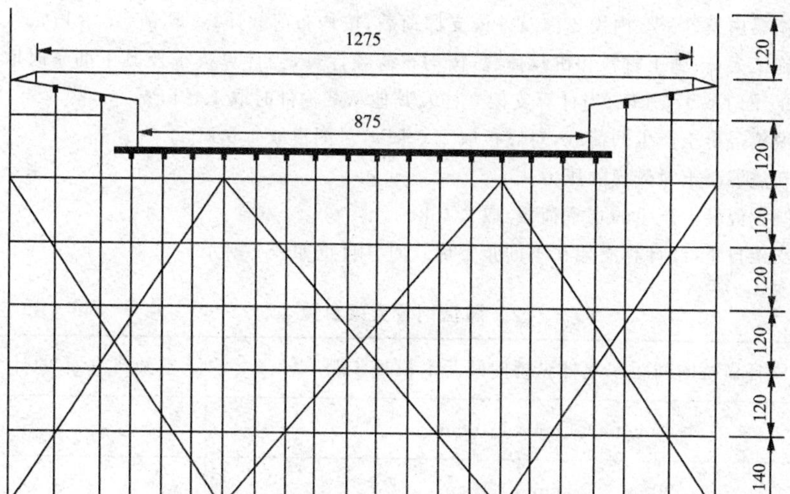

图 1 横向布置简图(单位:cm)

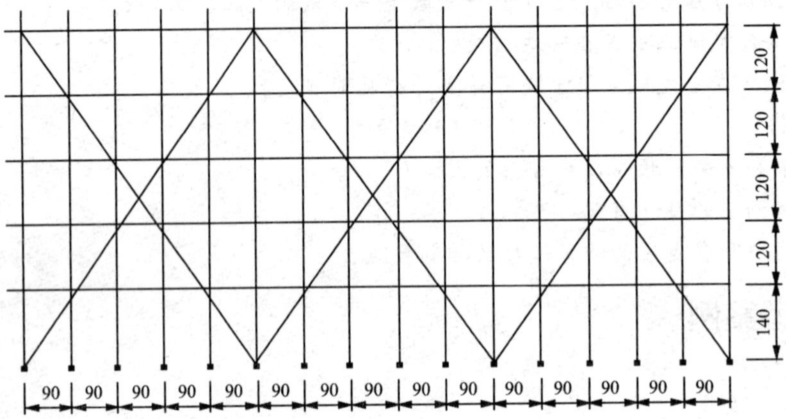

图 2　纵向布置简图(单位:cm)

采用立杆横桥向间距×纵桥向间距×横杆步距为 60 cm×90 cm×120 cm 支架结构体系,中墩两侧各 3～7 m 长度范围内按照 60 cm×60 cm(纵向×横向)布置立杆,其余范围按照 60 cm×90 cm 布置立杆,水平横杆按照 120 cm 步距布置,中间纵横向每 4～6 m 在横断面设连续剪刀撑,两侧面及端面分别设置剪刀撑,支架高约 6.6 m,在离地面高 30 cm 内设置扫地杆,3.8 m 高位置处设置一道水平剪刀撑,剪刀撑夹角为 45°～60°,长度不小于 6 m,竖向调节钢管扣件全部采用 3 个扣件扣住。

2.1　荷载计算

2.1.1　荷载分析

根据本桥现浇箱梁的结构特点,荷载取值参见《建筑施工手册》第 514 页,在施工过程中将涉及以下荷载形式:

q_1——箱梁自重荷载,新浇混凝土密度取 2600 kg/m^3。

q_2——箱梁内模、底模、内模支撑及外模支撑荷载,按均布荷载计算,取 $q_2=0.8$ kPa。

q_3——施工人员、施工材料和机具荷载,按均布荷载计算,当计算模板及其下肋条时取 2.5 kPa;当计算肋条下的梁时取 1.5 kPa;当计算支架立柱及其他承载构件时取 1.0 kPa。

q_4——振捣混凝土产生的荷载,对底板取 2.0 kPa,对侧板取 4.0 kPa。

q_5——新浇混凝土对侧模的压力。

q_6——倾倒混凝土产生的水平荷载,取 2.0 kPa。

q_7——支架自重,经计算支架在不同布置形式时其自重如表 1 所示。

表 1　满堂钢管支架自重

立杆横桥向间距×立杆纵桥向间距×横杆步距	支架自重 q_7 的计算值(kPa)
60 cm×60 cm×120 cm	5.07
90 cm×60 cm×120 cm	3.38

2.1.2 荷载组合

表 2 **模板、支架设计计算荷载组合**

模板结构名称	荷载组合	
	强度计算	刚度检算
梁、板和拱的底模及支承板、拱架、支架等	①+②+③+④+⑦+⑧	①+②+⑦+⑧
缘石、人行道、栏杆、柱、梁板、拱等的侧模板	④+⑤	⑤
基础、墩台等厚大结构物的侧模板	⑤+⑥	⑤

注:表中代号意思如下:

①模板、拱架和支架自重;

②新浇筑混凝土、钢筋混凝土或圬工、砌体的自重;

③施工人员及施工材料机具等行走运输或堆放的荷载;

④振捣混凝土时的荷载;

⑤新浇筑混凝土对侧面模板的压力;

⑥倾倒混凝土时产生的水平向冲击荷载;

⑦设于水中的支架所承受的水流压力、波浪力、流冰压力、船只及其他漂浮物的撞击力;

⑧其他可能产生的荷载,如风雪荷载、冬期施工保温设施荷载等。

2.1.3 荷载计算

(1)箱梁自重——q_1

根据现浇箱梁结构特点,取 3—3 截面(墩顶及横隔梁)、1—1 截面两个代表截面进行箱梁自重计算,并对截面下的支架体系进行验算。

①3—3 截面(墩顶及横隔梁)处 q_1 计算(见图 3)

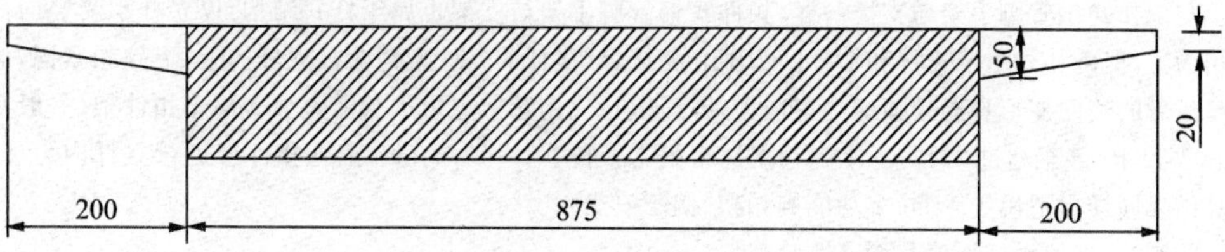

图 3 截面

根据图 3,得到:

$$q_1 = Y_C \times h = 26 \times 1.40 = 36.4 \text{ kPa}$$

取安全系数为 1.2,则

$$q_1 = 36.4 \times 1.2 = 43.68 \text{ kPa}$$

注:荷载取箱梁底图中阴影部分处。

②1—1 截面处 q_1 计算(见图 4)

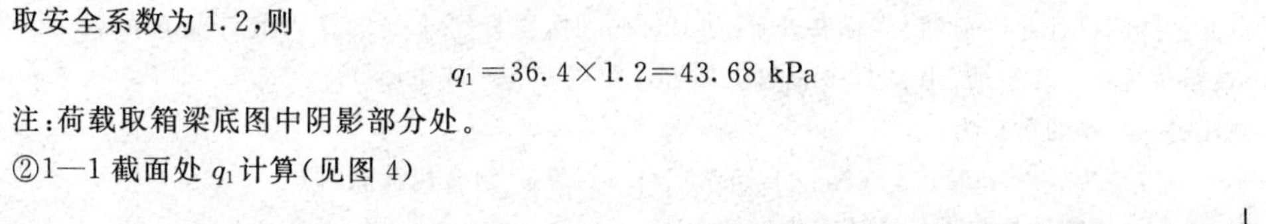

图 4 1—1 截面

根据图 4，可得：

$$A=1.4\times8.75-2(3.7\times0.93-0.2\times0.8-0.2\times0.4)=5.8\ \mathrm{m}^2$$

$$q_1=\frac{W}{B}=\frac{\gamma_c\times A}{B}=26\times5.8\div8.75=17.2\ \mathrm{kPa}$$

取安全系数为 1.2，则

$$q_1=17.2\times1.2=20.64\ \mathrm{kPa}$$

注：B 为梁底宽，取 8.75 m，将箱梁全部重量平均到底宽范围内计算偏于安全。

(2)新浇混凝土对侧模的压力——q_5

当采用内部振捣器，混凝土的浇筑速度在 6 m/h 以下时，新浇的普通混凝土作用于模板的最大侧压力可按下式计算(杨文渊《桥梁施工工程师手册》第 171 页)：

当 $V/T<0.035$ 时，$h=0.22+24.9V/T$；

当 $V/T>0.035$ 时，$h=1.53+3.8V/T$。

式中：h——有效压头高度(m)；

V——混凝土浇筑速度(m/h)；

T——混凝土入模时的温度(℃)。

因现浇箱梁采取水平分层以每层 30 cm 高度浇筑，在竖向上以 $V=1.2$ m/h 浇筑速度控制，砼入模温度 $T=28$ ℃控制，因此新浇混凝土对侧模的最大压力

$$q_5=P_m=K\times r\times h$$

式中，K 为外加剂修正系数，掺缓凝外加剂时 $K=1.2$。

因 $V/T=1.2/28=0.043>0.035$，故 $h=1.53+3.8V/T=1.69$ m，$q_5=P_m=K\times r\times h=1.2\times25\times1.69=50.7$ kPa。

2.2　结构检算

2.2.1　扣件式钢管支架立杆强度及稳定性验算

与碗扣式钢管脚手架与支撑一样，扣件式钢管脚手架与支架也属于杆式结构，以立杆承受竖向荷载作用为主，但碗扣式由于立杆和横杆间为轴心相接，且横杆的“⊦”型插头被立杆的上、下碗扣紧固，对立杆受压后的侧向变形具有较强的约束能力，因而碗扣式钢管架稳定承载能力显著高于扣件架(一般都高出 20%以上，甚至超过 35%)。本工程现浇箱梁支架按Ø 48×3.5 mm 钢管扣件架进行立杆内力计算，计算结果同样也适用于 WDJ 多功能碗扣架(偏于安全)。

2.2.2　支架立杆强度及稳定性验算

(1)3—3 截面处

钢管扣件式支架体系采用 60 cm×60 cm×120 cm 的布置结构。

①立杆强度验算

根据立杆的设计允许荷载，当横杆步距为 120 cm 时，立杆可承受的最大允许竖直荷载为$[N]=33$ kN(《路桥施工计算手册》中表 13-5 钢管支架容许荷载$[N]=33.1$ kN)。

立杆实际承受的荷载为：

$$N=1.2(N_{G1K}+N_{G2K})+1.4\sum N_{QK}\text{(组合风荷载时)}$$

式中：N_{G1K}——支架结构自重标准值产生的轴向力；

N_{G2K}——构配件自重标准值产生的轴向力；

$\sum N_{QK}$——施工荷载标准值。

于是，有：

$$N_{G1K}=0.6\times0.6\times q_1=0.6\times0.6\times43.68=15.72\ \text{kN}$$

$$N_{G2K}=0.6\times0.6\times q_2=0.6\times0.6\times0.8=0.29\ \text{kN}$$

$$\sum N_{QK}=0.6\times0.6(q_3+q_4)=0.36\times(1.0+2.0)=1.08\ \text{kN}$$

则：$N=1.2(N_{G1K}+N_{G2K})+1.4\sum N_{QK}=1.2\times(15.72+0.29)+1.4\times1.08=20.7\ \text{kN}<[N]=33\ \text{kN}$，强度满足要求。

②立杆稳定性验算

根据《建筑施工扣件式钢管脚手架安全技术规范》有关模板支架立杆的稳定性计算公式：

$$N/\Phi A+M_W/W\leqslant f$$

式中：N——钢管所受的垂直荷载，$N=1.2(N_{G1K}+N_{G2K})+0.85\times1.4\sum N_{QK}$（组合风荷载时），即 $N=1.2\times(15.72+0.29)+0.85\times1.4\times1.08=20.5\ \text{kN}$；

A——ϕ 48 mm×3.5 mm 钢管的截面积，$A=489\ \text{mm}^2$；

f——钢材的抗压强度设计值，$f=205\ \text{N/mm}^2$，参考《建筑施工扣件式钢管脚手架安全技术规范》表 5.1.6；

Φ——轴心受压杆件的稳定系数，根据长细比 λ 查表即可求得；

λ——长细比，$\lambda=L/i$；

L——水平步距，$L=1.2$ m；

i——截面的回转半径，查《建筑施工扣件式钢管脚手架安全技术规范》附录 B 得 $i=15.8$ mm，于是，$\lambda=L/i=76$，参照《建筑施工扣件式钢管脚手架安全技术规范》查附录 A 得 $\Phi=0.744$；

M_W——计算立杆段有风荷载设计值产生的弯矩，$M_W=0.85\times1.4\times W_K\times L_a\times h_2/10$，其中 $W_K=0.7u_z\times u_s\times w_0$；

u_z——风压高度变化系数，参考《建筑结构荷载规范》表 8.2.1 得 $u_z=1.39$；

u_s——风荷载脚手架体型系数，查《建筑结构荷载规范》表 8.3.1 第 37 项得 $u_s=1.2$；

w_0——基本风压，查《建筑结构荷载规范》附表 D.4 知 $w_0=0.5\ \text{kN/m}^2$，故：$W_K=0.7u_z\times u_s\times w_0=0.7\times1.39\times1.2\times0.5=0.584\ \text{kN}$；

L_a——立杆纵距，0.6 m；

h——立杆步距，1.2 m，故：$M_W=0.85\times1.4\times W_K\times L_a\times h_2/10=0.1\ \text{kN}$；

W——截面模量，查表《建筑施工手册》表 5-17 得 $W=5.08\times10^3\ \text{mm}^3$。

则：$N/\Phi A+M_W/W=20.5\times10^3/(0.744\times489)+0.1\times10^6/(5.08\times10^3)=76.04\ \text{kN/mm}^2\leqslant f=205\ \text{kN/mm}^2$。

计算结果说明支架是安全稳定的。

(2)1—1 横截面处

钢管扣件式支架体系采用 60 cm×90 cm×120 cm 的布置结构。

①立杆强度验算

立杆实际承受的荷载为：

$$N=1.2(N_{G1K}+N_{G2K})+0.85\times1.4\sum N_{QK}\text{（组合风荷载时）}$$

于是，有：

$$N_{G1K}=0.6\times0.9\times q_1=0.6\times0.9\times20.64=11.15\ \text{kN}$$

$$N_{G2K}=0.6\times0.9\times q_2=0.6\times0.9\times0.8=0.43\ \text{kN}$$

$$\sum N_{QK}=0.6\times0.6(q_3+q_4)=0.36\times(1.0+2.0)=1.08\ \text{kN}$$

则：$N=1.2(N_{G1K}+N_{G2K})+1.4\sum N_{QK}=1.2\times(11.15+0.43)+1.4\times1.08=15.4\ \text{kN}<[N]=33\ \text{kN}$，强度满足要求。

②立杆稳定性验算

根据模板支架立杆的稳定性计算公式：

$$N/\Phi A+M_W/W\leqslant f$$

式中：N——钢管所受的垂直荷载，$N=1.2(N_{G1K}+N_{G2K})+0.85\times1.4\sum N_{QK}$（组合风荷载时），即 $N=1.2\times(11.15+0.43)+0.85\times1.4\times1.08=15.18$ kN；

A——ϕ48 mm×3.5 mm 钢管的截面积，$A=489\ \text{mm}^2$；

f——钢材的抗压强度设计值，$f=205\ \text{N/mm}^2$，参考《建筑施工扣件式钢管脚手架安全技术规范》表 5.1.6；

Φ——轴心受压杆件的稳定系数，根据长细比 λ 查表即可求得。

λ——长细比，$\lambda=L/i$；

L——水平步距，$L=1.2$ m；

i——截面的回转半径，查《建筑施工扣件式钢管脚手架安全技术规范》附录 B 得 $i=15.8$ mm，于是，$\lambda=L/i=76$，参照《建筑施工扣件式钢管脚手架安全技术规范》查附录 A 得 $\Phi=0.744$；

M_W——计算立杆段有风荷载设计值产生的弯矩，$M_W=0.85\times1.4\times W_K\times L_a\times h_2/10$，其中 $W_K=0.7u_z\times u_s\times w_0$；

u_z——风压高度变化系数，参考《建筑结构荷载规范》表 8.2.1 得 $u_z=1.39$；

u_s——风荷载脚手架体型系数，查《建筑结构荷载规范》表 8.3.1 第 37 项得 $u_s=1.2$；

w_0——基本风压，查《建筑结构荷载规范》附表 D.4 知 $w_0=0.5\ \text{kN/m}^2$，故：$W_K=0.7u_z\times u_s\times w_0=0.7\times1.39\times1.2\times0.5=0.584$ kN；

L_a——立杆纵距，0.9 m；

h——立杆步距，1.2 m，故：$M_W=0.85\times1.4\times W_K\times L_a\times h_2/10=0.154$ kN；

W——截面模量，查表《建筑施工手册》表 5-17 得 $W=5.08\times10^3\ \text{mm}^3$。

则：$N/\Phi A+M_W/W=20.5\times10^3/(0.744\times489)+0.154\times10^6/(5.08\times10^3)=71.51\ \text{kN/mm}^2\leqslant f=205\ \text{kN/mm}^2$。

计算结果说明支架是安全稳定的。

2.3　方木验算

纵横桥向方木采用 10 cm×10 cm，底层纵桥向布置，中墩两侧各 3 m 范围内纵向间距为 60 cm，跨中纵向间距为 90 cm；顶层方木横桥向布置，间距为 30 cm。材质为东北落叶松，由《建筑施工手册》查得强度等级 TC17 取值，抗弯允许应力 $f_m=17\ \text{N/mm}^2$，顺纹抗剪 $f_v=1.7\ \text{N/mm}^2$，横纹局部承压 $f_c=3.5\ \text{N/mm}^2$，弹性模量 $E=10000\ \text{N/mm}^2$，露天折减系数为 0.9，在生产性高温影响下，木材表面温度达 40～50 ℃折减系数为 0.8。10 cm×10 cm 方木：$A=100\ \text{cm}^2$，$I=833\ \text{cm}^4$，$W_a=167\ \text{cm}^3$。

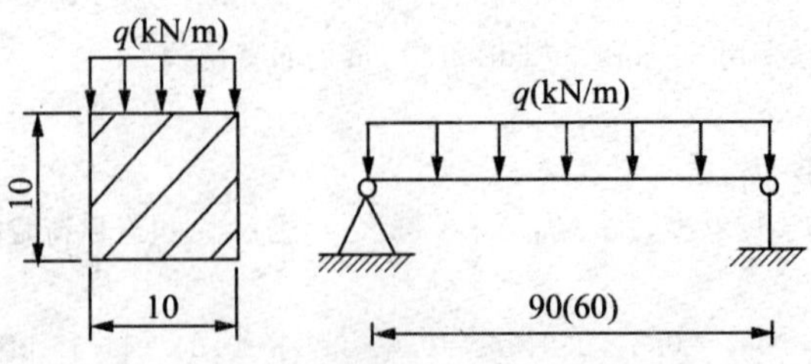

图 5

毛截面面积矩为：

$$S_m=\frac{0.1\times0.1^2}{8}=1.25\times10^{-4}\ \text{m}^3$$

2.3.1 箱梁底模下横桥向方木验算

取中支点截面处 3 m 范围进行受力分析(最不利位置)，按方木横桥向跨度 $L=60$ cm 进行验算，底模下方木纵桥向间距 30 cm 布置。

计算荷载为：

$$q=(q_1+q_2+q_3+q_4)\times 0.3=(43.68+0.8+2.5+2)\times 0.3=14.67\ \text{kN/m}$$

$$M=1/8qL^2=1/8\times 14.67\times 0.6^2=0.67\ \text{kN}\cdot\text{m}$$

抗弯承载能力计算：

$$\sigma_m=M/W_a=0.67/(1.67\times 10^5)=4.01\ \text{N/mm}^2$$

$$<0.8\times 0.9\times f_m=12.24\ \text{N/mm}^2$$（方木抗弯承载力满足要求）

注：0.9 为木材露天调整值；0.8 为木材生产高温表面达到 40～50 ℃时的调整值。

方木最大挠度为：

$$f_{max}=(5/384)\times[(qL^4)/(EI)]=(5/384)\times[(14.67\times 0.6^4)/(12\times 9\times 10^6\times 8.33\times 10^{-6}\times 0.9)]$$

$$=3.06\times 10^{-5}\ \text{m}<l/400=0.6/400=1.5\times 10^{-3}\ \text{m}$$（挠度满足要求）

每根方木抗剪计算：

$$\tau=\frac{VS_m}{Ib}=\frac{qlS_m}{Ib}=\frac{14.67\times 0.6\times 1.5\times 10^{-4}}{8.33\times 10^{-6}\times 0.1}=0.13\ \text{N/mm}^2<0.8\times 0.9\times f_v$$

$$=1.22\ \text{N/mm}^2$$（抗剪能力符合要求）

2.3.2 扣件式钢管支架立杆顶托上顺桥向方木验算

取跨中 1—1 截面进行受力分析(最不利位置)，顶托上方木顺桥向跨度 $L=90$ cm 进行验算，在箱梁跨中部位 30 cm 布设，将方木简化为如图 6 所示的简支结构(偏于安全)。

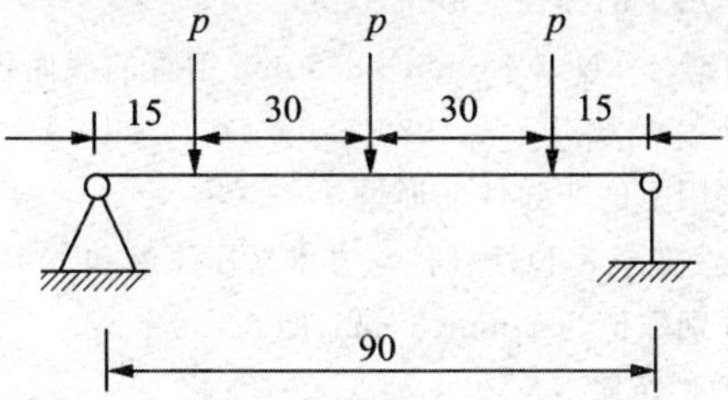

图 6

计算荷载为：$p=(q_1+q_2+q_3+q_4)\times 0.3\times 0.6=(20.64+0.8+2.5+2)\times 0.3\times 0.6=4.7$ kN

方木抗弯计算：

$M_{max}=0.175pL=0.175\times 4.7\times 0.3=0.247\ \text{kN}\cdot\text{m}$

$\delta=M_{max}/W=0.247/(1.67\times 10^{-4})=1.48\ \text{N/mm}^2<0.8\times 0.9\times f_m=12.24\ \text{N/mm}^2$（符合要求）

注：0.9 为木材露天调整值；0.8 为木材生产高温表面达到 40～50 ℃时的调整值。

2.4 侧模验算

根据前面计算，分别按 10 cm×10 cm 方木以 25 cm 和 30 cm 的间距布置，以侧模最不利荷载部位进行模板计算，则有：

模板厚度计算：

$q=(q_4+q_5)L=(4.0+50.7)\times 0.3=16.41$ kN/m

则：$M_{max}=\dfrac{q\cdot L^2}{8}=\dfrac{16.41\times 0.3^2}{8}=0.185\ \text{kN}\cdot\text{m}$

模板需要的截面模量：$W=\dfrac{M}{[\sigma_W]\times 0.9}=\dfrac{0.185}{0.9\times 0.6\times 10^3}=3.426\times 10^{-5}\ \text{m}^2$

模板的宽度为 1.0 m,根据 W,b 得 h 为:

$$h=\sqrt{\frac{6\times W}{b}}=\sqrt{\frac{6\times 3.42\times 10^{-5}}{1}}=0.0143\ \text{m}=14.3\ \text{mm}$$

因此模板采用 1220 mm×2440 mm×15 mm 规格的竹胶板。

2.5　地基验算

立杆下将原地面整平并采用重型压路机碾压密实(压实度≥90%),达到要求后,再填筑 20 cm 厚的10%灰土,分层填筑,分层碾压,使压实度达到 96%以上后,根据经验及试验,要求地基承载力达到$[f_k]=220$ kPa。灰土上部做 20 cm 厚 C20 砼垫层。

立杆地基承载力验算:

$$N/A_d\leqslant K\cdot f_k$$

式中:N——脚手架立杆传至基础顶面轴心力设计值;

A_d——立杆底座面积,$A_d=15\ \text{cm}\times 15\ \text{cm}=225\ \text{cm}^2$,按照最不利荷载考虑(3—3 剖面),底托坐落在 20 cm 砼垫层上,按照力传递面积计算:$A_d=(2\times 20\times \tan 45°+15)^2=0.2025\ \text{m}^2$

K——调整系数,混凝土基础系数为 1.0。

按照最不利荷载考虑:

$$N/A_d=20.5\ \text{kN}/0.2025\ \text{m}^2=101.2\ \text{kPa}\leqslant K\cdot[f_k]=1.0\times 220\ \text{kPa}$$

经过地基处理后,可以满足要求。

2.6　支架预拱度设置

支架总变形 δ 的计算:

$$\delta=\delta_1+\delta_2+\delta_3$$

2.6.1　δ_1 为支架在荷载作用下的弹性变形量

由上计算每根钢管受力为 20.5 kN,ϕ48 mm×3.5 mm 钢管的截面积为 489 mm²。由于 $\sigma=20.5\div 489\times 10^3=41.92\ \text{N/mm}^2$,则 $\delta_1=\sigma\times L/E=41.92\times 6.6\div(2.06\times 10^5)=1.34$ mm。

2.6.2　δ_2 为支架在荷载作用下的非弹性变形量

支架在荷载作用下的非弹性变形 δ_2 包括杆件与方木挤压压缩和方木对方木压缩两部分,由《公路施工手册—桥涵》(下册)P12 可分别取值为 2 mm、3 mm,即 $\delta_2=5$ mm。

2.6.3　δ_3 为支架基底非弹性沉降

由于基底为石灰土,可取 $\delta_3=5$ mm。

2.6.4　支架总变形

由以上三项可知,支架总变形为:$\delta=\delta_1+\delta_2+\delta_3=1.34+5+5=11.34$ mm。

由支架总变形可得最终确定支架预拱度可设置为 12 mm。

3　支架预压程序

预压方法依据现浇箱梁砼重量分布情况,在搭好的支架上的堆放与梁跨荷载等重的土袋等,将预压荷载划分成若干个单元,单元划分应根据上部结构荷载分部形式确定。每个单元内的支架预压荷载应为此单元内上部结构自重和模板重量之和的 1.2 倍。采用砂袋按体积比重分级加载的方法,进行支架预压。计算时砂的比重取 16 kN/m,预压时经试验实测确定,调整预压堆载高度。

3.1　采用整体预压:支架预压采用 90 cm×90 cm×100 cm 预压袋加载,每个砂袋预装荷载为 1.0～1.2 t,用吊车将砂袋吊运至底板上进行配重,每平方米荷载为 2.5 t,荷载为 100%的梁部荷载。预压过程中为了减少降雨造成荷载增加,预压加载体进行全程覆盖。

3.2　荷载确定

3.2.1　左幅荷载确定

墩顶处荷载:$Q=q_1+q_2=36.4+0.8=37.2(\text{kN/m}^2)$,即每平方米 3.72 t;

空心处荷载：$Q=q_1+q_2=17.2+0.8=18(kN/m^2)$，即每平方米 1.8 t。

3.2.2 右幅荷载确定

墩顶处荷载：$Q=q_1+q_2=36.4+0.8=37.2(kN/m^2)$，即每平方米 3.72 t；

空心处荷载：$Q=q_1+q_2=17.1+0.8=17.9(kN/m^2)$即每平方米 1.79 t。

3.3 预压施工步骤

3.3.1 桥跨堆载预压前，在桥跨底板上布置沉降观测点，按每跨测设 4 个横断面；沉降观测点于底板同断面按每 1.5 m 间距布置共布置 5 点，且为对称布置。在堆载预压前测设断面底模标高和支架底部标高。

3.3.2 支架预压加载分 3 级进行，依次施加的荷载应为单元内预压值的 40%、70%、100%。预压时从跨中向支点处进行对称布载；横向加载时，由结构中心线向两侧进行对称布载。

3.3.3 每级加载完成后，每隔 12 h 对支架沉降量进行检测；当支架测点连续 2 次沉降差平均值均小于 2 mm 时，方可继续加载。最后一级监测合格后，测定地基沉降和支架、模板变形，同时确定地基卸载后的回弹量。根据数据调整底模标高及支架高度。

3.3.4 预压前测量上、下各点标高 H_1 值。

各观测点变形基本稳定，取得预压过程中支架和地面各点各时段的沉降值和最后的稳定值 H_2。

稳定值的确定：当支架测点连续 2 次沉降差平均值均小于 2 mm 时(不含测量误差)，表明地基及支架已基本沉降到位，可以卸载。

3.3.5 预压卸载后测量各点标高 H_3 值。

3.3.6 然后根据测量成果进行资料整理，即：

支架弹性变形为：H_3-H_2；

支架塑性变形为：H_1-H_3。

3.3.7 地面上布置的各点也分时段进行观测，检查地面受压后的变化情况，同样做好记录，进行资料整理，求得平均沉降值和各点沉降值。

3.3.8 预压时间视支架地面沉降量定，支架 24 h 沉降量≤±1 mm，72 h 沉降量≤±3 mm(不含测量误差)。预压完成后即进行卸载，取得弹性变形数据。

项目六　其他体系桥梁施工

项目概述

本项目主要讲述了除梁桥外的其他体系桥梁的相关情况，主要包括拱桥、斜拉桥、悬索桥的组成构造、体系分类、施工方法及施工工艺等。

学习目标

通过本项目的学习，了解拱桥、斜拉桥、悬索桥的组成构造、体系分类，并掌握上述各种桥型的施工方法、工艺流程及施工要点。

引导案例

某选定桥址的建设条件如下：

一、地形、地貌

桥区总体构造为侵蚀低山地貌，地势向赤水河河谷倾斜。桥位区地形标高 391～695 m，相对高差约 304 m；桥轴线地形标高 391.59～410.78 m，相对高差约 19.19 m；桥区基岩大面积裸露，河床局部为沙滩（见图 6-1）。

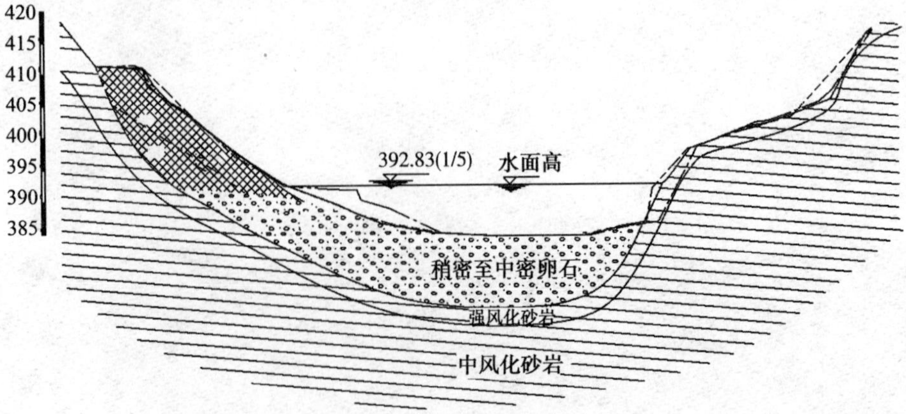

图 6-1　桥址地形图

二、水文、气候

场区中部为赤水河，属长江流域赤水河水系上游，为地表常年径流，河流常年流量20～50 m^3/s，最大流量为1500 m^3/s。

桥区四季分明，年平均气温15.6 ℃，最冷1月均温4.8 ℃，最热7月均温25.8 ℃，极端最高气温37.4 ℃(1972年8月20日)，极端最低－5.5 ℃(1970年1月6日)，无霜期314.7天。年平均降雨量1009.4 mm，最大年降雨量1313 mm，最小817 mm，年内分配不均，多集中于5～10月，最大日降雨量120.9 mm。年平均相对湿度78%。年平均风速1.5 m/s，全年以NW向风为多，全年静风频率为39%；最大风速16 m/s，风向为SE，多年平均最大风速为11.9 m/s。

三、工程地质条件

桥区出露地层为上覆冲洪积(Q4al＋pl)卵砾石层，下伏基岩为三叠系中统沙溪庙组(J2s)砂岩、粉砂岩夹粉砂质泥岩。地层岩性较简单，岩石风化层厚度较薄。

四、航道等级

为保证赤水河的航运能力，本工程桥下通航净空建议满足规划的六级航道要求。通航净高为6 m；净宽：双向通航为40 m，单向通航为25 m。

请问：在该建设条件下可以采用那种桥型？试确定所选桥型的施工方案。

任务一 拱桥施工

任务描述

拱桥按受力体系或截面形式等可以分成多种类型，不同类型的拱桥施工方法也不相同。本任务旨在让学生了解拱桥的基本组成及分类，并掌握拱桥的施工方法及工艺特点。

一、拱桥的主要特点

拱桥是我国公路上广泛使用的一种桥型。拱桥与梁桥的区别，不仅在于外形不同，更重要的是两者受力性能有本质区别。梁式结构在竖向荷载作用下，支承处仅产生竖向支承反力，而拱式结构在竖向荷载作用下，支承处不仅产生竖向反力，而且还产生水平推力。由于这个水平推力的存在，拱的弯矩将比相同跨径的梁的弯矩小得多，而使整个拱主要承受压力。这样，拱桥不仅可以利用钢、钢筋混凝土等材料来修筑，而且还可以根据拱的这个受力特点，充分利用抗压性能较好而抗拉性能较差的圬工材料(石料、混凝土等)来修建。

拱桥的主要优点是：跨越能力较大；能充分做到就地取材，与钢桥和钢筋混凝土梁式桥相比，可以节省大量的钢材和水泥；耐久性好，养护费用少；外形美观；构造较简单，尤其是圬工拱桥，技术容易被掌握，有利于广泛采用。

拱桥的主要缺点是：自重较大，相应的水平推力也较大，增加了下部结构的工程量，当采用无铰拱时，对地基条件要求较高；拱桥尤其是圬工拱桥，一般都采用在支架上施工的方法修建，随着跨径和桥高的增大，支架或其他辅助设备的费用大大增加，从而增加了拱桥的施工难度，提高了拱桥的总造价；由于拱桥水平推力较大，在连续多孔的大、中桥梁中，为防止一孔破坏而影响全桥的安全，需要采用较复杂的技术措施，例如设置单向推力墩，也会增加造价；与梁式桥相比，上承式拱桥的建筑高度较高，当用于城市立交及平原地区的桥梁时，因桥面标高提高，而使两岸接线工程量增大，既增加造价又对行车不利。因此也使拱桥的使用受到一定的限制。

二、拱桥的组成及分类

（一）拱桥的组成

拱桥上部结构和下部结构的组成部分如图 6-2 所示。拱桥上部结构由主拱圈和拱上建筑组成，主拱圈是拱桥的主要承重结构。拱桥下部结构由桥墩、桥台和基础组成。

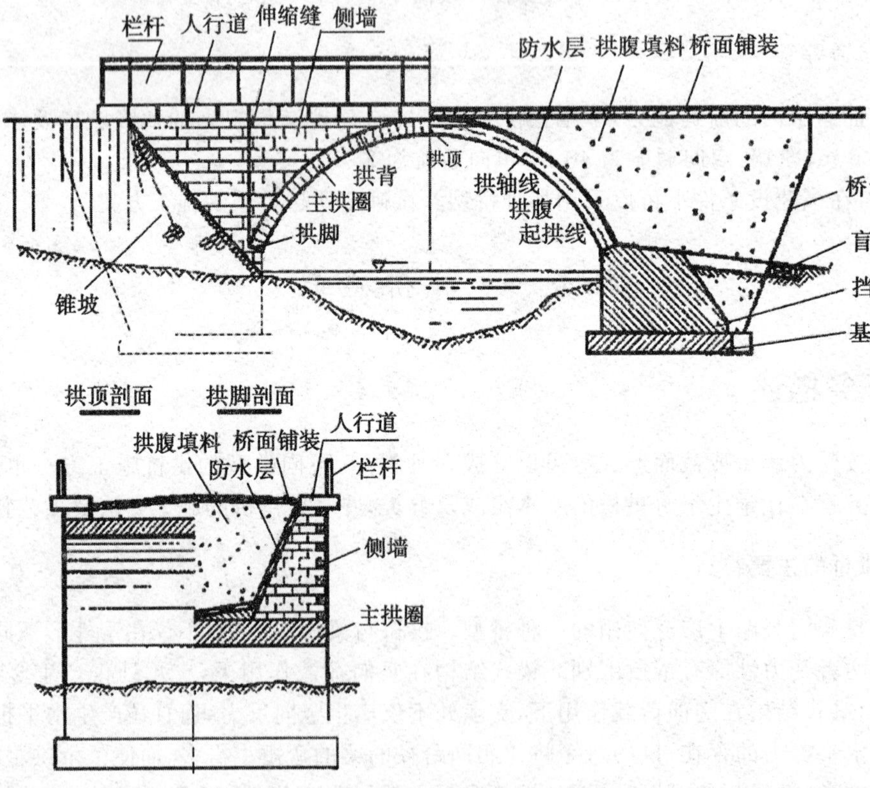

图 6-2　拱桥主要组成部分

拱圈最高处称为“拱顶”，拱圈和墩台连接处称为“拱脚”（或“起拱面”），拱圈各横截面的形心称为“拱轴线”。拱圈的上曲面称为“拱背”，下曲面称为“拱腹”。起拱面与拱腹交界的直线称为“起拱线”。

(二)拱桥的分类

按建桥材料(主要是针对拱圈使用的材料)可以分为圬工拱桥、钢筋混凝土拱桥、钢管混凝土拱桥及钢拱桥等。

按结构体系的类型可分为简单体系拱桥与组合体系拱桥。

按拱圈轴线采用的线形可分为圆弧拱桥、抛物线拱桥和悬链线拱桥等。

按拱圈截面形式可分为板拱、肋拱、双曲拱和箱形拱桥。

按桥面系在上部结构立面中的位置可以分为上承式拱桥、中承式拱桥和下承式拱桥,上承式拱桥按照拱上结构的形式可以分为实腹式拱桥与空腹式拱桥。

按是否对下部结构作用水平推力则分为有推力拱桥和无推力拱桥。

下面将按结构体系和截面形式两种分类方法对拱桥加以介绍。

1. 按结构体系分类

按照拱圈与桥面结构之间相互作用的性质和影响程度,拱圈与桥面结构连接构造的方式,可以把拱桥分为简单体系拱桥及组合体系拱桥两大类。

(1)在简单体系拱桥中,桥面结构(拱上结构或拱下悬吊结构)与拱圈之间无刚性连接或连接较薄弱,不参与拱圈一起受力或共同作用,可以近似不计,拱圈以裸拱的形式为主要承重结构。这种体系的拱桥,按照不同的受力形式,拱圈又可以做成三铰拱、无铰拱和两铰拱。

①三铰拱[见图 6-2(a)]属静定结构。温度变化、混凝土收缩、支座沉陷等原因引起的变形不会在拱圈内产生附加内力。所以,在地基条件很差或寒冷地区修建拱桥时可以采用三铰拱。但由于铰的存在,使其构造复杂、施工困难,而且降低了整体刚度,尤其是减小了抗震能力,主拱圈一般不采用三铰拱。

②无铰拱[见图 6-2(b)]属三次超静定结构。在自重力和外荷载作用下,由于拱的内力分布比三铰拱均匀,所以它的材料用量较三铰拱节省。又由于拱圈没有设铰,使结构的整体刚度大而且构造简单、施工方便,因此实际使用较广泛。但是,由于无铰拱结构的超静定次数高,温度变化、材料收缩,特别是墩台位移会在拱内产生较大的附加内力,所以无铰拱一般适合修建在地质条件良好的地区。不过,随着跨径的增大,附加力的影响也相对减小,因此钢筋混凝无铰拱桥仍是大跨径桥梁的主要桥型之一。

③两铰拱[见图 6-2(c)]属一次超静定结构。它的特点介于三铰拱与无铰拱之间。因取消了跨中铰,结构整体刚度较三铰拱大。由于结构在地基沉降下不会产生附加内力,故在地基条件较差而不宜修建无铰拱时可考虑采用两铰拱。

(2)组合体系拱桥,也称"组合式拱桥",将桥面结构与主拱结构按不同的方式构造成一个整体以共同承受荷载。组合式拱桥是内部高次超静定的结构,根据不同的组合方式和受力特点又分为无推力的和有推力的、外部静定的和超静定的。

①无推力的组合式拱桥使用较广泛,其中常用的形式是简支拱式组合桥、单悬臂拱式组合桥及连续拱式组合桥[见图 6-3(d)~(h)],这些桥梁结构的外部有静定的或超静定的。根据构造拱式组合桥又分为两种结构形式:第一种是拱梁组合结构,拱和梁共同受力

且由梁承担拱的水平推力，这种结构的桥梁简称为“拱梁组合桥”；第二种为拱系杆组合结构，拱悬吊桥面结构，由与桥面结构分离的系杆承担拱的水平推力，这种结构的桥梁简称为“系杆拱桥”。

②有推力组合体系拱桥，属于外部超静定结构，拱与下部结构间设铰或无铰。常用的形式有桁架拱[见图 6-2(i)]、刚架拱[见图 6-2(j)]及刚梁柔拱组合桥[见图 6-2(k)]等。

由于组合式拱桥在经济、施工、使用等方面各具特点，故得到了广泛应用。

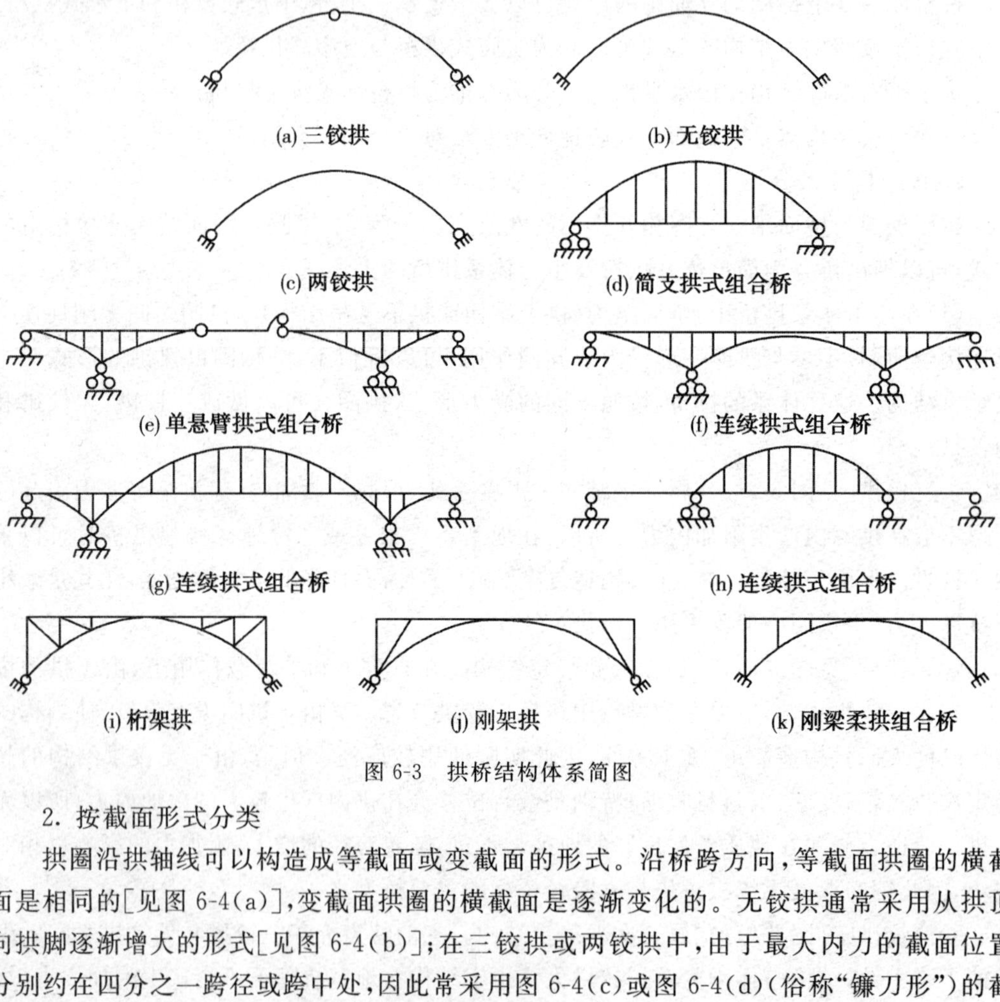

图 6-3　拱桥结构体系简图

2. 按截面形式分类

拱圈沿拱轴线可以构造成等截面或变截面的形式。沿桥跨方向，等截面拱圈的横截面是相同的[见图 6-4(a)]，变截面拱圈的横截面是逐渐变化的。无铰拱通常采用从拱顶向拱脚逐渐增大的形式[见图 6-4(b)]；在三铰拱或两铰拱中，由于最大内力的截面位置分别约在四分之一跨径或跨中处，因此常采用图 6-4(c)或图 6-4(d)(俗称“镰刀形”)的截面变化形式表示。由于等截面拱的构造简单、施工方便，因此它是目前采用最为普遍的形式。

拱圈横截面的形式是多种多样的，最常用的有下面几种形式：

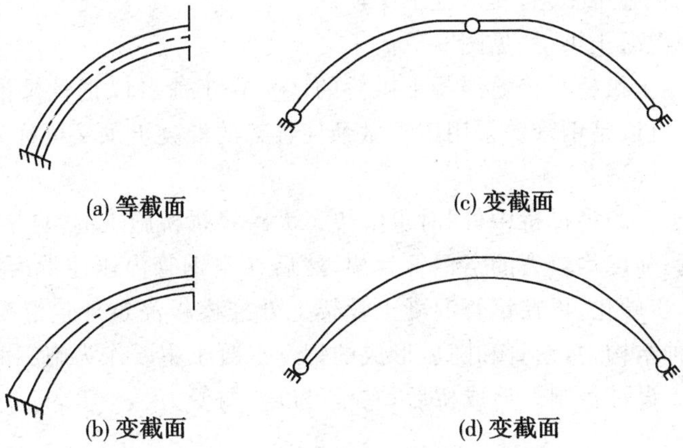

图 6-4 拱圈截面变化形式示意

(1)板拱[见图 6-5(a)(b)]

拱圈采用矩形实体截面是上承式圬工拱桥的基本形式。由于它的结构简单、施工方便,因而使用广泛。但在相同截面面积下,实体矩形截面的抗弯惯矩比其他形式截面小。若要获得较大的抗弯惯矩,则必须增大截面尺寸,也就相应增加了材料用量和结构自重,从而加重了下部结构的负担,结果将是不经济的。所以,通常只在地质条件较好的中小跨径圬工拱桥中采用板拱形式。

(2)肋拱[见图 6-5(c)]

拱圈由两条或多条分离的、平行的拱肋组成,肋与肋之间由横系梁连接。拱圈可用较小的截面面积获得较大的抗弯惯矩,从而大大节省材料用量、减轻自重,适合较大跨径的各类拱桥。

(3)双曲拱[见图 6-5(d)]

这种拱圈是由板拱发展而成的,适用于上承式结构,横截面由一个或数个小拱构成。由于拱圈在纵向及横向均呈曲线形,故称之为“双曲拱”。

双曲拱圈的截面抗弯惯矩较板拱大,节省材料、自重小,拱圈化整为零预制,构件重量小、吊装方便。双曲拱桥曾在全国公路、铁路、渠道等工程结构中广泛应用,但由于施工程序多、组合截面的整体性较差、易开裂等问题,双曲拱桥目前已很少采用。

(4)箱形拱[见图 6-5(e)]

箱形截面拱圈的外形与板拱相似,主要适用于上承式拱桥。由于箱形拱的截面抗弯惯矩较相同材料的板拱大得多,所以材料省、自重轻。又由于箱形截面抗扭刚度大,横向整体性和结构稳定性均好,所以更适用于大跨径结构,也适合无支架施工。它是国内外大跨径钢筋混凝土拱桥拱圈截面的基本形式。

(5)钢管混凝土拱桥[见图 6-5(f)]

钢管混凝土拱桥属于钢—混凝土组合结构中的一种。钢管混凝土拱桥是将钢管内填充混凝土,由于钢管的径向约束而限制受压混凝土的膨胀,使混凝土处于三向受压状态,从而显著提高混凝土的抗压强度。同时,钢管兼有纵向主筋和横向套箍的作用,可作为施工模板,方便混凝土浇筑。施工过程中,钢管可作为劲性承重骨架,其焊接工作简单,吊装重量轻，从而能简化施工工艺，缩短施工工期。

(6)劲性骨架混凝土拱桥[见图 6-5(g)]

劲性骨架混凝土拱桥与普通混凝土拱桥的区别在于前者以钢骨拱桁架作为受力筋，它可以是型钢，也可以是钢管。采用钢管做劲性骨架的混凝土拱又可称为“内填外包型钢管混凝土拱”。

它主要应用于大跨径拱桥中，同时也解决了大跨径拱桥施工的“自架设问题”，即首先架设自重轻，刚度、强度均较大的空钢管骨架，然后在空钢管内压注混凝土形成钢管混凝土，使钢骨架进一步硬化，再在钢管混凝土骨架上外挂模板浇筑外包混凝土，形成钢筋混凝土结构。在这种结构中，钢管和随后形成的钢管混凝土主要作为施工的劲性骨架考虑，其用量通常由施工设计控制。但成桥后，它也可以参与受力。

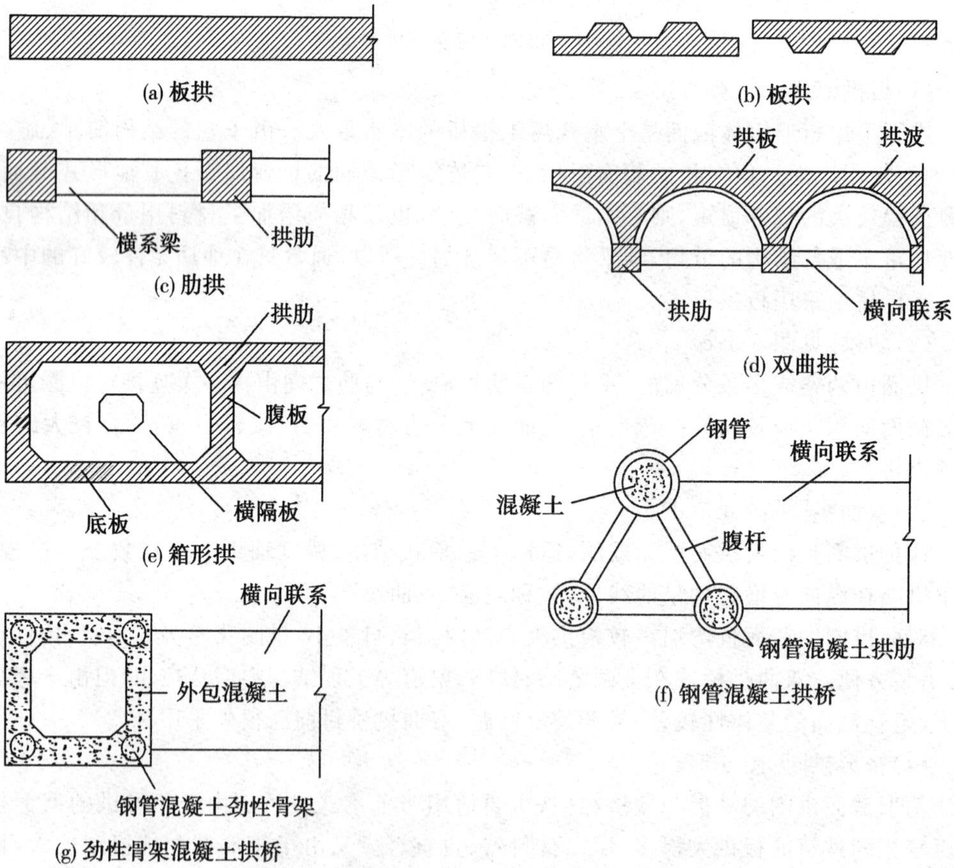

图 6-5　拱圈截面形式

三、拱桥施工

拱桥的施工方法，大体可分为有支架施工和无支架施工两大类，详细分类如图 6-6 所示。

- 拱桥施工方法
  - 有支架施工
    - 就地砌筑——满堂支架、拱架(圬工拱桥)
    - 就地浇筑
      - 满堂支架
        - 拱架
        - 梁式支架——组合体系拱
      - 劲性骨架法
    - 预制安装——简易排架、吊装设备
  - 无支架施工
    - 悬臂法
      - 悬拼法
        - 悬臂桁架法
        - 塔架斜拉索法
      - 悬浇法
        - 斜吊式悬浇
        - 劲性骨架与塔架斜拉联合法
    - 缆索吊装法
    - 转体施工法
      - 竖转
      - 平转
        - 有平衡重
        - 无平衡重
      - 竖转与平转组合

图 6-6 拱桥施工方法分类

(一)拱架施工法

砌筑石拱桥、混凝土预制块拱圈和就地浇筑混凝土拱圈等时需要搭设一个拱架,以支撑全部或部分拱圈和拱上建筑的重量,并保证拱圈的形状符合设计要求。显然,拱架要有足够的强度、刚度和稳定性。同时,拱架又是一种施工临时结构,故要求构造简单、制作容易、节省材料、装拆方便并能重复使用,以加快施工进度、减少施工费用。

1. 拱架

拱架(见图 6-7)的种类很多,按其使用材料可分为木拱架、钢拱架、扣件式钢管拱架、竹拱架、钢木组合拱架以及土牛胎拱架等多种形式;按结构形式可分为排架式、撑架式、桁架式、组合式、斜拉式等。

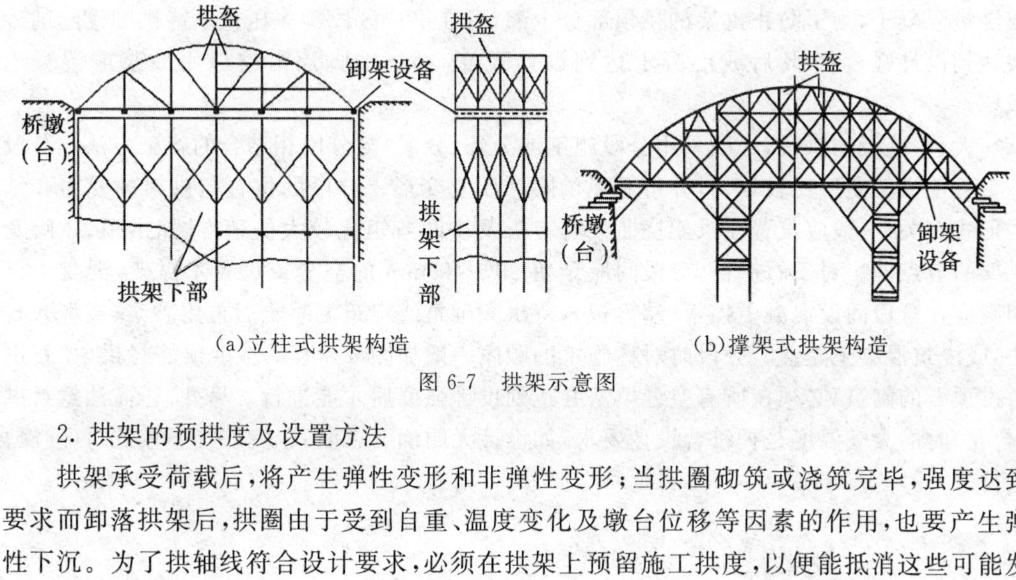

(a)立柱式拱架构造　　(b)撑架式拱架构造

图 6-7 拱架示意图

2. 拱架的预拱度及设置方法

拱架承受荷载后,将产生弹性变形和非弹性变形;当拱圈砌筑或浇筑完毕,强度达到要求而卸落拱架后,拱圈由于受到自重、温度变化及墩台位移等因素的作用,也要产生弹性下沉。为了拱轴线符合设计要求,必须在拱架上预留施工拱度,以便能抵消这些可能发生的垂直变形。

拱架的预拱度包括以下各项：

(1)拱圈自重产生的弹性下沉，即拱架卸落后拱圈在自重作用下的弹性下沉。

(2)拱圈温度变化产生的弹性变形，即拱圈合龙温度与年平均温度差异而引起的变形。

(3)墩、台水平位移产生的拱顶下沉，即拱架卸落后拱圈因墩、台水平位移而产生的弹性下沉。

(4)拱架在承重后的弹性及非弹性变形，即拱架在受力后产生的弹性变形、各种接头局部间隙或压陷产生的非弹性变形，以及砂筒受压后产生的非弹性压缩。

(5)支架基础在受载后的非弹性下沉。

拱架在拱顶处的预拱度，可根据上述下沉与变形按可能产生的各项数值相加后得到，具体计算方法可参照相关桥规有关内容。由于影响预拱度的因素很多，而且不可能算得很准确，施工时应结合实践经验对计算值进行适当调整。当无可靠资料时，拱顶预留拱度也可按 $L/400 \sim L/800$ 估算(L 为拱圈的跨径，矢跨比较小时预留拱度取较大值)。

当算出拱顶预拱度后，拱圈其他点的预拱度一般可近似地按二次抛物线规律设置。

3. 拱圈施工

修筑拱圈时为保证在整个施工过程中拱架受力均匀、变形小，使拱圈的质量符合设计要求，必须选择适当的砌筑方法和顺序。一般根据跨径大小、构造形式等分别采用不同繁简程度的施工方法。有关混凝土拱桥的钢筋、混凝土浇筑等工程项目的具体要求或构造等可参考梁桥的有关内容，此处不再赘述。

通常，跨径在 10 m 以下的拱圈，可按拱的全宽和全厚，由两侧拱脚同时对称地向拱顶砌筑或浇筑混凝土，但应争取在拱顶合龙时，拱脚处砌缝的砂浆尚未凝结或混凝土尚未初凝。

跨径 10～15 m 的拱圈，最好在拱脚预留空缝，由拱脚向拱顶按全宽、全厚进行砌筑或浇筑混凝土，为了防止拱架的拱顶部分上翘，可在拱顶区段预先压重。待拱圈砌缝的砂浆达到设计强度 70%后或混凝土达到设计强度，再将拱脚预留空缝用砂浆或混凝土填塞。

大、中跨径的拱桥，一般采用分段施工或分环(分层)与分段相结合的施工方法。分段施工可使拱架变形比较均匀，并可避免拱圈的反复变形。分段的位置与拱架的受力和结构形式有关，一般应设置在拱架挠曲线有转折及拱圈弯矩比较大的地方，如拱顶、拱脚及拱架的节点处。对于石拱桥，分段间应预留 30～40 mm 的空缝或设置木撑架，混凝土拱圈则应在分段间设混凝土挡板(端模板)，待拱圈砌筑或浇筑混凝土后再用砂浆(或埋入石块)或浇筑混凝土灌缝。分段时对称施工的顺序一般如图 6-8 所示。拱顶处封拱(如石拱桥拱顶石的砌筑)必须在所有空缝填塞并达到设计强度后才能进行。另外，还需注意封拱(合龙)时的大气温度是否符合设计要求，如设计无明确要求时，也宜在气温较低时(凌晨)进行。

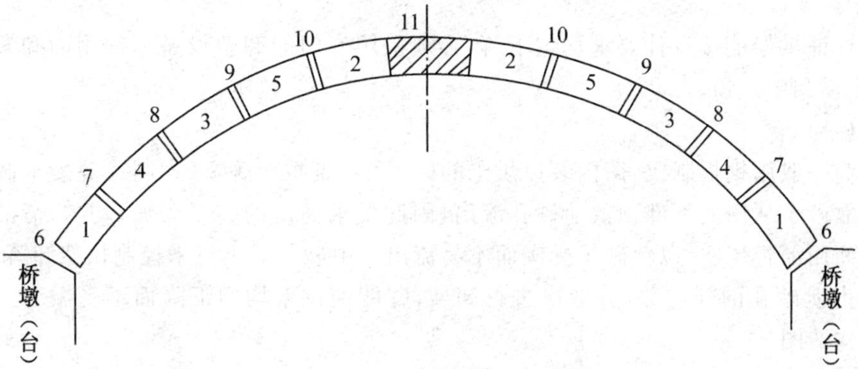

图 6-8　拱圈分段施工的一般程序

当跨径大、拱圈厚度较大时，可将拱圈全厚分层（即分环）施工，按分段施工法建好一环合龙成拱，待砂浆或混凝土强度达到设计要求后，再浇筑（或砌筑）上面的一环。这样，第一环拱圈就能起拱的作用，参与拱架共同承受第二环拱圈结构的重力。以后各环均照此进行。这样可以大大地减小拱架的设计荷载。同时，分环施工合龙加快，能保证施工安全，节省拱架材料。对于箱形板拱和肋拱，拱圈一般分成两环或三环。当分两环浇筑时，可先分段浇筑底板，再分段浇筑腹板、隔板与顶板；分三环浇筑时，先分段浇筑底板，再分段浇筑腹板与隔板，最后分段浇筑顶板。在分段、分环浇筑时，可采用分环填间隔缝合龙和全拱完成后一次填充间隔缝合龙的两种合龙方式。图 6-9 所示箱形拱圈分三环、九段浇筑的施工方法进行。

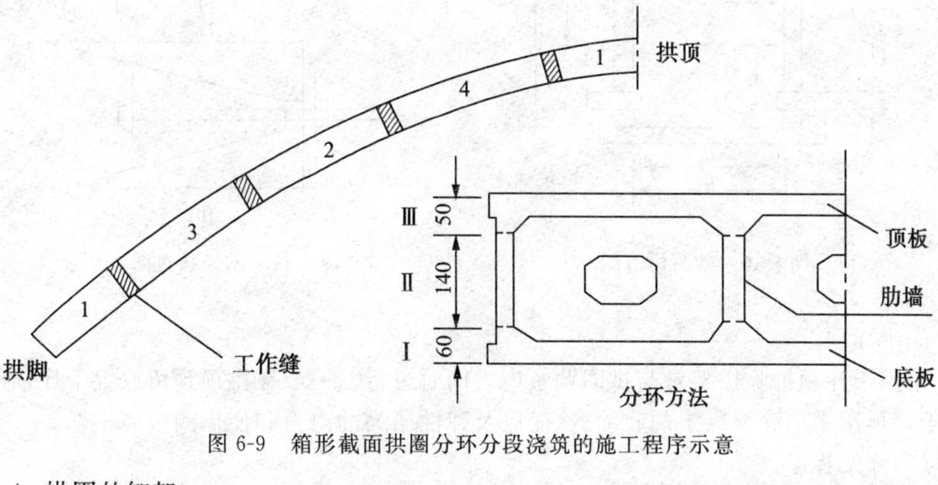

图 6-9　箱形截面拱圈分环分段浇筑的施工程序示意

4. 拱圈的卸架

采用就地浇筑施工的拱架，卸拱架的工作相当关键。拱架拆除必须在拱圈砌筑完成后 20～30 天，待砂浆砌筑强度达到设计强度的 70%后方可拆除。此外还必须考虑拱上建筑、拱背填料、连拱等因素对拱圈受力的影响，尽量选择对拱体产生最小应力的时候卸落拱架。为了能使拱架所支承的拱圈重力能逐渐转给拱圈自身来承受，拱架不能突然卸除，而应按一定的程序进行。

(1)卸架设备

为保证拱架能按设计要求均匀下落,必须采用专门的卸架设备。常用的卸架设备有砂筒、木模和千斤顶。

①砂筒

砂筒一般用钢板制成,筒内装以烘干的砂子,上部插入活塞(木制或混凝土制)组成。卸落是靠砂子从筒的下部预留泄砂孔流出,因此要求筒内的砂子干燥、均匀、清洁。砂筒与活塞间用沥青填塞,以免砂子受潮而不易流出。由砂子泄出量来控制拱架卸落高度,这样就能由泄砂孔的开与关,分数次进行卸架,并能使拱架均匀下降而不受振动。图 6-10 为砂筒构造图。

②木模

木模有简单木模和组合木模等不同构造。图 6-11 为木模构造图,其中(a)为简单木模,由两块 1∶6～1∶10 斜面的硬木模组成,落架时,只需轻轻敲击木模小头,将木模取出,拱架即下落;(b)为组合木模,由三块楔形木和一根拉紧螺栓组成,卸架时只需扭松螺栓,木模下降,拱架即降落。

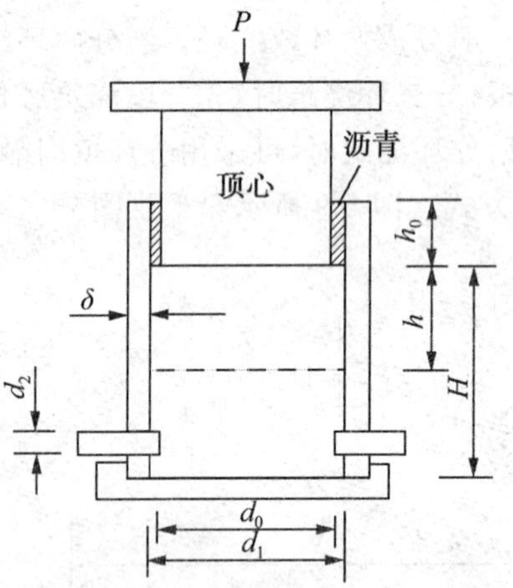

图 6-10 砂筒构造图

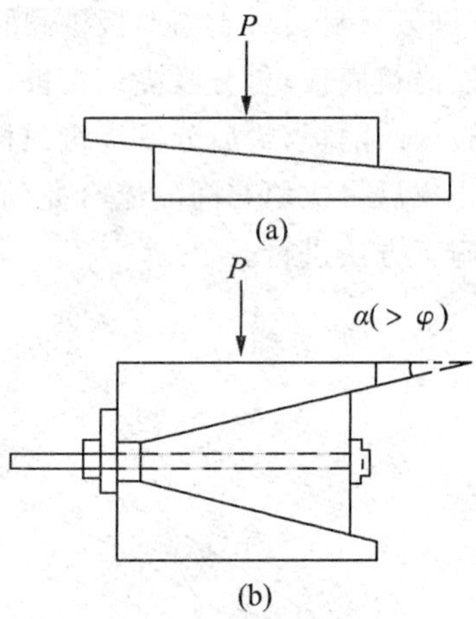

图 6-11 木模构造图

③千斤顶

采用千斤顶拆除拱架常与拱圈调整内力同时进行。一般在拱顶预留放置千斤顶的缺口,千斤顶用来消除混凝土的收缩、徐变以及弹性压缩的内力和使拱圈脱离拱架。

(2)卸架程序

对于中小跨径拱桥,可从拱顶开始逐次向拱脚对称卸落;对于大跨径的悬链线拱圈,为了避免拱圈发生“M”形的变形,也可从两边 $L/4$ 处逐次对称地向拱脚和拱顶均衡的卸落。卸架的时间宜在白天气温较高时进行,这样能够便于卸落拱架。

多孔连续拱桥施工时，还应考虑相邻孔间的影响。若桥墩设计允许承受单孔施工荷载，就可以单孔卸架。否则应多孔同时卸落拱架，以避免桥墩不能承受单向推力而产生过大的位移，甚至引起严重的施工事故。

5. 拱上建筑浇筑

拱上建筑施工，应对称均衡地进行。施工中浇筑的程序和混凝土数量应符合设计要求。在拱上建筑施工过程中，应对拱圈的内力和变形及墩台的位移进行观测和控制。

（二）悬臂浇筑法

悬臂浇筑法是借助于专用挂篮、结合使用斜吊钢筋的斜吊式悬臂浇筑施工方法，其架设步骤如图 6-12 所示。

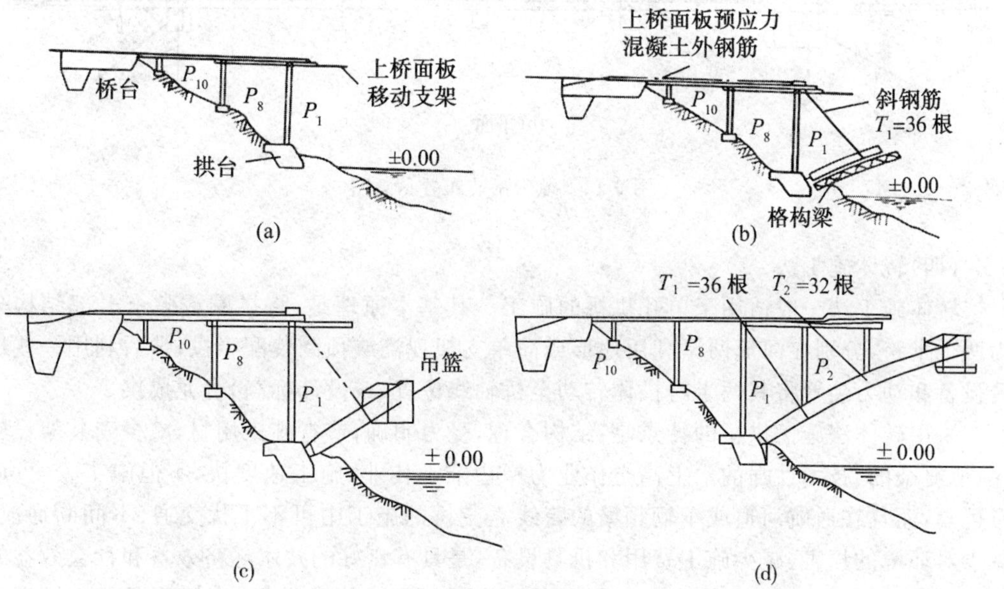

图 6-12 斜吊式悬臂浇筑法的主要施工步骤

（三）缆索吊装法

在峡谷或水深流急的河段上，或在通航的河流上需要满足船只的顺利通行，缆索吊装由于具有跨越能力大，水平和垂直运输机动灵活，适应性广，施工比较稳妥方便等优点，成为拱桥施工中使用最为广泛的方案。

在采用缆索吊装的拱桥上，为了充分发挥缆索的作用，拱上建筑也可以采用预制装配施工。缆索吊装对于加快桥梁施工速度，降低桥梁造价等方面起到很大作用。图 6-13 为缆索吊装布置示意图。

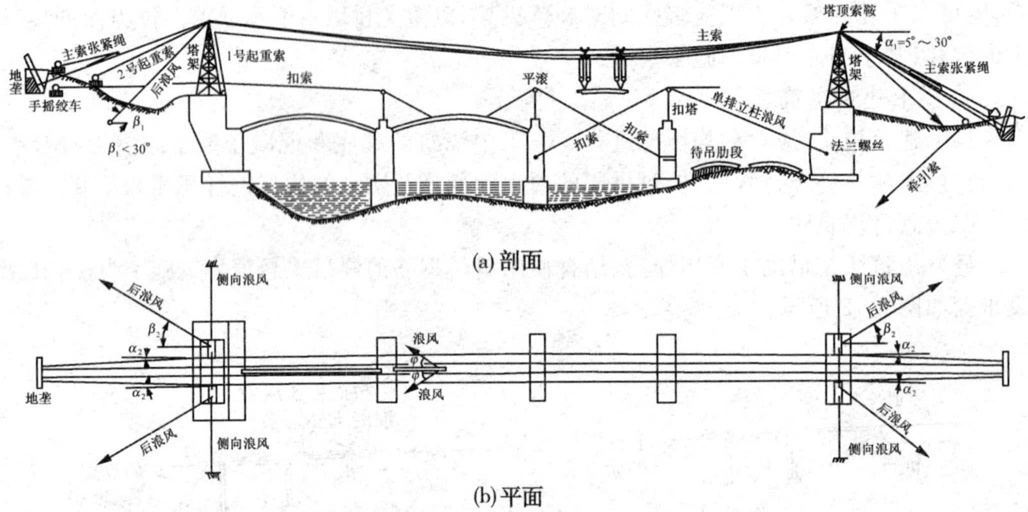

图 6-13　缆索吊装布置示意图

(四)转体施工法

转体施工法一般适用于单孔拱桥的施工。其基本原理是:将拱圈或整个上部结构分为两个半跨,分别在河流两岸利用地形或简单支架现浇或预制装配半拱,然后利用一些机具设备和动力装置将其两半跨拱体转动至桥轴线位置(或设计标高)合龙成拱。

采用转体法施工拱桥的特点是:结构合理,受力明确,节省施工用材,减少安装架设工序,变复杂的、技术性强的水上高空作业为岸边陆上作业,施工速度快,不但施工安全、质量可靠,而且在通航河道或车辆频繁的跨线立交桥的施工中可不干扰交通、不间断通航、减少对环境的损害、减少施工费用和机具设备,是具有良好的技术经济效益和社会效益的桥梁施工方法之一。近年来由于钢管混凝土拱桥在国内快速发展,为钢管混凝土拱桥转体法施工创造了有利条件。转体的方法可以采用平面转体、竖向转体。

1. 平面转体施工法

平面转体施工法,是将两个半跨的拱圈(肋)的桥轴线旋转至沿岸线或台后堤岸,利用地形及支架按设计高程进行现浇或预制拼装,然后在水平面内的绕拱座底部的竖轴旋转使拱圈(肋)合龙成拱。平面转体施工法分为有平衡重转体和无平衡重转体两种。

(1)有平衡重的平面转体施工

有平衡重的转体是一种在旋转过程中自平衡的转体,对于单跨拱桥通常需要利用桥台背墙重量及附加平衡压重,以平衡半跨拱圈(肋)的自重力矩(见图 6-14)。有平衡重转体的转动系统由底盘、上转盘、锚扣系统、拱体结构、拉索、桥台背墙及平衡压重等组成,其特点是转体重量大(最大可达上万吨)、旋转稳妥安全、转动装置灵活可靠。

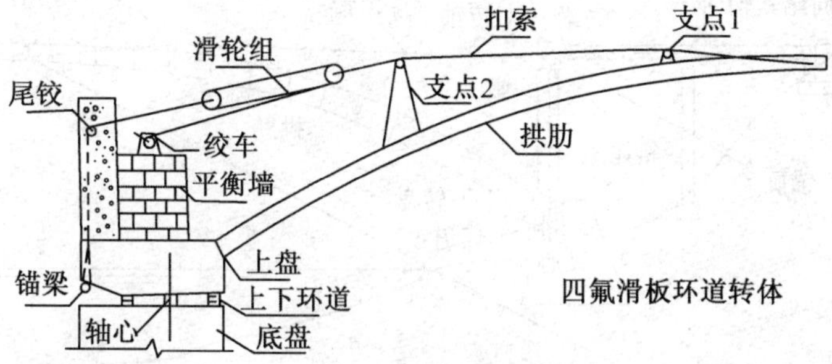

(a) 外锚扣体系示意图

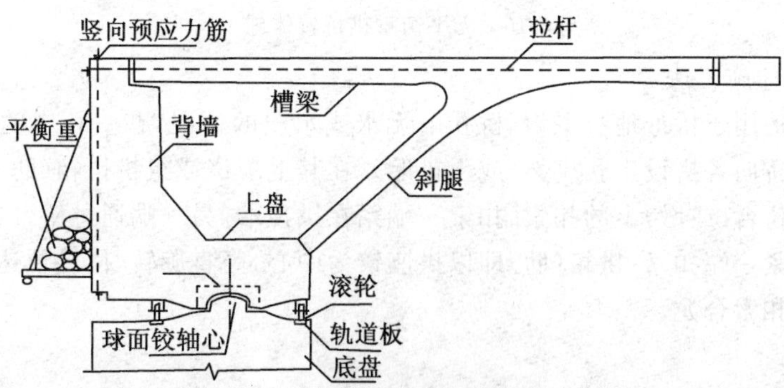

(b) 内锚扣体系示意图

图 6-14 有平衡重拱桥的平面转体施工

(2)无平衡重的平面转体施工

无平衡重转体，是指以两岸山体岩石的锚锭锚固半跨拱在悬臂状态平衡时所产生的水平拉力，借助拱脚处立柱下转盘和上转轴(见图 6-15)使拱体实现平面转动(见图6-16)。本方法适用于建在地质条件较好的深谷形河床上的大跨径拱桥。无平衡重转体的转动系统由三大部分组成:锚固体系，由锚锭、尾索、太平撑、锚梁及立柱组成;转动体系，由上下转动构造、拱体及扣索组成;位控体系，常由缆风索、无级调速卷扬机、光电测试装置及控制台等组成。

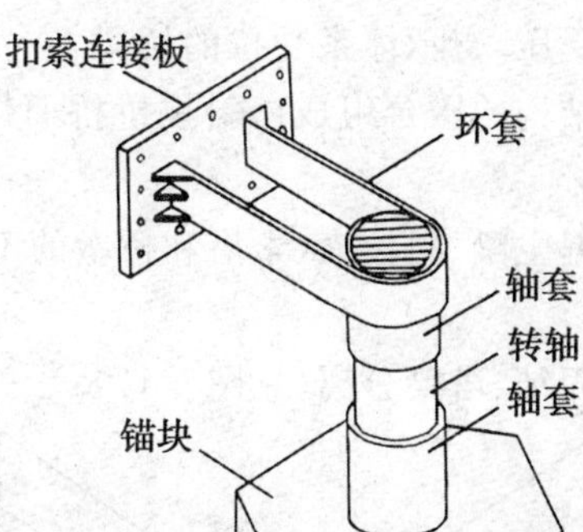

图 6-15 上转轴的一般构造示意图

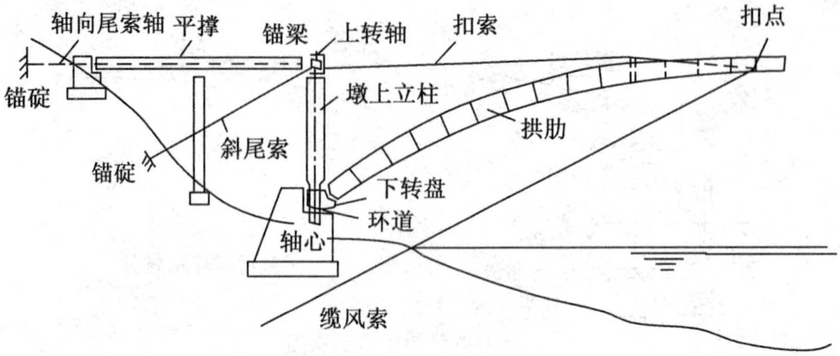

图 6-16　无平衡重拱桥转体施工

2. 竖向转体施工法

竖向转体适用于桥址地势平坦、桥孔下无水或水浅的情况，在一孔中的两端桥墩、台从拱座开始顺桥向各搭设半孔拱架(或土拱胎)，在其上现浇或组拼拱箱(肋或钢管肋)，利用铺设在两岸桥台(或墩)上的扣索[扣索一端系在拱顶端，另一端通过桥台(或墩)顶进入卷扬机]，先收紧一端扣索，拱箱(肋)即以拱座铰为中心，竖直旋转，使拱顶达设计标高，同法收紧另一端扣索合龙。

任务二　斜拉桥施工

任务描述

斜拉桥主要有塔、梁、拉索组成，按三者之间的不同组合形式可以分为多种受力体系，但各体系的施工方法大同小异。本任务旨在让学生了解斜拉桥的组成及分类，并掌握各组成构件的主要施工方法。

一、斜拉桥主要结构体系

斜拉桥是一种桥面体系受压，支承体系受拉的桥梁，它主要由上部结构的主梁(加劲梁)、桥塔和斜拉索以及下部结构的墩台组成。斜拉桥桥面体系用加劲梁构成，支承体系由斜拉索构成。

斜拉桥的结构体系可根据主梁、斜拉索、索塔和桥墩的不同结合形式形成 4 种不同的结构体系。下面作简要介绍。

(一)漂浮体系——塔墩固结、塔梁分离(见图 6-17)

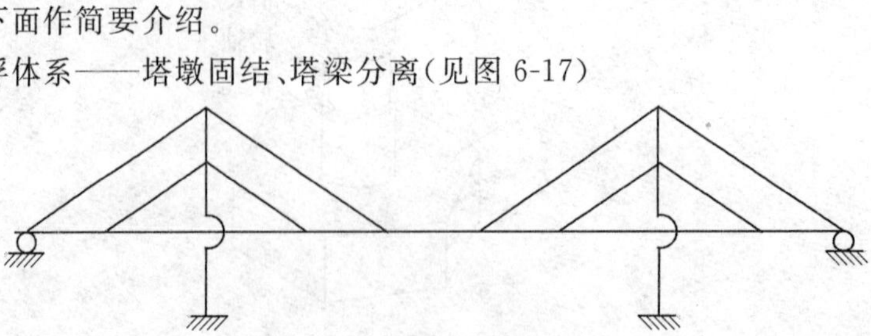

图 6-17　漂浮体系斜拉桥

主梁除两端有支承外，其余全部由拉索作为支承，成为在纵向可稍作浮动的一根具有多点弹性支撑的单跨梁。地震烈度较高的地区优先采用这种体系。

(二)半漂浮体系——塔墩固结、塔梁分离，在桥墩处主梁下设竖向支撑(见图 6-18)

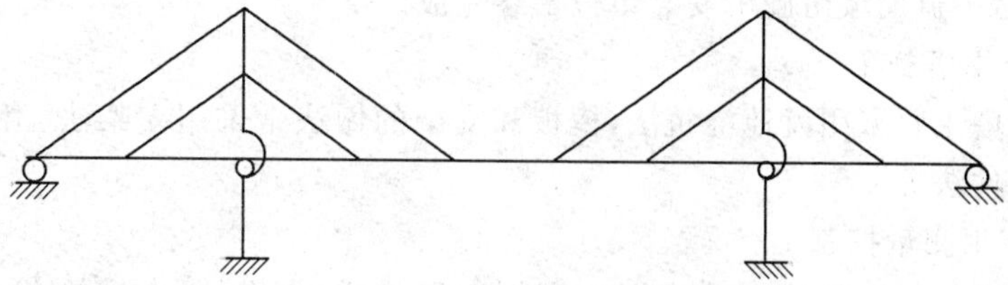

图 6-18 半漂浮体系斜拉桥

半漂浮体系的主梁成为在跨内具有多点弹性支承的连续梁或悬臂梁。在经济上和美观上都优于漂浮体系。

(三)塔梁固结体系——塔梁固结、塔墩分离(见图 6-19)

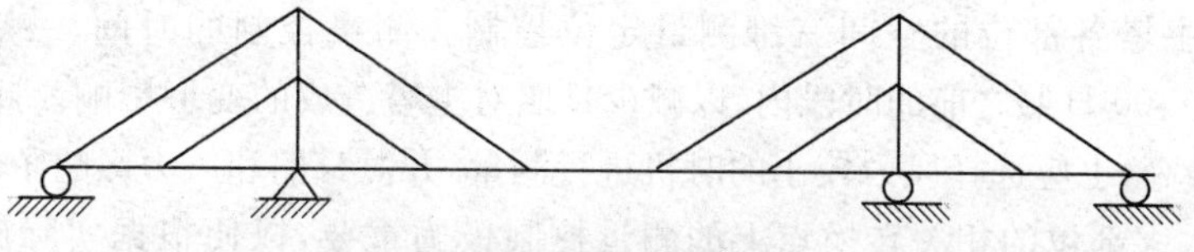

图 6-19 塔梁固结体系斜拉桥

塔梁固结并支承在桥墩上，这时主梁相当于顶面用拉索加强的一根连续梁或者悬臂梁，主梁与塔内的内力和挠度直接与主梁和塔柱的弯曲刚度比值有关。该体系一般适用于小跨径斜拉桥。

(四)刚构体系——主梁、索塔、桥墩三者互为固结(见图 6-20)

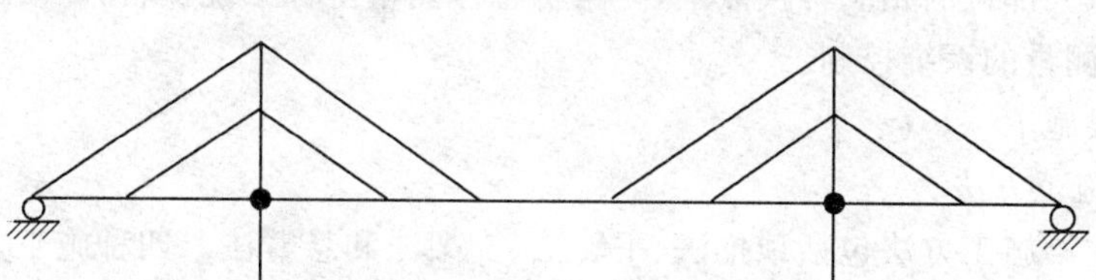

图 6-20 刚构体系斜拉桥

梁、塔、墩固结，主梁成为在跨内具有多点弹性支承的刚构。该体系适用于地震烈度较低且无抗风要求的地区。

二、斜拉桥施工

(一)主塔施工

1. 钢主塔施工

钢主塔施工，应对垂直运输、吊装高度、起吊吨位等施工方法作充分的考虑。钢主塔应在工厂分段立体试拼装合格后方可出厂。主塔在现场安装，常常采用现场焊接接头，高强度螺栓连接，焊接和螺栓混合连接的方式。经过工厂加工制造和立体试拼装的钢塔，在正式安装时，应予以测量控制，并及时用填板或对螺栓孔进行扩孔来调整轴线和方位，防止加工误差、受力误差、安装误差、温度误差、测量误差的积累。

钢主塔的防锈措施，可用耐候钢材，或采用喷锌层。但绝大部分钢塔都采用油漆涂料，一般可保持的使用年限为10年。油漆涂料常采用两层底漆，两层面漆，其中三层由加工厂涂装，最后一道面漆由施工安装单位最终完成。

2. 混凝土主塔施工

混凝土桥塔主要采用就地浇筑法，模板和支架的做法常采用支架法、滑模法、爬模法和大型模板构件法等。

3. 主塔施工测量控制

斜拉桥主塔一般由基础、承台塔座、下塔柱、下横梁、中塔柱、上横梁、上塔柱(拉索锚固区)、塔顶建筑等八大部分或其中几部分组成。由于主塔的建筑造型千姿百态，断面形式各异，在主塔各部位的施工全过程中，除了应保证各部位的几何尺寸正确之外，更重要的是应该进行主塔局部测量系统的控制，并与全桥总体测量系统接轨。

主塔局部测量系统的控制基准点，应建立在相对稳定的基准点上，如选择在主塔的承台基础上，进行主塔各部位的空间三维测量定位控制。测量控制的时间，一般应选择当天22:00至次日7:00日照之前的时段内，以减少日照对主塔造成的变形影响。此外，随着主塔高度不断地升高，也应选择风力较小的时机进行测量，并对日照和风力影响予以修正。

在主塔八大部位的相关转换点上的测量控制极为重要，以便根据实际施工情况及时进行调整，避免误差的累计。主塔局部测量系统的量测，一般常采用三维坐标法或天顶法。

若主塔局部测量系统的基点，选择在相对稳定的承台基础上，随着主塔的高度增高及混凝土收缩、徐变、沉降、风荷载、温度等因素的影响，基准点必然会有少量的变化。为此，应该在上述八大部位的相关转换点上，与全桥总体测量坐标系统接轨，以便进行总体坐标的修正，进行测量的系统控制。

(二)主梁施工

1. 主梁施工方法

斜拉桥主梁施工方法包括顶推法、平转法、支架法和悬臂法。四种施工方法的特点及适用性简述如下：

(1)顶推法——顶推法的特点是施工时需在跨间设置若干临时支墩，顶推过程中主梁反复承受正、负弯矩。该法较适用于桥下净空较低、修建临时支墩造价不大、支墩不影响桥下交通、抗压和抗拉能力相同、能承受反复弯矩的钢斜拉桥主梁的施工。对混凝土斜拉桥主梁而言，由于拉索水平分力能对主梁提供预应力，如在拉索张拉前顶推主梁，临时支墩间距又超过主梁负担自重弯矩能力时，为满足施工需要，需设置临时预应力束，在经济上不合算。所以，斜拉桥主梁的施工迄今国内尚无用顶推法修建的实例。

(2)平转法——是将上部构造分别在两岸或一岸顺河流方向的矮支架上现浇，并在岸上完成所有的安装工序(落架、张拉、调索)等，然后以墩、塔为圆心，整体旋转到桥位合龙。平转法适用于桥址地形平坦、墩身矮和结构系适合整体转动的中小跨径斜拉桥。我国四川马尔康地区的金川桥是一座跨径为68 m+37 m，采用塔、梁、墩固结体系的钢筋混凝土独塔斜拉桥，塔高25 m，中跨为空心箱梁，边跨是实心箱梁，该桥是采用平转法施工的。

(3)支架法——是在支架上现浇、在临时支墩间设托架或劲性骨架现浇、在临时支墩上架设预制梁段等几种施工方法。其优点是施工最简单方便，能确保结构满足设计线形，但又适用于桥下净空低、搭设支架不影响桥下交通的情况。例如，我国的天津永和桥是在临时支墩上拼装主梁；昆明市园通大桥是一座跨径为 70.5 m＋70.5 m、全宽 24 m[2×7.5 m＋3 m(拉索区)＋2×3 m]的独塔单索面斜拉桥，采用支架法现浇。

(4)悬臂法——可以是在支架上修建边跨，然后中跨采用悬臂拼装法和悬臂施工的单悬臂法；也可以是对称平衡方式的双悬臂法。悬臂施工法分为悬臂拼装法和悬臂浇筑法两种。

悬臂拼装法，一般是先在塔柱区现浇一段放置起吊设备的起始梁段，然后用各种起吊设备从塔柱两侧依次对称安装节段，使悬臂不断伸长直至合龙。

悬臂浇筑法，是从塔柱两侧用挂篮对称逐段就地浇筑混凝土。我国大部分混凝土斜拉桥主梁都采用悬臂浇筑法施工。

综上所述，支架法和悬臂施工法是目前混凝土斜拉桥主梁施工的主要方法，前者适用于城市立交或净高较低的岸跨主梁施工；后者适用于净高很大的大跨径斜拉桥主梁的施工。

2. 斜拉桥主梁施工特点

(1)结构设计由施工内力控制。斜拉桥与其他梁桥相比，主梁高跨比很小，梁体十分纤细，抗弯能力差。当采用悬臂施工时，如果仍采用梁式桥传统的挂篮施工方法，由于挂篮重量大，梁、塔和拉索将由施工内力控制设计，很不经济。所以考虑施工方法，必须充分利用斜拉桥结构本身特点，在施工阶段就充分发挥斜拉索的效用，尽量减轻施工荷载，使结构在施工阶段和运营阶段的受力状态基本一致。

(2)横截面浇筑方法。对于单索面斜拉桥，一般都需采用箱形断面。如全断面一次浇筑，为减少浇筑重量，要在一个索距内纵向分块，并需额外配置承受施工荷载的预应力束。所以，一般做法是将横断面适当地分解为三部分，即中箱、边箱和悬臂板。先完成包含主梁锚固系统的中箱，张拉斜拉索，形成独立稳定结构，然后以中箱和已浇节段的边箱为依托，浇筑两侧边箱，最后用悬挑小挂篮浇筑悬臂板，使整体箱梁按品字形向前推进。

对于双索面斜拉桥，主梁节段在横断面方向分为两个边箱和中间车行道板三段，边箱安装就位后就张拉斜拉索，利用预埋于梁体内的小钢箱来传递斜拉索的水平分力，使边箱自重分别由两边拉索承担，从而降低了挂篮承重要求，减轻了挂篮自重，最后安装中间桥面板并现浇纵横接缝混凝土。

(3)塔梁临时固结。为了保证大桥在整个梁部结构架设安装过程中的稳定、可靠、安全，要求施工安装时采取塔梁临时固结措施，以抵抗安装钢梁桥面板及张拉斜拉索过程中可能出现的不平衡弯矩和水平剪力。

(4)中孔合龙。为保证大桥中孔能顺利合龙，根据以往斜拉桥的成功经验，一般选择自然合龙的方法。

自然合龙的方法，以上海杨浦大桥为例，需要考虑以下几个方面：

①合龙温度的确定

大桥能否在自然状态下顺利合龙，关键是要正确选择合龙温度。该温度的持续时间，应能满足钢梁安装就位及高强螺栓定位所需的时间。

②全桥温度变形的控制

由于大桥跨度大，温度变形对中跨合龙段长度的影响相当敏感，因此在整个施工过程中应对温度变形进行监测，特别是对将接近合龙段时的中孔梁段和温度变形更应重点量测，找出温度变形与环境湿度的关系，为确定合龙段钢梁长度提供科学依据。

③合龙段钢梁长度的确定

设计合龙段长度原定为 5.5 m，在实际施工时再予以修正。其实际长度应为合龙湿度下设计长度加减温度变形量。

④合龙段的安装

合龙段钢梁的安装是一个抢时间、抢速度的施工过程，必须在有限的时间里完成，因此，在合龙前必须做好一切准备工作。钢梁应预先吊装就位，一旦螺孔位置平齐，即打入冲钉，施拧高强螺栓，确保合龙一次成功。

⑤临时固结的解除

中孔梁一旦合龙，必须马上解除临时固结，否则由于温度变化所产生的结构变形和内力，会使结构难以承受，因此在合龙段钢梁高强螺栓施拧完毕后，立即拆除临时固结。

(三)斜拉索施工

斜拉索是斜拉桥的一个重要组成部分，并显示了斜拉桥的特点。斜拉桥桥跨结构的重量和桥上活载，绝大部分或全部通过斜拉索，传递到塔柱上。

钢索形式主要有平行钢筋索、平行(半平行)钢丝索、平行(半平行)钢绞线索、单股钢绞缆、封闭式钢缆，如图 6-21 所示。

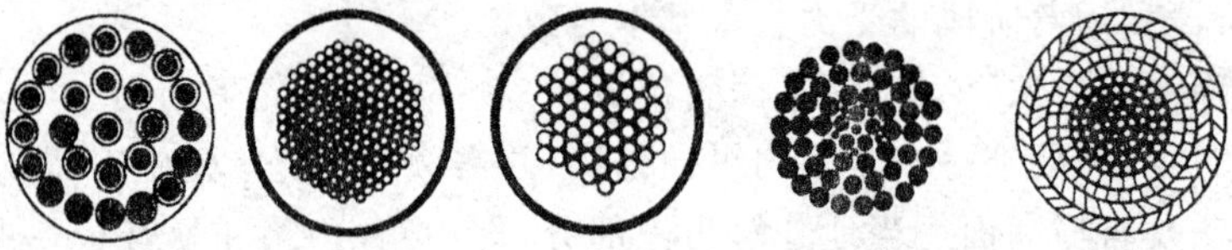

(a) (b) (c) (d) (e)

图 6-21 钢索的几种形式

1. 斜拉索制作

斜拉索的制作工艺流程一般为：钢丝除锈→调直→应力下料→防护漆→穿锚→墩头→浇锚→烘锚→拉索防护→超张拉→标定。

若采用高密度聚乙烯管做拉索防护，应在钢丝成索后即穿套聚乙烯管，然后再穿锚。应力下料时，同索钢丝索需在同一温度下下料，防止温差过大影响钢丝长度的精度。

2. 挂索及张拉

挂索是将拉索的两端分别穿入梁上和塔上预留的索孔，并初步固定在索孔端面的锚板上。张拉是用千斤顶对拉索的索力进行调整。索力的大小，根据各个不同的情况经计算后确定。不同的拉索，不同的锚具，不同的斜拉桥设计，要求采用不同的挂索和张拉方式。

(四)斜拉桥施工控制与施工质量要求

1. 施工管理

施工控制贯彻于斜拉桥施工的全过程，与结构形成的历程紧密相连。施工管理不仅仅是一个理论上的课题,它在施工控制中的作用同样应给予充分的重视。

(1)主梁恒载的误差对结构内力和变形的影响较为显著,应在技术上、管理上采取有效的措施将误差减小到最低程度。同时,对施工荷载也要严加管理,因为它对结构内力和变形的影响同样不容忽视。

(2)及时完成各项施工测试任务,采集的数据应准确、可靠,它们是施工控制的主要依据。

(3)严格按规定的施工程序进行安装架设。施工中如出现施工荷载或架设方案发生较大变更的情况,则应根据变更后的施工荷载或架设方案重新进行施工计算,以便获得与此相应的施工控制参数理论值,从而保证理论计算模式与实际施工过程的一致。

工程实践表明,斜拉桥施工中理论值与实测值偏离的程度不仅与测量、千斤顶张拉存在的误差,以及理论计算时所采用的弹性模量、徐变系数、结构自重、施工荷载等设计参数与实际工程中表现出来的参数不一致等随机因素有关,而且与施工中是否严格按预定的施工顺序进行架设,以及施工临时荷载的控制、测量时机的选择等人为因素密切相关。管理控制的严格与否往直接影响到主梁线形和拉索索力偏离程度的大小。

2. 施工测试

施工测试是施工控制的重要组成部分。通过测试所获得的斜拉桥在施工各阶段结构内力和变形的第一手资料是施工控制、调整的主要依据,同时它也是监测施工、改进设计、确保结构在施工过程中安全的重要手段。施工测试的内容主要包括如下几个方面:

(1)变形测试:主要观测主梁挠度、主梁轴线偏差和塔柱水平位移的变化情况。通常使用(精密)水准仪、经纬仪、倾角仪等测量仪器。

(2)应力测试:主要测定斜拉索索力、支座反力和主梁、塔柱的应力在施工过程中的变化情况。一般使用千斤顶油压表、荷载传感器或激振法、随机振动法等测定斜拉索的索力,主梁塔柱应力的测试则使用各种应变仪(应变片)或测力计等。

(3)温度测试:主要观测主梁、塔柱和斜拉索的温度(温度场)以及主梁挠度、塔柱位移等随气温和时间变化的规律。斜拉桥的主梁为预制钢梁时,合龙段施工前夕温度测试对于合龙温度的选择和合龙段预制长度的确定具有重要的指导作用。

任务三　悬索桥施工

任务描述

悬索桥主要由塔、缆索和加劲梁组成,其类型和施工方法较为单一,但跨越度最大。本任务旨在让学生了解悬索桥的组成及各组成构件的施工方法和总体施工流程。

一、悬索桥的施工工艺流程

悬索桥的施工工艺流程为:安装主塔和锚碇→安装鞍座→导索过江→安装牵引索→安装猫道索→安装猫道→安装主缆拖拉系统→拽拉架设主缆→安装索夹吊索→架设加劲梁,具体如图 6-22 所示。

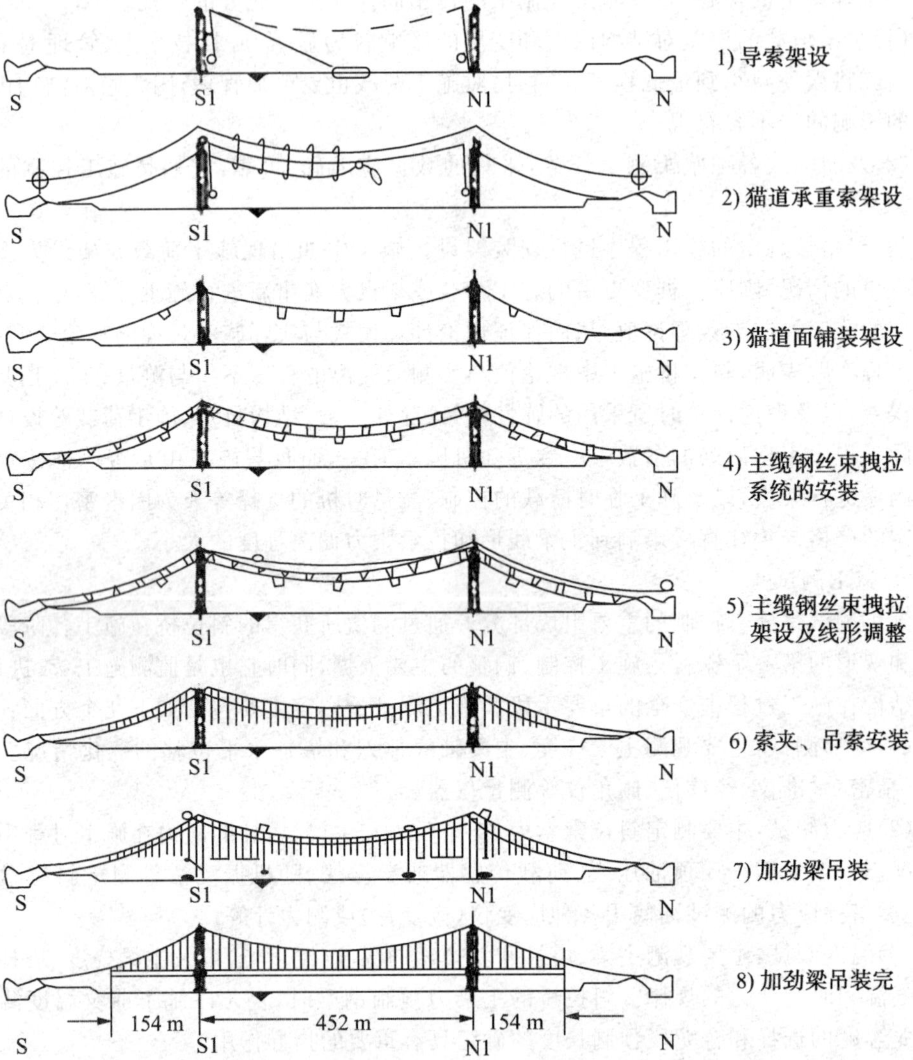

图 6-22　悬索桥的施工工艺流程图

二、主塔与锚碇的施工

(一)索塔

在 20 世纪 50 年代以前,大跨度悬索桥的索塔几乎都是采用钢塔,其主要优点是:施工速度快、质量容易保证、抗震性能好。直到 1958 年,法国建成主跨 608 m 的其坦卡维尔悬索桥,方开始采用混凝土。我国新近建造的几座大跨度悬索桥(汕头海湾大桥、虎门大桥、西陵大桥、江阴大桥)全都是采用混凝土塔。塔的施工与斜拉桥塔基本上相同。

(二)锚碇

锚碇是主缆锚固装置的总称,由混凝土锚块(含钢筋)及支架、锚杆、鞍座(散索鞍)等组成。主缆由空中成束的形式进入锚碇,要经过一系列转向、展开、锚固的构件。

锚块的形式可分为重力式[见图 6-23(a)]和隧道式[见图 6-23(b)]。若锚碇处有坚实岩层靠近地表，修建隧道锚(或称“岩洞式锚”)有可能比较经济。美国华盛顿桥新泽西岸锚碇是隧道式，其混凝土用量 22200 m^3，较之于纽约岸锚碇所用混凝土及花岗岩镶面工程量 107000 m^3，仅为其 21%。但隧道锚有传力机理不明确的缺点。美国金门大桥原设计两端部都用隧道锚，但考虑到隧道锚块混凝土将力传给周围基岩机理不明确，总工程师于是改变决定，全部采用重力式锚碇。

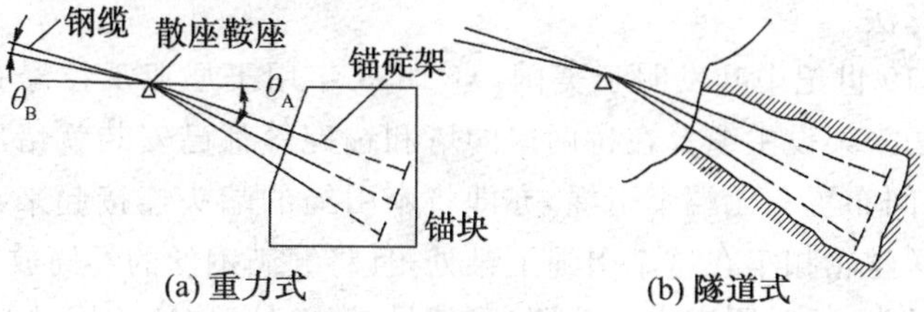

图 6-23　锚块

有坚实基岩层靠近地表也可以采用重力式锚，让锚块嵌入基岩，使位于锚块前的基岩凭借承压来抵抗主缆的水平力。例如我国 1995 年建成的汕头海湾大桥，就是利用两岸山体岩层，设计为重力前锚式锚碇(锚块兜住石质山头，抵抗主缆拉力)。巨大的主缆拉力通过锚杆、后锚梁、锚块混凝土，均匀传递给基岩，如图 6-24 所示。东莞虎门大桥的东锚碇也为山后重力式锚。若坚实基岩位于桥面之下深度不过 30～50 m，可修建直接坐落在基岩上的锚块。若坚实持力层埋深更大，而设计意图是使荷载完全传到该持力层，则必须设置沉井、沉箱大直径桩(含斜桩)等深基础。这样的锚碇造价当然是比较昂贵的。虎门大桥的西锚碇基础原设计为沉井加桩基方案，后经细探，发现基岩严重不平，沉井施工将会遇到巨大困难，遂改为地下连续墙方案。如果将地基在荷载之下的各种变形予以充分考虑，也可以采用浅基础。

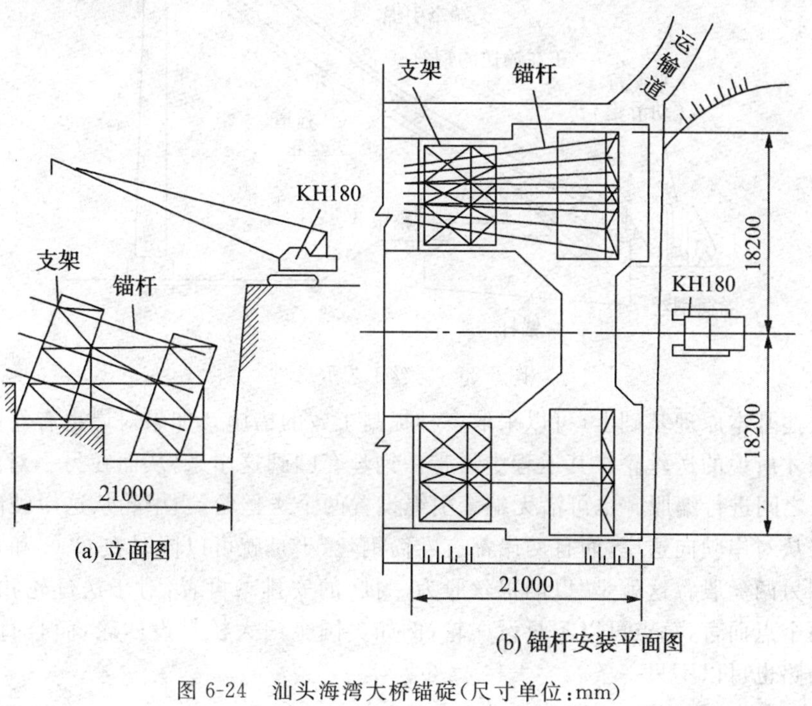

图 6-24　汕头海湾大桥锚碇(尺寸单位:mm)

三、主缆架设

悬索桥的钢缆有钢丝绳钢缆和平行线钢缆。前者一般用于中小跨度的悬索桥，后者主要用于主跨为500 m以上的大跨悬索桥。平行线钢根据架设方法分为空中送丝法（AS法）及预制索股法（PWS法）。

（一）空中送丝法

空中送丝法，19世纪中叶发明于美国，自1855年用于尼亚瓜拉瀑布桥以来，多数悬索桥都用这种方法来架设主缆。在桥两岸的塔和锚碇等都已安装就绪后，沿主缆设计位置，在两岸锚碇之间布置一无端牵引绳，亦即将牵引绳的端头连接起来，形成从这岸到那岸的长绳圈。将送丝轮扣牢在这牵引绳上某处，且将缠满钢丝的卷筒放在一岸的锚碇旁，从卷筒中抽出钢丝头，暂时固定在某靴跟（可编号为A）处，称这一钢丝头为“死头”。继续将钢丝向外抽，由死头、送丝轮和卷筒将正在输送的丝形成一个钢丝套圈，用动力机驱动牵引绳，于是送丝轮就带着钢丝送向对岸。在钢丝套圈送到对岸时，就用人工将套圈从送丝轮上取下，套到其对应的靴跟（可编号为A′）上。如图6-25所示为送丝工艺意图。随着牵引绳的驱动，送丝轮又被带回这岸，取下套圈套在靴跟A上，然后又送向对岸。这样进行上百次，当其套在两岸对应靴跟（A及A′）上的丝数达到一丝股钢丝的设计数目时，就将钢丝活头剪断，并将该活头同上述暂时固定的死头用钢丝连接器连起来。这样，一根丝股的空中编制就完成了。

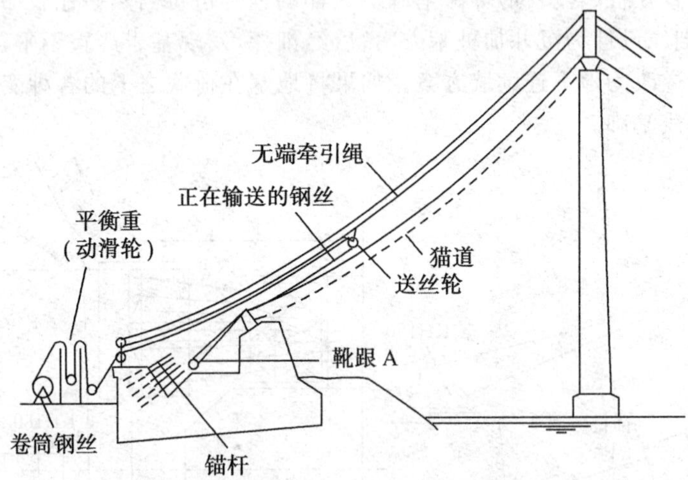

图6-25　送丝工艺示意图

在上述基本原理基础上，可以采取多种提高工效的措施。如果对岸也有卷筒钢丝，可以利用刚才所说的送丝轮在其返程中另带一钢丝套圈到这岸来，从而在另一对编号为B、B′的靴跟之间进行编股。也可沿无端牵引绳设置两个送丝轮，当甲轮从这岸驶向对岸时，乙轮正好从对岸驶向这岸，而且两岸都有卷筒钢丝，于是就可以同时在C、C′和D、D′靴跟之间编制另两丝股。这就是“以四根丝股为一批”的安排。再者，对于送丝轮扣牢在牵引绳上的两个点而言，每点可以不只设一轮，例如美国金门大桥是设四轮，而且每个送丝轮上的缠槽路也可以不只一条。

空中送丝法的主缆每一丝股内的钢丝根数约为300～600根，再将这种丝股配置成六角形或矩形并挤紧而成为圆形。它的施工必须设置脚手架(猫道)、配备送丝设备，还需有稳定送丝的配套措施。为使主缆各钢丝均匀受力，必须对钢丝长度和丝股长度分别进行调整，还应及时进行紧缆和缠缆。

(二)预制索股法

用预制索股法架设主缆是1965年间在美国发展起来的，其目的是使空中架线工作简化。自用于1969年建成的纽波特桥以后使用逐渐广泛，我国新近建成的汕头海湾大桥、东莞虎门大桥、西陵长江大桥、江阴长江大桥都是采用这个方法。

预制股张束61丝、91丝或127丝，再多就太重了。两端嵌固热铸锚头，在工厂预制，先配置成六角形，然后挤紧成圆形。架设的过程同空中送线法一样，但在猫道之上要设置导向滚轮以支持绳股。

虎门大桥每束127丝，每丝直径5.2 mm，每根主缆110束，采用拽拉器(见图6-26)牵引索股。在猫道上设置若干个猫道门架安装门架导轮组，牵引索通过这些导轮组，牵引索上固接有拽拉器，通过主(副)牵引卷扬机的收(放)索或放(收)索，使索引索带动拽拉器穿过导轮组做往复运动。索股前端与拽拉器相连，使得索股前端约30 m长悬在空中运行，而索股后段则支承在导向滚轮上运行。此方式也可用于空中送丝法。

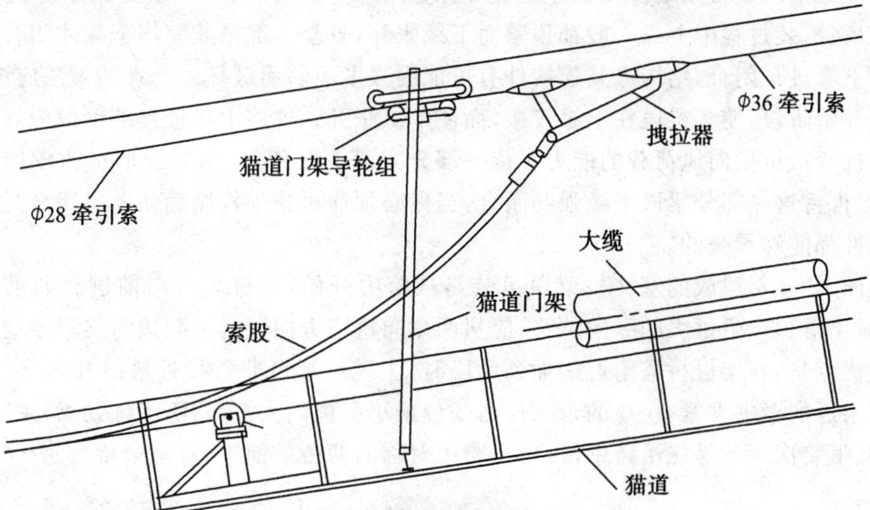

图6-26　门架拽拉器牵引方式

四、加劲梁架设

架劲梁架设的主要工具是缆载起重机。架设顺序可以主跨跨中开始，向桥塔方向逐段吊装；也可以从桥塔开始，向主跨跨中及边跨岸边前进。

以往加劲梁多用钢桁架，其架设方式也像钢桁架桥那样，从桥塔开始向主跨跨中和岸边逐段吊装。在每一梁段拼好以后，立即将其与对应的吊索相连，使其自重由吊索传给主缆。对于三跨悬索桥而言，一般需要四台缆载起重机，分别从两塔各向两个方向前进。各桥边跨和主跨的跨径比不同，为了使塔顶纵向位移尽可能小，对于当主跨拼成多段时边跨应拼几段，应该进行推算。在历史上，因为推算速度跟不上施工需要，曾使用全桥的结构模型试验（例如美国旧金山海湾桥）来决定较为合理的吊装次序。

从桥塔开始吊的优点是施工比较方便，缺点是桥塔两侧的索夹首先夹紧，此时主缆形状与最终几何线形差别最大，因而主缆中的次应力较大。汕头海湾大桥就是采用这种方式，如图 6-27 所示。海湾大桥混凝土加劲箱梁主跨有 73 段，边跨各 24 段，首先将预制段从预制场纵、横移下海，用铁驳浮运到各跨主缆下定位，用锚固在主缆索夹上的 800 kN 缆载吊机垂直起吊安装。每安装一梁段之后，吊机向前移 6 m，锚固到下一对索夹上，做下一梁段的吊装准备。吊装时，采用四点吊装法。

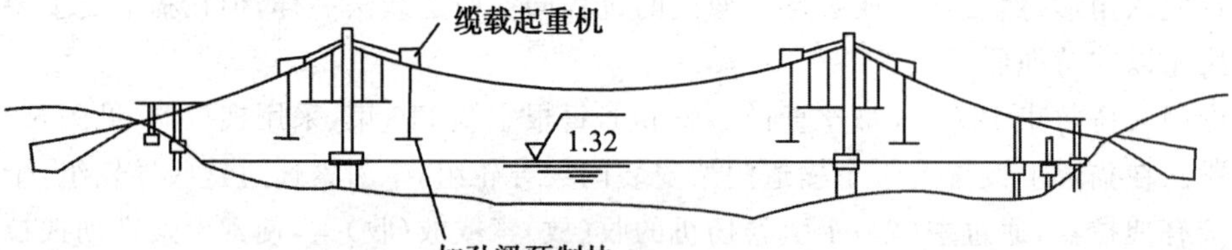

图 6-27　汕头海湾大桥吊装示意图

当加劲梁的重力逐渐作用到主缆上，主缆将产生较大的位移，改变原来悬链线的形状，所以在吊装过程中上缘一般都顶紧而下缘张开，直至全部吊装完毕下缘才闭合。如果强制使下缘过早闭合，结构或其连接件有可能因强度不够而破坏。合理的做法应该是：在架设的开始阶段，使各梁段在上缘铰接，而使下缘张开。这些上缘铰接的梁段应具备整体以横向抗弯抵抗横向风荷载的能力。待一部分梁段业已到位，主缆线形也比较接近最终线形时，再将这一部分梁段下缘强制闭合，当然必须通过施工控制确认此时闭合是结构和其连接件都能够承受的。

英国 1966 年建成的塞文桥梁段吊装是从跨中开始，向桥塔方向前进。如果边跨较长，为避免塔顶产生过大的纵向位移，应从两岸向桥塔方向同时吊装边跨梁段。这种吊装次序的优点是：在架设桥塔附近的加劲梁段时，主缆线形已非常接近最终几何形状，此时将桥塔附近的索夹夹紧，主缆的永久性角变位最小。虎门大桥（边跨无加劲梁）主跨 39 个梁段，其吊装次序就是先吊跨中段，再从跨中对称向两桥塔前进，直至全桥合龙。

同步训练

一、填空题

1. 悬索桥锚块的形式分为________和________。
2. 平面转体的施工方法分为有________和________两种。
3. 拱桥按照行车道板所在位置分为________、________、________拱桥。
4. 斜拉桥混凝土主塔的施工方法有______、______、______、________、________。
5. 斜拉桥主梁的施工方法有________、________、________、________、__________、________。

二、单项选择

1. 在计算拱架施工预拱度时，属于错误的是（　　）
   A. 拱架承受的施工荷载而产生的弹性变形
   B. 受载后因拱架杆件接头的挤压和卸落设备压缩而产生的非弹性变形
   C. 主拱圈因混凝土收缩、徐变及温度变化引起的挠度
   D. 由结构重力以及汽车荷载引起的拱圈弹性挠度
2. 在计算支架或拱架的强度和刚度时，除了考虑在支架或拱架的设计荷载外，还应计入（　　）
   A. 风力　B. 温度变化力　C. 冲击力　D. 摩擦力
3. 拱肋吊装采用两点吊时，吊点位置一般可设在离拱肋端头（　　）处。
   A.(0.22～0.24)L　B.(0.32～0.34)L
   C.(0.15～0.17)L　D.(0.42～0.44)L
4. 悬索桥的猫道净宽宜为（　　）
   A. 2～3 m　B. 3～4 m　C. 4～5 m　D. 5～6 m
5. 系杆拱桥一般为（　　）。
   A. 上承式、中承式拱桥　B. 中承式、下承式拱桥
   C. 上承式、下承式拱桥　D. 上承式拱桥
6. 悬索桥的锚锭包括锚块、锚杆和（　　）。
   A. 鞍座　B. 塔　C. 主缆　D. 加劲梁
7. 下列不是顶推施工的临时设施的是（　　）
   A. 导梁　B. 拉索、斜拉索　C. 临时墩　D. 泥浆船

三、多项选择

1. 满布式拱架由（　　）组成。
   A. 拱架上部　B. 拱架下部　C. 临时泄水　D. 卸架设备
2. 拱式桥常用的施工方法主要有（　　）。
   A. 现浇施工　B. 预制安装施工　C. 悬臂施工　D. 转体施工
3. 悬索桥索塔完工后，须测定裸塔（　　）作为主缆线形设计的调整的依据。
   A. 倾斜度　B. 跨距　C. 塔顶标高　D. 刚度
4. 按照主拱圈所采用的拱轴线的形式，可将拱桥分为（　　）
   A. 圆弧拱桥　B. 双曲拱桥　C. 抛物线拱桥　D. 悬链线拱桥
5. 悬索桥中锚块的形式可分为（　　）。
   A. 重力式　B. 隧道式　C. 连续墙式　D. 扩大基础式
6. 斜拉桥斜拉索索力测量的方法有（　　）。
   A. 千斤顶油压表　B. 测力传感器　C. 频率振动法　D. 伸长值法

四、判断题

1. 钢管拱桥拱肋的竖转分为有平衡重竖转施工和无平衡重竖转施工。（　　）
2. 拱涵支架的拆卸应从跨径两边开始，逐步向跨径中点拆除。（　　）
3. 在桥梁结构形式中，跨径最大的是悬索桥。（　　）

4. 悬索桥与斜拉桥的结构中都有主塔及钢索，因此可以认为悬索桥是斜拉桥的一种。(　　)

五、案例分析

某现浇混凝土拱桥，主拱为钢筋混凝土板拱，拱轴线均采用等截面悬链线，矢跨比均为 1/5，拱轴系数均为 3.142，截面高度为 0.7 m。

施工顺序：地基处理→场地硬化→支架搭设→安装主拱圈模板→主拱圈预压→主拱圈钢筋制作安装→主拱圈砼浇筑→支架拆除(砼强度 100%)→起拱线测量。

支架搭设注意事项：支架搭设前应计算出拱圈底至地面的高度，算出搭设所需的材料用量。立杆底部支撑面必须水平接触，立于混凝土基础上，不得置于松散的砂石堆上，但可直接置于土基上。

预压注意事项：用编织袋装砂对支架进行预压。预压顺序为从拱圈一边拱脚→拱圈 1/4 段位置拱顶→拱圈→拱圈 1/4 段位置→拱圈另一边拱脚。预压荷载最重为梁体自重的 150%；支架预压重量采用三级预压 0～50%～100%～150%；每阶段预压观测时间不少于 24 小时；加载至 150%时连续观测两天。对原始数据进行整理为支架搭设提供可靠数据，尤其是拱圈两边拱脚、拱顶、拱圈 1/4 段位置的预压观察和监控。

问：上述描述有哪些错误？

项目七　涵洞施工

项目概述

本项目从涵洞构造、涵洞施工两方面进行介绍，主要讲述涵洞的作用、组成和主要类型，以及不同类型涵洞的施工方法、质量标准等内容。

学习目标

通过本项目的学习，应掌握涵洞的特点，熟悉涵洞的类型及其组成，掌握涵洞的构造，具有正确识读一半涵洞施工图的能力；了解涵洞施工相关规定，熟悉各种涵洞施工方法，掌握各类涵洞施工质量控制标准、相应技术要求及涵洞附属工程的施工方法，能够依照施工图正确施工。

引导案例

某大型顶进箱涵为四孔箱涵，箱涵总跨度 32 m，高 5 m，总长度 38.5 m，单节箱涵为现浇钢筋混凝土结构，经养护达到设计强度后采用顶进法穿越 5 条既有铁路站场线。箱涵预制工作坑采用放坡开挖，土质为粉质黏土、地下水位于地面以下 4 m，采用轻型井点降水，基坑设置了防雨排水设施，现浇箱涵前端设斜面钢刃角，计划 6 月 10 日雨期开始前顶进就位。

项目部编制轨道加固方案，采用轨束梁加固铁路线路，以保障列车按正常速度行驶；制定了顶进时对箱涵结构的监控方案，经项目部技术负责人批准后实施。

按照原计划，箱涵顶进应在雨期开始前完成。开工后，由于降水措施不力，工作坑开挖进度缓慢，进度计划拖后。预制箱涵达到设计强度并完成顶进后背的制作安装时，顶进施工已进入雨期。项目部加强了降排水工作后开始顶进施工。为满足进度工期要求，项目部采用轮式装载机直接开入箱涵孔内铲挖开挖面土体，控制开挖面坡度为 1∶0.6，钢刃脚进土 50 mm，根据土质条件每次开挖进尺 0.5 m，并在列车运营时连续顶进。

箱涵顶进接近第一条线路时，夜间遇一场大雨，第二天正在顶进时，开挖面土方坍塌，造成安全事故。

指出本材料中项目部做法的不妥之处，并分析原因。

任务一　涵洞构造认知

任务描述

涵洞是公路工程中的小型构造物，虽然在总造价中仅占很小比例，但涵洞施工质量的好坏，直接影响到公路工程的整体质量及其使用性能，以及周围农田的灌溉、排水等。因此，对涵洞施工同样不可忽视，应在施工前做好充分准备，周密安排，施工过程中严格控制施工质量，确保其质量达到设计及规范要求。

按构造形式的不同，涵洞可以分为管涵（通常为圆管涵）、盖板涵、拱涵、箱涵、倒虹吸管等。下面对几种类型涵洞作以简要介绍。

一、圆管涵

圆管涵主要由管身、基础、接缝及防水层组成，各部分构造如图 7-1 所示。

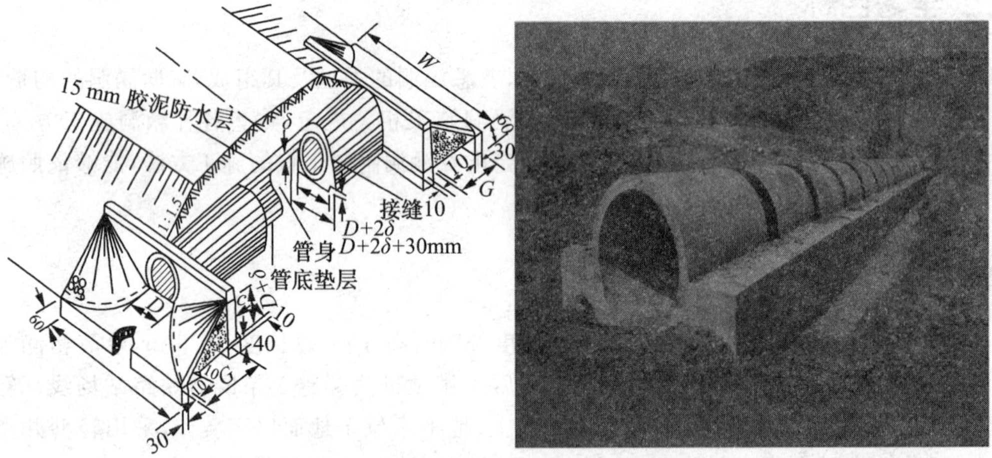

图 7-1　圆管涵各组成部分（尺寸单位：cm）

二、盖板涵

盖板涵主要由盖板、涵台、基础、洞身铺底、伸缩缝及防水层等部分组成，如图 7-2 所示。

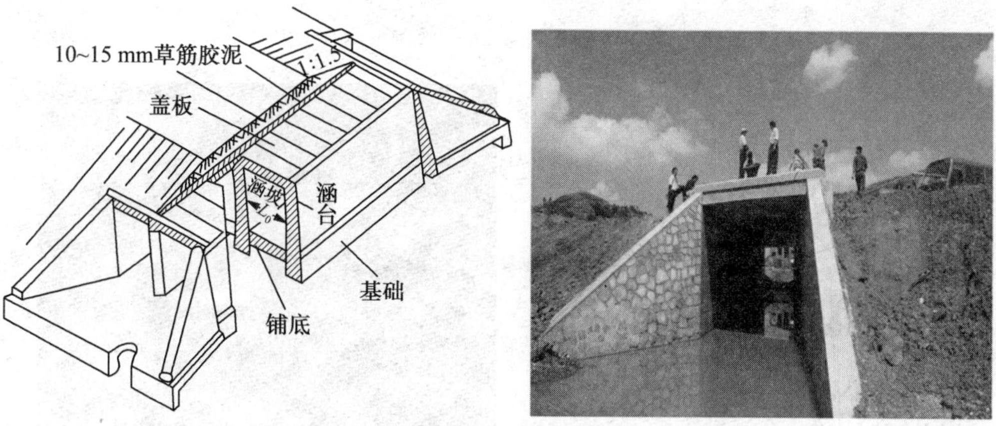

图 7-2　盖板涵各组成部分(尺寸单位:cm)

三、拱涵

拱涵主要由拱圈、护拱、拱上测圈、涵台、基础、铺底、沉降缝及排水设施等组成,如图 7-3 所示。

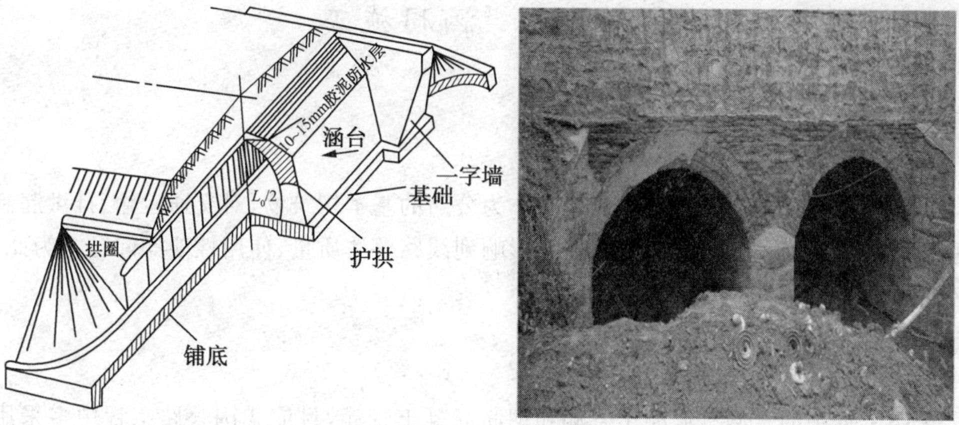

图 7-3　拱涵各组成部分(尺寸单位:cm)

四、箱涵

箱涵主要由钢筋混凝土涵身、翼墙、基础、变形缝等部分组成,如图 7-4 所示。

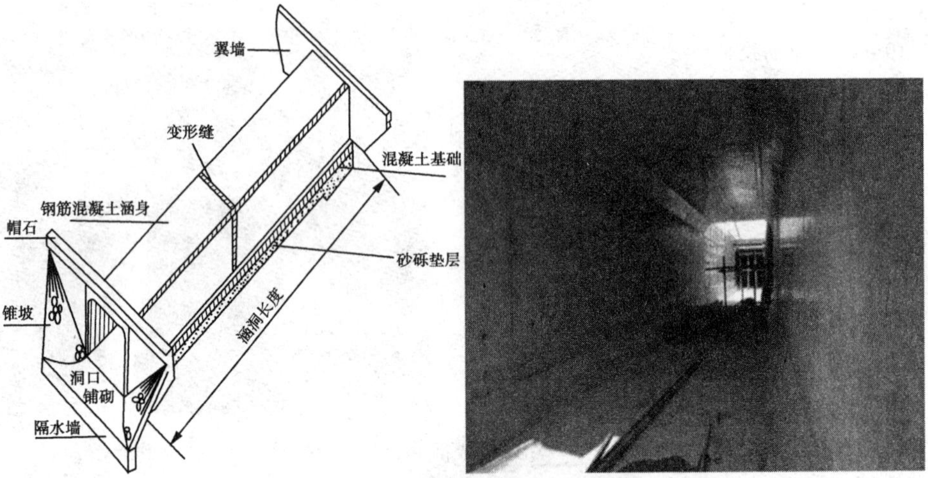

图 7-4　箱涵各组成部分

因箱涵为整体闭合式钢筋混凝土框架结构，所以具有良好的整体性及抗震性能。但由于箱涵施工较困难，造价高，一般仅在软土地基上采用。

任务二　涵洞施工

任务描述

涵洞虽然构造简单，规模较小，但它作为公路的基本构筑物，对交通运输、排洪起到十分重要的作用，其施工质量的好坏，直接影响到线路整体质量、使用性能等问题。为此，必须对涵洞施工给予足够重视。

一、圆管涵施工

公路工程中的管涵有混凝土管涵和钢筋混凝土管涵，目前我国公路工程中多采用钢筋混凝土管涵。公路管涵的施工多系预制成管节，每节长度多为 1 m，然后运往现场安装。

圆管涵施工的工艺流程：测量放样地基处理→管座基础浇筑→管节安装→剩余的管座基础浇筑→接缝处理→洞口砌筑→涵背回填等。

(一)管节的预制和运输

1. 管节的预制

预制混凝土圆管可采用振动制管法、离心法、悬辊法和立式挤压法。鉴于公路工程中管节一般为外购，故对管节预制不再进行详细说明，但管节进场后必须对其质量进行检验。

管节成品的质量检验分为管节尺寸检验和管节强度检验。混凝土圆管节成品质量要求及尺寸允许偏差如表 7-1 所示。

表 7-1　　混凝土圆管节成品质量要求及尺寸允许偏差

项　目		质量要求或允许偏差	检查方法和数量
管节形状		端面平整并与其轴线垂直,斜交管节端面符合设计要求	目测,用锤球吊线
管节内外侧表面		平直圆滑,如有蜂窝,每处面积不得大于 3 cm×3 cm,深度不得超过 1 cm,其总面积不得超过全部面积的 1%,并不得露筋,应修补完善后方准使用	目测,用钢尺丈量
管节尺寸允许偏差(mm)	管节长度	0～10	沿周边检查 4 处
	内(外)直径	±10	两端各检查 4 处
	管壁厚度	±10	两端各检查 4 处

涵管强度试验应按规范要求的方法进行,其抽样数量及合格要求为:

(1)涵管试验数量应为涵管总数的 1%～2%,但每种孔径的涵管至少要试验 1 个。

(2)如首次抽样试验未能达到试验标准时,允许对其余同孔径管节再抽选 2 个重新试验。只有当 2 个重复试验的管节达到强度要求时,涵管才可验收。

(3)在进行大量涵管检验性试验时,是以试验荷载大于或等于裂缝荷载(0.2 mm)时还没有出现裂缝为达到标准。

在北方冬季寒冷冰冻地区,混凝土涵管还应进行吸水率试验,要求钢筋混凝土和无筋混凝土涵管的吸水率不得超过干管质量的 6%。

2. 管节的运输

管节运输与装卸过程中,应注意下列问题:

(1)待运的管节其各项质量应符合前述的质量标准,应特别注意检查待运管节设计涵顶填土高度是否符合设计要求,防止错装、错运。

(2)运输管节的工具,可根据道路情况和设备条件采用汽车、拖拉机拖车,不通公路地段可采用马车。

(3)管节的装卸可根据工地条件,使用各种起重设备如龙门吊机、汽车吊和小型起重工具滑车、链滑车等。

(4)在装卸和运输过程中,应小心谨慎。运输途中每个管节底面宜铺以稻草,用木块圆木楔紧,并用绳索捆绑固定,防止管节滚动、相互碰撞破坏。

(5)从车上卸下管节时,应采用起重设备。严禁由汽车上将管节滚下,造成管节破裂。

(二)管涵施工程序

管涵可分为有无圬工基础和有圬工基础管涵。

1. 无圬工基础管涵施工程序

(1)挖基坑并准备修筑管涵基础的材料。

(2)修筑管座,截面形状同管节外截面,深度等于管壁厚度。

(3)铺设防水层,然后安装管节(如图 7-5、7-6 所示),并按设计要求培填料振实。

(4)管节全身包裹防水层,防水层外再铺设黏性土。

(5)修筑管涵出入端墙、翼墙及两端涵底和整修工作。

图 7-5 圆管涵安装

图 7-6 圆管涵管节接头处理

2. 有圬工基础管涵施工程序

(1)挖基坑并准备修筑管涵基础的材料。

(2)砌筑圬工基础或浇筑混凝土基础,基础之上设混凝土管座。

(3)安装涵洞管节、修筑涵管出入口端墙、翼墙及涵底。

(4)铺涵管防水层及修整,如图 7-7 所示。

(5)铺设涵管顶部防水黏土,填筑涵洞缺口填土及修建加固工程,如图 7-8 所示。

图 7-7 施工完圆管涵防水层

图 7-8 回填完成的圆管涵

(三)管涵基础修筑

1. 地基土为岩石

管节下采用无圬工基础,管节下挖去风化层或软层后,填筑 0.4 m 厚砂垫层;出入口两端翼墙下,在岩石层上用 15 号混凝土做基础,埋置深度至风化层以下 0.15～0.25 m 并最小等于管壁厚度加 5 cm。风化层过深时,可改用片石圬工,最深不大于 1 m。管节下为硬岩时,可用混凝土抹成与管节密贴的垫层。

2. 地基土为砾石土、卵石土或沙砾、粗砂、中砂、细砂或匀质黏性土

管节下一般采用无圬工基础,对砾、卵石土先用砂填充地基土空隙并夯实,然后填筑

0.4 m厚砂垫层;对粗、中、细砂地基土表层应夯实;对匀质黏性地基土应做砂垫层;出入口两端端墙、翼墙的圬工基础埋置深度,设计无规定时为1.0 m;对于匀质黏性土,负温时的地下水位在冻结深度以上时,出入口两端端墙、翼墙圬工基础埋置深度为1.0～1.5 m;当冻结土深度不深时,基础埋深宜等于冻结深度的0.7倍,当此值大于1.5 m时,可采用砂夹卵石在圬工基础下换填至冻结深度的0.7倍。

3. 地基土为黏性土

管节下应采用0.5 m厚的圬工基础,出入口两端端墙、翼墙基础埋置深度为1.0～0.5 m;当地下水冻结深度不深时,埋深应等于冻结深度;当冻结深度大于1.5 m时,可在圬工基础下用砂夹卵石换填至冻结深度。

4. 必须采用有圬工基础的管涵

(1)管顶填土高度超过5 m;

(2)最大洪水流量时,涵前壅水高度超过2.5 m;

(3)河沟经常流水;

(4)沼泽地区深度在2.0 m以内;

(5)沼泽地区淤积物、泥炭等厚度超过2.0 m时,应按特别设计的基础施工。

5. 严寒地区的管涵基础施工

常年最冷月份平均气温低于−15 ℃的地区称严寒地区。

(1)匀质黏性土和一般黏性土的基础均须采用圬工基础;

(2)出入口两端端墙、翼墙基础应埋置在冻结线以下0.25 m;

(3)一般黏性土地区的地下水位在冻结深度以上时,管节下埋置深度应为$H/8$(H为涵底至路面填土高度),但不小于0.5 m,也不得超过1.5 m。

6. 基础砂垫层材料

可采用砂、砾石或碎石,但必须注意清除基底耕作层。为避免管节承受冒尖石料的集中应力,当使用碎石、卵石作垫层时,要有一定级配或掺入一定数量的砂,并夯捣密实。

7. 软土地区管涵地基处理

管涵地基土如遇到软土,应按软土层厚度分别进行处理。当软土层厚度小于2.0 m时,可采取换填土法处理,即将软土层全部挖除,换填当地碎石、卵石、砂夹石、土夹石、砾砂、粗砂、中砂等材料并碾压密实,压实度要求94%～97%。如采用灰土(石灰土、粉煤灰土)换填,压实度要求93%～95%,换填土的干密度宜用重型击实试验法确定。碎石或卵石的干密度可取2.2～2.4 g/cm^3。换填层上面再砌筑0.5 m厚的圬工基础。

当软土层超过2 m时,应按软土层厚度、路堤高度、软土性质作特殊设计处理。

(四)管节安装

管节安装应从下游开始,使接头面向上游;每节涵管应紧贴于垫层或基座上,使涵管受力均匀;所有管节应按正确的轴线和图纸所示坡度铺设。如管壁厚度不同,应使内壁齐平。在铺设过程中,要保持管内清洁无脏物、无多余的砂浆及其他杂物。

管节的安装方法通常有滚动安装法、滚木安装法、压绳下管法、龙门架安装法、吊车安装法等,可根据施工现场实际情况选用。

（五）管涵施工注意事项

1. 有圬工基础的管座混凝土浇筑时应与管座紧密相贴，浆砌块石基础应加做一层混凝土管座，使圆管受力均匀；无圬工基础的圆管基底应夯填密实，并做好弧形管座。

2. 无企口的管节接头采用顶头接缝，应尽量顶紧，缝宽不得大于1 cm，严禁因涵身长度不够，而将所有接缝宽度加大的方法来凑合涵身长度。管身周围无防水层设计的接缝，需用沥青麻絮或其他具有弹性的不透水材料从内、外侧仔细填塞。设计规定管身外围做防水层的，按前述施工工序施工。

3. 长度较大的管涵设计有沉降缝的，管身沉降缝应与圬工基础的沉降缝位置一致。缝宽为2～3 cm，应用沥青麻絮或其他具有弹性的不透水材料从内、外侧仔细填塞。

4. 长度较大、填土较高的管涵应设预拱度。预拱度大小应按设计规定设置。

5. 各管节设预拱度后，管内底面应成平顺圆滑曲线，不得有逆坡。相邻管节如因管壁厚度不一致（在允许偏差内）产生台阶时，应凿平后用水泥环氧砂浆抹补。

二、拱涵施工

混凝土和钢筋混凝土拱涵、盖板涵、箱涵的施工分为现场浇筑和在工地预制安装两大类。

（一）拱涵基础

1. 整体式基础

两座涵台的下面和孔径中间使用整块的混凝土浇筑的基础称为“整体式基础”。其地基土的承载力应满足设计文件规定。若设计无规定，则填方高 H 为1～12 m时，必须大于0.2 MPa；H 大于12 m时必须大于0.3 MPa。湿陷性黄土地基，不论其表面承载力多大，均不得使用整体式基础。

2. 非整体式基础

两座涵台的下面为独立的现浇混凝土或浆砌片石基础，两者之间不相连的称为“非整体式基础”。其地基土要求的容许承载力较整体式基础高，当设计文件无规定时，一般应大于0.5 MPa。

3. 板凳式基础

两座涵台下面的混凝土基础之间用较薄的混凝土或钢筋混凝土板在顶部连接，一起浇筑成似同板凳一样的基础。其地基土容许承载力的要求处于前两者之间，设计文件无规定时，应为大于0.4 MPa的砂类土或“中密”以上的碎石土。

上述地基土的承载力大小可用轻型动力触探仪进行测试。

（二）支架和拱架

1. 钢拱架和木拱架

钢拱架是用角钢、钢板和钢轨等材料在工厂（场）制成装配式构件，在工地拼装使用，如图7-9(a)所示。

木拱架主要是由木材组合而成，拆装比较方便，但这种拱架浪费木材，应尽量不使用，如图7-9(b)所示。

(a) 钢拱架　　(b) 木拱架

图 7-9　拱架

2. 土牛拱胎(土模)

在水流不大的情况下，小桥涵施工可以用土牛拱胎代替拱架，这种方法既能节省木料，又有经济、安全的特点。

根据河流水流情况，土牛拱胎有全填土拱胎、设有透水盲沟的土拱胎[见图 7-10(a)]、三角形木拱架土拱胎[见图 7-10(b)]和木排架土拱胎等形式。

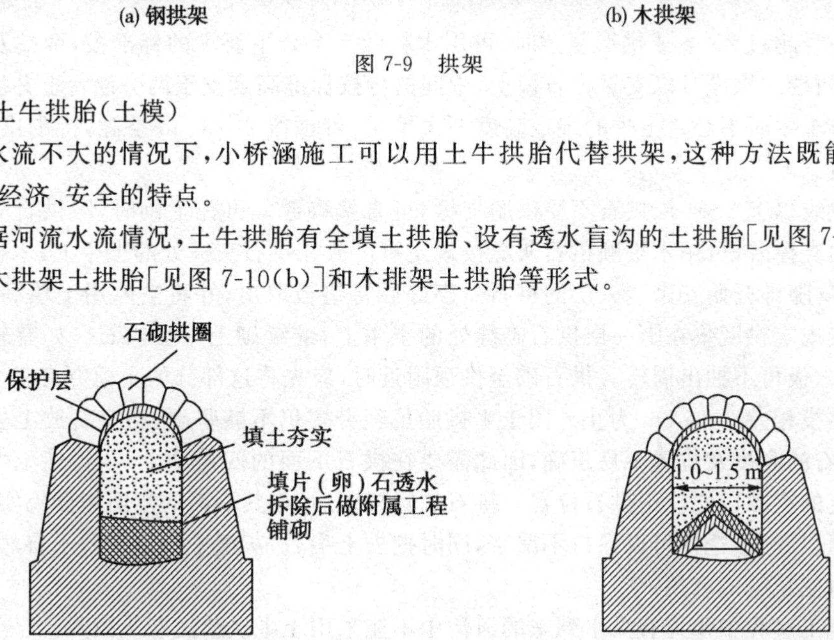

(a)有透水盲沟土拱胎　　(b)三角形木拱架土拱胎

图 7-10　可渗水的土拱胎(尺寸单位:cm)

全填土拱胎施工步骤如下:拱胎填土应在边墙圬工强度达到设计强度等级的 70%后，分层浇水夯填，每层厚度 0.2～0.5 m，跨度小的可以厚一些，但应视土质情况决定。

填土在端墙外伸出 0.5～1.0 m，并保持 1∶1.5 的边坡。填土将达拱顶时，分段用样板校正，每隔 30 cm 挂线检查。

土胎表面应设保护层，可以铺设一层油毡或抹一层 15 mm 厚的水泥砂浆(1∶4～1∶6)作为保护层。较好的保护层常用砖或片石砌筑，厚约 20 cm，然后抹厚 2 cm 的黏土，再铺油毡。最好的方法是石灰泥筋抹 20 cm 厚(石灰∶黏土∶麻筋＝1∶0.35∶0.03，质量比)，抹后 3 天即可浇筑混凝土。

对砌石拱圈，土牛拱胎上若不设保护层时，可用下述方法砌筑拱圈:在涵台砌筑好后，利用暂不使用的石料，把涵孔两端堵住，干砌一道宽约 40～50 cm 的拱形墙(上抹青草泥)作为拱模，以便砌拱时挂线之用，然后在桥孔中间用土分层填筑密实，如图 7-11 所示。

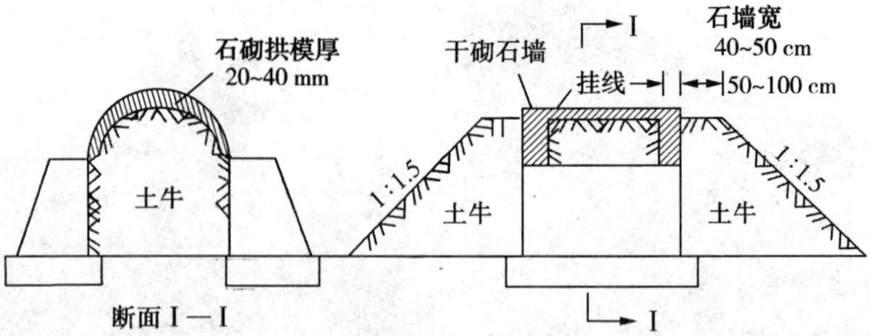

图 7-11　石块干砌配合土牛拱模

如洞身超过 20 m 或拱形复杂时，可用木料做 3 个合乎要求的标准模，两端及中间各置一个，两端的拱模可以支靠在石模上，中间的可按标准高度支于两旁涵台上并埋置于土中。填筑土牛时不必将土牛的规定高度一次填足，可预留 2～3 cm 空隙，待砌拱石时，边砌边填筑。

起拱线以上 3～4 层拱石不受拱胎支撑，可直接砌起。再往上砌时，因拱石的部分重力由拱胎支撑着，可用木板顺拱石灰缝按规定拱度放在拱石灰缝处的土牛上，木板下面以土石垫好，随即开始安砌这一层的拱石。砌好后将垫板取出，并将空隙用土填满捣实，再把垫板按规定拱度垫在上一层拱石砌缝处的土牛上，继续砌上一层拱石。如有较充分的木板时，木板可不抽出周转。拱石砌至拱顶附近时，应先将这部分的土模夯打坚实。填到与标准拱模相差 3～5 cm 为止。因土牛拱胎虽经夯实仍不够坚硬，当拱石放上去时极易压缩，拱石的高度及位置不易正确，因此需要在拱石下面的四角垫上片石，使土牛与拱石保持一定的空隙以便校正拱石位置。拱石位置校正后，将其下面的空隙填砂捣实，然后在砌缝中灌以砂浆，这样可以保持不漏浆，同时挖去土牛后，灰缝中预填的砂子自然脱落，省去勾缝时剔灰缝的麻烦。

在施工过程中预计有洪水到来的河沟中不能采用土牛拱胎法砌筑拱圈。

(三)拱涵基础的施工

无论是圬工基础还是砂垫层基础，施工前必须先对下卧层地基土进行检查验收，地基土承载力或密实度符合设计要求时，才可进行基础施工。对于软土地基应按照设计规定进行加固处理，符合要求后，才可进行基础施工。

对孔径较宽的拱涵兼作行人和车辆通道时，其底面应按照设计用圬工加固，以承受行人和车辆荷载及磨耗。

拱圈砌筑施工应注意：拱圈的施工，应由两侧拱脚向拱顶同时对称进行；拱圈混凝土的现场浇筑施工，应连续进行，尽量避免施工缝；当涵身较长时，可沿涵长方向分段进行，每段应连续一次浇筑完成；施工缝应设在涵身沉降缝处。

(四)拱架和支架的安装和拆卸

1. 安装的一般要求

拱架和支架支立牢固，拆卸方便(可用木楔作支垫)，纵向连接应稳定，拱架外弧应平顺。拱架不得超越拱模位置，拱模不得侵入圬工断面。

拱架和支架安装完毕后，应对其位置、顶部标高、节点联系、纵横向稳定性进行检查，不符合要求者，立即进行纠正。

2. 拆卸的一般要求

拱架和支架的拆除及拱顶填土，在具备下列条件之一时方可进行：

(1)拱圈圬工强度达到设计值的70%时，即可拆除拱架，但必须达到设计值后方可填土。

(2)当拱架未拆除，拱圈强度达到设计值的70%时，可进行拱顶填土，但应在拱圈达到强度设计值时，方可拆除拱架。

(3)拱涵拆除拱架可用木楔，木楔用比较坚硬的木料斜角对剖制成，并将剖面刨光。两块木楔接触面的斜度为1∶6～1∶10。在垫楔时应使上面一块的楔尖各伸出下面一块楔尾以外，这样在拆架时敲击木楔比较方便。木楔垫好后将两端钉牢。

(4)拆卸拱架时应沿桥涵整个宽度上将拱架同时均匀降落，并从跨径中点开始，逐步向两边拆除。

三、箱涵施工

箱涵又称“矩形涵”，它与盖板涵的区别是：盖板涵的台身与盖板是分开浇筑的，台身还可以采用砌石圬工，构成的是简支结构。而箱涵是上下顶板、下底板与左、右墙身是连续浇筑的，构成刚性结构。

(一)箱涵基础

涵身基础分为有圬工基础和无圬工基础两种。两种基础的构造及尺寸如图7-12所示。

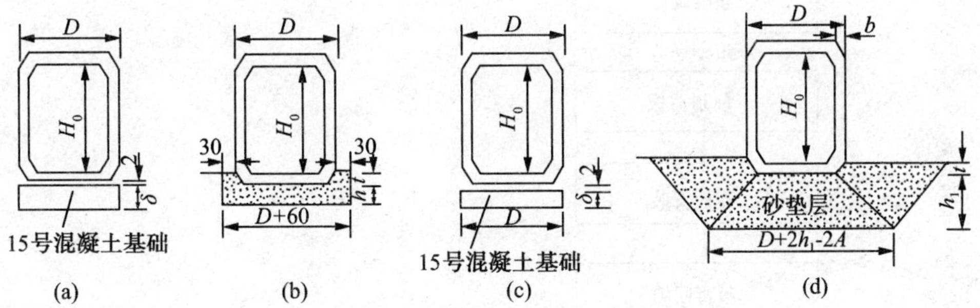

图7-12 箱涵基础类型(尺寸单位：cm)

(二)箱涵身和底板混凝土的浇筑

箱涵身的支架、模板可参照现浇混凝土拱涵和盖板涵的支架、模板制造安装。浇筑混凝土时注意事项与浇筑拱涵与盖板涵相同。

四、盖板涵施工

盖板涵的施工工艺流程如图7-13所示。

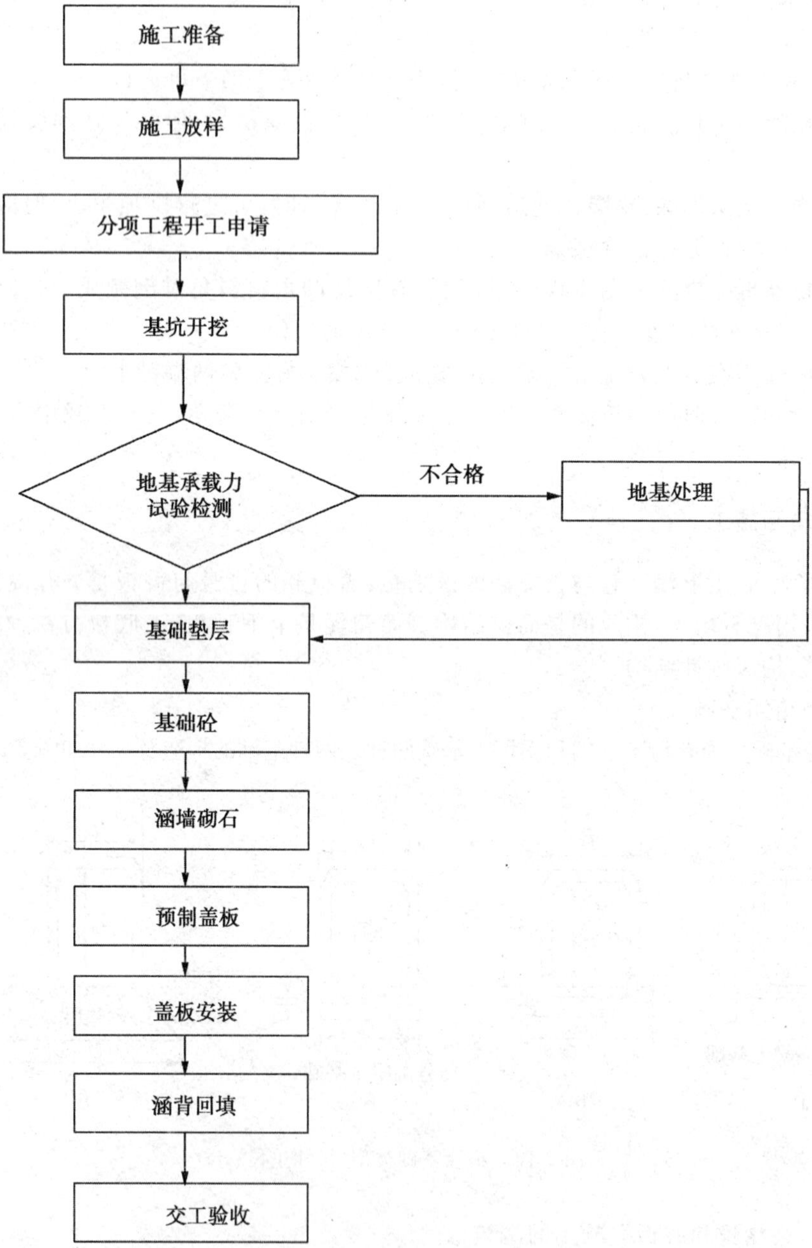

图 7-13　盖板涵的施工工艺流程

(一)基坑

基坑采用挖掘机开挖,预留 20 cm 左右人工清底和整修基坑尺寸,基坑开挖完成后,按设计要求检测基底承载力,当基底承载力符合设计要求并经监理工程师隐蔽检查签认后,回填沙砾垫层,拉线砌筑基础和涵身。

(二)基础及涵身砌筑

1. 涵基和涵身砌筑时先按设计位置进行放样及挂线,放样挂线经过现场核对合格之后采用挤浆法和坐浆法进行砌筑。施工中经常检查挂线架是否牢固以及挂线位置有无偏差。

2. 砌块在使用前先浇水湿润，表面如有泥土、水锈，需清洗干净。

3. 当基底为岩石时，砌筑前先将基底冲洗干净后铺上坐灰再砌石块；当基底为土质时，可直接坐浆砌筑。

4. 施工时先砌角石，再砌面石，然后填腹。将大块的石料砌筑于下层，向上逐渐选用较小石料。砌筑时第一层石块大面朝下，以确保基础的稳定，在砌下层石块时，同时考虑上层石块如何接砌，挑选合适的石块使上面的石块与下层石块做到犬牙交错、搭接紧密。每砌隔 70～120 cm 高时对砌面进行找平一次作为一水平层，各水平面层间垂直缝错开，错开距离不小于 8 cm。

5. 填腹时，采用挤浆法，先铺砂浆，再将石块放入挤紧，垂直缝中挤入 1/3～1/2 的砂浆，不满部分再分层插入灰浆。对较大的垂直灰缝尽量填塞小石块，水平灰缝不用小石块支垫或找平。

6. 砌镶面石时，为使镶面石和填腹石紧密连接，我们采用丁石和顺石相间排列的方法，即采用两顺一丁。

7. 每砌高 1 m 或 3～4 层砌石时，即于四周吊线，将中轴线翻在砌层面上，据以校核砌体外形的正确，并及时调整。

（三）钢筋混凝土盖板施工

1. 采用 25 号钢筋砼现浇，砼采用集中拌和，所有砼均由预制场内的拌和站供应，砼采用输送车运输到位后直接浇筑，当无条件时则考虑二次转运方案。

2. 盖板现浇模板采用木模板，支撑采用木支撑或钢管支撑方案。

3. 盖板钢筋采用在加工棚统一加工成型后拉至现场安装，钢筋加工及安装需满足施工技术规范的相关要求，盖板钢筋应重点控制主筋长度及主筋保护层厚度、斜交加固区钢筋位置及间距。

4. 浇筑盖板混凝土前，先对支架、脚手架、模板、钢筋等进行检查，符合要求后再进行浇筑。模板内杂物、积水和钢筋上的污垢予以清理干净。模板如有缝隙，立即填塞严密。模板内面若未涂刷脱模剂或涂刷不均匀，应立即进行补刷。

5. 浇筑时应连续进行，避免施工接缝，施工缝应设在涵身沉降缝处。

6. 浇筑混凝土时采用插入振动器与表面振动器进行振实。插入振动器振捣时，其移动间距不应超过振动器作用半径的 1.5 倍，并注意与侧模保持 50～100 mm 的距离；插入下层砼 50～100 mm；每一处振动完毕后应边振边徐徐提出振动棒；振动时振动棒避免碰撞模板、钢筋及其他预埋件；对每一振动部位，必须振动到该部位砼停止下沉、不再冒出气泡、表面呈现平坦、泛浆为止。而后采用表面振动器对盖板进行振实，振实时控制振动器平板覆盖已振实部分 10 cm 左右，以避免漏振。

（四）回填

当涵洞砌体砂浆或混凝土强度达到设计强度的 75%时进行涵背回填，回填时从涵洞涵身两侧不小于 2 倍孔径范围内同时采用水平分层、对称地按照设计要求的压实度进行填筑、压实，松铺层厚不超过 20 cm，用小型振动压机结合蛙式打夯机进行压实。

五、涵洞附属工程施工

(一)防水层

涵洞的钢筋混凝土结构设置防水层的作用是防止水分侵入混凝土内,使钢筋锈蚀,缩短结构寿命。北方严寒地区的无筋混凝土结构需要设置防水层,防止侵入混凝土内的水分冻胀造成结构破坏。

防水层的材料多种多样。公路涵洞使用的主要防水材料是沥青,有些部位可使用黏土,以节省工料费用。防水层的设置部位如下:

1. 各式钢筋混凝土涵洞(不包括圆管涵)的洞身及端墙在基础以上被土掩埋的部分,均须涂以热沥青两道,每道厚 1~1.5 mm,不另抹砂浆。

2. 混凝土及石砌涵洞的洞身、端墙和翼墙的被土掩埋部分,只需将圬工表面凿平,无凹入存水部分,可不设防水层。但北方严寒地区的混凝土结构仍需设防水层。

3. 钢筋混凝土圆管涵的防水层可按图 7-1 所示铺设。图中管节接头采用平头对接,接缝中用麻絮浸以热沥青塞满,管节上半部从外往内填塞;下半部从管内向外填塞。管外靠接缝处裹以热沥青浸透的防水纸 8 层,宽度 15~20 cm。包裹方法:在现场用热沥青逐层黏合在管外壁上接缝处,外面再如图在全长管外裹以塑性黏土。

4. 钢筋混凝土盖板明涵的盖板部分表面可先涂抹热沥青两次,再于其上设 2 cm 厚的防水水泥砂浆或 4~6 cm 厚的防水混凝土。其上可按照设计铺设路面。涵、台身防水层按照上述方法办理。

(二)沉降缝

1. 沉降缝的设置目的

结构物设置沉降缝的目的是避免结构物因荷载或地基承载力不均匀而发生不均匀沉陷,产生不规则的多处裂缝,而使结构物破坏。设置沉降缝后,可限定结构物发生整齐、位置固定的裂缝,并可事先对沉降缝处予以处理;如有不均匀沉降,则将其限制在沉降缝处,有利于结构物的安全、稳定和防渗(防止管内水流渗入涵洞基底或路基内,造成土质浸泡松软)。

2. 沉降缝设置的位置和方向

涵洞洞身、洞身与端墙、翼墙、进出水口急流槽交接处必须设置沉降缝,但无圬工基础的圆管涵仅于交接处设置沉降缝,洞身范围不设。具体设置位置视结构物和地基土的情况而定。

(1)洞身沉降缝

一般每隔 4~6 m 设置 1 处,但无基础涵洞仅在洞身涵节与出入口涵节间设置,缝宽一般为 3 cm。两端与附属工程连接处也各设置 1 处。

(2)其他沉降缝

凡地基土质发生变化、基础埋置深度不一、基础对地基的荷载发生较大变化、基础填挖交界、采用填石垫高基础交界处,均应设置沉降缝。

(3)岩石地基上的涵洞

凡置于岩石地基上的涵洞,不设沉降缝。

(4)斜交涵洞

斜交涵洞洞口正做的，其沉降缝应与涵洞中心线垂直；斜交涵洞洞口斜做的，沉降缝与路基中心线平行；但拱涵与管涵的沉降缝，一律与涵洞轴线垂直。

(三)沉降缝的施工方法

沉降缝的施工，要求做到使缝两边的构造物能自由沉降，又能严密防止水分渗漏，故沉降缝必须贯穿整个断面(包括基础)。沉降缝具体施工方法如下：

1. 基础部分

可将原基础施工时嵌入的沥青木板或沥青砂板留下，作为防水之用。如基础施工时不用木板，也可用黏土填入捣实，并在流水面边缘以 1∶3 水泥砂浆填塞，深度约为 15 cm。

2. 涵身部分

缝外侧以热沥青浸制的麻筋填塞，深度约为 5 cm，内侧以 1∶3 水泥砂浆填塞，深度约为 15 cm，视沉降缝处圬工的厚薄而定。缝内可以用沥青麻筋与水泥砂浆填满；如太厚，亦可将中间部分先填以黏土。

3. 沉降缝的施工质量要求

沉降缝端面应整齐、方正，基础和涵身上下不得交错，应贯通，嵌塞物应紧密填实。

4. 保护层

各式有圬工基础涵洞的基础襟边以上，均顺沉降缝周围设置黏土保护层，厚约20 cm，顶宽约 20 cm。对于无圬工基础涵洞，保护层宜使用沥青混凝土或沥青胶砂，厚度 10～20 cm。

沉降缝构造要求如图 7-14 所示。

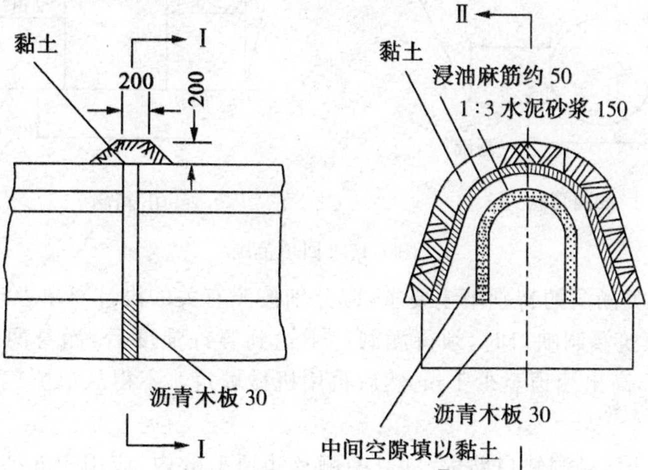

图 7-14　沉降缝构造要求(尺寸单位：cm)

（四）涵洞回填

1. 建成的涵管、圬工达到设计要求的强度后，应及时回填。回填土要切实注意质量，严格按照有关施工规定和设计要求办理（见图 7-15）。

图 7-15 涵洞回填

2. 填土路堤在涵洞每侧不小于两倍孔径的宽度及高出洞顶 1 m 范围内（见图 7-16），应采用非膨胀的土从两侧分层仔细夯实，每层厚度 10～20 cm。特殊情况亦可用与路堤填料相同的土填筑。管节两侧夯填土的密实度标准，高速公路和一级公路为 95%；其他公路为 93%。管节顶部其宽度等于管节外径的中间部分填土，其密实度要求与该处路基同。如为填石路堤，则应在管顶以上 1.0 m 的范围内分三层填筑：下层为 20 cm 厚的黏土；中层为 50 cm 厚的砂卵石；上层为 30 cm 厚的小片石或碎石。在两端的上述范围及两侧每侧宽度不小于孔径的两倍范围内，码填片石。

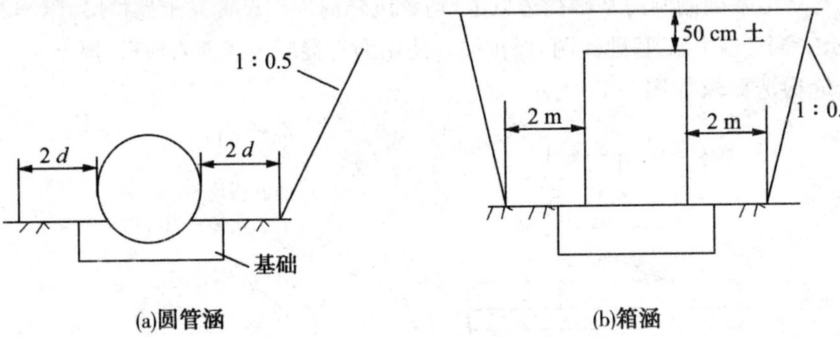

图 7-16 回填范围

对于其他各类涵洞的特别填土要求，应分别按照有关的设计要求办理。

3. 用机械填筑涵洞缺口时，须待涵洞圬工达到容许强度后，涵身两侧应用人工或小型机具对称夯填，高出涵顶至少 1 m，然后再用机械填筑。不得从单侧偏推、偏填，使涵洞承受偏压。

4. 冬季施工时，涵洞缺口路堤、涵身两侧及涵顶 1 m 内，应用未冻结土填筑。

5. 回填缺口时，应将已成路堤土方挖出台阶。

同步训练

一、选择题

1. 涵洞由洞身和（　　）两部分组成。

A. 洞口　　B. 基础　　C. 基础和铺底　　D. 铺底

2. 预制钢筋混凝土箱涵节段宜采用(　　)。

A. 木模板　　B. 钢模板　　C. 全部土胎　　D. 滑模板

3. 洞顶填土厚度大于 50 cm 的涵洞称为(　　)。

A. 暗涵　　B. 明涵　　C. 压力涵　　D. 半压力涵

4. 拱圈和出入口拱上端墙的施工,应(　　)进行。

A. 由中间向两侧同时对称　　B. 由两侧向中间同时对称

C. 上下游同时对称　　D. 从下游到上游

5. 根据桥梁涵洞按跨径分类标准,涵洞的单孔跨径小于(　　)m。

A. 3　　B. 5　　C. 6　　D. 8

6. 圆管涵施工主要工序是(　　)。

A. 基坑开挖→管座基础施工→安装圆管→出入口浆砌→防水层施工

B. 基坑开挖→管座基础施工→防水层施工→安装圆管→出入口浆砌

C. 基坑开挖→防水层施工→安装圆管→出入口浆砌→管座基础施工

D. 基坑开挖→管座基础施工→出入口浆砌→安装圆管→防水层施工

7. 盖板涵(预制吊装)施工工序中,吊装盖板之前是(　　)。

A. 浆砌墙身　　B. 现浇板座　　C. 出入口浆砌　　D. 防水层施工

二、简答题

1. 涵洞的类型有哪些?

2. 简述盖板涵的施工工艺。

3. 涵洞回填需注意哪些问题?

三、案例分析

某地下立交工程采用地道方式穿越街道和铁路客运站。地道总长 450 m,其中南引道长 120 m,北引道长 150 m,箱体长 200 m。施工期间不能中断铁路、街道的双向交通,故采用铁路线下箱涵顶进施工方法。

工程施工现场的地面标高为+2.5～+3.3 m,地下水位为+2.60～+0.79 m,属潜水层类型。箱涵地道工程地段位于灰色砂质粉土层上,其最大埋深达30 m。

本工程范围内地下管线较多,类型有雨水管、上水管和煤气管等。铁路围墙内有铁路系统的各类管线。地道两侧有居民、工厂、酒店等建筑物,距地道 10～20 m。工程施工时的基本情况如下:

1. 由于本地段工程降水任务重,决定将工程降水任务分包给专业队伍,项目经理部要求将地下水降到基坑底板 1.0 m 以下,其他方面基本不加干预。

2. 因逆作法箱涵部分管线多,工程采用钻孔灌注桩加深层搅拌桩的隔水帷幕形式作为主要阻水措施。

3. 铁路过轨段箱涵顶进施工采取了如下方法:

(1)箱涵顶进后靠可用拉森板桩,组成小咬口振入。后靠拉森板桩宽度与工作坑内净尺寸一致,两侧各一排。两桩之间上部用组合工字钢作围檩。

(2)坑底挖到标高后,修筑滑板锯齿槽,事前要挖好排水明沟和集水井。

(3)滑板养护后,涂刷减摩擦剂。

(4)在滑板两侧距箱涵 20 cm 处，设置钢筋混凝土导向墩，与滑板连接成整体。

问题：

1. 本工程施工应做哪些前期工作？
2. 简述本工程地道施工方法。
3. 请补充完成铁路过轨段箱涵顶进施工方法。
4. 简述在钻孔灌注桩外侧设置深层搅拌桩隔水帷幕的作用及布置形式。
5. 简述箱涵顶进的技术措施要点。

参考文献

[1]公路工程技术标准(JTG B01—2014)[S].北京:人民交通出版社,2014.

[2]公路桥涵施工技术规范(JTG－TF50—2011)[S].北京:人民交通出版社,2011.

[3]公路桥涵设计通用规范(JTG D60—2004)[S].北京:人民交通出版社,2004.

[4]公路桥涵地基与基础设计规范(JTG D63—2007)[S].北京:人民交通出版社,2007.

[5]公路圬工桥涵设计规范(JTG D61—2005)[S].北京:人民交通出版社,2005.

[6]公路钢筋混凝土及预应力混凝土桥涵设计规范(JTG D62—2004)[S].北京:人民交通出版社,2004.

[7]邵旭东.桥梁工程[M].北京:人民交通出版社,2004.

[8]王慧东.桥梁墩台与基础工程[M].北京:中国铁道出版社,2005.

[9]徐伟.桥梁施工[M].北京:人民交通出版社,2008.

[10]秦溱,段树梅.桥梁下部施工技术[M].北京:高等教育出版社,2011.

[11]魏红一.桥梁施工及组织管理[M].北京:人民交通出版社,2008.

[12]王晓谋.基础工程[M].北京:人民交通出版社,2010.

[13]闫志刚.钢筋混凝土及预应力混凝土简支桥梁结构设计[M].北京:机械工业出版社,2008.

参考文献